**O homem mais
perigoso do país**

R. S. Rose

O homem mais perigoso do país

Biografia de Filinto Müller

Tradução de
Renato Rezende

Revisão técnica de
Fábio Koifman

2ª edição

Rio de Janeiro
2025

Copyright © R. S. Rose, 2017
Copyright da tradução: Civilização Brasileira, 2017

Capa: Gabinete de Artes/Axel Sande
Foto de capa: Acervo de Maria Luiza Müller de Almeida

Todos os esforços foram feitos para localizar os fotógrafos de imagens e textos reproduzidas neste livro. A editora compromete-se a dar os devidos créditos numa próxima edição, caso os autores os reconheçam e possam provar sua autoria. Nossa intenção é divulgar o material iconográfico e histórico, de maneira a ilustrar as ideias aqui publicadas, sem qualquer intuito de violar direitos de terceiros.

CIP-BRASIL. CATALOGAÇÃO NA FONTE
SINDICATO NACIONAL DOS EDITORES DE LIVROS, RJ

R718h

Rose, R. S., 1943–
    O homem mais perigoso do país: biografia de Filinto Müller /R. S. Rose; tradução Renato Rezende, revisão técnica Fábio Koifman. – 2ª ed. – Rio de Janeiro: Civilização Brasileira, 2025.
    406 p.: 23 cm.

    Tradução de: The most dangerous man in the country
    Inclui índice
    Encarte
    ISBN 978-85-200-1112-6

    1. Müller, Filinto, 1900–1973. 2. Militares – Biografia. I. Rezende, Renato, 1964–. II. Koifman, Fábio, 1964–. III. Título.

14-12128

CDD: 923.55
CDU: 929:355

EDITORA AFILIADA

Todos os direitos reservados. É proibido reproduzir, armazenar ou transmitir partes deste livro, através de quaisquer meios, sem prévia autorização por escrito.

Texto revisado segundo o novo Acordo Ortográfico da Língua Portuguesa.

Direitos desta tradução adquiridos pela
EDITORA CIVILIZAÇÃO BRASILEIRA
Um selo da
EDITORA JOSÉ OLYMPIO LTDA.
Rua Argentina, 171 – Rio de Janeiro, RJ – 20921-380 – Tel.: (21) 2585-2000

Seja um leitor preferencial Record.
Cadastre-se e receba informações sobre
nossos lançamentos e nossas promoções.

Atendimento e venda direta ao leitor:
sac@record.com.br

Impresso no Brasil
2025

Em memória de Jack Dulles

*Ele tem sido considerado por muitos
o homem mais perigoso do país...*
JOSEPH F. BROWN

Lista de abreviaturas

ACD   Arquivo da Câmara dos Deputados, Brasília
ACS   Augusto da Costa e Silva
AFC   Arthur Fernandes Cardoso
AFM   Arquivo Filinto Müller, CPDOC, Rio de Janeiro
AGV   Arquivo Getúlio Vargas, CPDOC, Rio de Janeiro
AHEx   Arquivo Histórico do Exército, Rio de Janeiro
AIB   Ação Integralista Brasileira – partido político fascista do Brasil nos anos 1930, 1940 e 1950
AJT   Arquivo Juarez Távora, CPDOC, Rio de Janeiro
ANL   Aliança Nacional Libertadora – uma frente popular no Brasil, em 1935
APE   Arquivo Pedro Ernesto, CPDOC, Rio de Janeiro
APERJ   Arquivo Público do Estado do Rio de Janeiro
ARCL   Arquivo Rosalina Coelho Lisboa, CPDOC, Rio de Janeiro
ARENA   Aliança Renovadora Nacional – o partido político dos ditadores militares de 1964-85 entre os anos 1966 e 1979
CNT   Conselho Nacional do Trabalho
CPDOC   Centro de Pesquisa e Documentação de História Contemporânea do Brasil, Rio de Janeiro
CPI   Comissão Parlamentar de Inquérito
DCN   *Diário do Congresso Nacional*
DIP   Departamento de Imprensa e Propaganda
DESPS   Delegacia Especial de Segurança Política e Social (a polícia política no Distrito Federal e em outras cidades de 10 de janeiro de 1933 a 28 de março de 1944)

DOPS	Departamento de Ordem Política e Social. A polícia política em diversos estados brasileiros, incluindo o estado da Guanabara/Rio de Janeiro de 1938 até 1975. É também o termo genérico aplicado, pelos brasileiros, para todas as formas de polícia política dos anos 1920 até 1983
FBI	Federal Bureau of Investigation (Departamento Federal de Investigação)
GB	O estado da Guanabara, que anteriormente constituía a atual cidade do Rio de Janeiro
IBRA	Instituto Brasileiro de Reforma Agrária
INDA	Instituto Nacional de Desenvolvimento Agrário
JM	Júlio Müller
KFM	Kardex Felinto Müller (localizado no Arquivo Histórico do Exército)
LBR	*Luso-Brazilian Review*
MDB	Movimento Democrático Brasileiro – o partido de oposição oficial durante os anos de 1965 a 1979
MLC	Manoel Correa do Lago
PCB	Partido Comunista do Brasil
PDC	Partido Democrata Cristão
PL	Partido Libertador
PR	Partido Republicano
PRR	Partido Republicano Riograndense
PSD	Partido Social Democrático
PSP	Partido Social Progressista
PTB	Partido Trabalhista Brasileiro
S.D.	Serviço de Divulgação
SF	Senado Federal
SIPS	Serviço de Inquéritos Políticos Sociais
TSN	Tribunal de Segurança Nacional
UDN	União Democrática Nacional
USNA	United States, National Archives (Arquivos Nacionais, Estados Unidos)

Nota prévia

Como é meu costume, desejo primeiramente agradecer a Knut Sveri, em Estocolmo, *på grund av att du räddade mig*.

John W. F. Dulles não foi apenas um colega incrivelmente generoso, mas também uma inspiração em minha busca por compreender um homem no mínimo polêmico para tantas pessoas. Lamentavelmente para todos nós, interessados no maior país da América do Sul, o professor Dulles faleceu antes que pudesse me enviar a versão reformulada de sua entrevista de 1965 com o senador Müller. Nós tínhamos planejado que ela serviria de introdução para este volume.

O capitão Francisco José Corrêa Martins e todos os seus funcionários do Arquivo Histórico do Exército no Rio de Janeiro, que tão gentil e profissionalmente me ajudaram, merecem, da mesma forma, minha gratidão. Nenhum detalhe que se pedia a esses capazes soldados parecia excessivo. Da mesma forma devo agradecer ao pessoal do Arquivo da Câmara dos Deputados, em Brasília; do Arquivo Nacional; do Arquivo Público de Mato Grosso; do Arquivo Público do Estado do Rio de Janeiro; da Biblioteca Nacional; e do Centro de Pesquisa e Documentação de História Contemporânea do Brasil. Não posso esquecer a ajuda oferecida por Luiz Alves Corrêa, Paulo Apulcro de Fonseca, José Guttman, Luciana Quillet Heymann, Stanley E. Hilton, Stella Maris Floresani Jorge, Pedro Rocha Jucá, Luiz Cláudio e Cecília Marigo, Gustavo de Mello, Anita Prestes, Jorge Posse e Goretti Rocha. Agradeço também aos revisores, que deram uma série de indicações muito úteis.

Felizmente, consegui a ajuda da única filha ainda viva de Filinto Müller, Maria Luiza Müller de Almeida, durante a maior parte desta pesquisa. Ela me forneceu detalhes exclusivos e contatos em Cuiabá, cidade natal de seu pai. Em nenhum momento os descendentes de Filinto Müller tentaram exercer qualquer controle sobre este livro. Porém, o ramo da família ligado a Civis Müller da Silva Pereira, sobrinho de Filinto, se recusou a fornecer algo além da informação de que Civis havia morrido em 1968. Alguns dos membros de sua família tinham fotografias do período em que ele trabalhou na Delegacia Central, no Rio de Janeiro, mas se recusaram a responder os pedidos que fiz para obter cópias. A reticência dos descendentes de Civis deve-se, talvez, à pergunta que fiz, se eles tinham qualquer coisa que pudessem compartilhar comigo sobre Civis e o Quadro Móvel. Eles apenas recomendaram que eu entrasse em contato com Maria Luiza Müller de Almeida para conseguir fotografias e informações.[1] Por esta ocasião, no entanto, Maria Luiza aparentemente tinha perdido todo seu interesse no projeto. Isso ocorreu quando um parente a informou de que eu já havia publicado coisas negativas sobre o pai dela.[2] Daquele ponto em diante, a cooperação de Maria Luiza foi quase inexistente. Demorou mais de um ano para que ela me mandasse algumas das últimas fotografias que eu tinha, há muito, lhe pedido que anexasse a um e-mail, junto com a permissão para usá-las.

R. S. Rose

Sumário

Introdução — 15

1. Dias em Cuiabá — 21
2. A paixão de um jovem — 31
3. A revolução de 1924 — 53
4. Exílio e regresso — 67
5. Vargas — 79
6. Chefe de polícia — 97
7. O Estado Novo — 129
8. Limbo — 159
9. A CPI — 175
10. Senador — 223
11. Uma fileira de cebolas — 265

Um lugar na história — 273

Notas — 279

Bibliografia — 345

Índice — 379

Introdução

Quem foi realmente Filinto Müller? Muitos daqueles que se lembram dele quase que invariavelmente o desprezam. Entre os historiadores e outros acadêmicos especializados no Brasil do século XX, seu nome ficará para sempre associado ao do presidente mais notável do país, Getúlio Vargas.[1] Enquanto os entusiastas de Vargas querem que seu herói seja visto como o Pai dos Pobres, da Petrobras e da primeira siderúrgica do país, a conexão com Müller é o lado escuro da lenda Vargas. De abril de 1933 até julho de 1942, Filinto Müller foi o chefe da polícia de Vargas na antiga capital nacional do Rio de Janeiro. Durante esses nove anos em que Vargas governou o Brasil com pulso firme, houve tentativas de derrubá-lo vindas tanto da esquerda quanto da direita. Müller foi uma figura crucial na dissipação dessas duas revoltas e provocou a ira de cada um dos lados, especialmente da esquerda intelectual. Em ambos os casos, houve prisões de culpados e de inocentes. Houve também tortura, morte e confusão. Um reinado de terror geral surgiu em 1937, com a promulgação do Estado Novo de Vargas, que teve como inspiração o Estado Novo de António Salazar, então em vigência em Portugal, pátria mãe do Brasil.

Sim, Müller esteve ao lado de Getúlio como partícipe ansioso e apoio, à disposição durante muitos dos tumultuosos anos da trajetória Vargas. Filinto, como muitos de seus contemporâneos no governo, apoiou verbalmente, mas não de fato, o partido fascista nativo do Brasil, a AIB. Algumas vítimas afirmaram que as coisas ficaram mais difíceis na Delegacia Central, onde Müller tinha seu escritório, após o anúncio do Estado Novo.[2] Mas em que grau, se houve algum, estava o chefe da polícia realmente envolvido na carnificina que aconteceu naquelas instalações, que tinham a fama de ser o palco de eliminação ou mutilação de numerosos brasileiros e estrangeiros? Se Müller era, de fato, apenas uma parte daquela imagem de durão, o que fez ele e para quem o fez? Se ele não era um participante nesta empreitada em especial, como sua filha e outros parentes insistem, como a ideia de quem ele era surgiu?

A hipótese que levantamos aqui é que parte deste sentimento negativo em relação a Müller é resultado de estudos inadequados. Tais problemas de compreensão são um legado dos trabalhos de David Nasser, especialmente em *Falta alguém em Nuremberg*.[3] Todos tenderam a assumir como corretas as afirmações de Nasser sem uma investigação profunda dos fatos. Como consequência, eles têm ignorado radicalmente o objeto desta biografia. Além disso, podemos acreditar que a ausência de pesquisas significativas abordando Müller aponte para o fato de haver ainda conteúdos desconhecidos sobre sua história que vão, ou deverão, justificar nossa atenção – que vão, ou deverão, justificar se iremos absolvê-lo ou condená-lo.

Sou um criminologista qualitativo, não um historiador. Os historiadores podem muito bem fazer objeções às minhas escolhas historiográficas, sem falar do modo como me utilizo da sátira. Eu não sou sempre politicamente correto. Aos certinhos, ofereço minha compaixão. Dito isso, a vida de Filinto Müller é um objeto legítimo o bastante para mim mesmo e não apenas pelos crimes a ele atribuídos. Aquele que se dispõe a tal empresa, no entanto, rapidamente se depara com um problema gritante, o fato de o material sobre Filinto Müller acessível à leitura ser bastante limitado. Não obstante, tive acesso à grande maioria dos documentos, livros e artigos disponíveis à consulta durante meu período de pesquisas (2005-2011).

Dezenas de pessoas que conheceram Filinto Müller em Brasília, Cuiabá e no Rio de Janeiro me ofereceram seus depoimentos. O quadro que emerge da totalidade dessas fontes é o de um indivíduo sério, que servia a seus superiores zelosamente – particularmente os arbitrários. Ele era conservador, nacionalista e imperturbável em seu

INTRODUÇÃO

apoio a duas ditaduras, em guerra com um adversário persistente, *seu adversário*, a chamada ameaça comunista. Em ambos os casos, aqueles no poder acabaram com os partidos políticos legítimos do país, amordaçaram sua imprensa e sufocaram seus cidadãos. Em ambos os exemplos, ele foi um colaborador entusiasmado: servindo como o chefe da polícia de um autocrata e, décadas mais tarde, como líder do Senado e do partido político do governo.

De considerável utilidade foram os 66.704 documentos, 500 recortes de jornais, material impresso e 165 itens audiovisuais doados pelas duas filhas de Filinto Müller – Maria Luiza e Júlia Rita – ao CPDOC da Fundação Getulio Vargas, no Rio de Janeiro. Esse grupo de objetos abrange o período entre 1924 e 1948. Dos anos em que Filinto Müller tratou de questões trabalhistas, foi senador ou de outra forma ativo na política, 1948-1973, não há quase nada disponível, exceto seus discursos impressos ou as contas com as quais ele estava associado, no Senado brasileiro. Suas observações mundanas no Senado, como felicitações de aniversário para os colegas e outros itens sem importância, não estão incluídas no capítulo 10.

Este autor nunca teve a oportunidade de fazer julgamentos sobre um número desconhecido de documentos, uma vez que Filinto ou seus associados removeram-nos quando ele deixou o departamento de polícia, ou suas filhas ou membros da família possivelmente os expurgaram antes da doação para o CPDOC. Após a morte de Müller, em 1973, seu sobrinho e chefe de gabinete no Senado, Antônio Correa Pacheco, levou os papéis de Filinto do último período para a sua própria residência e manteve-os em um galpão. Com o tempo, lamentavelmente, os insetos destruíram essa valiosa e insubstituível coleção de materiais.[4]

O leitor não deve pensar que estou defendendo Filinto Müller, pois não estou. O que pretendo fazer é uma avaliação honesta de um homem que, em 2013, teve no Brasil nada menos que dez escolas batizadas em sua homenagem.[5] Mas vou usar fontes que são mais seguras do que as disponíveis até agora. Com certeza, os grandes "ismos" do século XX mantêm Müller como refém. Ele não estava sozinho. Primeiro surgiu a má compreensão do positivismo por seus professores na mais prestigiada academia militar do país. No momento em que se graduaram, eles tinham sido submetidos a estudos que propunham que os oficiais deveriam ser os conhecedores do melhor caminho para levar a nação brasileira adiante. Além disso, sua educação era orientada pela elite. Esse era um modelo que se encaixava perfeitamente às ideias da época da escravidão. O mesmo vale para a versão civil. Ambos eram e ainda são projetados e instituídos, consciente ou inconscientemente, para manter a maioria dos brasileiros brancos em posição de controle sobre seus concidadãos "sujos e da ralé não branca". Para o pensamento das elites, este era natural e paternalista. Na época de Filinto, a escola para oficiais não permitia a entrada de não brancos e de judeus.[6]

A guerra de Filinto Müller contra o comunismo não antecede a do seu primeiro *capo di tutti capi*. O leitor irá notar nas páginas seguintes que, quando Müller se tornou chefe de polícia na antiga capital do Brasil, ele não era abertamente contrário ao comunismo ou aos judeus. No entanto, quando a filosofia e a religião se tornaram o duplo bode expiatório para todos os males que assolavam a nação, como decretado por seu líder, o dado de Müller foi lançado. Não havia como voltar atrás, não havia espaço para acordos, discussão ou síntese hegeliana. Desde os impetuosos dias com Getúlio Vargas até o início da ditadura militar, no último dia de março de 1964, Filinto deveria estar ansiando para que outro líder forte guiasse a nação em direção à grandeza. Por um tempo, ele pensou que este poderia ser Juscelino Kubitschek e, depois, o então marechal Castello Branco.

Em 13 de dezembro de 1968, o oficial que comandava o país, Costa e Silva, promulgou o AI-5. O Ato Institucional nº 5 foi definitivamente o tipo de coisa que Filinto poderia apoiar. O AI-5 também representava o momento mais horrível da ditadura militar. Quando o general Costa e Silva sofreu um derrame no final de agosto de 1969, um triunvirato de oficiais de alta patente das forças armadas tomou o comando. Eles governaram por pouco mais de um mês antes de contabilizarem um voto – entre os próprios generais – para decidir

INTRODUÇÃO

qual deles seria o próximo a governar o país. O homem selecionado veio a ser o patrocinador final de Filinto, o general Emílio Garrastazu Médici. Médici tinha sido *top cop* da "revolução" deles, como os oficiais e os conservadores, invariavelmente, a chamavam. Como Filinto, sob o governo de Vargas, Médici tinha sido chefe da polícia política, SNI (Serviço Nacional de Informação), órgão vinculado diretamente à presidência da república. Filinto viu nele a pessoa que usaria o AI-5 para limpar o Brasil. O papel de Müller seria o de passar por cima do processo legislativo para garantir que este trabalharia a favor dos interesses do ditador. Afinal, ele e seus antigos companheiros tenentes eram aqueles que tinham sido educados para saber o que era melhor para o país. Müller esteve na vida militar durante toda a sua vida adulta. Mesmo que ele não falasse quase nada de alemão, cabe perguntar se teria ouvido o seguinte comentário de Albert Einstein, ainda que em tradução, e ponderado sobre seu significado: "Que um homem possa ter prazer marchando em formação, ao som de uma banda de música, isso é o suficiente para que eu o despreze."[7] O grande pensador estava se referindo às forças armadas como uma instituição.

1. Dias em Cuiabá

Até não muito tempo atrás, o que viria a ser o estado brasileiro do Mato Grosso foi considerado um tipo de Velho Oeste escaldante.[1] Durante anos, o Mato Grosso era composto pelo que é hoje o Mato Grosso e o Mato Grosso do Sul.[2] A área total era enorme, fazendo fronteira com a Bolívia e o Paraguai e somando 1.261.517 quilômetros quadrados. Um número pequeno de colonos, garimpeiros, exploradores, mercadores de escravos e diversas tribos indígenas habitavam a região. Destas, uma das mais ferozes era a dos índios bororos. Para proteger os colonos dos ataques indígenas, soldados patrulhavam as terras ao redor das planícies da capital, Cuiabá, até 1880. Dez anos mais tarde, foi concluída a primeira linha de telégrafo ligando a cidade ao resto do país. Mesmo assim, a característica mais famosa dessa parte remota do Brasil era, e ainda é, o Pantanal. Cobrindo cerca de 150.000 quilômetros quadrados, o Pantanal é, simplesmente, o maior pântano do mundo.[3]

O primeiro Müller chegou na vastidão do Mato Grosso vindo de Neubrandenburg, no Mecklenburg, o grão-ducado alemão ao norte de Berlim, perto da costa do mar Báltico. Nascido em 1818, o avô paterno de Filinto, August Frederich Müller, era um obstetra e oftalmologista que tinha ganhado uma bolsa para estudar medicina tropical. Ele deixou sua pátria e veio para o Brasil, entrou na bacia do rio Amazonas e viajou até o rio Tapajós. Tomando a direção sul, buscou os rios Juruena e Arinos antes de parar na primeira capital da província, Diamantino, em 1843. Ao contrair malária, como não havia médicos na cidade, procurou a casa do prefeito para conseguir ajuda. Lá conheceu uma viúva, Brígida Albertina Pinto de Vasconcelos, quatro anos mais velha, filha do prefeito. Seu pai era um rico imigrante português, com minas de ouro no norte da província. August Frederich e Brígida se casaram em 1848, mas, como ele era luterano, a cerimônia não poderia acontecer na Igreja Católica, que a noiva e sua família normalmente frequentavam. Em vez disso, o casal fez seus votos na casa de um amigo e então se estabeleceu em Cuiabá. A união resultou em dois filhos, Frederica Augusta e Júlio Frederico Müller. Quando August Frederich morreu, ainda jovem, aos 33 anos, em 24 de março de 1851, de outro ataque de malária ou de uma infecção, os amigos tiveram que esperar até a noite para enterrar seus restos mortais em segredo no cemitério controlado pelos católicos. A instalação não aceitava os corpos de pessoas de fora da verdadeira Igreja.[4]

Frederica Augusta faleceu em 1867, com apenas 19 anos de idade, vítima de varíola. Júlio Frederico, que nasceu um ano antes de seu pai morrer, chegou à vida adulta e se casou com Rita Teófila Corrêa da Costa, um relacionamento que resultou em cinco filhos: Frederica, nascida em 1890, Fenelon, em 1892, Júlio, em 1895, e Rita, em 1897. A última criança a nascer, Filinto, veio ao mundo às 5h do dia 11 de julho de 1900 na casa que Júlio havia construído dois anos antes, em Cuiabá, e que se situava na rua Comandante Costa, 18, na esquina com a rua Campo Grande (então chamada rua Quinze de Agosto), ocupando quase meia quadra de terreno com mangueiras e outros cultivos. Mamã Didi criou as crianças brincalhonas. Ela era uma serva, filha de ex-escravos.[5] Muito mais tarde, Júlio escolheu o nome do meio, Strübling, em reverência à família que permaneceu na Alemanha, e mais tarde tornou-o parte legal de seu nome. Mas Filinto nunca o adotou, embora alguns autores, equivocadamente, ou de propósito, tenham perpetuado a crença incorreta.[6] Havia ainda um meio-irmão, Frederico Augusto, filho fora do casamento de Júlio Frederico, nascido em 1884, mas tratado por Rita Teófila como seu próprio filho e criado na família como o filho mais velho.[7]

Júlio Frederico foi prefeito de Cuiabá entre 1907 e 1908. Seu amigo, um homem poderoso no Mato Grosso e presidente (governador) do estado, o coronel Generoso Ponce, o nomeou para o cargo. Júlio Frederico também serviu por cinco períodos medíocres na legislatura do estado.[8] A renda da família durante esses anos inicialmente veio de uma concessão de exploração de borracha bastante lucrativa para a região noroeste, no rio Mamoré, em um território (agora no estado de Rondônia) pelo qual os brasileiros tinham lutado com a Bolívia, em 1903. Mesmo antes da aquisição, os brasileiros tinham invadido a região. Júlio Frederico conseguiu sua parcela dessa terra no ano do nascimento de Filinto. Quando Júlio Frederico morreu, em 23 de setembro de 1930, ele havia apostado toda a sua habilidade na borracha e no ramo imobiliário e a convertido em uma pequena fortuna para a época. Esta incluía uma propriedade avaliada em 60:450$000 (60,45 contos de réis) (US$ 6.209) e investimentos no total de 24:200$000 (US$ 2.485): o equivalente a quase US$ 122.000 em valores de 2017.[9]

Os Müller criaram os filhos em tempos difíceis. Sua filha mais velha nasceu apenas dois anos após a Lei Áurea ter acabado com a servidão forçada, embora a escravidão permanecesse, de qualquer maneira, e certamente também no Mato Grosso. Em 1889, e parcialmente por causa da abolição, o imperador foi deposto e a república, declarada. Dois militares com poderes praticamente ditatoriais surgiram, um após o outro, governando o país até 1894. Uma guerra civil eclodiu no estado mais ao Sul do Brasil, o Rio Grande do Sul, em 1893, e logo seguiu para os estados vizinhos de Santa Catarina e Paraná, com suas fronteiras que tocavam o limite Sul do Mato Grosso.

Ao Norte, no interior da Bahia, a Guerra de Canudos (de 1893 a 1897) levou católicos destituídos de terras à resistência armada contra o Exército federal. Em 1903, a capital do país foi renovada através da criação do que se tornaria a avenida Rio Branco e da remoção quase forçada das classes mais baixas do centro da cidade, tudo feito sob o pretexto de uma campanha contra a febre amarela. No início da década seguinte, o Rio de Janeiro vociferou novamente, desta vez sob as armas de um motim naval que assolou a cidade em 1910. Dois anos mais tarde, mais ao Sul, um outro conflito armado entre os despossuídos e o governo aconteceria: a Guerra do Contestado (1912 a 1916), tingida com implicações religiosas.[10] Venceslau Brás, então presidente do Brasil, fez um comentário posterior que poderia ser quase tomado como profético pelo jovem Filinto Müller:

> As pessoas conhecem o governo através de seu chefe de polícia, a autoridade que tem o maior contato com as massas, uma vez que ele luta contra elas a maior parte das vezes, e quem, mais do que ninguém, é um reflexo de poder e força.[11]

Tão desestabilizantes quanto esses eventos foram na vida do Brasil, em Cuiabá os acontecimentos sucediam em um caminho paralelo, embora em uma escala menor e mais pessoal. Em 1900, a população da cidade, que tinha uma história de flutuações, era de medianas 34.393 almas.[12] O advento da república, 11 anos antes, não fizera praticamente nada para apaziguar o uso da violência pelas elites e seus representantes na capital do Mato Grosso ou no estado como um todo. A carnificina só aumentou com o fim da monarquia, uma vez que a autoridade local reforçou a opressão que exercia. Pessoas que simplesmente tentavam viver eram as vítimas mortais costumeiras nesse cenário. Vistas através do prisma de um outro século, as mulheres eram as maiores vítimas de todas, não tendo nem voto nem voz a respeito de nada. Se casadas, ficavam grávidas por muitos de seus anos férteis. Tanto as mães quanto a sua prole eram praticamente propriedade de seus maridos.

No grande Mato Grosso, a supremacia de potentados regionais, muitas vezes referidos com o adulador título de coronel,[13] era um fenômeno de autorregeneração em um estado que passava por contínuas mudanças, devido aos esquemas de outros coronéis e aspirantes a coronéis. As decisões tomadas no Rio de Janeiro conseguiram um certo grau de aprovação – porém sem nenhuma ação condizente –, quando conhecidas, em partes longínquas do país. No Mato Grosso, assim como em toda parte, coronéis de província contavam com a poderosa proteção do parentesco e das parentelas para chamar os poderosos.[14] A ameaça implícita de violência pessoal mantinha os arranjos em vigor e a subordinação das pessoas comuns, o povão. Reforços substituíveis provenientes das fileiras do povão e a serviço dos agentes do poder mantinham o cumprimento das regras e os desejos das elites – a isso se chamava coronelismo.

Assim estava estabelecido; era assim que as coisas funcionavam. Em 1890, quando nasceu a primeira filha de Júlio Frederico e Rita Teófila, Frederica, o coronelismo funcionava com uma eficiência selvagem. Naquele ano o então governador, o general Antônio Maria Coelho, começou uma luta aberta pelo poder com o futuro governador, o coronel Generoso Pais Leme de Sousa Ponce. Ponce respondeu, arranjando para que o governador fosse demitido. O coronel Ponce conseguiu que o presidente da nação e marechal do Exército Manuel Deodoro da Fonseca fizesse este trabalho. Em 1892, foi a vez de Coelho. Ele e seus aliados declararam um estado separatista, o Estado Livre do Mato Grosso, e derrubaram o governador eleito, Manoel José Murtinho, juntamente com Generoso Ponce. Isso motivou Ponce a conduzir mais de 3 mil homens para Cuiabá e a depor o escolhido de Antônio Coelho. Logo Murtinho assumiu suas funções e administrou o estado.

Sete anos mais tarde, uma outra onda de violência retornou à política do Mato Grosso. De um lado, havia Murtinho e seus adeptos, incluindo o coronel Antônio Paes de Barros, conhecido coloquialmente como "Totó" Paes. Seus oponentes eram o coronel Ponce e todos os que estavam ao seu lado. No banho de sangue que se seguiu, os aliados de Totó viriam a dominar e exterminar em grande parte as forças de Ponce. Antes do final do episódio, no entanto, em 31 de agosto de 1899, alguém tentou assassinar o então senador Ponce perto de sua casa, no centro de Cuiabá. O quase assassino, o imigrante polonês Ramon Jacksvisk, foi capturado e imediatamente linchado, sem a formalidade de um julgamento.[15]

Quatro meses depois do primeiro aniversário de Filinto, os seguidores de Totó conseguiram capturar 17 colaboradores de Ponce que ainda estavam vivos. Eles foram assassinados e jogados às piranhas na baía do Garcez (agora chamada baía das Garças), 2.375 quilômetros a Oeste de Campo Grande, a atual capital do Mato Grosso do Sul. Embora Totó tenha sido culpado pela carnificina, isso não impediu que o pequeno número de homens brancos que podiam votar no estado o elegesse governador dois anos mais tarde, em 1903.

A vitória de Totó Paes nas urnas forneceu o catalisador para uma aliança entre os coronéis Antônio Corrêa da Costa, Generoso Ponce e Manoel Murtinho, que, por sua vez, lideraram o início da Revolução de Mato Grosso, de 1906. No momento mais dramático do conflito, Ponce comandou uma flotilha de trinta navios e barcaças carregados de soldados irregulares armados em direção a Cuiabá. Totó bateu em rápida retirada até a comunidade vizinha de Coxipó da Ponte, e se escondeu em uma fábrica de pólvora. Descoberto, ele se rendeu, mas os aliados de Ponce mataram-no mesmo assim.

A morte de Totó deu início a uma fase que era referida no folclore popular de Mato Grosso como o "Tempo da Paz Armada". Esse foi um período pontuado pelo uso de assassinato, emboscada e punição corporal, além de banditismo, pilhagem e roubo de animais como ferramentas para a preservação do poder dos privilegiados. Note-se que não havia nada de novo aqui. Esses métodos foram utilizados por décadas. Apenas sua intensidade era nova. Joaquim Augusto da Costa governou o estado dessa forma de 15 de agosto de 1907 até 15 de agosto de 1915. Seu sucessor, o general Caetano de Faria Albuquerque, também agiu assim, mas concordou em deixar o cargo em 1917, quando o governo nacional interveio e nomeou um administrador federal, chamado interventor. O indivíduo agia como um governador, sob a responsabilidade direta do presidente do país. O homem selecionado, o bispo católico dom Francisco de Aquino Corrêa e a família Ponce eram membros de duas parentelas que se tornariam rivais com a ascensão do clã Müller nos anos seguintes.[16]

Toda essa *Realpolitik* coerciva deve ter tido um efeito sobre os filhos de Júlio Frederico e Rita Teófila. Na verdade, Filinto, seus irmãos e irmãs cresceram no lar protegido de um homem da elite regional. Seria de esperar que um pouco de arrogância fizesse parte da atmosfera familiar. É interessante saber, então, que Júlio e Rita não estragaram sua prole. Eles imprimiram em cada criança o valor das coisas, fazendo-os ganhar seu próprio dinheiro. Para comprar o que quer que fosse, eles tinham que cultivar frutas e verduras para vender aos vizinhos, ou nas ruas de Cuiabá, todos acompanhados por Mamã Didi. Chamada de "cidade verde" devido às suas muitas mangueiras, naquela época não eram muitos os moradores de Cuiabá que comiam uma ampla variedade de frutas e vegetais. De acordo com a memória familiar dos Müller, foi graças aos esforços empresariais de Júlio Frederico – que gostava de ler livros sobre alimentos saudáveis – e de seus filhos, que vendiam os produtos, que essa produção benéfica lentamente começou a se tornar mais popular. Júlio Frederico também criava cabras, e seus filhos cresceram com o leite muito nutritivo desses animais. O fato de Frederico ser apenas um meio-irmão nunca foi um problema. Seus pais sempre o chamaram de "filho" e seus irmãos e irmãs se referiam a ele como "irmão". Talvez porque os dois filhos mais novos, Rita e Filinto, tivessem idade mais próxima, eles estavam sempre brincando juntos.[17]

Cada criança dos Müller recebeu uma educação de base sólida. No caso de Filinto, ele tinha uma professora particular em casa, Antonia Georgina de Faria, antes de ingressar no sistema escolar primário da cidade. No ensino médio, seus pais decidiram mandá-lo para o Colégio Salesiano São Gonçalo, com sua bela igreja anexa. De acordo com o pensamento de muitos pais brasileiros da época, aquela escolha garantia que seus filhos tivessem uma boa educação, baseada em sólidos princípios católicos. A escolha do Salesiano São Gonçalo certamente não foi porque a escola era próxima, já que Filinto tinha que andar quase três quilômetros para ir e voltar, todos os dias. Uma vez que Cuiabá é notória no Brasil por seu calor sufocante, esse não era um passeio muito agradável a maior parte do tempo. De qualquer forma, Filinto percorreu esse caminho de 1913 a 1915. Sendo um bom estudante, em 1º de agosto de seu último ano no Salesiano São Gonçalo ele ganhou um prêmio. Era um livro, e isso mostrou à sua família que eles tinham como filho um intelectual em potencial que desabrochava.[18] Em 1916 ele foi transferido para a escola mais próxima e secular, o Cuiabano, agora chamado Liceu Cuiabano Maria de Arruda Müller (em homenagem à futura esposa de Júlio Strübing Müller[19]). Filinto ficou em primeiro lugar em sua turma de graduação no Cuiabano.[20] Quanto à instrução baseada em firmes princípios católicos, eles não conseguiram controlar o caçula dos Müller. Filinto por fim se tornou agnóstico.[21]

No meio de seus anos de educação secundária, a cidade de Cuiabá tinha se reduzido a cerca de 22 mil habitantes. Em parte, isso se devia a uma população transitória formada por residentes que se mudavam para o norte do estado, para trabalhar na produção de borracha, ou para o sul, para trabalhar na indústria de bebidas de erva-mate. Em 1914, o perímetro urbano de Cuiabá se estendeu cerca de três quilômetros em uma direção e dois quilômetros em outra. A comunidade tinha dois distritos, 24 ruas, 17 parques, dois jardins públicos e uma linha de bondes puxados a cavalo, tendo o matadouro como terminal em uma extremidade e uma cervejaria na outra. A cidade mantinha o esgoto, a instrução pública, o saneamento e a iluminação de seus dois mercados públicos. Havia dois hotéis, vários cafés e restaurantes, serviços de correios, telégrafos e telefones, duas revistas locais e seis jornais, um dos quais era impresso diariamente, *O Debate*.[22]

Saindo da escola aos 17 anos, Filinto Müller tinha chegado a 1,86 m de altura e 82 quilos. Em suas fotografias, mesmo nessa época, ele estava sempre sombrio, sem sorrir e formal. Era como se o legado de Mato Grosso, ou talvez até mesmo o do Brasil, estivesse pesando em sua mente. Um jovem muito sério, ele obteve seu primeiro emprego como revisor assistente de um tabloide de notícias do estado, a *Gazeta Oficial*. Além de revisar, ele também escreveu uma série de artigos sob o pseudônimo "Pedro" em outros jornais de Mato Grosso. A vantagem de estar em ambas as empresas permitiu que ele aperfeiçoasse seu conhecimento da língua portuguesa. A posição de Filinto na *Gazeta* poderia ter progredido, mas sem uma educação complementar ele talvez tivesse visto suas chances serem limitadas.[23]

Júlio Frederico já tinha enviado seu segundo filho, Fenelon, a outro estado para obter educação universitária, porque no Mato Grosso não havia instituições de ensino superior, apenas um curso de formação de professores e uma pequena faculdade de direito. Fenelon viajou até São Paulo em 1912, onde ingressou na Escola Politécnica (agora parte da prestigiosa Universidade de São Paulo) em 1913. Ele foi o primeiro mato-grossense admitido nessa escola. Seus estudos foram em engenharia civil, que ele finalmente terminou em 31 de janeiro de 1919.[24] O filho imediatamente mais velho, Júlio, estava estudando Direito em Cuiabá. Simplesmente não havia dinheiro suficiente para enviar Filinto para longe de casa – originalmente, ele queria estudar medicina.[25] Os pais de Filinto devem ter pensado muito para encontrar uma solução. A providência proporcionaria uma. Havia um lugar que oferecia educação avançada gratuita e que estava sempre à procura de jovens talentos. Mas para valer-se dessa oportunidade, Filinto teria que abandonar sua namorada, Ecila. À época, ele estava cortejando a irmã da mulher que casaria com seu irmão Júlio.[26] Não se permitiam pessoas casadas no lugar para onde o mais jovem dos Müller estava indo.

Algum tempo antes, provavelmente enquanto trabalhava no jornal, Filinto encontrou uma notícia a ser reimpressa: a Lei de Sorteio Militar (1908), que nunca tinha sido cumprida, entraria em vigor em dezembro de 1917. Quando ele leu a notícia, sem dúvida levantou a sobrancelha esquerda. Aqueles que vieram a conhecer Filinto mais tarde reconheceram o hábito, que ele manteve durante toda a vida, como uma indicação de surpresa. De acordo com o estatuto, se ele entrasse para o Exército e completasse apenas três meses de serviço ativo, poderia ir para a reserva por nove meses e completar seu primeiro ano de serviço nas forças armadas do Brasil.[27] Era tudo que ele precisava fazer para tentar atingir o seu objetivo real. Seu momento tinha chegado.

2. A paixão de um jovem

No verão de seu 17º ano de vida, em 6 de dezembro de 1917, Filinto oficialmente se tornou parte do 53º Batalhão do Exército Brasileiro em Lorena, São Paulo, como voluntário. Ele sabia que o 53º fazia manobras regularmente no Mato Grosso. Quando se alistou, o batalhão estava no estado. Filinto queria entrar na prestigiada Academia Militar de Realengo, no Rio de Janeiro. Naquela época, indivíduos com aspirações a oficial tinham que servir por 12 meses como soldado antes de submeter seus requerimentos para a escola de candidato a oficial. Após nove dias de exercícios militares, o Exército enviou Müller para as instalações em Coxipó da Ponte para fazer um aperfeiçoamento. No dia 22 de janeiro de 1918, chegou uma ordem para transferi-lo para o 39º Batalhão do 13º Regimento de Infantaria, em Corumbá, então parte do estado de Mato Grosso. No dia 6 de março de 1918, no entanto, Filinto deixou o 39º Batalhão, mas não o Exército. A reorganização geral das forças armadas em 1918 e 1919 apelava para que o 39º fosse extinto. Depois de completar os noventa dias de serviço requisitados, o Exército transferiu-o para a reserva. Isso lhe permitiu permanecer em seu estado natal e nas forças armadas. À época em que Filinto se apresentou em Realengo, ele já estava no Exército havia quase 17 meses, a maioria destes em inatividade.[1]

Aprovado, fez parte da viagem particular até a capital da nação por via férrea, com escala em São Paulo, onde permaneceu com Fenelon – foi onde viu o funcionamento da eletricidade pela primeira vez na vida. Continuando em direção ao Rio, Filinto se dedicou ao burocrático trabalho de matricular-se na academia militar. As exigências burocráticas incluíam apresentar uma certidão de nascimento provando que ele tinha mais de 16 e menos de 20 anos de idade. Da mesma forma eram requeridos documentos que comprovassem que era solteiro e sem filhos, de que não tinha nenhuma doença contagiosa, um certificado de boa conduta (normalmente da polícia) e provas para atestar que tinha concluído com êxito o curso na escola secundária, uma exigência. Estas incluíam português, além de francês, inglês ou alemão, física, química, mecânica, história natural, história (incluindo história do Brasil), geografia, aritmética, álgebra, geometria, trigonometria, cartografia e desenho.[2]

Assim que Filinto concluiu sua matrícula, o currículo de Realengo estava prestes a sofrer uma renovação dramática, pelo menos no papel. Essa mudança foi provocada por uma cadeia de eventos que remontava ao reforço das forças armadas da Argentina e do Chile – inimigos potenciais do Brasil – nas décadas seguintes à Guerra do Paraguai (1864-70). O Brasil tentou se manter no mesmo nível por meio de uma série de medidas, a primeira das quais realmente começou a ser implantada no final do ano de 1889, com um aumento nos quadros do Exército.[3] A necessidade de melhoria se tornou imprescindível depois do péssimo desempenho durante a Guerra de Canudos. A partir daí, outras reformas aconteceram nas forças armadas brasileiras, em ritmo irregular, durante anos. Procurando abrir caminho na frente de seus rivais, o governo trouxe contingentes do exército alemão, e depois de seus adversários franceses, quando as Potências Centrais perderam a guerra, para que oferecessem conselhos sobre como reordenar as forças armadas brasileiras. Não havia nada de novo nisso. A Argentina, o Chile, a Bolívia e o Peru, todos esses países haviam convidado instrutores franceses e alemães. O que era diferente para o Brasil era que, além do Exército, incluindo a pequena Força Aérea do Exército, a missão francesa também atualizou a Força Pública, ou Polícia Militar de São Paulo.[4]

Em 29 de abril de 1919, ainda com 18 anos de idade, Filinto atravessou as portas de Realengo para começar o seu curso de candidato a oficial.[5] Seus formulários de admissão descrevem-no como se segue: de raça branca, solteiro, cabelos e olhos castanhos, sem barba, uma cabeça estreita com um nariz grande e boca pequena, sem marcas ou tatuagens, vacinado contra a febre amarela, alfabetizado e sem profissão formal.[6] O mundo em que esse jovem de 18 anos estava entrando, porém, era diferente do que ele poderia ter imaginado. Devido à decisão do governo de diminuir a produção de graduados em academias militares, que se impregnavam de tópicos teóricos e não sabiam atirar com precisão, agora os cadetes se concentrariam, em vez disso, nas artes práticas da guerra. Muitas das modificações, no entanto, demoraram a chegar devido a questões burocráticas. A partir de 1913 e durante a maior parte da década de 1920 os cursos de estudos da academia e sua duração, de três ou quatro anos, estavam em um correspondente estado de mudança.[7] Isso era perceptível no caso de Filinto, mesmo que apenas no currículo, que deveria ter mudado para refletir as reformas de 1918 e 1919, o que não aconteceu. O núcleo do seu programa estava no formato de 1913. Este concordava com a tradição positivista de que o único conhecimento autêntico é o conhecimento científico. O curso básico terminava em dois anos. Após esse período ele escolheu o curso de especialização de dois anos em treinamento de artilharia. Quando um professor perguntou aos alunos em uma classe onde cada um deles tinha obtido sua formação anterior, os companheiros cadetes de Filinto riram quando ele respondeu: "Cuiabá, Mato Grosso." Eles deduziam que qualquer um que viesse daquela parte do Brasil tinha que ser caipira, de alguma forma. Eles teriam uma surpresa. As notas dos estudantes poderiam variar de um mínimo de zero até um máximo de dez. A seguir são indicadas a maior parte das notas para o cadete Müller e os cursos realizados a cada ano.[8] Algumas de suas notas não constam dos registros oficiais e, portanto, não foram reproduzidas aqui.

Tabela 1
CURSO BÁSICO
Primeiro Ano – Primeiro período

Matérias Teóricas e Práticas	Nota final
1. Organização e Tática	7
2. Direito	9
3. Essência da Geometria Analítica Básica	7
4. Higiene	9
Matérias Práticas	Nota final
Ginástica	
Formação avançada de infantaria	
Combate de baioneta	
Nomenclatura de rifle e mosquete	
Prática de alvo com rifle	
Cálculo de distâncias	
Corpo único	6
Nomenclatura resumida do material de artilharia e suas funções	
Responsabilidades das diferentes categorias no Exército	

Tabela 2
Primeiro Ano – Segundo período

Matérias Teóricas e Práticas	Nota final
1. Administração etc.	9
2. Armamentos	10
3. Física	6
4. Essência da Geometria Descritiva Básica	8
Matérias Práticas (as mesmas do Primeiro Ano)	

Tabela 3 Segundo Ano – Primeiro período	} não disponível
Matérias Práticas	Nota final
1. Regras de guerra	9
2. Fortificações de batalha	10
3. Topografias normais	6
4. Cálculo diferencial e integral	8
5. Química	
Matérias Teóricas e Práticas	Nota final
Ginástica e exercícios de montaria militares	
Formação para soldados da infantaria e cavalaria e para sargentos	
A pá e seu uso	
Isolamento e telefonia durante batalhas	
Luta de baionetas	
Prática de tiro ao alvo com rifle	
Prática de tiro ao alvo com mosquete	
Avaliação de distâncias	
Trabalhando com metralhadora, sua nomenclatura e prática de tiro ao alvo com metralhadora	
Montaria	
Luta de espadas	
Manutenção de arma de fogo	
Treinamento de arma de fogo	
Localizadores de distância na artilharia	
Tiro simulado de uma bateria de artilharia	
Instrução para líderes de artilharia	
Treinamento de fogo de artilharia	
Regras e penalidades no exército	

Tabela 4
Segundo Ano – Segundo período

Matérias Teóricas e Práticas	Nota final
1. Fortificações permanentes	9
2. Topografias militares	7
3. Mecânica básica	9
4. Pólvora e explosivos elementares	6

Matérias Práticas (as mesmas do Segundo Ano)	Nota final 9

Tabela 5
CURSO DE ARTILHARIA
Terceiro Ano – Primeiro período

Matérias Teóricas e Práticas	Nota final
1. Estratégia abstrata	10
2. Regulamentos	7
3. Material de artilharia	9
4. Balística geral	7

Matérias Práticas	Nota final
Treinos militares de montaria	
Equitação	
Treinamento de liderança	
Isolamento de artilharia	
Instrução especial para capitães: o uso de binóculos	
Tiro simulado	
Batedores e seu uso	
Ferimentos a bala	

Escola de bateria de artilharia	
Exercícios de fogo tático simulado	
Construção de fortificações normais	
Telemetria	
Tiro	
Exercícios de abastecimento de munição	
Exercícios de comunicação através de várias formas	
Primeiros socorros	

Tabela 6
CURSO DE ARTILHARIA
Terceiro Ano – Segundo período

Matérias Teóricas e Práticas	Nota final
1. História militar	8
2. Tática e organização de artilharia	9
3. Estratégia	9
4. Fisiologia do cavalo	10
Matérias Práticas (as mesmas do Terceiro Ano)	8

Filinto também foi agraciado com a nota dez por suas qualidades morais.[9] No início de janeiro de 1922, Müller se formou em primeiro lugar em sua classe entre os aspirantes a artilheiros.[10] Ele recebeu um prêmio e a espada habitual pelo primeiro lugar das mãos do então ministro da Guerra, general João Pandiá Calógeras. Além disso, o rei da Bélgica, Albert I, que estava em uma visita de Estado ao Brasil, presenteou Filinto com um relógio. Havia nele uma inscrição: "Prêmio ouro mérito – Primeiro Lugar."[11] Um dos instrutores de Müller, no entanto, afirmou que ele trapaceou durante sua estada em Realengo.[12] Essa acusação parece duvidosa vinda de quem veio, e também devido ao fato de que chegar em primeiro lugar entre os colegas significava uma invulgar quantidade de análise sobre os principais candidatos para o prêmio. No sistema de honra, um cadete teria tido muitas oportunidades para entregar Filinto aos seus superiores, se a acusação fosse verdadeira. No entanto, trapacear na principal academia militar brasileira era algo muito comum. Outro cadete, que esteve em Realengo na década que se seguiu a Filinto, relatou que isso era devido ao grande número de estudantes que concordavam em fazer testes um para o outro e aos professores que não conseguiam reconhecer as feições de todos.[13] Mas é consenso que a época de Filinto em Realengo não estava livre de invectivas polêmicas. Esses foram anos nos quais ele se tornou conhecido como um calouro argumentativo, que disse aos colegas que "todo governo é corrupto", "a estagnação econômica e a depravação são responsabilidade de um pequeno grupo", e que "a solução é uma ditadura que iria fazer de tudo uma tábula rasa".[14]

Müller não estava sozinho com esses sentimentos. Mais tarde ele afirmou que, "nesta academia eu encontrei outros jovens oficiais intensamente interessados na política nacional".[15] Soluções para os problemas que eles discutiam eram, sem dúvida, uma parte do alimento diário. Entre aqueles que estavam um ano à frente dele havia numerosos cadetes que chegaram a ficar em evidência internacional nos anos 1960, depois de se formarem, serem promovidos e derrubarem o governo eleito do presidente João Goulart. A lista incluía os dois primeiros presidentes ditadores militares do Brasil no século XX, Humberto Castello Branco e Artur da Costa e Silva. Ambos receberam seus diplomas em Realengo, em janeiro de 1921. Luiz Carlos Prestes, o instrutor que percebeu que Filinto, havia trapaceado, se tornaria famoso antes deste. Embora Prestes tenha terminado seus estudos em 1919, ele não prestou os exames finais até janeiro de 1920, devido a uma epidemia de gripe espanhola na capital.[16] Cada um desses homens, especialmente Prestes, desempenhou um papel significativo na vida posterior de Filinto Müller.

O anúncio oficial veio em 7 de janeiro de 1922. A lista dos cadetes que estavam se formando continha o nome de Müller, à época com 21 anos de idade, de Cuiabá. Uma semana se passou e veio uma ordem, requerendo que Filinto se apresentasse ao Departamento de Guerra.

A PAIXÃO DE UM JOVEM

Lá, o pessoal atribuiu a ele a primeira bateria do 1º Regimento de Artilharia Montada na Vila Militar, não muito longe de Realengo. Ele também recebeu uma licença em 21 de janeiro. Voluntariamente diminuindo suas férias, Müller voltou para seu posto em 7 de fevereiro de 1922, e no dia 18 tornou-se o assistente do diretor da escola. No dia 10 de março, ele assumiu as funções do diretor mais importante, sendo removido do cargo exatamente um mês mais tarde, por razões não especificadas.[17]

No dia 6 de maio de 1922, Filinto Müller tornou-se segundo-tenente. Ele deixou a 1ª bateria do 1º Regimento de Artilharia Montada, foi reintegrado no dia 20 de maio, e no dia 23 foi dada a ele a tarefa de conduzir a escola regimental pela segunda vez. Filinto fez o trabalho bem o suficiente para ganhar o louvor de seus superiores pelos resultados satisfatórios dos testes de recrutas.[18]

Havia vários acontecimentos relacionados à carreira militar de Filinto que se fundiam com seu mundo cotidiano e até mesmo com a vida de todos os brasileiros na primeira metade da década de 1920. Entre estes estavam as transformações acontecidas antes mesmo da Primeira Guerra Mundial. De 1890 a 1920, a população do país tinha mais que duplicado (de 14,3 milhões para 30,6 milhões). A razão desse aumento fora o grande afluxo de imigrantes europeus que vieram embranquecer o acervo genético do país. Além disso, em 1920 cerca de 56% da população tinha menos de 20 anos de idade, e cerca de 67% destes que tinham emprego trabalhavam na agricultura. O analfabetismo chegava a quase 70% das pessoas com idade superior a 6 anos. A taxa de mortalidade infantil também era perturbadora, assim como a expectativa de vida, que era de cerca de 36 anos.[19]

Essa era uma época de rápida mudança social, e o conflito por vir amplificaria tudo. O Brasil entrou em guerra contra as potências centrais, inclusive enviando tropas para a luta. A inflação em tempo de guerra, no entanto, prejudicou os trabalhadores, permitindo ao mesmo tempo um crescimento da classe média e benefícios econômicos limitados. Os camponeses brasileiros, os imigrantes e os negros realizavam grande parte do trabalho sujo, com aqueles de ascendência africana mais óbvia empurrados em direção à marginalidade cada vez maior por causa da competição. Contratados para fazer o trabalho que até pouco tempo atrás – há apenas três décadas – era feito por escravos, os dois primeiros grupos juntaram-se ao último para se tornarem cidadãos de segunda classe.[20]

Alguns setores viram a eleição de Epitácio Lindolfo da Silva Pessoa como presidente do país, em 1919, como nada além de uma outra tentativa, por parte das elites, de manter esse estado de coisas cuidadosamente elaborado do que tinha se tornado, na verdade, uma realidade de classes sociais. Sempre protegendo o *status quo*, a velha guarda queria deter as aspirações políticas de outros, particularmente aqueles da burguesia emergente, bem como aplacar as bravatas de Rui Barbosa de Oliveira. Defensor de longa data de um governo controlado por civis, Rui teve o descaramento de declarar publicamente o que muitos já haviam percebido que estava acontecendo na jovem república. Os governadores de São Paulo e Minas Gerais tinham transformado a presidência da república em uma posição que, em grande parte, circulava entre eles, usando uma política tácita chamada "café com leite". Esta se referia ao estado de São Paulo, onde grande parte da safra de café do Brasil se originou, e ao leite da vizinha Minas Gerais, com muito da produção nacional dos laticínios.

Embora houvesse uma Constituição, que Rui tinha copiado em grande parte da versão dos EUA, o governo dos patrões regionais informalmente apoiava a hegemonia da elite na gestão do sistema político nacional. O sistema, conhecido como a "Política dos Governadores", era na verdade muito simples: os governadores escolhiam os presidentes, não o povo. Oligarquias locais, por sua vez, selecionavam os governadores; e as oligarquias locais protegiam a cultura do café. Sim, existia um minúsculo eleitorado. Ele dava o seu voto para os candidatos escolhidos previamente, mas os votos não eram secretos. Em 1919, apenas 1,5% da população era elegível. Os eleitores eram tipicamente homens brancos de certa importância, com mais de 21 anos de idade. Mulheres, analfabetos (leia-se: as classes trabalhadoras), juntamente com todos os soldados e marinheiros alistados, eram excluídos.

Aqueles que estavam no controle mantinham os militares em xeque, aumentando o tamanho da polícia estadual (chamada Polícia Militar ou Força Pública na maioria dos lugares). Dessa forma, a aplicação da lei nas ruas chegou a ser quase tão grande quanto o Exército regular. O motivo novamente era simples: a polícia protegia em primeira instância os oligarcas e os seus interesses, a menos que o governo federal desenvolvesse alguma ideia contrária.[21]

Com suas posições privilegiadas apoiadas, os detentores de poder enfraqueceram a democracia e as acusações de Rui Barbosa através da escolha de Epitácio Pessoa para o mais alto cargo do país. Pessoa era um eminente professor de direito e político do pequeno estado da Paraíba. Ele estava em Paris como um dos representantes do Brasil na Conferência de Paz de Versalhes quando chegou a notícia de sua eleição. Os poderosos do Brasil sentiram que poderiam manipular Pessoa. Essa foi uma decisão que explodiu quando ele retornou ao Rio de Janeiro, porque o novo presidente não cedeu aos pedidos dos militares. Na verdade, depois de tomar posse, ele vetou a legislação que teria aumentado os salários dos militares – sempre uma má decisão quando se avalia a história do Brasil. Para piorar a situação, o presidente ainda deu um passo inédito ao nomear civis para os cargos ministeriais que supervisionavam o Exército e a Marinha. Isso marcou a primeira vez que aqueles formalmente fora do ofício da guerra obtiveram posição privilegiada no Brasil. Tal fato foi só mais uma prova para uma facção de oficiais do Exército, muitos deles das posições menos elevadas, de que nem tudo estava certo com os líderes do país. Na verdade, de que tudo não estava certo com a ideia de política civil e de políticos civis.

O predecessor de Pessoa tinha feito diversas concessões ao Exército para melhorar seu profissionalismo, tanto em equipamento quanto em treinamento. O governo havia reduzido a Guarda Nacional a oficiais que estavam na reserva. O controle civil sobre essa corporação – que tinha sido formidável e, anteriormente, fizera parte da pasta do ministro da Justiça e dos Assuntos Internos – havia sido dado ao ministro da Guerra.[22] Então, após um curto período, o programa de profissionalismo caiu. Uma vez que Pessoa se tornou presidente, contratou os franceses para atualizar as forças militares do Brasil, em uma medida altamente impopular entre os oficiais brasileiros. A troca ocorreu de tal forma que fez com que esses oficiais parecessem incapazes de reestruturar-se. Havia também o problema das promoções. Nesse momento, o Exército brasileiro não tinha arranjos reais para que seus oficiais subissem de posto sem ser através de conexões políticas. Sem tais contatos, um oficial poderia definhar em um posto durante anos. Cada uma dessas realidades somente adicionou combustível ao fogo do descontentamento militar, latente desde a derrubada da monarquia, em 1889.[23]

Além disso, havia a questão das finanças do país. Aqueles no controle dos estados mais prósperos do Sul não viam com muito bons olhos que Pessoa enviasse grandes quantidades do que eles consideravam seu dinheiro para o Nordeste atormentado pela seca. Além disso, desde que tomara posse, o presidente Pessoa vinha enfatizando que o *boom* da economia dos anos de guerra finalmente acabaria, à medida que a Europa e o restante do mundo voltassem suas capacidades produtivas para as necessidades do tempo de paz, capitalistas. Embora houvesse outros itens que o Brasil estava tentando comercializar internacionalmente, o café trazia 70% da renda do país durante a década de 1920. Por conseguinte, uma vez que o preço da saca começou a cair,[24] acoplado a uma taxa de câmbio decrescente após a guerra, os cintos da economia começaram a ser apertados em casa. Enfrentando esse dilema, o presidente optou por fazer o governo comprar o excedente do café, a fim de vendê-lo mais tarde, quando os preços nos centros comerciais do mundo fossem mais favoráveis.

Como seu mandato se aproximava do fim, Epitácio terminou como marionete dos caciques políticos de São Paulo e Minas Gerais. Ele realmente não tinha escolha. Mais uma vez, os líderes desses dois estados poderosos selecionaram o candidato oficial para se tornar o próximo presidente do país. Visto que era a vez de Minas Gerais, eles logo estabeleceram seu próprio governador, Artur da Silva Bernardes. Na simulação de eleição que se seguiu, em 1921-22, no entanto, as forças de oposição a Bernardes e que apoiavam a candidatura do ex-presidente Nilo Procópio Peçanha aproveitaram a oportunidade para conduzir uma campanha particularmente eficaz de troca de ofensas. Esses golpes baixos inevitavelmente atraíram o *lobby* dos oficiais, o assim chamado Clube Militar, para a briga.

O diário do Rio de Janeiro *Correio da Manhã*, já contra Bernardes, forneceu a maior manchete em 9 e 10 de outubro de 1921 ao publicar duas das cinco cartas que o diário alegara terem sido escritas pelo governador em confiança. As comunicações do candidato Bernardes supostamente teriam insultado a dignidade do Exército. Diziam que os instrutores militares franceses de Epitácio ocupavam muito do tempo dos militares. Finalmente, um despacho militar alegou que o líder do Clube Militar, e diminuto ex-presidente, gaúcho e marechal do Exército, Hermes Rodrigues da Fonseca, era nada mais do que um "sargento sem igual".

Uma equipe de investigação declarou o despacho genuíno, e, então, numa mudança súbita, classificou-o como uma boa falsificação. O processo levou quase seis meses e resultou em uma disputa que foi o suficiente para voltar um quadro de jovens oficiais, já irritado, totalmente contra Bernardes. Na realidade, as cartas levantaram tal gritaria antes que o veredicto final sobre a sua autenticidade fosse anunciado, e muitos civis também acharam a escolha de Bernardes algo repugnante.[25]

Enquanto tudo isso estava acontecendo, corriam em meio ao povo piadas a respeito de Bernardes, incluindo um samba popular no Rio de Janeiro, durante o carnaval de 1922. O hit "Ai seu mé", de Francisco José Freire Júnior, e "Careca", de Luís Nunes Sampaio, zombavam do governador de Minas Gerais. Além do título, que se traduz como "Isso dói, senhor mééé [o som de uma ovelha a balir]", uma linha do verso dizia tudo: "O queijo de Minas tá bichado." Assinando o seu trabalho com o pseudônimo "Canalha das ruas", Freire Júnior, no entanto, foi descoberto e jogado na cadeia por sua parte na composição.[26]

Além disso, havia o detalhe de que quando a eleição finalmente foi realizada, em 1º de março de 1922, esta produziu o resultado mais controverso de todo o período republicano – com ambos os campos alegando vitória.[27] Então, com as comissões de validação brincando com os resultados, uma eleição para governador em Pernambuco se transformou em luta entre as duas parentelas dominantes do estado. Envolvidos com uma facção estavam parentes distantes do presidente Pessoa, que se afastava. À medida que o dia de votação no estado se aproximava, os dois grupos rivais e seus apoiadores contratados aumentavam a violência, que ocorria quase diariamente. Para tentar manter a ordem, o presidente enviou um parente, o coronel Jaime Pessoa da Silveira, para assumir o comando das forças federais em Pernambuco. No entanto, uma vez instalado no Recife, o coronel Pessoa se envolveu em um assassinato político. Pior que isso, essa confusão ligava um oficial do Exército à ação. Os soldados de Pessoa tinham atirado e matado o homem errado, o dentista Tomás Coelho Filho. A partir disso, em 29 de junho, Hermes da Fonseca, em nome do Clube Militar, enviou ao coronel Jaime Pessoa um telegrama de repreensão. Em parte, a mensagem dizia:

> O Clube Militar está entristecido com a situação aflitiva em que se encontra o estado de Pernambuco, assim como pelo fato de que o nosso glorioso Exército está na odiosa posição de assassino do povo de Pernambuco... Fraternalmente, recordo-vos que... nossa nobre profissão pertence à maldição de nossos patrícios... Confiando em seu patriotismo e no zeloso amor que o Exército tem pelo povo de nossa terra, eu lhe falo neste grande momento. Não se esqueça de que as situações políticas passam, enquanto o Exército permanece.[28]

Após o recebimento do telegrama, o coronel pediu demissão. Isso levou a uma repreensão de Hermes pelo chefe civil do Ministério da Guerra, João Pandiá Calógeras. Um burocrata capaz, mas impopular entre os militares devido ao seu status de civil, o obstinado Hermes reagiu à reprimenda, passando por cima da autoridade de Calógeras. Em 2 de julho, o marechal enviou um telegrama ao presidente para tentar se explicar. Hermes tinha cometido o erro; no entanto, quando assinou seu telegrama como "Chefe do Exército Nacional", o presidente Epitácio Pessoa interpretou o fato como uma tentativa de roubar uma parte da majestade de seu próprio título, "Chefe da Nação". Para mostrar quem estava realmente no comando, o presidente mandou prender Hermes por insubordinação e o confinou no quartel por 24 horas. Pessoa, em seguida, fechou o Clube Militar por seis meses.[29]

A apreensão do ex-presidente e marechal foi a gota d'água, e produziu uma chamada instantânea por ação de parte de muitos dos oficiais menos graduados do Exército. Os conspiradores a favor da mudança, finalmente chamados tenentes, estavam planejando desde o mês de abril.[30] Suas intenções imediatas eram promover rebeliões sincronizadas em diversas guarnições militares do país e, assim, evitar que Bernardes tomasse posse. Durante o processo, eles sentiram que iriam redimir alguma parte da reputação manchada do Exército. Enquanto o respeito era uma coisa, as aspirações pessoais dos líderes eram outra, completamente diferente. Alguns dos descontentes oficiais menos graduados eram sofisticados em teoria política. Eles eram profissionais militares em desenvolvimento, saturados com uma educação positivista mal-interpretada, que queriam mais voz; uma voz para a "modernização conservadora" do sistema existente.[31] Deve-se igualmente lembrar que aqueles que se tornaram tenentes não eram simplesmente pessoas que odiavam o austero Artur Bernardes e as cartas supostamente falsas. A revolução surgiu do *slogan* da eleição de Nilo Peçanha, "Representação e Justiça". Um revolucionário que desabrochava, o tenente Antônio de Siqueira Campos explanou sobre esse assunto observando que as urnas não trouxeram nada para os marginalizados. Muitas vezes ele disse que "os olhos do Brasil devem ser abertos". Certamente tinha em mente mais do que a honra manchada do Exército.[32]

No complexo da Vila Militar, Filinto passou grande parte de seu tempo livre lendo. Era especialmente interessado no comentário de três líderes de oposição política da época, Adolfo Bergamini, Maurício de Lacerda e Azevedo Lima. De particular interesse eram as observações que esses escritores faziam sobre os governos de Artur Bernardes e Washington Luís. Müller discutia os detalhes mais importantes com seus companheiros oficiais da Vila Militar. O grupo era pequeno, e apenas sete dos quarenta oficiais no 1º Regimento de Artilharia Montada eram simpáticos aos rebeldes. Eles incluíam o capitão Gustavo Cordeiro de Farias, os primeiros-tenentes Joaquim Justino Alves Bastos, Luiz Celso Uchoa Cavalcanti, Jaire Jair de Albuquerque Lima, Júlio Teles de Menezes, o segundo-tenente João Alberto Lins de Barros e o segundo-tenente Filinto Müller. Filinto agia como contato entre esse pequeno mas importante grupo de conspiradores.[33]

Por outro lado, como costuma acontecer entre os conspiradores, pessoas erradas de alguma forma descobriram o que os dissidentes estavam preparando. Quando a esperada revolta eclodiu, o governo estava bem preparado. As tropas legalistas foram capazes de limitar a rebelião à Academia Militar de Realengo, à Vila Militar, ao estado natal de Müller, Mato Grosso, e ao forte na praia de Copacabana, no Rio de Janeiro.

Na noite de 4 para 5 de julho de 1922, 638 cadetes de Realengo estavam prontos para marchar em defesa da honra dos militares, contra a posse de Artur Bernardes e contra o governo de Epitácio Pessoa. Com o marechal Hermes da Fonseca conduzindo-os, sua intenção era a de se juntar aos rebeldes na Vila Militar e seguir para o centro do Rio de Janeiro e para o palácio presidencial no Catete. Depois de atrasos no andamento, os cadetes e seus instrutores rumaram para a Vila Militar, em três colunas, sob o comando do coronel Xavier de Brito Júnior. No grupo de professores estavam Juarez do Nascimento Fernandes Távora, Oswaldo Cordeiro de Farias e Odílio Denis. Luiz Carlos Prestes quis se juntar à luta, mas a febre tifoide o tinha confinado à cama.

A PAIXÃO DE UM JOVEM

Às três da manhã, à medida que o grupo se aproximava da Vila Militar, os soldados que guardavam o perímetro dispararam contra eles. Tiros esporádicos ocorreram durante a maior parte da noite. Logo ficou claro para o coronel Brito que os insurgentes do lado de dentro tinham ou sido capturados por aqueles que eram leais ao regime ou voltado atrás em sua palavra. Em vez de serem derrubados pela superioridade numérica da Vila Militar, às 10h45 do dia 5 de julho o coronel Brito ordenou aos cadetes que marchassem de volta para a Academia. Os cadetes cantaram o hino nacional do Brasil enquanto desfilavam de volta para casa. Chegando lá, eles empilharam ordenadamente seus rifles, entregaram suas munições e foram almoçar.

Em Campo Grande, Mato Grosso, na manhã do dia 6 de julho, um telegrama chegou à sede do quartel do general Clodoaldo da Fonseca, um tio de Hermes, avisando-o sobre o levante no Rio de Janeiro. Conclamando seus oficiais, ele os informou que os homens sob seu comando marchariam em direção ao leste para a cidade de Três Lagoas, na divisa com o estado de São Paulo, e aguardariam os próximos acontecimentos. No comando do 17º Batalhão de Clodoaldo estava o capitão Joaquim do Nascimento Fernandes Távora (irmão mais velho de Juarez). Bem recebido pelos cidadãos no caminho, uma vez chegando a Três Lagoas, o general Clodoaldo soube do resultado na capital e prontamente se rendeu. Não somente ele foi informado sobre a derrota dos cadetes de Realengo, mas também sobre o que tinha ocorrido em Copacabana.[34]

Os insurgentes no reforçado Forte de Copacabana, que se projeta no Atlântico em uma pequena península entre as praias de Copacabana e Ipanema, começaram a disparar suas armas principais, dois canhões de 19 centímetros, através da cidade contra o Ministério da Guerra, logo após a uma da manhã do dia 5 de julho. Os projéteis causaram alguns danos aos prédios e a diversos outros alvos, incluindo o arsenal da Marinha. Houve algumas baixas civis. O presidente Pessoa contra-atacou ao colocar dois navios de guerra e um contratorpedeiro em posição em alto-mar. À medida que essas embarcações entraram em operação e abriram fogo, um hidroavião da Marinha, pilotado pelo tenente Abel Neto, sobrevoou as instalações e lançou bombas. Nesse momento, era óbvio para todos que havia poucos tenentes ou outros simpatizantes na Marinha. Na fortaleza, os rebeldes resistiram por um tempo e até mesmo voltaram seus canhões duplos em direção ao palácio presidencial.[35] Mas a luta deles foi em vão, uma vez que todas as outras insurreições planejadas tinham sido derrubadas, e eles praticamente não receberam nenhuma outra ajuda militar, com exceção da de um tenente, Eduardo Gomes. O tenente Gomes, que tinha completado um curso de observador de artilharia aérea na Escola de Aviação do Exército no Campo dos Afonsos, no Rio de Janeiro, deixou seu cargo disfarçado para se juntar aos rebeldes de Copacabana. Os observadores ficaram na segunda fileira, atrás do piloto.[36]

Isolado, e com o pânico começando a se estabelecer, o auxiliar dos comandantes da guarnição, o primeiro-tenente Siqueira Campos, assistido pelos dois segundos-tenentes Mário Tamarindo Carpenter e Newton Prado, deu aos homens sob seu comando duas opções: ou se esgueirar para fora da fortaleza depois do anoitecer e escapar em direção à cidade, ou morrer como mártires no confronto com os soldados do governo, à frente. Não haveria rendição.[37] As tropas legalistas, compostas de unidades da Polícia Militar e duas companhias do 3º Regimento de Infantaria, já tinham sido despachadas para partes de Copacabana mais a nordeste. De um total de cerca de trezentos homens na fortaleza, a maioria dos quais havia partido, apenas 23 declinaram da chance de desaparecer na noite. Cinco funcionários civis aderiram aos obstinados, perfazendo um total de 28 voluntários.[38]

Nesse ínterim, o capitão Euclydes Hermes da Fonseca, filho do marechal e oficial de dia no forte, foi sozinho discutir a rendição de seus homens com o governo. Pessoa o tratou com indiferença, uma vez que os soldados no complexo estavam armados. O assessor militar do presidente foi ainda mais longe. Ele telefonou para o forte e disse que iria executar o capitão Euclydes se eles disparassem os canhões duplos uma vez mais. Esse foi o fator decisivo. Pela manhã, alguém arriou a bandeira da fortificação e cortou-a em pedaços. Cada um dos combatentes restantes recebeu um pedaço. Alguns escreveram em seus pedaços expressões patrióticas.[39] Aqueles que puderam afixaram os pequenos pedaços de verde, amarelo, azul e branco em seus uniformes. Outros colocaram os pedaços de seu orgulho nacional no bolso ou afixaram-nos em suas roupas da melhor forma que puderam. Na conclusão dessa cerimônia solene, às 13h15 do dia 6 julho de 1922, com seus fuzis e pistolas na mão, os 28 que resistiam deixaram o complexo para encontrar a eternidade.

Marchando na avenida Atlântica, em frente à praia de Copacabana, dois dos seus quadros rapidamente desertaram. Algumas das pessoas que assistiam ao pequeno desfile acharam-no engraçado. As prostitutas se acotovelavam nas mesas de fora do restaurante Mère Louise, do outro lado da rua, e gritavam: "Adeus, tolos!"[40] Outros ofereciam água e tentavam fazer com que os jovens voltassem ou se entregassem. Mais três soldados e um dos civis desapareceram. Um espectador, Otávio Corrêa, que conhecia alguns dos resistentes, juntou-se a eles e começou a marchar. Logo, os dois lados se encontraram e armou-se a confusão depois que o tenente Newton Prado gritou: "Amigos! Pela vida ou pela morte!"[41] Os rebeldes pularam para trás da calçada que corria paralela com o começo da praia, poucos metros abaixo, e abriram fogo. Eles haviam feito isso próximo à rua Barroso (atual Siqueira Campos), bem no meio de Copacabana.

Esses momentos devem ter parecido horas, mas, na verdade, demoraram apenas alguns minutos antes que os tiros finais ecoassem sobre as areias. À medida que o relógio se aproximava das 15h, as forças do governo se apressaram em direção ao meio-fio. Eles tinham que proteger os dois tenentes e os quatro soldados que ainda permaneciam vivos e agachados abaixo deles, seriamente feridos. Eduardo Gomes teve seus testículos atingidos por tiros. Apesar disso, soldados enfurecidos da Polícia Militar, sob o comando do tenente-coronel do Exército Tertuliano Potyguara, queriam estrangular os rebeldes com as próprias mãos. Se não tivesse havido mais cabeças racionais, a polícia teria assassinado os sobreviventes um por um.[42]

Os jornais incorretamente afirmaram que havia 18 pessoas lutando contra o governo na praia de Copacabana por causa de uma fotografia primeiramente publicada no diário O *Malho*. A imagem mostra 18 rebeldes. Por essa razão, o público ainda erroneamente se refere àqueles que realmente participaram da batalha como "Os 18 do Forte". Um cinegrafista que estava presente filmou a marcha. Seu carro foi bombardeado e um assistente talvez tenha morrido. A produção foi tão longe que o diretor Salvador Aragão começou a chamá-la *Último encontro dos 18 heroicos revolucionários de Copacabana com as tropas legais*. O paradeiro das filmagens, no entanto, continua a ser um mistério.[43]

Em 22 de julho, o governo de Epitácio Pessoa decidiu punir aqueles que se opunham à sua administração. As autoridades expulsaram 589 alunos da Academia Militar de Realengo. Desses, 256 foram presos, e outros 333 cadetes foram transferidos para unidades em outras partes do país para servir em seu alistamento como simples soldados. Por protesto, ou por medo de serem acusados, alguns outros oficiais desertaram. Na lista havia três generais, um coronel; três tenentes-coronéis; quatro majores, 33 capitães; noventa primeiros-tenentes, nove segundos-tenentes e dois cadetes. Apenas 59 soldados foram absolvidos.[44]

Entre os detidos durante os eventos dramáticos de julho de 1922 estava o segundo-tenente Filinto Müller. Ele foi levado à presença do coronel João José da Lima, comandante do 1º Regimento de Artilharia, na manhã do dia 5 de julho, que lhe deu voz de prisão por sua participação nos distúrbios do dia anterior. Seus superiores suspeitaram de que ele estaria envolvido na sedição que havia acontecido. Após a leitura das acusações, ele foi acompanhado até o 1º Regimento de Infantaria, onde encontrou os tenentes Juarez Távora e Henrique Ricardo Holl. Os soldados, em seguida, levaram os três prisioneiros para o Ministério da Guerra, em frente à extremidade norte da Praça da República, para terminar a parte burocrática. Um detalhe, então, levou Filinto para o porto para uma curta viagem de barco através da baía de Guanabara em direção à fortaleza de Santa Cruz, oposta ao Pão de Açúcar. Ele permaneceu preso por quase cinco meses.[45]

3. A revolução de 1924

No dia 10 de novembro de 1922, Filinto recebeu a notícia de que seria transferido para o Regimento de Artilharia Mista em Campo Grande, Mato Grosso. No mês seguinte, o tribunal militar declarou as acusações contra ele infundadas e ordenou sua libertação da prisão no dia 2 de dezembro.[1] Ele assumiu seu novo posto no início de janeiro, sem sofrer rebaixamento. Na verdade, a estrela de Müller parecia estar em ascensão, como é evidente por sua nova missão, de ajudante no Regimento de Artilharia Mista. No dia 13 de janeiro, ele deixou essa nomeação, foi para Cuiabá de férias e voltou para seu posto em 2 de fevereiro na sede do 16º Batalhão de Artilharia.

Entre março e setembro de 1923, o comandante do distrito militar nomeou Filinto para o posto de ajudante de campo, o chefe dos guardas da guarnição, e chefe da 2ª Seção da equipe militar do distrito. O trabalho na 2ª Seção consistia em: conhecimento do inimigo, política e questões topográficas. Em junho, Müller tornou-se o encarregado da 3ª Seção da equipe militar. A 3ª Seção tratava de estratégia e das comunicações com outros distritos militares no Brasil. No dia 2 de agosto de 1923, o segundo-tenente Müller ocupou-se de sua primeira questão policial, uma investigação oficial pela Polícia Militar do Estado. Aparentemente ele fez um bom trabalho, porque no dia 17 de setembro chegou uma promoção para o posto de primeiro-tenente.[2]

Em outubro, o capitão Raul da Veiga Machado deu a Müller a 1ª e a 3ª Seções. Machado, que estava deixando seu cargo, agradeceu ao tenente Müller por "cuidadosamente, e com grande dedicação, mostrar formas de lidar eficientemente com questões relacionadas às suas várias funções".[3] As palavras do capitão eram mero enfeite, no entanto, porque os superiores de Filinto recompensaram-no com o penoso trabalho de inventário. Em seguida, Müller recebeu um posto para o 2º Regimento de Artilharia Montada e, no final do mês, se tornou parte de um grupo que examinava os candidatos à entrada na Escola de Sargentos de Infantaria. Posteriormente, em 2 de novembro de 1923, o primeiro-tenente Filinto Müller foi mandado para a 2ª Região Militar em São Paulo. No dia 29 de dezembro, a liderança do Exército o designou para comandar o 2º Destacamento de Artilharia Pesada Independente em Quitaúna, a base do Exército em Osasco, na parte oeste da cidade de São Paulo. Esta era uma transferência oportuna.

O novo ano, 1924, seria um momento decisivo para o Brasil e para o jovem Müller. Em Quitaúna, em 17 de janeiro, Filinto começou a trabalhar como ajudante e secretário-adjunto na 2ª Região Militar. No dia 29, a apenas 12 dias de assumir seu novo papel, o comandante de brigada que estava deixando o posto, general Carlos Arlindo, prestou homenagem a Filinto por sua "inteligência, amor pelo trabalho, competência profissional e lealdade no exercício das suas funções".[4]

Na própria cidade de São Paulo, o desertor do Exército Joaquim Távora havia se tornado o principal estrategista em um pequeno grupo que se encontrava em segredo no subúrbio de Pari, na avenida Vauthier, 27. O tenente Custódio de Oliveira, um colega de Müller na unidade de artilharia pesada, vivia na casa. Após sua experiência com o general Clodoaldo da Fonseca, no Mato Grosso, em 1922, Joaquim Távora tornara-se mais radical do que nunca. Sua rebeldia cresceu depois que os militares o detiveram e o aprisionaram na fortaleza de Santa Cruz, no Rio. Enquanto estava lá, ele conheceu João Alberto, Filinto Müller e outros. Transferido para um local diferente, ele se deparou com seu irmão preso, Juarez. Joaquim e alguns dos outros tenentes prisioneiros conseguiram a liberdade em 1923 devido a uma bem-sucedida petição de *habeas corpus*. Joaquim desertou do Exército e se juntou a uma nova conspiração anti-Bernardes, liderada pelo general Isidoro Dias Lopes. Ele então começou a viajar para os estados de Minas Gerais, Santa Catarina e São Paulo, tentando encontrar apoio para o movimento crescente. Távora não era o único soldado foragido que queria uma mudança. Desde 1922, tinha havido visitas para sentir o ambiente, feitas por oficiais descontentes em várias guarnições do Exército.

Em São Paulo, os conspiradores incluíam o oficial da cavalaria da Força Pública Miguel Costa (Miguel Crispim da Costa Rodrigues), que tinha sido recrutado por Joaquim Távora, o major Cabral Velho, do 6º Regimento de Infantaria em Caçapava, o capitão Newton Estillac Leal, da 2ª Região Militar, e os tenentes Asdrúbal Gwyer e Castro Afilhado, ambos do 4º Batalhão de Artilharia, em Santana.

Os futuros revolucionários estabeleceram uma segunda residência para planejar táticas. Era o lar dos tenentes Ricardo Holl e Vítor César da Cunha Cruz, localizado na Travessa da Fábrica, nº 6. Outros militares suspensos, muitos dos quais ainda estavam envolvidos em processos judiciais desde 1922, incluíam os tenentes Joaquim Nunes de Carvalho, Otávio Guimarães, Eduardo Gomes, Juarez Távora (o irmão mais novo de Joaquim), assim como os estudantes expulsos da Academia Militar de Realengo, Emídio da Costa Miranda e Diogo Figueiredo Moreira Jr.[5] Filinto também se juntou aos conspiradores, continuando a luta contra Artur Bernardes, o mais odiado presidente da que viria a ser chamada de República Velha.[6]

A nova rebelião teve seu início adiado várias vezes. Primeiro, deveria acontecer em 28 de maio, em seguida, 26 de junho, até finalmente se fixar no segundo aniversário do primeiro levante, à meia-noite do dia 5 de julho de 1924.[7] Guarnições militares em Mato Grosso, Minas Gerais, Paraná, Santa Catarina, Rio Grande do Sul e, mais importante ainda, na capital de São Paulo foram pegar suas armas em um ataque coordenado. No entanto, quando a zero hora finalmente chegou, o planejamento e a luta dos revolucionários falharam em todos os lugares, exceto em São Paulo.

Apesar de um início tardio, a força rebelde do general Isidoro Dias Lopes, de cerca de 2.600 combatentes, conseguiu assumir o controle da região metropolitana de São Paulo por 23 dias. Sua força cresceu consideravelmente com a adição de voluntários, especialmente da polícia. A força pode ter chegado a 3.500 indivíduos. Seu objetivo era livrar a nação de Artur da Silva Bernardes.[8]

Bernardes estava ciente de que a cidade de São Paulo, em 1924, estava madura para a revolução, senão por outro motivo porque as condições de vida eram duras para os proletários paulistanos (moradores da cidade). A palavra *brutal* seria a melhor maneira de descrever as formas de ganhar a vida para a grande maioria que vivia no estado. De fato, se uma pessoa tinha um emprego, isso muitas vezes significava trabalhar com iluminação precária, ventilação ruim e segurança deficiente. Numerosos acidentes de trabalho ocorriam a cada mês, amplificados por causa de empregados cansados de labutar por 12 horas em dias úteis. Os empregadores muitas vezes exigiam horas extras não remuneradas. Não havia limite de idade para os trabalhadores. Muitas crianças, até mesmo de 8 anos de idade, também suavam durante seus anos de juventude na desagradável indústria do vestuário em São Paulo. Em 1917, a legislatura aprovou uma nova lei que dava 15 dias de férias para todos os empregados, mas diversas empresas simplesmente ignoraram a lei. Os patrões rotineiramente demitiam os trabalhadores, incluindo mulheres grávidas, sem indenização. O salário médio de um trabalhador industrial ficava em torno de 15 dólares por mês. Artur Bernardes sabia muito bem sobre essas coisas. Se não queria uma insurreição geral em suas mãos, ele tinha que agir rápido, e com força.[9]

O principal executivo da nação enviou mais de 15 mil soldados para São Paulo em uma tentativa de cercar a capital do estado, com 728.500 residentes. Com suas tropas em posição, ele ordenou uma barragem de artilharia que durou, sem esmorecer, por todas as quatro semanas e um dia de ocupação. Os projéteis que explodiam, em certos momentos calculados em 140 por hora, custaram centenas de vidas de civis. Da mesma forma, os legalistas também voaram em seis biplanos Breguet XIV, franceses, do Campo dos Afonsos, na distante Rio de Janeiro, para bombardear as posições rebeldes na cidade. O Exército se certificou de que os pilotos fossem leais. Cada aeronave podia carregar 300 kg de bombas. Como o número de mortos começou a se acumular, os cemitérios não davam vazão a todos os corpos. Os cadáveres estavam apodrecendo ao ar livre. Como única saída, cerca de 300 mil residentes fugiram das áreas urbanas de São Paulo durante os 29 dias do ataque. Muitos deixaram para trás membros da família enterrados em seus quintais.[10]

Confiados por Joaquim Távora para iniciar a revolução, em 6 de julho Filinto Müller e parte do 2º Destacamento de Artilharia Pesada Independente viajaram para Jundiaí, no norte de São Paulo. Lá, eles se apossaram do depósito de armas e expropriaram toda a sua munição. Com esse trabalho completo, tomaram a sede da polícia local. Então, com quatro peças de artilharia, o grupo bombardeou o 4º Batalhão de Polícia, o maior deles, e o reservatório de água da cidade.

Durante os primeiros dias de combate, as forças rebeldes penetraram no Palácio dos Campos Elísios, a sede do governo estadual. Isso levou o governador Carlos de Campos a mover o seu pessoal para o prédio do Departamento de Justiça, nas cercanias do Largo do Tesouro. A elevada estrutura, no entanto, revelou-se um alvo atraente para os fogos de artilharia. Filinto conseguiu suas baterias; e agora no norte de São Paulo, no subúrbio de Campo de Marte, começou a atirar no edifício, em 7 de julho, sem saber que o governador e seu grupo estavam lá dentro. Carlos de Campos, quase atingido por uma rajada, decidiu abandonar a área completamente. O governador e alguns de seus assistentes escaparam durante o dia 8 de julho e foram para a cidade de Mogi das Cruzes, 58 quilômetros a leste. Assim que o governador fugiu, o saque às lojas e armazéns começou. As pessoas estavam com fome. A unidade de Müller não sabia nada sobre a sua boa pontaria até então.[11]

Devido ao ataque de artilharia incessante, aliado às forças à disposição de Bernardes, a ocupação da cidade de São Paulo por um tempo muito longo era impossível. Apesar de todos os seus esforços, um soldado legalista baleou e matou o estrategista Joaquim Távora, de acordo com uma versão, enquanto ele tentava se render sob a proteção de uma bandeira branca. Temendo que as tropas de Bernardes pudessem cortar seu único caminho de fuga – as linhas férreas usadas pelos civis que fugiam do fogo do bombardeio da artilharia do governo –, o general Isidoro decidiu levar seus homens para fora da cidade. Muitos deles eram imigrantes estrangeiros; alguns eram veteranos da Primeira Guerra Mundial que vieram ao Brasil à procura de uma vida melhor. O grupo reunido iria continuar sua batalha em outra parte contra "O Réprobo", um dos muitos apelidos depreciativos de Bernardes que corriam pelas ruas.[12]

Por volta das 22h de 27 de julho de 1924, cerca de 3 mil insurgentes e 14 canhões de campanha partiram da estação ferroviária da Luz para um destino desconhecido. Foram necessários 13 trens para transportá-los.[13] Com os revolucionários fora de cena, as unidades dos governos dos estados do Rio de Janeiro e de Minas Gerais, compostas principalmente pela Polícia Militar, entraram com cautela na cidade antes do amanhecer. Sua hesitação logo se transformou em um vitorioso frenesi de pilhagem. Tudo que pudesse ser mantido, vendido ou penhorado foi levado. A boa notícia foi que nesse processo de pilhagem descobriram alguns documentos e códigos que tinham sido usados pelos rebeldes e foram abandonados.[14]

O transporte que levou a 1ª Divisão Revolucionária de São Paulo seguiu em direção ao noroeste, parando na cidade de Bauru. Lá, Isidoro ouviu falar de um pesado apoio legalista ao longo da linha férrea, mais à frente, em Três Lagoas, já no estado vizinho de Mato Grosso. Ele decidiu mudar de trajetória e levar suas forças para Porto Presidente Epitácio, uma comunidade ao longo do rio Paraná, cerca de 113 quilômetros ao sul de Três Lagoas.

A REVOLUÇÃO DE 1924

O avanço para Presidente Epitácio não foi pacífico, uma vez que os partidários de Bernardes perseguiram os revolucionários através do novo e desconhecido entorno. Foi-se o concreto de uma grande cidade, substituído pela desolação do combate em campo aberto. O clima também era desconfortavelmente mais quente do que em São Paulo. O moral da tropa desceu muito no momento em que os trens atingiram o Paraná. Para melhorar o espírito geral de luta, os oficiais decidiram fazer algo inspirador enquanto estavam parados no afluente. Eles queriam que uma força subisse o rio e atacasse a guarnição dos legalistas em Três Lagoas. O plano era fazer um movimento-surpresa que atingisse os soldados do governo, não a partir da direção esperada da linha ferroviária de São Paulo, indo rumo ao coração de suas defesas, mas a partir do seu flanco sul.[15]

O comando da expedição que viajava em dois vapores caiu nas mãos de Juarez Távora, de 25 anos. Ele liderava um batalhão de 570 homens, entre os quais o capitão Filinto Müller, que dirigia uma unidade de artilharia. O comando revolucionário o havia promovido.[16]

Infelizmente, o contingente de Távora tinha que desembarcar antes de alcançar a fortaleza em Três Lagoas. A fortificação não ficava exatamente no rio. As duas embarcações chegaram em terra no Porto da Moeda, 40 quilômetros ao sul de Três Lagoas. Ao sair da embarcação, os homens de Távora não levavam comida, apenas um pouco de água. Foi um grande erro, porque no momento em que encontraram o inimigo, dois dias depois, estavam vorazes. Isso ficou evidente quando as forças de Távora invadiram uma cozinha de campo do governo e elementos críticos dos insurgentes quase vitoriosos romperam fileiras para se servir das provisões. A pausa deu às tropas federais em retirada tempo para escapar. Eles atearam fogo à grama e embarcaram em trens rumo a São Paulo. Távora não os caçou. Não viu nenhuma outra opção senão voltar para os dois navios que esperavam no Paraná. A luta tinha sido sangrenta e vã. Távora perdera um terço de seus combatentes, e teve que deixar para trás muitos dos feridos. Ele permitiu que a vitória lhe escapasse por entre os dedos, um triunfo que poderia ter resultado em um descanso para a maior força, que estava em Porto Presidente Epitácio. Falava-se na criação de um estado livre do controle de Bernardes, em Mato Grosso. Agora, à medida que os dois barcos a vapor flutuavam de volta para Presidente Epitácio, recém-rebatizada de Porto Joaquim Távora pelos rebeldes, Isidoro e seus oficiais tomaram a decisão fatídica de transformar a divisão sul de São Paulo no estado do Paraná.[17]

No dia 14 de setembro de 1924, os insurgentes capturaram Guaíra, a cidade produtora de mate no Paraná. Guaíra está localizada na margem leste do rio Paraná, em frente ao Salto del Guairá, no Paraguai. Uma franquia sobretudo da Argentina, a Companhia Matte Larangeira conduzia a cidade. Embora em território brasileiro, o espanhol e o guarani, e não o português, eram a língua franca da comunidade. O peso argentino era a moeda utilizada. Na época, o mate era cultivado naturalmente, e então, em seguida, enviado em barcos para Posadas, na Argentina. Havia um pequeno problema em toda essa operação, no entanto, porque o rio Paraná, da largura de um quilômetro, em Guaíra se reduzia a apenas 100 metros para passar por um desfiladeiro ao sul da cidade. Este também descia uma distância igual, uma vez que passava rugindo por sete cataratas. Para contornar essa seção, a Companhia Matte Laranjeira construiu uma pequena ferrovia de pequena escala que contornava através das florestas de Guaíra até Porto Mendes.[18]

Uma vez que os rebeldes tomaram o controle de Guaíra, logo passaram a comandar a linha férrea de Porto Mendes. Em seguida Juarez Távora, dirigindo uma unidade avançada, partiu rumo a Foz do Iguaçu para conduzir o pequeno contingente de soldados federais para fora da cidade. Eles tiveram êxito, e em 24 de setembro também Foz do Iguaçu caiu nas mãos da 1ª Divisão Revolucionária.

Siqueira Campos também se tornou parte do desenrolar dos acontecimentos, embora não tão ostensivamente como em 1922. Campos tinha se recuperado das feridas que recebera lutando nas areias de Copacabana, desertara do Exército quando Bernardes tentou prendê-lo novamente e fugira para Montevidéu em 1923. No Uruguai, ele se envolveu em atividades comerciais. Por fim, Campos e seu grupo se mudaram de Río de la Plata para Buenos Aires, onde ele se tornou ativo entre o grupo de brasileiros na capital argentina, na tentativa de derrubar Artur Bernardes.

Um dos nomes que sempre apareciam em muitas das discussões do conspirador era o do capitão Luiz Carlos Prestes. Estabelecido em Santo Ângelo, Rio Grande do Sul, Prestes estava comprometido com a luta. Siqueira Campos e Juarez Távora mantiveram-no informado sobre o andamento da divisão de São Paulo. O capitão Prestes concordou primeiro em liderar seus homens em uma revolta e depois tentou juntar-se à força que ia em direção ao oeste de São Paulo assim que recebeu um telegrama codificado. O ponto de encontro planejado das duas forças seria Ponta Grossa, no Paraná.[19]

Em um esforço para conseguir uma barreira para seu grupo, Isidoro enviou tropas para o leste, mas estas não conseguiram ir além das montanhas Medeiros, a 205 quilômetros de Foz do Iguaçu. Na sequência de uma série de escaramuças perto de Belarmino, a lenda revolucionária João Cabanas fez uma tentativa frustrada de capturar Cândido Rondon, o general-comandante legalista. Em fevereiro de 1925 as linhas de batalha se estabilizaram a 50 quilômetros a oeste de Catanduvas. Os rebeldes tiveram êxito por lá durante meses, entre os rios Iguaçu e Piquiri. O responsável pela defesa de Catanduvas era o tenente-coronel Newton Estillac Leal. O responsável por um grupo de infantaria montada sob o comando de Leal era seu chefe de gabinete, o capitão Filinto Müller. O trabalho de Filinto era defensivo. Em terreno acidentado no flanco esquerdo da Fazenda Floresta, ao longo da faixa de corte onde se estabelecia a linha de telégrafo, ele deveria impedir que o inimigo passasse pelo local onde estavam os revolucionários.[20]

No entanto, em 26 de março, utilizando 4 mil soldados, as forças de Rondon haviam chegado a 18 mil, o lado federal conseguiu cercar Catanduvas e seu complemento de mais de quatrocentos defensores. Cercada e alvejada incessantemente pela artilharia de Rondon, a brigada de Estillac se entregou na madrugada de 30 de março. Mas, antes que as bandeiras brancas surgissem, um pequeno número de defensores milagrosamente conseguiu escapar. Entre aqueles que voltavam para Foz do Iguaçu estavam o capitão Antônio Filogônio Teodoro e parte de seu grupo, o tenente Deusdédite Loiola e alguns de sua cavalaria, além do tenente-coronel Estillac Leal e seu chefe de gabinete, o capitão Filinto Müller. Estillac, por outro lado, estava em um estado incerto devido a uma ferida por estilhaços em seu pescoço.[21]

Desde sua prisão em 1922, na Vila Militar do Rio de Janeiro, a derrota em Catanduvas era o quarto revés que Müller enfrentava em sua batalha contra Artur Bernardes e idealisticamente por um Brasil melhor. Ele deve ter sentido que sua luta era quase inútil.

No momento em que os rebeldes gaúchos de Prestes chegaram, já era tarde demais para evitar a derrota em Catanduvas. Ainda no campo, e escrevendo para o ferido Estillac, em 28 de março, Müller enviou duas mensagens para o corpo principal dos revolucionários, em Foz do Iguaçu. No primeiro comunicado, escrito ao meio-dia, ele afirmou que eles "seriam incapazes de resistir muito mais tempo, devido à falta absoluta de munições". A situação, Filinto escreveu, era "crítica". Em sua opinião, eles seriam capazes de resistir por apenas mais duas horas.[22] Por volta das 18 horas, ele tentou usar uma abordagem mais intimidante. "Ontem", disse ele, os defensores de Catanduvas tinham enfrentado "cerca de mil rodadas de fogo de artilharia". Isso corresponderia a uma rodada a cada 1,4 minuto. Ele então pediu para ser "reabastecido de armamentos urgentemente".[23] Quando os que ficaram vivos finalmente baixaram suas armas, o governo alegou o contrário. Os rebeldes não tinham pouca munição. A se acreditar na história oficial, os legalistas recuperaram um obus de 105 mm, duas peças de artilharia de 75 mm, 50 balas de artilharia, 398 fuzis, alguns dos quais eram metralhadoras, e cerca de 10 mil balas.

Somente no dia 3 de abril de 1925 Luiz Carlos Prestes chegou. A marcha a partir do Rio Grande do Sul tinha sido lenta devido à chuva e às forças leais a Bernardes, mas essa não foi a única notícia ruim. Menos de oitocentos homens, muitos dos quais eram civis, sem qualquer treinamento militar, acompanharam Prestes. Apenas 150 estavam carregando armas. Os sobreviventes maltratados da 1ª Divisão Revolucionária de São Paulo estavam ainda em menor número, sendo cerca de setecentos.

Em Foz do Iguaçu seguiu-se uma série de reuniões na casa confiscada de Izaias e Joana Rosa Penna, na avenida Brasil.[24] O tópico era o óbvio: o que fazer agora? Isidoro Dias Lopes sentiu que a situação era incontornável e sugeriu que todos fossem para o exílio. Ao contrário dele, Prestes e Miguel Costa insistiram que ainda havia uma chance através de uma guerra de movimento. Eles levariam as forças combinadas pacificamente para o Paraguai e em seguida entrariam de novo no Brasil pelo norte, no Mato Grosso, para continuar a luta. Mesmo assim, a maioria dos oficiais revolucionários considerava o plano uma loucura – tendo em vista as probabilidades contra eles.[25]

Momentos decisivos tocam a vida da maioria das pessoas. Para Filinto Müller, aquilo que estava prestes a acontecer seria um desses momentos. Acabou sendo um episódio que o perseguiria pelo resto de seus dias. O que começou como uma série de reuniões em Foz do Iguaçu para discutir os planos de operação terminou com as ideias de Prestes e Miguel Costa sendo aprovadas, mas com um número de oficiais da Divisão de São Paulo desejando exílio na Argentina. A força conjunta se dirigiu ao nordeste, para Santa Helena, e então a noroeste, em Porto Mendes. Ao longo do caminho, alguns dos que estavam no comando, como João Cabanas e Filinto Müller, ou deixaram Prestes achar que ele os tinha convencido a permanecer ou mais tarde mudaram de ideia.[26] Deve ter sido uma cena comovente. Aqueles que tinham sobrevivido a todas as batalhas acontecidas até aquela data, muitas vezes com uniformes sujos e rasgados, falta de comida e munição, enfrentando o entusiasmo dos soldados recém-chegados do Rio Grande do Sul. No dia 3 de abril, quando estava em Foz do Iguaçu, o marechal Isidoro Dias Lopes já tinha dado a seus oficiais principais, os generais Bernardo de Araújo Padilha, Miguel Costa e Luiz Carlos Prestes, a opção de escolher seus próprios destinos. Note-se que o dia 3 é o mesmo dia em que o cortejo combinado de homens realmente se encontrou. A frase-chave nas ordens de Isidoro dizia: "nada mais posso nem devo exigir de vós, a quem dou completa liberdade de acção, acatando a deliberação que a situação actual vos obrigue a tomar."[27]

Isidoro e Padilha logo partiram para a Argentina via Paraguai, supostamente por razões de saúde.[28] Outros simplesmente foram embora quando houve a oportunidade.[29] Filinto partiu em algum momento entre 15 e 24 de abril.[30] Mas o que fez de seu caso algo tão especial? A filha de Filinto recontou a versão que seu pai, sem dúvida, contou a ela. Miguel Costa ficou irritado por ter perdido um bom oficial e expulsou-o da recém-formada Coluna Miguel Costa-Prestes – a combinação dos grupos de São Paulo e Rio Grande do Sul –, da qual Müller nunca participou realmente.[31] No entanto, esse não pode ser o motivo real, uma vez que Filinto estava entre aqueles que tiveram permissão para sair.[32]

Então, por que a acusação de Prestes de que Müller "tinha escrito duas cartas, uma endereçada ao sargento e aos homens sob seu comando, propondo que eles desertassem em massa, uma vez que ele considerava a revolução uma causa perdida? A segunda carta foi enviada a Miguel Costa, afirmando que ele estava indo para o Paraguai para visitar membros da família e que iria se juntar aos rebeldes em Mato Grosso".[33]

A primeira dessas missivas certamente poderia ter provocado a ira de Miguel Costa e Luiz Carlos Prestes, especialmente se esta desencadeasse mais deserções. No entanto, nenhuma das cartas foi encontrada. Assim, a veracidade dessas, caso existam, ainda está por ser determinada. Mais ainda, deduzir que elas estão em algum arquivo, em algum lugar, e acreditar que elas foram a principal causa da expulsão de Müller parece duvidoso à luz de uma outra questão. A questão-chave muito provavelmente envolvia o tópico dinheiro.

O que aconteceu com o dinheiro que os soldados da 1ª Divisão Revolucionária pegaram de bancos e de cofres da polícia na cidade ocupada de São Paulo? Os insurgentes expropriaram 2.577:000$000 contos de réis (ou 256.673 dólares) e usaram-no para seu sustento em São Paulo, e também durante todo o caminho para Foz do Iguaçu – e também enquanto lá estiveram.[34] Mesmo antes de chegarem à parte ocidental do Paraná, o dinheiro foi ocasionalmente dividido entre o alto escalão dos oficiais comandantes com a finalidade de sustentar as tropas. Quando a Divisão de São Paulo chegou a Foz do Iguaçu, e especialmente após a derrota em Catanduvas, a situação parecia sombria o suficiente para Isidoro ser convidado a deixar a recém-criada Coluna Miguel Costa-Prestes. Os novos líderes pensaram que ele era muito frágil para os novos planos de batalha. Mas também é possível que o extenuado guerreiro realmente não tenha querido ir para o exílio na Argentina. Irritado com a decisão,[35] antes de sair, ainda assim, dividiu todos os fundos restantes entre ele, Padilha, Costa, Prestes e Estillac Leal.[36] Só que Estillac estava incapacitado e Müller estava agindo no lugar dele, já que era seu chefe de gabinete. A Müller, então, foi dada, ou ele tinha o controle sobre, a parte do dinheiro remanescente de Estillac – dinheiro com o qual Miguel Costa e Prestes contavam para continuar a lutar. Os dois líderes da Coluna pensaram que Müller também continuaria na batalha, como sempre fizera. Quando ele saiu, devem ter ficado furiosos com a ideia do dinheiro que levaria consigo. Tanto Isidoro quanto Padilha tinham uma parte do tesouro revolucionário. Apesar disso, eles estavam a caminho de Buenos Aires para tentar promover a revolução. Isidoro e Padilha também tinham sido generais durante mais tempo do que Miguel Costa e Prestes. Além disso, Isidoro era um marechal. O pessoal de baixo escalão não conseguiria facilmente tirar seus superiores de uma unidade militar. Eles não poderiam mostrar sua hostilidade para com oficiais de alto escalão dessa forma. No entanto, a posição de Filinto era inferior à de Miguel Costa e Prestes. Na hierarquia das coisas militares, ele se tornou o alvo da raiva deles.[37] Prestes, mais tarde, acusou Müller de ter ido embora com 100 contos de réis (US$ 10.610 ou US$ 148.100 em valores atualizados) que pertenciam aos revolucionários.[38] Essencialmente, Filinto foi acusado de ser um bandido.

A expulsão de Müller e a de João Cabanas, em 27 de abril de 1925, são os únicos banimentos formais durante esse período nos documentos disponíveis.[39] Este é, em si, um fato curioso, dado que muitos soldados estavam indo para o exílio. Na íntegra, o aviso de remoção de Filinto é o seguinte:

> Boletim N°-5: Acampamento em Porto Mendes, Estado de Paraná aos 25 de abril de 1925
> Para conhecimento desta divisão e devida execução, publico o seguinte:
>
> EXCLUSÃO DE OFICIAL
> Seja excluido do estado efetivo das forças revolucionárias o Capitão Felinto Muller, por haver, covardemente, se passado, para o território argentino, deixando abandonada a localidade "Foz do Iguassú", que se achava sob sua guarda, resultando que as praças que compunham a mencionada guarda o imitaram nesse gesto indigno, levando armas e munições pertencentes à Revolução. Oxalá que esse oficial futuramente se justifique perante seus companheiros, consciência de filho desta grande Patria.
> (assinado) Gel. Miguel Costa
> Comandante da Primeira Divisão Revolucionária[40]

4. Exílio e regresso

Na verdade, Estillac Leal e Ricardo Holl decidiram deixar a 1ª Divisão Revolucionária de São Paulo e entrar no Paraguai junto com Filinto. Uma vez que Leal estava ferido, sua saída era uma conclusão inevitável. A carta de Isidoro, enviada em 22 de abril de 1925, mostra que Müller tinha uma quantia considerável de dinheiro em seu poder. Esta continha instruções para pagar as despesas de vários oficiais após o marechal ter chegado a Encarnación, Paraguai, através do rio Paraná, vindo de Posadas, na Argentina.[1] Escrita em duas partes, com um pós-escrito, e assinada no final de cada seção, a maior parte da carta é legível. Ela começa assim:

> Encarnación – 22-4-1925
>
> Prezado major Felinto [sic] Müller
> Fica entendido que a importancia que recebestes da Caixa da Revolução poderá ser augmentado a requisição vossa, uma vez que, para o fim a que é destinado, seja [ilegível] ou se torne insufficiente.
> Marechal Isidoro Dias Lopes
> PS. Hoje embarcaram 50 para Posadas; se for possivel deve ser pagos o pessoal que chegou hontem, na sua maioria doentes sem gravidade e todos muito mansos. Aos officiaes realmente necessita-

dos alem da passagem que se dá as praças, deve-se dar um pequino auxilio pecuniario e liberdade completa de acção. Os Que nao receberem passagem pago por nós de Posada em diante se augmentará o auxílio referido da importância da passagem a 2a classe. O auxílio em moedas será de 60 pesos. [Ilegível] conformidade podeis ir dando aos que pediram, ficando com recibo e mandando uma relação ao Simas. A Mamo, hoje, pode levar a redação. Hoje mesmo mandarei augmentar a verba de que dispondes. Sei que isto é uma grande massada, mas sou obrigado a pedir-vos e aos vossos auxiliares, mais este serviço a nossa gente.

Recado do Comp. [heiro] e am.[igo]

General Isidoro Dias Lopes[2]

O marechal Isidoro e Filinto estavam em Encarnación, Paraguai, fornecendo fundos para o *seu povo*, que tinha decidido ir para o exílio. Estas eram as tropas que haviam lutado com Isidoro em São Paulo, e por todo caminho até Foz do Iguaçu. O fato de terem tornado esse dinheiro disponível apenas para as suas forças sublinha a irritação que Isidoro deve ter sentido ao perceber que Miguel Costa e Luiz Carlos Prestes o forçavam a sair. Quanto a ser um bandido, as evidências disponíveis apoiariam a visão de que Müller agiu de outra forma depois de chegar em Encarnación com a parte do dinheiro de Estillac. Ele a usou para comprar a passagem através do rio Paraná e bilhetes de trem de segunda classe, de Posadas, Argentina, para Buenos Aires, para aqueles companheiros de armas que estavam deixando a 1ª Divisão Revolucionária de São Paulo. Caso contrário, ele nunca teria sido bem recebido por eles em Buenos Aires. Filho de Miguel Costa, Miguel Costa Filho publicou um livro, em 1931, no qual escreveu que em sua opinião Filinto nunca foi um traidor. Um dos gigantes no estudo da história do Brasil, Hélio Silva reiterou essa postura, quando escreveu que Filinto nunca fez parte da Coluna Prestes e, portanto, nunca poderia ter desertado de suas fileiras.[3]

Quando, finalmente, chegou na capital argentina, Müller estava sem muito dinheiro. A cidade não era um lugar que acolhia os revolucionários brasileiros de braços abertos. Cada homem tinha muito trabalho para encontrar uma maneira de se sustentar. Filinto tentou conseguir um bom emprego, mas, devido à sua dificuldade com a língua espanhola, acabou ficando com uma função menos desejável. Por fim, Mendes Gonçalves, um dos sócios da Matte Larangeira, financiou o aluguel de um armazém na avenida Chiclana, no subúrbio de Boedo, em Buenos Aires. Com Pedro Rocha cuidando da contabilidade, os carros podiam ser estacionados no armazém e lavados à noite, se o proprietário assim o quisesse. As tentativas deles de terem uma bomba de gasolina instalada não se realizaram por falta de capital.[4]

Durante dois meses, bastante tempo depois que os *porteños* iam para casa com seus veículos, Filinto e um Estillac recuperado lavavam carros no armazém. Quando o inverno chegou, foi particularmente difícil, devido ao tempo frio e à água congelante.[5] Em certo momento, Filinto e Estillac chegaram a considerar a ideia de se engajar em um baleeiro, mas desistiram ao perceber que não sabiam o suficiente sobre a vida em alto-mar, especialmente nesse tipo de atividade. Foi uma época economicamente instável, que só melhorava brevemente quando recebiam fundos esporádicos enviados por parentes por intermédio de pessoas confiáveis.[6] Para ajudar o irmão, Fenelon emprestou a Filinto uma quantia não especificada e em seguida se recusou a mencionar qualquer tipo de reembolso.[7]

Quando seu espanhol melhorou, Filinto trabalhou como corretor de imóveis. Também começou a estudar para se tornar motorista de táxi, e para isso teve que obter uma licença profissional. Depois de passar no teste, dirigiu um táxi em Buenos Aires por cerca de um ano.[8] Não foi o único dos revolucionários brasileiros a ter essa profissão. Pedro Rocha também foi motorista. Alcides Teixeira de Araujo e Romulo Fabrize se juntaram a eles. Vasco Neves Varella conseguiu um emprego como motorista particular, mas usou o nome de Antonio Lopes, em parte para disfarçar sua identidade. Vasco tinha recebido uma sentença de vinte anos por matar o tenente Angelo dos Santos Ribeiro, em legítima defesa, em São Paulo, durante a ação de 1924.

Foi tudo em vão. No inverno, não havia muitos clientes. As pessoas ficavam dentro de casa. Isso significava pouco dinheiro entrando, insuficiente para pagar o aluguel do armazém. O grupo acabou perdendo o depósito na avenida Chiclana, uma vez que não conseguiu pagar por ele.[9] Havia um outro armazém, menor, que se saía melhor. Administrado por Orlando Leite Ribeiro e localizado na esquina da calle Gallo com a avenida Mansilla, na Recoleta, este vendia comida brasileira para clientes de várias partes da cidade. Luiz Carlos Prestes participou desse empreendimento por pouco tempo. Ele temporariamente desistira da luta e terminara exilado em Buenos Aires, como os outros. O armazém servia de ponto de encontro para muitos brasileiros que ainda estavam interessados em uma revolução na sua terra natal. Buenos Aires também se tornou a sede do escritório sul-americano do Comintern, em 1926. Representando a III Internacional, Comintern significava Internacional Comunista. Seu único propósito era promover revoluções ao estilo soviético em outros países.[10]

No início da Primeira Guerra Mundial, as imigrações italiana e espanhola para a Argentina tinham alcançado níveis impressionantes. Depois de Madri e Barcelona, Buenos Aires era a cidade com o maior número de pessoas nascidas na Espanha.[11] Entre as famílias que chegaram na capital argentina em 1915 estavam os Lastra e três de suas quatro filhas. Eles eram originários de Santander, na costa norte da Espanha. A família consistia em Joaquín Lastra, sua esposa, Gumersinda, e suas filhas, Maria Luiza, Consuelo e Francisca. Consuelo Fernandes de Lastra tinha 8 anos quando o navio atracou. A segunda filha mais velha, Aqilana, ou "Quilis", permaneceu em sua cidade natal para cuidar da tia, que não queria deixar a Espanha. Joaquín Lastra sentiu que não havia futuro econômico para ele e a família na então minúscula comunidade de Santander. Mas por que se mudar para a Argentina, e por que Buenos Aires? Por que não algum outro país da América Latina, ou mesmo algum outro lugar da Espanha? Poderia muito bem ter sido porque Joaquín, como tantos outros, tinha ficado deslumbrado ao ouvir falar da prosperidade na

Argentina durante a chamada "Idade de Ouro" de Buenos Aires (de 1890 a 1913), quando a economia estava fortalecida.[12]

A dificuldade era que, como para muitos recém-chegados, os tempos não eram muito melhores no novo país para a primeira geração de imigrantes. Não importava que eles falassem espanhol. O que realmente importava era que eles eram novos na Argentina e vinham da antiga terra pátria. Isso confundiu e irritou Joaquín. Ele era um homem educado, que tinha viajado pelo mundo. Chegara até mesmo a estudar durante um tempo em Oxford. Economista por formação, Joaquín também tinha uma veia independente. Sua atitude não ajudava, e provocava situações difíceis com os empregadores *porteños*. O resultado foram grandes períodos de desemprego. E isso, por sua vez, causava dificuldades para sua família. Felizmente, rendas vindas de Santander enviadas aos Lastra aliviaram a situação, que de outra forma seria grave. Antes de embarcarem para a América do Sul, alugaram seus apartamentos. Cada uma das filhas tinha uma propriedade no mesmo edifício. Em Buenos Aires, a família conseguiu um apartamento em Belgrano, onde todos viveram. Tinham como vizinha uma outra imigrante da Espanha, a *señora* Pastora, que se tornou amiga dos Lastra.[13]

Entre o grupo de exilados no círculo de Filinto, um certo soldado tinha uma carta de recomendação de sua mãe para Pastora. A mãe pedia que Pastora ajudasse seu filho, caso fosse necessário. O jovem acabou entrando em contato com Pastora, foi para sua residência e explicou que fazia parte de um pequeno número de oficiais revolucionários exilados do Exército brasileiro vivendo em Buenos Aires. A *señora* Pastora decidiu ali, naquele momento, que iria convidar o grupo para almoçar em seu apartamento. Ela, em seguida, convidou as irmãs Lastra para a mesma refeição, na esperança de proporcionar um ambiente agradável para todos. A refeição acabou se tornando um banquete de que a *señora* Pastora, e de fato a maioria, nunca mais se esqueceu. Quando Filinto e Consuelo se encontraram, houve um raro acontecimento da natureza: amor à primeira vista, de ambas as partes. E isso não era nenhum melodrama barato de Hollywood. A paixão entre essas duas pessoas de mundos diferentes duraria uma eternidade – através dos bons tempos e das tempestades que viriam. Cada um viria a ser a fortaleza do outro.[14]

Em 1916, um ano após a chegada dos Lastra à Argentina, Hipólito Yrigoyen, do Partido *Unión Cívica Radical*, tornou-se presidente na primeira eleição geral da Argentina, com sufrágio universal masculino. Um fruto da Lei Sáenz Peña, de 1912, esse estatuto mudou a face da vida política argentina para sempre, ao menos para os eleitores do sexo masculino. As mulheres teriam que esperar até 1946 para a sua emancipação. No entanto, os anos antes da Grande Guerra eram tempos de expansão, principalmente em áreas urbanas da Argentina. Quando a Primeira Guerra Mundial começou, a economia do país vinha de uma ascensão de cerca de vinte anos. Grande parte disso se deveu à carne bovina congelada enviada para aquelas que eram, então, as potências beligerantes da Europa. Como resultado, a renda *per capita* era maior do que em vários países europeus, incluindo a Espanha. Depois de Nova York, Buenos Aires era a segunda maior cidade na costa do Atlântico. A cidade também se vangloriava, novamente seguindo Nova York, de ter construído o segundo sistema metroviário das Américas.

Para os Lastra e todos os outros, havia duas depressões econômicas, e os horrores que acompanhavam a alta taxa de desemprego, normalmente mais elevada para os imigrantes, contribuíam para a dificuldade que o pai de Consuelo estava tendo em encontrar e manter um emprego. A primeira aconteceu entre 1913 e 1917, seguida por um período de recuperação e desenvolvimento, sucedido pela queda de 1921, que foi até 1924. Consequentemente, barcos cheios de imigrantes davam a volta e retornavam para a Europa. Os trabalhadores que lá permaneciam mudavam constantemente de emprego.[15]

Joaquín e Gumersinda aprovaram o relacionamento entre a filha e Filinto, e os dois jovens começaram a se ver nos fins de semana. Eles se tornaram oficialmente *novios*, isto é, namorados. A capital argentina na qual Filinto e Consuelo se conheceram era o centro cultural mais proeminente de sua época na América Latina, uma metrópole com museus, bibliotecas, livrarias, cafés e uma ópera que não devia nada a nenhuma outra. Havia parques e jardins nos quais o casal apaixonado caminhava e conversava. A alegria durou até que notícias sombrias chegaram ao jovem exilado. O irmão mais velho de Filinto, Fenelon, que ele idolatrava, estava gravemente ferido. Alguém tinha lhe dado um tiro. Ele estava vivo, mas não se sabia por quanto tempo.[16]

Abençoado com uma habilidade para os números, Fenelon Müller ensinava matemática no ensino médio, e por um tempo trabalhara como diretor de uma empresa de topografia. Tudo isso ainda na sua adolescência. Depois de receber seu diploma de engenharia civil pela Escola Politécnica de São Paulo, em 1918, e de ser o orador oficial de sua turma, Fenelon foi nomeado para a 5ª Divisão da Ferrovia Noroeste do Brasil. Enviado para Três Lagoas, seu trabalho era supervisionar a concretagem da armação da nova ponte Francisco de Sá, que abrangia o rio Paraná, na altura do povoado de Jupá.

No dia 18 de abril de 1923, Fenelon se casou com Alzita de Matos enquanto vivia em Três Lagoas. Trabalhou mais tarde como deputado na cidade durante três anos, de 1º de janeiro de 1924 a 31 de dezembro de 1926.[17] Nessa posição, angariou inimigos políticos entre a elite local, talvez como resultado de suas tentativas de trazer uma aparência de ordem para a fronteira que era Três Lagoas nos anos 1920. Em certo momento, Fenelon viajou a Cuiabá para ficar com a esposa, que estava na cidade e prestes a dar à luz sua filha, Rita Generosa. Enquanto esperava o parto, o governador pediu a ele que se tornasse prefeito de Cuiabá. Ele aceitou o convite e voltou a Três Lagoas para vender sua casa. Foi enquanto cuidava disso que um de seus oponentes enviou um pistoleiro para assassiná-lo. Amigos de Fenelon ficaram sabendo sobre a conspiração e o alertaram, mas ele não lhes deu ouvidos. Certa noite, o matador esperou Fenelon voltar para casa e por volta das 21h disparou uma bala na parte inferior das suas costas, perto da espinha. Ele milagrosamente não morreu, mas ficou paralisado. A recuperação foi lenta; suas sensações e movimentos retornaram. Aprendeu a andar com uma bengala, embora tenha passado nitidamente a mancar. Ele tinha que jogar o lado afetado do corpo para a frente a fim de caminhar. Anos se passaram, e ele viajou até São Paulo para que um grande especialista removesse a bala; depois de olhar os raios-X de Fenelon, porém, o médico se recusou a fazê-lo, alegando que muitos veteranos da Primeira Guerra Mundial que voltaram para casa com lesões semelhantes e se submeteram a cirurgias para remover o chumbo das costas ficaram paraplégicos. A bala permaneceu.[18]

Desconhecendo a gravidade dos ferimentos de Fenelon, Filinto ficou tão angustiado que decidiu voltar, em segredo, para Mato Grosso e ficar com o irmão. Chegando a Três Lagoas, viu que Fenelon estava melhorando, e percebeu que sentia muita falta de Consuelo. Filinto acabou pedindo-a em casamento, e ela aceitou. Arranjaram um casamento por procuração; Consuelo e um representante apresentaram todos os papéis para o consulado brasileiro em Buenos Aires.[19] As leis em vigor, no entanto, proibiam uma cerimônia de casamento por telefone. Sendo o noivo, Filinto tinha que providenciar um depoimento dando testemunho de suas intenções sob seu nome completo. O lado sombrio do que deveria ter sido uma ocasião feliz combinava com a estranheza do método matrimonial que expôs Filinto. Seria apenas uma questão de tempo antes que a polícia de Artur Bernardes descobrisse que ele estava de volta ao Brasil e respondesse apropriadamente. Mesmo assim, o casamento aconteceu no dia 6 de junho de 1926.

Viajando sozinha de navio, sem falar português, Consuelo Lastra Müller chegou ao Rio de Janeiro para começar a vida de casada. Ela tinha 19 anos. Para encontrá-la nas docas adjacentes à praça Mauá, havia policiais. A informação de que a esposa de um revolucionário estava a bordo do navio vindo de Buenos Aires chegou à polícia. O passaporte de Consuelo declarava abertamente que ela era a esposa de Filinto Müller.

A jovem foi conduzida a uma sala de espera da polícia no porto, onde havia uma mulher mais velha, enviada por alguém, sentada em uma das cadeiras. Deixadas sozinhas momentaneamente, as duas se entreolharam, quando então a mulher mais velha começou a revirar sua própria aliança de casamento, ainda olhando para Consuelo.

Muito sutilmente, ela colocou seu dedo indicador sobre os lábios fechados. Consuelo entendeu o sinal e não disse nada aos policiais. Ela não sabia onde estava o marido. Ela não sabia como chegar até ele. Ela não sabia se o veria outra vez. As autoridades finalmente cederam e deixaram-na entrar no país.

Consuelo Müller partiu com a outra mulher e acompanhou-a até sua casa. Enquanto caminhavam, a senhora se afeiçoou a Consuelo e a convidou para morar com ela. Dois detetives acompanharam-nas a uma distância segura. Filinto tinha que ter muito cuidado, porque a polícia começou a vigiar a casa quase que imediatamente. Mesmo assim, uma noite, ele escalou a parede de trás e entrou no local. Mais tarde, saiu da mesma forma que tinha entrado. Consuelo estava provavelmente com ele.[20]

O novo casal começou sua vida conjunta vivendo clandestinamente no bairro da Glória, no Rio de Janeiro. Os amigos, a família e os colegas conspiradores ajudaram-nos com suas despesas do dia a dia. Isso funcionou por um tempo, mas a vida na clandestinidade tornou-se difícil quando Consuelo ficou grávida. Filinto sabia que corria o risco de ser preso quando Consuelo fosse para a maternidade para ter o bebê. Ela teria que se identificar, e as autoridades sabiam o nome de seu marido. Por outro lado, se se entregasse, ele poderia conseguir a ajuda necessária para a esposa quando fosse o momento de Consuelo dar à luz.[21] Influiu na decisão de Filinto o fato de ele já saber sua sentença. Um mês antes de se render, o juiz Washington de Oliveira, que presidia o julgamento civil dos revolucionários, condenou Müller à revelia a dois anos de prisão.[22] Teria sido fácil para Filinto ler isso na imprensa carioca.

No dia 18 de julho de 1927, no final da gravidez de Consuelo, o primeiro-tenente Filinto Müller apresentou-se na sede da 1ª Região Militar, no centro do Rio de Janeiro. Levado em custódia, os guardas o guiaram sob a mira de armas pela baía de Guanabara em direção à Fortaleza de Santa Cruz, para que aguardasse o julgamento.[23]

Os insurgentes de 1924 foram julgados, muitos deles à revelia, por tribunais tanto civis quanto militares. O sistema legal do Brasil permitia esse procedimento para o pessoal militar. O tribunal civil já tinha dado sua sentença. O tribunal militar confinou Müller a cinco anos de prisão no dia 26 de dezembro de 1927. Três dias depois ele foi transferido para a Fortaleza de São João, na Urca, no lado do Rio de Janeiro onde fica a entrada da baía de Guanabara.[24] Tanto a cidadela de Santa Cruz quanto a de São João serviam como guardiãs gêmeas na boca da baía que os exploradores portugueses um dia pensaram que fosse um rio desaguando no Atlântico. Durante muitas gerações elas também serviram como locais para manter prisioneiros especiais.

O tempo de Filinto atrás das grades não foi sem incidentes. Em 27 de fevereiro de 1928, ele foi condenado a quatro dias em confinamento na solitária pelo que foi oficialmente descrito como "interrupção da discussão de oficiais de tal forma a perturbar a serenidade habitual da guarnição". No dia 26 de agosto de 1928, os carcereiros de Müller transferiram-no ainda mais uma vez, agora para o quartel militar no bairro de São Cristóvão, no Rio.[25]

O ano de 1929 trouxe para o primeiro-tenente Müller um presente. Na metade do ano, seus superiores reduziram sua sentença para dois anos.[26] Ele também recebeu uma outra punição menor, de dois dias, por um delito desconhecido.[27] Em meio a tudo isso, Consuelo Müller ficou ao lado do marido. Uma pessoa extraordinária, ela foi corajosa o suficiente para viajar sozinha para um país novo, sem falar sua língua, enquanto ainda era jovem. Manteve a compostura quando interrogada firmemente pela polícia. Então, ela atravessava a baía de Guanabara lealmente com sua filha recém-nascida, Maria Luiza, a que dera à luz no dia 3 de novembro de 1927, para estar com o marido nos dias de visita. A viagem até o complexo de Santa Cruz poderia ser desconfortável para passageiros das embarcações menores que iam para o cais da fortaleza ou que voltavam deste. Esse era um problema maior durante os meses de inverno, quando havia mais ondas e correntes. Mesmo quando o Exército transferia Filinto para outras instituições penais, Consuelo não se abalava. Ela era uma mulher de muita energia.

Como um relógio, ia ao encontro do marido, acompanhada da filha, para surpresa da tripulação e dos guardas do barco.[28]

Enquanto isso, Filinto tinha apresentado um pedido de *habeas corpus* ao Superior Tribunal Militar, apelando de sua sentença. O tribunal sustentou a sua petição e lhe deu a liberdade condicional no dia 9 de outubro de 1929. Como contrapartida, exigia que ele, até 24 de outubro de 1930, por mais de um ano, fosse assessor militar do Departamento de Pessoal do Ministério da Guerra. Soldados com tais postos tinham que se registrar diariamente. Essa era uma tática que o Exército pensava que poderia usar para manter vigilância sobre potenciais causadores de problemas. Isso é verdade, mas também promovia o encontro de oficiais rebeldes que chegavam ao mesmo tempo ou próximos uns dos outros para assinar diariamente sua obrigação.[29] O tenente Müller ainda estava recebendo seu soldo de oficial básico durante esse ano de liberdade vigiada, mas o dinheiro não era suficiente para sustentar a mulher e á filha.[30] Com nada mais a fazer a cada dia, além de registrar-se, Filinto arranjou um trabalho extra como vendedor de porta em porta da loja de departamentos Mesbla. Ele acabou vendendo refrigeradores e outros itens por toda a cidade.[31] O trabalho teve um benefício adicional. Permitiu que ele, aos 29 anos de idade, caminhasse e conhecesse bastante a cidade.

5. Vargas

Na manhã do dia 24 de outubro de 1930, houve um grande evento na vida da maior nação da América do Sul. À medida que o incidente se desenrolava, algumas pessoas permaneceram na segurança de suas casas. Outras foram para as ruas participar ou apenas assistir. No Rio, Filinto decidiu faltar ao seu trabalho na Mesbla. Não se preocupou tampouco em se registrar no Ministério da Guerra. Em vez disso, encaminhou-se rapidamente para a zona oeste da cidade, para o aeródromo Campo dos Afonsos.

A pressa de Filinto se devia a um acontecimento de semanas antes, em Porto Alegre, capital do Rio Grande do Sul.[1] Getúlio Dornelles Vargas, o indivíduo que se tornaria o brasileiro mais controverso do século XX, havia desencadeado a revolução que o arrebataria ao poder nacional. O levante era um produto de vários fatores, um deles a astúcia do homenzinho que em breve se tornaria grandioso. Com 1,58m de altura,[2] Getúlio compensava a baixa estatura com a inteligência e o sorriso fácil, que escondia suas verdadeiras intenções. Ele era perspicaz e indeciso, mas afável. A hipérbole caracterizava seus pronunciamentos públicos. A calma e a paciência mascaravam o seu comportamento na vida privada. O conjunto atraía o povo para si. Desesperados desde 1922 por alguém novo no topo, muitos tenentes seguiram o "Gegê" (um dos apelidos comuns de Vargas). O crescente entusiasmo de Filinto Müller iria cegá-lo. Aquele era o líder que Filinto estava esperando. Aquele era o líder que iria mudar as coisas!

Um advogado originário de São Borja, Rio Grande do Sul, Vargas chegou a tomar parte em atos de violência em seus primeiros anos.[3] Seu pai, um homem influente, fez com que ele fosse "eleito" para a legislatura estadual. Mais tarde ele se tornou chefe da maioria e secretário do orçamento na legislatura do Rio Grande do Sul. Nessa dupla posição, Getúlio aperfeiçoou suas habilidades políticas como membro da corrida eleitoral do governador Antônio Augusto Borges de Medeiros pelo PRR (Partido Republicano Rio-grandense).[4]

No final de janeiro de 1923, Borges começou seu mandato de cinco anos como governador. Sua eleição foi marcada pela corrupção – até mesmo os mortos podiam voltar à vida e votar se tivessem um certificado de votação – e pelo pensamento generalizado de que a possibilidade de ocupar o cargo por 25 anos era demais. A insistência de Borges em assumir seu posto mesmo assim resultou na deflagração de uma guerra civil no estado, que se arrastou por quase todo o ano. Temendo que Artur Bernardes enviasse o Exército para reprimir a baderna, e possivelmente assumir o comando, Borges mandou Vargas, então deputado federal, ao Rio de Janeiro para tentar acalmar o presidente. Getúlio ajudou Bernardes a ver que a prudência com Borges e o fim da guerra civil poderiam ser o curso mais proveitoso. Um tratado de paz foi finalmente arranjado e assinado no dia 15 de dezembro de 1923, com a determinação importante de que Borges deixasse o cargo no final de seu atual mandato.[5]

Em seus outros deveres, principalmente ao servir na reforma constitucional e nos comitês de finança, Vargas mostrou menos brilho do que em suas tentativas de ganhar amigos para o estado gaúcho. Mas vendo onde estava o poder real e quem o detinha, ele conseguiu permanecer ao lado de Bernardes na sua batalha contra os revolucionários de 1924. Dois anos se passaram e Vargas foi reeleito para o Congresso.[6]

Para o muito desprezado Bernardes, no entanto, havia um resultado diferente. Quando o seu mandato acabou, ele ganhou um lugar no Senado federal no início de 1927, em uma disputa sem oposição. Antônio Carlos Ribeiro de Andrada tinha desistido de seu cargo legislativo para se tornar governador de Minas Gerais. Bernardes assumiu o lugar de Antônio Carlos depois de uma resolução sobre os resultados contestados pelo eleitorado mineiro. Após o veredito, Bernardes e seus guarda-costas chegaram ao Rio de Janeiro em 27 de maio de 1927 para o início de seu mandato como senador. Mais uma vez, o momento era péssimo, já que nesse mesmo dia alguns membros da polícia civil (e membros do serviço de detetives) da época de Bernardes estavam começando a ser julgados na capital do país, acusados de assassinar o empresário Conrado Niemeyer. A polícia tinha jogado Niemeyer de uma janela do terceiro andar da Polícia Central do Rio de Janeiro. Temendo que o tribunal o convocasse, mesmo que apenas como testemunha – ele poderia realmente ter sido implicado –, Bernardes embarcou uma semana depois para um longo descanso na Europa, não voltando por mais de um ano e meio.[7]

Em 15 de novembro de 1926, Washington Luís Pereira de Souza tomou posse como o 14º presidente do Brasil. O líder que chegava, e que fora governador de São Paulo, estava grato a Borges pelos votos que a máquina do PRR tinha angariado, embora Borges não fosse um fã da política do "café com leite". Como recompensa, Washington Luís disse a Borges que ele queria um gaúcho como ministro da Fazenda, e que preferia Getúlio Vargas. Borges não cobiçava o trabalho, e deixou que o seu sempre agradável seguidor de São Borja ficasse com ele.

Vargas serviu como ministro da Fazenda do Brasil por mais ou menos um ano. Após aproximadamente seis meses no cargo, Borges informou que ele estava sendo preparado para assumir a posição do governador, por um tempo, de 1928 a 1933. Aparentemente, o desconfiado Borges então se candidataria de novo, já tendo, em sua mente, cumprido o acordo com Bernardes. Vargas deixou seu compromisso com Washington Luís para assumir a nova função, um cargo que aceitou sem nunca ter participado de eleição. No Rio de Janeiro, Getúlio fez um floreado discurso de adeus ao seu estado natal, voltou para Porto Alegre e assumiu o governo no dia 25 de janeiro de 1928.[8]

O aspecto que empurrou Vargas para a ribalta foi a questão da sucessão presidencial de 1930. Uma vez que vigorava o acordo de cavalheiros que foi o "café com leite", Antônio Carlos, ainda em seu primeiro mandato como governador de Minas Gerais, deveria ter sido escolhido. Era a vez de Minas. Washington Luís, por outro lado, pensava que Antônio Carlos era fraco e, além disso, não confiava nele de verdade. Antônio Carlos havia sido contra as políticas financeiras de Washington Luís de reinstituir o padrão-ouro, mas depois se harmonizou com a situação. Ele também tinha revisto o voto em Minas Gerais, permitindo o blasfemo voto secreto.[9]

Antônio Carlos não era tolo. Ele sabia que Washington Luís favorecia Júlio Prestes de Albuquerque, que também tinha sido um governador em primeiro mandato, um substituto no caso da morte súbita do titular de São Paulo. Antônio Carlos não estava disposto a concordar com uma outra seleção de São Paulo para suceder Washington Luís. Além disso, e ao contrário de Vargas, que conseguia manter silêncio sobre praticamente qualquer coisa, Antônio Carlos tinha problemas em esconder suas verdadeiras intenções. Em suma, Washington Luís sabia que Júlio Prestes tinha muito mais chances de continuar com sua política econômica.

O governador de Minas Gerais deve ter ficado mais irritado a cada dia que passava, pensando no que estava acontecendo. Antônio Carlos já havia proposto que Getúlio o apoiasse se Washington Luís falhasse em cumprir o acordo de cavalheiros. Vargas, sempre astuto, porém, não se comprometeria. Em janeiro de 1929, Antônio Carlos já estava farto. O governador de Minas Gerais tornou público que apoiaria um candidato comprometido com Borges de Medeiros ou Getúlio Vargas.[10]

Borges novamente adiou para o seu substituto, e Vargas relutantemente aceitou. Washington Luís realmente escolheu Júlio Prestes, e, assim, a eleição de 1º de março de 1930 opôs o candidato oficial do partido e do presidente à organização que Vargas e seus assessores iniciaram em conjunto: a Aliança Liberal. Seria Júlio Prestes e seu candidato a vice-presidente, Vital Henrique Batista Soares, governador da Bahia, contra Getúlio Vargas e seu companheiro de chapa, João Pessoa Cavalcanti de Albuquerque, governador da Paraíba.

O que chamava a atenção na agenda do candidato oficial era a tentativa de garantir a hegemonia do PRP (Partido Republicano Paulista) para um futuro próximo. Júlio Prestes também prometeu, como era esperado, que haveria uma continuação dos programas de Washington Luís.[11]

O que chamou a atenção na plataforma da Aliança foi a proclamação da anistia para os revolucionários de 1922 e 1924, mais dinheiro para as forças armadas e um método diferente de lidar com o problema do café. Como consequência da depressão mundial emergente, o café brasileiro sofrera uma baixa nas exportações: os rendimentos produzidos pelas vendas de café haviam caído em quase 40%, de 1928 a 1930, na medição em libras esterlinas.[12]

A campanha viu o apoio do governo à Revolta da Princesa, liderada por coronéis insatisfeitos no interior da Paraíba, como uma tentativa de desacreditar o companheiro de chapa de Vargas. Houve muita violência, e, à medida que o processo eleitoral se acalmou, mais uma vez houve fraude nas urnas. As disparidades na votação geralmente favoreciam Júlio Prestes. Como apenas um exemplo, no distrito de Osasco, em São Paulo, 3.095 votantes somaram 6.018 votos para o governador Prestes.[13] Os estados do Rio Grande do Sul, Minas Gerais e Paraíba votaram na Aliança, mas sem sucesso. A contagem final nacional deu a vitória para Júlio Prestes, e muitos pensaram que aquela situação chegara ao fim, o que, por um tempo, parecia mesmo ter acontecido. Porém, para o choque de muitos, em 26 de julho de 1930, quase cinco meses após as auferições de voto terem terminado, um assassino abateu João Pessoa a tiros quando ele se sentou em uma confeitaria para tomar seu chá em Recife, Pernambuco. O assassinato ocorreu depois que a polícia invadiu a casa de João Duarte Dantas, um aliado dos coronéis armados da Princesa, à procura de armas e munições destinadas à revolta. Não havia nada de novo na ação policial. As autoridades já haviam invadido as casas de outros adversários políticos. A diferença foi o que eles encontraram na residência de Dantas.

Além das armas, a polícia encontrou cartas particulares e altamente eróticas e um diário, todos escritos por Dantas. Havia também fotografias de Dantas e sua amante, a escritora de vanguarda Anaíde Beiriz, em posições comprometedoras. O jornal do Partido Republicano de João Pessoa, *A União*, rapidamente noticiou a história. As passagens picantes não chegaram a ser publicadas no jornal, mas os leitores podiam perceber que, se elas fossem fortes o suficiente, a polícia tinha o material na delegacia para exibição pública. Nesse ponto, Dantas foi à procura de Pessoa. O escândalo que irrompeu forçou Anaíde Beiriz a deixar a Paraíba.[14]

As forças por trás de Getúlio Vargas tinham agora seu mártir. No Rio, Washington Luís pediu três dias de luto oficial. Mas, confrontado com o seu envolvimento na rebelião de Princesa como um veículo para diminuir a reputação de João Pessoa, o gesto do presidente foi visto por alguns como hipocrisia. Na exibição do ultraje de seu filho nativo, as elites locais mudaram o nome da capital e a bandeira do estado da Paraíba para refletir o nome do governador morto. A família de Pessoa, a pedido dos apoiadores de Vargas, aumentou os riscos ao levar o corpo para o Rio de Janeiro, para ser enterrado. A tensão aumentava à medida que o navio que transportava o caixão tocava cada porto, cidade após cidade, descendo pelo litoral.

Os discursos também cresceram em intensidade até o final, no dia 8 de agosto de 1930, no cemitério São João Batista, no Rio de Janeiro.[15] Os elogios feitos ao lado do caixão por pessoas favoráveis à Aliança Liberal variavam muito pouco em tema. Havia o fervor religioso de pessoas como o deputado federal de Santa Catarina, Nereu Ramos. Olhando para o caixão de João Pessoa, ele comentou que ele "não queria que o Criador deixasse o sangue em suas veias esfriar para sempre". De fato, esse discurso não seguiria o chamado patriótico de diversos outros oradores, um dos quais foi um jornalista e deputado federal do Rio de Janeiro, Maurício de Lacerda. Quando chegou sua vez de falar, ele apontou para o caixão coberto de flores à sua frente e informou ao público que este continha "o cadáver da nação!"[16] O tema central dos tributos era bastante claro. Todos podiam ver, se realmente quisessem enxergar: Washington Luís era o responsável e deveria prestar contas.[17]

O presidente, no entanto, foi um dos que continuou a acreditar no que queria. Ele não poderia ter sido mais míope. A morte de João Pessoa era exatamente aquilo de que Getúlio Vargas precisava. Oswaldo Euclydes de Souza Aranha, o mais importante confidente gaúcho de Vargas, convenceu Borges de Medeiros a participar do grupo, em agosto. Essa foi uma vitória fundamental, uma vez que Borges, ainda que apenas o líder do PRR, comandava a lealdade da polícia militarizada do estado, a Brigada Militar.

Numa enxurrada de telegramas e reuniões, o processo se iniciou. Todos os principais partidos do Rio Grande do Sul, Minas Gerais e Paraíba chegaram a um acordo. Os primeiros tiros seriam disparados em Porto Alegre às 17h30 do dia 3 de outubro. O momento chegou, o conflito começou e tudo acabou rapidamente. Em dois dias, todo o estado do Rio Grande do Sul estava na mão dos revolucionários de Vargas.[18]

No Nordeste, Juarez Távora de alguma forma pegou o início das coisas de maneira errada. No quarto dia, ele finalmente colocou suas forças em ação na Paraíba. Demorou 24 horas para declarar o estado seguro para Vargas. Pelo sétimo dia, Pernambuco e Rio Grande do Norte juntaram-se à insurgência. As coisas não foram tão fáceis, no entanto, em Minas Gerais. O tenente-coronel Aristarco Pessoa, irmão do candidato a vice-presidente assassinado, liderou a ação militar pelos rebeldes. O novo governador, Olegário Maciel, dirigia os assuntos civis. No dia 3 de outubro, Maciel fez com que o jornal oficial do estado, *O Minas Gerais*, lançasse um apelo a todos os mineiros para que cooperassem com a crescente revolução. Apelos por parte de um novo governador são uma coisa, atender a eles é outra. O estado ainda era uma das partes do carrossel "café com leite", e ainda havia membros da classe privilegiada que gostavam da antiga ordem. Foram necessários vários dias para subjugar aqueles que eram leais a Washington Luís.[19]

De volta ao Rio Grande do Sul, algo em torno de 20 a 30 mil combatentes gaúchos[20] começaram a se mover em direção à vizinha Santa Catarina. Ao mesmo tempo, no Rio de Janeiro, o presidente estava achando complicado o andamento das coisas. Embora tivesse conhecimento de uma possível rebelião, pelo menos no Rio Grande do Sul, havia mais de um mês, Washington Luís pouco pôde fazer.[21] No dia 4 de outubro, ele declarou estado de sítio até o final do ano no Rio Grande do Sul, em Minas Gerais e na Paraíba. Com a lei marcial, os membros das forças armadas nos estados sediciosos tiveram que se reportar aos seus postos e não podiam sair, a menos que recebessem ordem para tal. O presidente também convocou a reserva do Exército[22] e estendeu o estado de emergência para o âmbito nacional no dia 6. Ao mesmo tempo, Washington Luís fechou todos os bancos, para tentar evitar saques maciços por parte do povo. Em seguida, no oitavo dia, anunciou um congelamento de preços, seguido de uma ordem proibindo o movimento de navios na baía de Guanabara, na noite do décimo dia, e de um decreto aceitando voluntários civis para o Exército, quatro dias depois. No dia 16 de outubro, em um último ato de desespero, Washington Luís perdoou aqueles que não se alistaram para o serviço militar, desde que se dirigissem imediatamente aos escritórios das forças armadas de seus distritos.[23]

Enquanto isso, ele evocou a censura à imprensa na capital para impedir que as pessoas soubessem o que estava realmente acontecendo e se juntassem aos revolucionários. Os jornais relataram histórias isoladas sobre como o governo estava lidando exitosamente com os inúteis no Rio Grande do Sul e em outros lugares. A verdade era de fato o oposto. Soldados legalistas estavam se juntando ao Exército avançado dos rebeldes, desistindo ou lutando em número cada vez menor.

Na manhã do dia 24 de outubro de 1930, oficiais de alta patente decidiram evitar derramamento de sangue na capital. Formou-se uma Junta Pacificadora, liderada pelo chefe do Exército, o general Tasso

Fragoso, que apelou a Washington Luís e pediu que ele renunciasse. Isso teve pouco efeito, e o trabalho de convencê-lo ficou nas mãos do novo cardeal do Rio, Sebastião Leme, que havia acabado de voltar de Roma. Depois de algumas discussões, na parte da tarde, Washington Luís decidiu aceitar garantias do cardeal. Às 18 horas, ele deixou o palácio presidencial no Catete com o cardeal Leme, e um destacamento de soldados o levou ao Forte de Copacabana para sua própria proteção. Poucos dias depois Washington Luís, o último presidente da República Velha, partia para o exílio na Europa.[24]

Também na manhã do dia 24, Filinto Müller saiu de casa e foi direto para o aeródromo Campo dos Afonsos. O aeroporto em si consistia em dois hangares cavernosos, três outros menores, abrigos para diversos tipos de serviço, estruturas de apoio, além da Escola de Aviação do Exército. A escola era um bastião do positivismo, uma filosofia que unia o progresso social ao desenvolvimento tecnológico. Tudo o que produzia um avanço na tecnologia recebia a atenção dos seus estudantes. No entanto, se aqueles jovens estudiosos tivessem entendido melhor o positivismo, poderiam muito bem ter escolhido o cientificismo como um guia, uma vez que o positivismo visava, em última análise, a se livrar das forças armadas e não lhes pagar um centavo sequer nesse processo.[25] Ao mesmo tempo, na mente dos cadetes, havia uma convicção geral de que o positivismo invariavelmente traria consigo o desenvolvimento social. A aviação, com suas aplicações militares e civis, encontrava, por consequência, um campo fértil nos pareceres da geração de oficiais militares de Filinto. O general Billy Mitchell, do U.S. Army Air Corps, tinha mostrado ao mundo o que o poder aéreo poderia fazer em 1921, ao afundar um navio de guerra alemão capturado, o *Ostfriesland*. No Brasil, a Escola de Aviação do Exército era um ponto de encontro para os tenentes, pronta para se livrar dos grilhões das antigas táticas e velhas crenças. Esses jovens tinham os olhos voltados para o futuro.

O Campo dos Afonsos era o único aeroporto do Rio na época. Todas as aeronaves aterrissavam em sua pista de grama, e todas as aeronaves do Exército eram biplanos de fabricação francesa, principalmente o Morane Saulnier 130 e os modelos Potez XV e XXV. Havia uma escola de aviação naval embrionária na Ilha do Governador, na Ponte do Galeão, mas a aeronave naval tinha que ser capaz de pousar na água.[26] Quando o *Graf Zeppelin* visitou o Rio de Janeiro durante o seu voo inaugural vindo da Alemanha, no dia 25 de maio de 1930, esse desembarcou e foi ancorado no Campo dos Afonsos. Jornalistas brasileiros escreveram que essa era uma maravilha da época.[27]

O fato de Eduardo Gomes ter aprendido o seu ofício na Escola de Aviação do Exército no Campo dos Afonsos causou preocupação quando os revolucionários de 1924 ocuparam São Paulo. Gomes se tornaria um piloto qualificado somente em 1931. Para Artur Bernardes, no entanto, Gomes trouxe a questão do radicalismo na Escola de Aviação do Exército para a atenção da administração. O presidente estava determinado a verificar a qualidade do fervor juvenil de Gomes. Para isso, Bernardes mandou prender todos os pilotos do aeródromo. Mesmo assim, o Campo dos Afonsos continuou sendo um foco de atividades antirregime nos anos seguintes.[28]

Na Revolução de 1930, apenas quatro aeronaves levantaram voo, provavelmente devido ao estado de sítio, mais do que qualquer outra coisa. Um desses aviões, um Potez XXV pilotado pelo tenente Araripe de Macedo, caiu enquanto ia para a capital mineira, Belo Horizonte. A tripulação de dois homens não tinha mapas adequados para a viagem, o que resultou em uma aterrissagem difícil e em um lábio cortado para Araripe. O Dr. Pedro Ernesto Batista, que também era um ativista de Vargas, medicou o tenente.[29] O tenente Casimiro Montenegro Filho, em contrapartida, não sofreu ferimentos graves quando tentou voar em seu avião. Casimiro voltou para Belo Horizonte em outro Potez XXV no dia 6 de outubro. Ele pousou com segurança e conseguiu entrar em contato com os insurgentes no estado, tais como o tenente Oswaldo Cordeiro de Farias. Casimiro, finalmente, dirigiu o Potez sobre as posições inimigas lançando folhetos e, em outros momentos, pequenas bombas.[30]

Filinto não era um aviador. Seu trabalho no Campo dos Afonsos teria sido o de ajudar a proteger o aeroporto. Mesmo se Washington

Luís tivesse partido na tarde do dia 24, naquele momento arriscado ninguém poderia ter certeza do que estava por vir. Havia partes de Minas que ainda resistiam, tais como Juiz de Fora, e elementos dentro da Marinha ainda favoreciam o presidente deposto. Filinto não tinha sido um dos mais importantes conspiradores da revolução de 1930. Ele participara apenas de um único encontro, e os conspiradores classificaram-no como um daqueles que eram contra o tópico da discussão. Apesar de seu irmão Júlio mais tarde acusá-lo de ter fobia da revolta, ele ainda assim rapidamente aderiu ao movimento, pensando que seria um esforço que correspondia às suas crenças.[31] Agora um homem de família, podia-se concluir que Filinto tinha visto insurreições demais e também suas consequências para se juntar imediatamente a uma nova de corpo e alma.

No dia 27 de outubro de 1930, Oswaldo Aranha, Lindolfo Collor e o tenente Hercolino Cascardo voaram para o Rio para negociar com a Junta Pacificadora. Às 19h05, o general Pantaleão Telles, representando a Junta, juntamente com outros oficiais, incluindo o comandante da Escola de Aviação do Exército, o major José Maria Castro Neves, encontrou os cinco passageiros da companhia aérea francesa Latecoere, que trouxe Aranha e seu grupo para a capital. Após as apresentações, o grupo foi ao escritório do major Neves para brindar com champanhe, mas sem nenhum discurso registrado. Logo, motoristas levaram Oswaldo para o Hotel Glória, perto do Palácio do Catete, onde ele se refrescou e depois foi levado para a mansão presidencial a fim de se reunir com os generais que tinham deposto Washington Luís.[32]

Um dia depois, Juarez Távora chegou ao Campo dos Afonsos. Voando de Vitória, Espírito Santo, a aeronave de Juarez pousou às quatro da tarde. Oswaldo Aranha estava esperando para cumprimentá-lo.[33] Entre os dignitários e outros oficiais estava o tenente Filinto Müller.

A recompensa de Müller por aderir à revolução foi um emprego temporário como ordenança do novo ministro da Guerra, o general José Fernandes Leite de Castro. A nomeação foi notável por duas razões. Primeiro, durou apenas 11 dias: de 27 de outubro a 7 de novembro de 1930. Cargos desse tipo, invariavelmente, exigiam alguém com a patente de capitão, ao menos, ou de major. Segundo, a partir desse ponto da carreira de Müller, todos os futuros cargos que ele viria a ocupar seriam de competência administrativa.

Deixando o serviço do general Leite de Castro, com as referências habituais aumentadas pela sua dedicação, fidelidade e convicção patriótica, no dia 8 de novembro de 1930 Müller começou a trabalhar na sede da 1ª Região do Exército. Seu novo posto foi como oficial de gabinete, que na realidade era uma nomeação como chefe de alguns secretários. A função durou até 10 de maio de 1931.[34]

Cerca de três meses antes, em fevereiro de 1931, um grupo de homens ligados ao movimento tenentista, ou com ligações com o governo recém-vitorioso, formou o Clube 3 de Outubro. O Clube tinha uma variada lista de objetivos. A maioria queria um governo central forte. Havia um ensejo de nacionalizar indústrias-chave, promover uma legislação trabalhista, aumentar a rede de assistência social, acabar com o latifúndio (ou o sistema de grandes propriedades agrícolas rurais), e um desejo de representação corporativista. O Clube 3 de Outubro realmente não estava interessado no retorno rápido a um governo democrático, alegando que isso só traria de volta os políticos da velha ordem. O grupo sustentava o propósito de ajudar a reformular a política do país através de uma prolongada ditadura liderada por um presidente que eles poderiam controlar.[35]

Filinto se juntou ao grupo. Ele comentou anos mais tarde que esse "era um clube jacobinista, radical, composto de jovens oficiais, além de alguns jovens patriotas e jovens políticos, que eram indivíduos morais, como Oswaldo Aranha. Ainda assim, nós éramos orientados para a prática de atos que não eram justos".[36] Para ser mais exato, Aranha era, assim como Vargas, um camaleão político disposto a mudar para satisfazer as necessidades do momento. Já no dia 20 de fevereiro de 1931, elogiava o corporativismo de Mussolini. Ele desejava criar algo como a Itália fascista no Brasil. O povo brasileiro, na opinião considerada de Aranha, precisava de algo que não fosse o sufrágio universal e a democracia. Em suas palavras, precisava de mais "educação cívica", primeiramente.[37] O Clube 3 de Outubro era influente no início, mas perdeu muito de sua influência com os acontecimentos de 1932 em São Paulo.

Juntamente com os contatos que fez enquanto esteve com o general Leite de Castro, Filinto havia se colocado em uma posição privilegiada quando atribuições avidamente procuradas se tornaram disponíveis. No dia 11 de maio de 1931, ele começou um desses trabalhos invejáveis. Viajou para São Paulo com Consuelo e seus dois filhos. Havia agora mais uma criança, Júlia Rita, nascida em 22 de junho de 1929. Filinto foi trabalhar como secretário pessoal do novo interventor de São Paulo, um de seus colegas de Realengo, das prisões de 1922 e um herói da Coluna Prestes, João Alberto. Diferentemente dos interventores da juventude de Filinto, os supervisores de agora atuavam como governadores, mas eram pessoalmente selecionados e de responsabilidade de Getúlio Vargas.

Alberto começou sua administração vigorosamente, com a legalização do PCB, o Partido Comunista do Brasil, e de um grupo que este patrocinava, os Amigos da Rússia. Nenhum dos documentos disponíveis que passaram pela mesa de Filinto durante esse período tratava de comunistas.[38] Alberto era muito impopular com a elite paulista tradicional. Decisões polêmicas, geralmente repugnadas pela ordem arraigada, marcaram sua administração. Por outro lado, ele aparentemente não guardava rancor contra Filinto por deixar a Coluna que se formava em 1924. No entanto, um dos amigos de Filinto, brincando, perguntou-lhe: "Como você se dirige a João Alberto?"[39] Isso não era uma piada. A irritação estava lá, e nos anos seguintes os dois homens iriam tomar caminhos distintos.[40]

O trabalho com João Alberto durou apenas dois meses e dez dias, e Müller viajou de volta ao Rio, entre 20 e 25 de maio de 1931. Filinto estava mais uma vez na capital da nação para trabalhar no Ministério da Guerra, uma atribuição que duraria cerca de 11 meses. Seus registros no Exército indicam que, em 4 de julho de 1932, ele recebeu uma nomeação para inspetor da Guarda Civil na capital. Ele, na verdade, fazia esse trabalho desde 22 de março de 1932. Parte da Polícia Civil, a Guarda Civil lidava com o tráfego de veículos. Müller estava formalmente encarregado de examinar os candidatos a obter carteiras de motorista. Ele continuaria nessa função por quase dois meses.[41]

As aspirações políticas dos tenentes não terminaram com a ascensão ao poder de Getúlio Dornelles Vargas e seu Governo Provisório no dia 3 de novembro de 1930. Cedendo aos desejos de Oswaldo Aranha e dos tenentes, Vargas cometeu o erro de dar o posto de interventor de São Paulo a João Alberto. Isso foi um erro porque a velha camarilha do estado considerava João Alberto um intruso. Não foi apenas o seu trato com os comunistas que chamou a atenção dos ex-governantes paulistas. Ele também reduziu a semana de trabalho urbano para 40 horas e aumentou o salário-base do estado, salário mínimo, em 5%. Os desempregados que quisessem podiam se juntar à Legião Revolucionária, uma criação paramilitar, pró-Vargas, de João Alberto, que ele obviamente aprovou com o Catete antes de instituir. Os juízes de São Paulo foram os próximos. O interventor podia demiti-los e substituí-los à vontade por pessoas de sua escolha. João Alberto também distribuiu muitos empregos para outros tenentes, como fizera com Filinto Müller.[42]

Os barões do poder em São Paulo provavelmente poderiam ter convivido com a maioria dessas atitudes. Mas o que eles não poderiam aceitar era a situação do café, sob a intervenção de João Alberto. Com a depressão mundial, nas docas de Nova York o preço do café por atacado continuava a despencar. Em 1931, ele chegou a 8,4 centavos de dólar americano por libra de café.[43] Administrando o Instituto do Café, as elites paulistas tinham permitido que grandes colheitas abundassem no mercado mundial. Washington Luís comprou e armazenou grande parte da produção valiosa com a ideia de vendê-la mais tarde, quando os preços tivessem subido. A solução de João Alberto era de um tipo diferente. Ele queimou grandes quantidades para forçar os preços a subirem. O ato não se coadunou com os bolsos dos ricos em São Paulo, que viram a medida como uma violação dos lucros futuros – os seus lucros futuros.

A reação da pequena nobreza às atividades de João Alberto ficou evidente no repetido pedido de que alguém de São Paulo o substituísse. No entanto, foi a sua insistência em que Vargas fizesse o país retornar à ordem constitucional que chamou a atenção de todos. Eles sentiam que poderiam usar esse truque para restaurar as posições de domínio que detinham antes da Revolução de 1930.⁴⁴ A questão de devolver o país a um regime constitucional seria o grito de guerra no estado e resultaria na Revolução Constitucionalista de 1932.

João Alberto renunciou em 24 de julho de 1931 e retornou ao Rio de trem antes mesmo de a guerra civil paulista começar. Saindo da Estação Ferroviária do Norte, no Brás, um contingente misto de cavaleiros da Força Pública montada guardava os trilhos. Quando o trem chegou a Mogi das Cruzes, em São Paulo, aviões do Exército escoltaram o impopular ex-interventor até a capital do país. Entre os dignitários esperando pelo trem de Alberto assim que este chegou à estação Deodoro, no Rio, estavam o general Pedro Aurélio de Góis Monteiro e Filinto Müller. Góis gostou de Filinto e tentou designá-lo para sua equipe, mas não conseguiu.⁴⁵

Quando o tiroteio começou, em 9 de julho de 1932, Filinto acompanhou João Alberto ao Palácio Guanabara para uma discussão com Getúlio Vargas. Era a primeira reunião de Müller face a face com o líder da nação. Quando a conversa terminou, Alberto e Müller foram para a Polícia Central e começaram a telefonar para oficiais leais ao governo. Em seguida, requisitaram um ônibus da Companhia Light Electric e levaram as tropas ao Vale do Paraíba para confrontar os rebeldes paulistas. Nos dias seguintes, Filinto viajou diversas vezes para entregar mensagens de Vargas às forças legalistas. Mas Müller não gostava dessa função de mensageiro e, no dia 16 de setembro, entrou para o batalhão de artilharia comandado pelo seu velho camarada de armas e superior, Newton Estillac Leal. Leal já estava no Vale do Paraíba engajando os insurgentes.⁴⁶ O batalhão de Estillac era parte da força sob Góis Monteiro, o chamado Exército do Oriente, que começou à frente do Vale do Paraíba, seguindo os rastros da Estrada de Ferro da Central do Brasil. Uma vez que se atravessa as montanhas por trás da antiga capital nacional, o Vale do Paraíba estende-se em um platô por todo o caminho até a cidade de São Paulo. É uma bacia com uma paisagem montanhosa em partes, e foi nessas colinas que o Exército do Oriente parou em uma trincheira de guerra sem saída.[47]

No dia 27 de julho, os soldados de Góis começaram a ir em direção ao vale, mas somente conseguiram chegar até Queluz, no lado de São Paulo da fronteira. Eles lutariam para abrir caminho para o oeste, cerca de outros 20 quilômetros para Cruzeiro. Os rebeldes constitucionalistas, no entanto, também sofreram ataques do norte e do sul. Através de manobras hábeis, Vargas tinha conseguido isolar de forma eficaz as forças de São Paulo. Outros estados vacilaram por um tempo, mas nenhum decidiu ficar e lutar com os rebeldes. O Mato Grosso foi, talvez, o lugar que chegou mais perto de se juntar a eles. Os residentes no estado natal de Filinto tinham sentimentos divididos. Isso resultou em dois governadores: o interventor Leônidas Antero de Matos, em Cuiabá, permaneceu leal a Vargas, enquanto o governador Vespasiano Barbosa Martins, em Campo Grande, apoiava os constitucionalistas. No entanto, Vespasiano não podia fazer muita coisa para mudar o resultado. No final, os paulistas desistiram e se renderam no início de outubro de 1932.[48]

De volta ao Rio, como compensação por seus esforços na guerra civil, João Alberto informou Filinto que ele não mais seria um inspetor da Guarda Civil. Ele se tornaria seu diretor.[49] De fato, a carreira de Filinto mais uma vez começou a caminhar. A promoção a capitão aconteceu em 11 de novembro de 1932. Menos de dois meses depois, em 10 de janeiro de 1933, Müller deixou a Guarda Civil para ser o substituto de João Alberto e, em seu nome, liderar uma subseção da renovada Polícia Civil do Rio. O Decreto nº 22.332, que Vargas promulgou também em 10 de janeiro de 1933, mudou o nome da polícia política, anteriormente chamada de 4ª Delegacia Auxiliar, e em seu lugar estabeleceu o DESPS (Departamento Especial de Segurança Política e Social). Esta ordem também tornou o chefe de polícia de responsabilidade direta do presidente. Müller substituiu o ex-diretor da 4ª Delegacia, Dulcídio Cardoso, e tornou-se chefe do DESPS no Distrito Federal.[50]

Naquela época, na capital, a Polícia Civil era composta de três estações principais e trinta delegacias de polícia distritais. No centro nervoso de tudo estava a Polícia Central, localizada na rua da Relação, na esquina da rua dos Inválidos, no Centro do Rio de Janeiro. A Central era composta de seções para 1) Negócios e Contabilidade; 2) Investigações; 3) Publicidade, Comunicação e Transporte; 4) Colônia Correcional Dois Rios; 5) Inspetor Geral da Polícia; 6) DESPS. Havia 3.528 funcionários, incluindo um número desconhecido de pessoal não juramentado. Naturalmente, os informantes não estavam incluídos, assim como o fundo secreto, que era substancial, bem como aqueles cujo trabalho era atuar como elo com as agências de polícia internacionais.[51]

O DESPS, por sua vez, tinha a Seção para Segurança Política – a polícia que cuidava de espionagem e dos extremistas. Havia também a Seção de Segurança Social – a polícia que vigiava os trabalhadores, os sindicatos e os agitadores. Finalmente, havia a Seção de Controle de Armas e Munições – aqueles que monitoravam o uso industrial de explosivos e produtos químicos perigosos e emitiam licenças para a posse de armas de fogo. Com o decreto de 10 de janeiro, o DESPS na capital estava a caminho de se tornar a entidade policial mais importante do país. Eles iriam alcançar esse ponto no final da década.[52]

De volta ao Rio, Vargas tornou João Alberto seu chefe na Polícia Civil do Distrito Federal, no início de 1933. No entanto, Alberto deixou o cargo em abril para tentar uma vaga sob a bandeira do Partido Social Democrático de Pernambuco. A eleição, dali a alguns meses, visava selecionar indivíduos para elaborar e discutir uma nova Constituição.[53] Vargas tinha esperado tempo suficiente. Ele entendeu que poderia desviar o rancor daqueles ainda irritados com sua ditadura através de medidas para um regresso à ordem constitucional. Ele até mesmo relaxou a censura aos meios de comunicação e doou cerca de $500.000 para a Associação Brasileira de Imprensa. O dinheiro foi uma tentativa de comprá-los, para neutralizar seus comentários durante as discussões legislativas sobre a futura Constituição.[54] Isso tudo veio cedo demais. Em janeiro, o general Góis Monteiro estava pensando seriamente em se livrar de Vargas e dos tenentes, ao mesmo tempo.[55]

No dia 30 de março de 1933, a comunidade judaica do Rio planejou uma marcha contra o governo nazista estabelecido há dois meses na Alemanha, mas foi proibida no último momento. Vargas não estava querendo provocar um aliado europeu emergente e potencialmente poderoso. A polícia de João Alberto usou de violência para dispersar aqueles que apareceram para a manifestação no Teatro República, na avenida Gomes Freire, no Centro da cidade. A agressão se estendeu por vários quarteirões a oeste da praça Onze e da sinagoga Beth Israel. O rabino Isaías Raffalovich escreveu uma carta oficial de protesto ao ministro da Justiça, Francisco Antunes Maciel, observando, entre outras coisas, que a polícia tinha violado um lugar de adoração no momento em que o agrediu.[56]

O substituto de João Alberto foi o novo homem do DESPS. A seção de Filinto Müller estava diretamente abaixo de João Alberto na hierarquia da polícia. Filinto, aos 32 anos, assumiu as responsabilidades adicionais em 28 de abril de 1933.[57] Um de seus primeiros trabalhos era decidir o que fazer sobre a marcha judaica proibida do final de março. Ele delegou o assunto para um assistente, o capitão Affonso Henrique de Miranda Corrêa, chefe da seção política do DESPS. Miranda Corrêa tratou o assunto rapidamente, no mesmo mês. Ele alegou que os comunistas tinham se infiltrado na manifestação e que o evento poderia ter alienado nações amigas do Brasil. Isso não poderia ser permitido.[58]

O novo chefe da Polícia Civil havia se tornado totalmente comprometido com Getúlio Vargas. No mesmo dia em que assumiu seu papel combinado, foi advertido em um telegrama de que sua antiga escola, a Academia Militar de Realengo, tinha alguns redutos comunistas.[59] Mesmo que Vargas tenha se mostrado um ferrenho anticomunista, Filinto havia libertado um jovem espanhol que fora acusado de propaganda comunista dois meses antes, em fevereiro de 1933. O cônsul de Madri no Rio à época, Ramiro Fernandez-Pintado, enviou a Müller uma nota pessoal de agradecimento por seus esforços.[60] Esse seria o último ato de apaziguamento em relação aos esquerdistas na carreira do jovem chefe de polícia. Filinto teria que agir rapidamente se quisesse continuar agradando seu patrão.

6. Chefe de polícia

Os 214 membros da Assembleia que definiria uma nova Constituição tomaram seus lugares no Palácio Tiradentes, o prédio usado como Congresso no Rio de Janeiro, em novembro de 1933. Eles argumentaram e discutiram a respeito da composição da nova Carta durante sete meses. Quando concluído, o documento feito em conjunto foi visto como liberal demais por alguns – incluindo diversos tenentes –, muito conservador por outros – na opinião alguns tenentes –, e também como algo que beneficiaria aqueles que o fizeram, e entre estes pelo menos um importante ex-tenente, o general Góis Monteiro. O general, que inicialmente tinha lutado contra os tenentes, não gostou das concessões feitas aos interventores nomeados durante o Governo Provisório. Eles deveriam permanecer no poder, exatamente onde estavam. Da mesma forma, ele não achava prudente que aqueles que redigiam a Constituição votassem em si próprios para a função de membros do novo Congresso. Para acalmar Góis, Vargas desviou as energias do general, colocando-o para reformar o Exército. No dia 16 de julho de 1934, os delegados entregaram a nova Constituição e votaram em Getúlio, que tomou posse como presidente no dia seguinte. Vargas estava entre aqueles que pensavam que a Carta era muito liberal.[1]

Filinto usou seus primeiros meses no comando da Polícia Civil para conciliar suas atividades com a nova administração. Sua tarefa imediata era adotar a linha do governo em relação aos comunistas e à censura à imprensa. Como primeiro passo, um agente sugeriu duas coisas. Filinto deveria estabelecer uma célula comunista falsa no Exército para recolher nomes para a lista de extremistas do DESPS, e dar um tratamento implacável aos radicais de Realengo.[2]

Provavelmente em julho de 1933, Israel Ramiro da Silva Souto, um assistente de Müller no DESPS, enviou pelo menos um telegrama para Herbert Moses, presidente da Associação Brasileira de Imprensa durante o período da abordagem delicada de Getúlio à imprensa. Souto agradeceu a Moses por disponibilizar um espaço durante seis ocasiões para encontros anticomunistas.[3]

Filinto ficou acamado por alguns dias no final de 1933, depois de ter seu apêndice removido em 12 de outubro.[4] Mesmo assim, no começo de 1934 parecia evidente que a tentativa de Vargas de integrar os jornalistas parecia não estar funcionando. Dois dias antes de assinar a Constituição de 1934, ele revogou a Lei de Imprensa de 1923 e fez com que o seu chefe de polícia mantivesse uma vigilância estrita sobre o que a mídia brasileira estava publicando. O DESPS então fechou alguns jornais hostis, como o carioca *Jornal do Povo*, às vezes com a ajuda da população.[5]

Civis Müller logo recebeu funções de censura, delegadas a ele por seu tio. Civis, sobrinho de Filinto, era descrito como ambicioso e autoritário. Sua mãe, Frederica, era irmã de Filinto. Civis não só assumiu a função de censor dos meios de comunicação, o que incluía os jornais e o rádio, como logo recebeu outra responsabilidade: em breve se tornaria o chefe titular do secreto Quadro Móvel. Primeiramente, o Quadro Móvel operava apenas em missões especiais, contando com cerca de trinta agentes. Grande parte da unidade era de Cuiabá. Os membros trabalhavam oficialmente dentro de outra entidade policial ou militar, mas cada homem também trabalhava para Civis. Seus nomes não aparecem em nenhuma lista pessoal como sendo membros do Quadro Móvel, uma vez que este não existia oficialmente. Os salários vinham de fundos secretos. Em essência, então, o Quadro Móvel era o destacamento policial de Filinto muito privado e muito leal.⁶

É claro, havia outras funções para o chefe da Polícia Civil e do DESPS. Todos os tipos de crime maiores e menores, o suposto combate ao chamado jogo do bicho, que mesmo então era desfrutado pelas classes trabalhadoras, mas controlado pela máfia local do Brasil. Além disso, havia os pedidos intermináveis do povo. Cada reivindicação exigia um pouco do tempo de Filinto, mesmo que ele apenas delegasse o assunto a um subordinado. No entanto, suas várias obrigações não o mantinham completamente fora dos holofotes em seu estado natal. Em Cuiabá, o clã dos Müller tinha sido uma força poderosa desde 1907, quando Júlio Frederico Müller foi prefeito.

A família se opôs à administração do estado por Leônidas Antero de Matos, que tinha assumido o cargo, inicialmente, em abril de 1931. O irmão de Filinto, Júlio, esteve no primeiro comitê executivo do Partido Liberal Mato-grossense de Leônidas. Júlio gostava de Leônidas, mas o achava indeciso e dissimulado. Ele parece, também, ter demorado a realizar os pagamentos de pensões aos oficiais reformados do Exército que viviam no estado. Alfredo Pacheco, um dos primos de Júlio e Filinto, compreendeu o que Leônidas pretendia fazer quando reduziu o poder da polícia de Cuiabá, onde Alfredo trabalhava. Por um tempo, o descontentamento do clã dos Müller com o interventor chegou a tal intensidade que eles começaram a planejar removê-lo à força.⁷

Tanto melhor para Filinto, já que ele queria comandar as coisas em Mato Grosso. Um aliado e um homem de poder no estado, bem como ex-governador, Mário Correia da Costa lançou a candidatura de Filinto para o cargo em julho de 1934. Quase ao mesmo tempo, o descontentamento com Leônidas atingiu o seu ápice, e Vargas o substituiu por César de Mesquita Serva no dia 12 de outubro do mesmo ano, e depois pelo irmão mais velho de Filinto, Fenelon, cinco meses mais tarde. Isso levou Filinto a retirar sua própria candidatura. Mário Correia da Costa tomou o lugar de Filinto na votação e ganhou a nomeação. Muitos anos depois, Filinto declararia: "Eu queria ser governador no meu estado e teria sido eleito, mas não assumi o cargo em 1934 porque Getúlio me pediu para continuar com ele."[8] Com o passar dos anos, no entanto, Müller pode muito bem ter exagerado em sua observação.

Em setembro de 1934, Filinto telegrafou a seu irmão Júlio para lhe dizer que a melhor maneira de um interventor agir seria dando apoio indireto ao presidente, sendo o interventor um homem emblemático em quem o líder da nação tinha confiança. Ele observou que o Mato Grosso poderia sempre contar com seu patriotismo político aberto. Para racionalizar o fato de não ter se tornado interventor, ele alegou que preferia mostrar seu apoio franco e definitivo a Getúlio. "Além disso, quero afastar-me de quaisquer confrontos pessoais, uma vez que isso não faz parte do meu temperamento."[9]

Inegavelmente, Vargas queria que seu chefe de polícia estivesse firmemente do seu lado, da mesma forma como ele queria que Filinto "executasse" diversos trabalhos. Em abril de 1932, Getúlio despachou Oswaldo Aranha, em uma missão de reconhecimento, para Porto Alegre e São Paulo. Não havia nenhum problema real no Rio Grande do Sul e quando Aranha chegou a São Paulo, em 22 de maio, muito pelo contrário, a cidade estava fervilhando com multidões de rebeldes. Nos dias seguintes, ocorreram tumultos, que resultaram em cinco mortes. Isso deixou Vargas tão preocupado nos meses seguintes que no dia 5 de agosto, durante a Revolução Constitucionalista, ele fez com que João Alberto formasse um novo grupo da polícia com competência para atacar primeiro na capital da nação.[10]

Chamados ironicamente "Cabeças de Tomate", devido aos seus uniformes de cor cáqui com chapéus vermelhos, a Polícia Especial era um verdadeiro conjunto de bandidos da polícia. Ligados à Polícia Civil e, portanto, em última análise, sob o comando de Müller – uma vez que ele havia se tornado chefe –, eles eram liderados pelo tenente Euzébio de Queiroz Filho, que supostamente se aproveitava de sua posição para recrutar pessoas que pudesse molestar. Mais de 500 homens atléticos, alguns dos quais poderiam muito bem ter sido lutadores profissionais, jogadores de futebol ou remadores musculosos, compunham a Polícia Especial. Legalmente, esta não deveria ultrapassar 234 indivíduos. A força física real desses homens pode ter sido exagerada, também. Esses colaboradores de Vargas eram do tipo que atirava primeiro e perguntava depois. Os Cabeças de Tomate tinham sua sede em um complexo no Centro do Rio, no morro de Santo Antônio. A apenas alguns minutos de caminhada a oeste estavam os escritórios de Filinto Müller, na Polícia Central. O DESPS ocupava os dois últimos andares da Central.[11]

O ano de 1932 foi crucial para o Brasil, por diversas razões. No dia 7 de outubro de 1932 um pensativo escritor de baixa estatura, testa grande e bigode espesso, Plínio Salgado, criou a Ação Integralista Brasileira, ou AIB, em São Paulo.[12] Os integralistas eram membros do movimento internacional fascista iniciado por Mussolini. Salgado estava na Itália em 1930, onde conheceu o líder italiano. Ele voltou para o Brasil, deslumbrado, no dia seguinte ao início da Revolução Constitucionalista.[13]

A AIB, quando uniformizada, era inconfundível. Tanto homens como mulheres usavam camisas verdes com calças/saias pretas ou brancas. Os homens usavam gravatas pretas. A peça principal do uniforme era uma braçadeira de tecido verde-escuro que ficava no braço esquerdo, no meio da qual havia um círculo branco. No centro do círculo havia a letra grega Σ, o sigma. Esta representava união. O verde no uniforme representava a abundante vida vegetal no Brasil tropical. Eles usavam a saudação habitual dos fascistas: braços esticados à frente, e gritos de "Anauê!". Salgado resgatou essa palavra do esquecimento. Ela vinha da língua indígena tupi, e significava "Salve". Ao contrário de Adolf Hitler, do outro lado do Atlântico, Plínio Salgado modestamente deixava seu próprio nome fora da saudação. No entanto, aqueles que se opunham à AIB logo começaram a usar uma versão diferente da saudação, em provocação. Em vez de Anauê, eles usaram "Evoé!", que era o grito dos alegres embriagados das lendas de Baco.

Qual dos seus irmãos europeus eles deveriam seguir, era o que dividia os integralistas. O partido tinha as facções italiana e alemã. Como os fascistas de qualquer país, na década de 1930, eles marchavam por todo lugar, sem outra razão aparente a não ser tentar seduzir os oponentes e ganhar adeptos. Eles culpavam os judeus e os comunistas por todos os males que assolavam a humanidade. Para se tornarem membros, os candidatos tinham que convencer o recrutador de que eram contra o comunismo, o socialismo, a democracia, o liberalismo, o capitalismo do *laissez-faire*, a maçonaria, o espiritismo, a educação sexual, a educação secular, a música popular e o cinema, além da emancipação e dos direitos iguais para as mulheres. Antes de ser aceito, era preciso mostrar que eram a favor do cristianismo (de preferência o catolicismo), o nacionalismo ardente e o todo-poderoso "princípio de liderança".[14]

As pessoas cujas opiniões divergiam para o outro polo político frequentemente se referiam à AIB como os "galinhas-verdes", pela tendência de seus membros de se esquivar da luta, tirar suas camisas verdes e correrem. Isso era especialmente verdadeiro quando eles eram confrontados por adversários que estavam em número igual ou superior. Aqueles que se opunham à AIB puniam a covardia desta de uma forma zombeteira. Enquanto as colunas verdes marchavam, algum anônimo na multidão soltava uma galinha pintada de verde, muitas vezes sob as pernas dos espectadores à sua frente. A ideia era lançar as aves quando os camisas-verdes se aproximavam. Em pelo menos uma ocasião, um grupo de exaltados estudantes universitários chegou mesmo a executar uma galinha pintada de verde. A ave era julgada, enforcada e deixada à vista de todos.[15]

As organizações socialistas estavam no Brasil desde 1892. Os marxistas chegaram em 1895. O Governo Provisório de Vargas enfrentou-os, três décadas mais tarde, condenando qualquer esquerdista com perseguição, prisão e deportação. Nesse contexto, a polícia de Müller estava muito mais preocupada com os perigos do pensamento de esquerda do que jamais estivera com aqueles que usavam camisas verdes. Antes que Filinto assumisse o cargo de chefe da polícia, as autoridades já tinham enviado oficiais à Argentina e ao Uruguai para estudar os esforços de outros países no combate à ameaça vermelha. Filinto simplesmente continuou essa prática. Ele mandou o agente do DESPS, Israel Souto, para Buenos Aires e depois para Montevidéu com esta tarefa. Representantes partiram tanto para as nações do Cone Sul quanto para o Chile durante todos esses anos. Müller chegou a enviar fundos para a Argentina e o Uruguai a fim de ajudar nos esforços contra os comunistas. Suas opiniões contra os esquerdistas se tornaram tão intransigentes que ele fabricou evidências, que mais tarde foram publicadas como provas de atividade comunista.[16] Em março de 1932 até mesmo a Igreja Católica se envolveu com o que chamava de "Círculos de Trabalhadores". Estes eram acontecimentos específicos orientados para evitar que os sindicatos cedessem aos bolcheviques. Os Círculos chegaram a ter numerosas parcerias trabalhistas, um programa de rádio próprio, as bênçãos do Ministério do Trabalho e uma quantia modesta dada por Filinto Müller.

O PCB, por sua vez, iniciou uma série de alianças anti-imperialistas e antifascistas em 1934.[17] Eles estavam por trás da formação de um desses grupos, em 12 de março de 1935, a ANL (Aliança Nacional Libertadora). Prestes a se tornar uma organização de "frente popular" na realidade controlada por Moscou, a ANL aceitou em suas fileiras todas as pessoas da esquerda política, além dos idealistas e até mesmo descontentes de direita. Era um partido político que gozava de boa reputação e rapidamente ganhou novos membros. O programa da ANL exigia: 1) A suspensão da dívida externa – que considerava paga na sua totalidade – e que a quantia já recolhida no país fosse utilizada em benefício do povo brasileiro explorado; 2) A nacionalização imediata de todas as companhias estrangeiras; cujos lucros enriqueciam os bolsos das elites empresariais do exterior; 3) A proteção das fazendas de pequeno e médio portes e a entrega de grandes propriedades agrícolas aos camponeses que realmente trabalhavam com a terra; 4) Um aumento das liberdades desfrutadas pelo povo e pelos estrangeiros explorados que viviam no Brasil; e 5) O estabelecimento de um governo do povo liderado apenas pelos interesses do povo.[18] Um detalhe importante, no entanto, era que nem todos esses objetivos deveriam ser acessíveis ao público. Muitas pessoas tornaram-se membros da ANL porque o grupo parecia ser um movimento puramente democrático. Um amigo de Filinto no Exército, que havia se tornado membro da Aliança, tentou fazê-lo se juntar a eles. A ideia era libertar Vargas de seus compromissos políticos através da ANL, permitindo que realizasse uma administração que beneficiaria todos os brasileiros. Filinto recusou o convite, dizendo que não poderia participar de um movimento para diminuir os poderes do presidente. Além disso, na opinião dele a ANL era apenas uma subseção do PCB.[19]

Pouco depois de uma semana, em 20 de março, Filinto Müller escreveu a seu irmão Júlio, em Cuiabá, revelando que não estava "suportando este fardo que é a Polícia Federal, porque eu concordaria em perder minha juventude, mas somente para realizar os repetidos pedidos do presidente".[20] Filinto podia estar querendo dizer que a Polícia Civil e o governo não tinham constituído ainda, formalmente, uma policial federal forte. Na mesma carta ao irmão, ele também confidenciou que o seu "maior desejo hoje é retornar mais uma vez para o quartel como um simples capitão do Exército e me preparar para o futuro".[21] Contudo, com nuvens vermelhas no horizonte, é improvável que Getúlio se importasse tanto com a saída de Filinto.

Na primeira reunião aberta da ANL, realizada no Teatro João Caetano, no Rio de Janeiro, em 30 de março de 1935, o jornalista Carlos Lacerda, à época um simpatizante comunista, nomeou Luiz Carlos Prestes presidente honorário do grupo. O presidente de fato era um herói da Revolução de 1924, Hercolino Cascardo. Roberto Sissón era o secretário-geral e o elo confidencial com o PCB. A conexão existia porque a radicalização lenta era o grande plano soviético para frentes populares em todos os lugares. Quanto a Carlos Lacerda, mais tarde, numa de suas últimas prisões, ele disse para Filinto Müller os nomes de comunistas que conhecia. Com a promulgação do Estado Novo, Müller faria com que Lacerda fosse preso novamente, "porque ele é muito inteligente e poderia causar muitos problemas para o governo".[22]

Dois dias depois do início oficial da ANL, a polícia política do Rio de Janeiro passou por todos os cafés e bares de uma praça da cidade à procura de qualquer um que pudesse ser considerado suspeito. O DESPS queria fazer com que aqueles que pensavam em ir ao próximo comício da ANL soubessem que eles estavam falando sério. A polícia reforçava sua opinião de maneira que o público pudesse se lembrar. Em um dos muitos exemplos, eles descobriram um patrono no Café Tabaria sem seus documentos de identificação e espancaram-no ali mesmo.[23]

Cinco dias após o comício público no Teatro João Caetano, o governo promulgou a Lei de Segurança Nacional. Focada diretamente na ANL, a nova legislação criou estatutos especiais para crimes contra a ordem pública (isto é, crimes contra o governo vigente). A partir daí, era ilegal: 1) Tentar mudar a Constituição através de violência; 2) Instalar transmissores ou receptores de rádio clandestinos; 3) Incitar a desobediência pública ou militar; 4) Ter explosivos ou armas sem licença; 5) Promover o ódio de classes; 6) Motivar a luta de classes; 7) Promover greves; 8) Incentivar, organizar ou liderar qualquer grupo cujo objetivo fosse mudar a ordem pública de maneiras não aprovadas pela lei.[24]

Nas ruas, a Lei de Segurança Nacional tinha um nome diferente, a "Lei Monstro". Esta entrou em vigor em um domingo, dia 21 abril de 1935. Após uma nova reunião da ANL, na mesma noite, contando com a participação de mais de 5 mil pessoas no Theatro Municipal, diversos policiais do DESPS fizeram uma incursão nos escritórios do jornal carioca *A Pátria* e confiscaram a edição inteira. Os agentes ameaçaram descarregar suas armas se uma única cópia deixasse o local. Agrediram um indivíduo. O jornal tinha sido um pouco veemente em sua oposição àquele regime "da exceção" em que se dava o governo de Getúlio Vargas.

Sem surpresa, o jornal *A Pátria* alegou imprimir histórias e artigos do interesse de trabalhadores instruídos, como por exemplo o direito dos soldados de receber pagamentos melhores. A explicação era uma meia-verdade, uma vez que a linha editorial do jornal era simpatizante da ANL. *A Pátria* também publicava regularmente artigos sobre a União Soviética e os males do fascismo.

O jornal acusava o chefe de polícia, Müller, de se exceder em sua autoridade nessa primeira aplicação da Lei Monstro. Em verdade, ele tinha sido um daqueles que incentivaram a promulgação da lei. Cidadãos que se opunham ao estatuto acusaram-no de estar ilegalmente no cargo, uma vez que Getúlio não era mais o chefe do Governo Provisório, mas o presidente do país. Um advogado do *A Pátria*, José de Alencar Piedade, sustentou que uma recondução de Müller tinha que ocorrer, de acordo com a lei. O tribunal considerou Filinto culpado de erros de procedimento no caso do *A Pátria*, mas inocente de outras acusações. A multa tinha o valor mínimo de 500$000 (ou 28,60 dólares), de acordo com o magistrado, devido a seus vários serviços ao país.

Paralelamente a esses eventos, Müller estava cursando a faculdade de Direito em Niterói, do outro lado da baía de Guanabara. Ele achava que essa instrução era necessária para um chefe de polícia. Filinto se formaria em 1938. Quando ele quis fazer uma declaração sobre sua sentença, o juiz, Edgard Ribas Carneiro, disse ferozmente que Filinto não estava em posição de fazer comentários, pois ele era somente um estudante de Direito do segundo ano em uma instituição onde ele, Carneiro, era professor. *O Jornal* afirmou que a Suprema Corte seria o próximo local de julgamento para o caso. Quase um mês depois, no dia 22 de maio, o jornal *A Pátria* foi invadido novamente. Dessa vez, porém, cerca de mil exemplares da edição da manhã já haviam chegado às bancas. Müller tinha rapidamente levado em custódia o diretor do jornal, Antenor Novaes, mas nesse segundo uso da nova lei Novaes elogiou Müller por sua atitude cortês. O advogado do jornal continuou a resmungar dizendo que Filinto não era um verdadeiro chefe de polícia. No início de agosto de 1935, a Suprema Corte reverteu a decisão e a multa correspondente contra Müller.[25]

Enquanto estava no comando da Polícia Civil, a reputação de Filinto Müller crescia de outra maneira no Mato Grosso. Ele havia se tornado um cacique que se cercava de pessoas em que podia confiar; pessoas que executariam suas ordens, dadas de forma implícita. Para esse fim, ele conseguiu arrumar uma enorme quantidade de empregos para pessoas de seu estado natal. Esses cargos eram, em sua maioria, na Polícia Civil do Rio de Janeiro. Tudo o que um afortunado mato-grossense tinha que fazer era se graduar no ensino médio, concordar em estudar em uma universidade por meio período ou em uma escola profissionalizante e voltar para casa para aplicar seus conhecimentos depois de ter terminado sua educação.[26] Essa política cíclica criou indivíduos e famílias de Mato Grosso solícitos, que se lembrariam do nome de Filinto de maneira positiva, particularmente nos anos vindouros. Um desses jovens mato-grossenses, Philadelpho Garcia, tornou-se secretário particular de Filinto Müller na Polícia Civil naquela década. Antes que esse trabalho dos sonhos fosse oferecido a ele, no entanto, Filinto colocou Philadelpho para trabalhar no Quadro Móvel.[27]

Não se pode ignorar que os maus-tratos aos encarcerados têm uma história particular no Brasil. O país tem sido sempre um lugar onde a polícia não retira simplesmente os suspeitos das ruas para esperar o processo judicial. O "processo" no Brasil tem significado, há muito tempo, o uso da força; a polícia amolece os suspeitos, usa quaisquer meios a seu dispor para obter informações, ou simplesmente inflige dor e sofrimento em um ritual machista e mórbido.

Um produto da época da escravidão, quando um mar de rostos negros ultrapassou os caucasianos no Brasil, as elites e seus mercenários reagiram com exagerada violência para manter a ordem. Para ser eficaz, os escravos tinham de saber o que iriam sofrer caso transgredissem, ou mesmo se os seus crimes fossem apenas transgressões não comprovadas. Ao longo do tempo, esse comportamento em relação aos escravos se tornou uma particularidade do trabalho da polícia em relação aos pobres. Era normal e esperado. Isso foi rotina durante muito tempo antes de Filinto Müller se tornar chefe de polícia, e, em grande parte, continua até hoje. No ano seguinte à promoção de Filinto ao cargo de chefe de polícia, um observador comentou que a posse de Müller provocou poucas mudanças no que diz respeito a esse cenário. É claro, o homem fundamentalmente responsável residia no Palácio do Catete. Ele era a pessoa que poderia ter promovido alterações nessa indústria da violência. Filinto era apenas mais um de seus seguidores extasiados. A diferença perigosa era que Filinto tinha o poder do Estado à sua disposição e a serviço do homem que ele tinha procurado há muito tempo como redentor da nação. Esse era um defeito de caráter que viria à tona novamente em outras épocas, com outros redentores.

Em meados dos anos 1930, Ernest Hambloch, primeiro-secretário comercial na Embaixada Britânica no Rio de Janeiro, colocou essa primeira manifestação de idolatria em foco. A única coisa que ele esqueceu de incluir foi para quem, em última análise, a polícia estava agindo quando se comportava dessa forma.

> Pequenas coisas, como um mandado de prisão de um magistrado, são bastante obsoletas no Brasil republicano atual. A polícia não está exatamente além ou acima da lei. Eles são a lei em si, e o imperialismo de seus métodos é sentido no mais comum dos episódios da vida cotidiana. A polícia é o acusador, o juiz e também o "carrasco".
> Não há recurso. Os brasileiros ficaram tão acostumados a serem "rebaixados" e mandados que aceitam tal estado de coisas como perfeitamente normal e se resignam humildemente – até que se revoltam, periodicamente, contra isso, apoiando uma revolução que, qualquer que seja sua conclusão, os deixa ainda mais sob o controle da polícia do que antes.[28]

Hambloch residiu no Brasil por 25 anos. Seu livro *His Majesty the President of Brazil: A Study of Constitutional Brazil* ofendeu tanto a Vargas que este fez com que fosse deportado o primeiro-secretário comercial. Mas houve um outro evento, no final de 1934, no dia 18 de outubro, que não só sublinhava os parâmetros preexistentes de como as coisas vinham sendo feitas, mas também sublinhava para o público o que Vargas pensava sobre os comunistas, a ANL e o que esses grupos estavam buscando. Enquanto a Polícia Civil de Müller fingia não ter nada a ver com a questão, o assassinato do jovem Tobias Warchavski, de 17 anos de idade, pela Polícia Militar, era um bom exemplo disso. Um membro anônimo da União de Jovens Comunistas e da ANL, disparando de dentro da 15ª Guarnição da Polícia Militar, na Praça Harmonia, no bairro carioca da Saúde, matou Warchavski. De acordo com uma testemunha ocular, Warchavski foi alvejado quando estava a ponto de falar em um comício. A polícia de súbito, e inesperadamente, declarou a reunião ilegal. A Polícia Militar removeu seu corpo e, alguns dias mais tarde, "descobriu" o mesmo em uma das estradas montanhosas atrás da Gávea, não muito longe de um ponto turístico chamado Vista Chinesa. Eles disseram que ele havia morrido nas mãos de outros comunistas.[29]

O assassinato de Warchavski não foi o único episódio no mês de outubro de 1934 que representou a grande preocupação com os esquerdistas. Escritores, desde governadores a cidadãos comuns, cercaram Müller com mensagens. Pouco antes do assassinato de Tobias, o *interventor* do Rio Grande do Norte, Mário Câmara, informou a Filinto dos distúrbios comunistas em Areia Branca, a 330 quilômetros da costa de Natal. Câmara afirmou que os comunistas haviam assassinado o empresário Francisco Bianor Fernandes, e que ele havia enviado tropas à região para restabelecer a ordem. Em algum dia daquele mês, o chefe da polícia em São Paulo alertou seu colega do Distrito Federal sobre um banqueiro trotskista naquela cidade. Em 22 de outubro, Luiz Trajano pediu a Müller que intercedesse em seu caso, alegando que os comunistas o haviam ameaçado. Também no dia 22, o integralista Ernani de Moraes informou ao chefe de polícia que dois encontros comunistas tinham ocorrido na rua. Cinco dias depois, Müller enviou um agente anônimo para registrar os nomes dos comunistas "profissionais" no Exército. Nessa mesma tarde, um escritor advertiu Filinto de que os comunistas estavam propagando sua ideologia até mesmo para crianças.[30]

Na verdade o governo de Vargas estava se aproximando de um medo histérico do que a esquerda poderia estar planejando ou fazendo. À medida que eles, de acordo com essa ideia, foram apertando o controle, um jornal de oposição, o *Diário de Notícias*, publicou matéria a respeito de 12 extremistas detidos. Primeiro, a polícia levou os suspeitos para a Polícia Central, e então, aparentemente, os transferiu para a custódia da Polícia Especial, que ficava nas proximidades. Esse fato foi acompanhado por rumores de que as autoridades os tinham transferido para o Presídio Político do Paraíso, em São Paulo, ou para um lugar desconhecido em Vitória, capital do estado do Espírito Santo.[31] Na verdade, ninguém sabia ou queria dizer o que realmente havia acontecido aos prisioneiros. O *Diário de Notícias* disse aos seus leitores que lamentavelmente

> Nós estamos retornando ao que parece ser a época de Bernardes, quando os prisioneiros eram jogados pelas janelas do prédio público na rua da Relação, quando as "geladeiras" funcionavam dia e noite, quando Clevelândias existiam, repletas de desgraçados, e as "bombas", preparadas pela própria polícia, explodiam por toda parte para justificar a violência mais incrível; crimes que eram ainda mais horríveis.
> Será que de fato voltamos a praticar estas mesmas atrocidades? Tudo indica que sim.[32]

O problema para a ANL estava em Moscou. Alguns brasileiros exilados na capital soviética tinham convencido o Comintern[33] de que Vargas era impopular e poderia ser derrubado. Antônio Maciel Bonfim, conhecido como "Miranda" e então chefe do PCB, Fernando Lacerda e José Caetano Machado, entre outros, deram aos soviéticos uma visão ingenuamente otimista das chances de um sucesso revolucionário no Brasil.[34]

Mordendo a isca, os líderes do Comintern, junto com o M4 (a Inteligência do Exército Soviético), montaram e enviaram uma equipe para organizar o esforço de derrubada. O grupo chegava ao Rio de Janeiro em diferentes datas, liderado por Luiz Carlos Prestes. Ele havia se convertido ao comunismo e ido a Moscou junto com sua mãe e irmãs. Na volta ao Brasil, Olga Benário, uma alemã que fingia ser cônjuge de Prestes, mas na verdade era sua guarda-costas, o acompanhava. Havia dois outros alemães, Arthur Ernst Ewert (conhecido como "Harry Berger") e sua esposa, Elise ("Machla Lenczycki"), conhecida como "Sabo" pelos mais íntimos, um casal russo, Pavel Stuchevski ("Leon Jules Vallée") e Sofia Stuchevskaia ("Alphonsine Vallée"), um casal argentino, Rodolfo Ghioldi ("Luciano Busteros") e sua esposa, Carmen de Alfaya, dois alemães que se passavam por marido e mulher, Jonny de Graaf ("Franz Paul Gruber") e Helena Krüger ("Helena Gruber"), um italiano, Amelto Locatelli, e um americano, Victor Allen Barron. Da mesma forma, um pequeno grupo de membros, assistentes e mensageiros do PCB entraria em ação assim que o grupo principal se reunisse no Brasil.[35]

Houve um problema, porém, com o pessoal que os soviéticos enviaram para o Brasil. Jonny de Graaf era um agente duplo cuja verdadeira lealdade estava com o MI6, o Serviço Secreto de Inteligência Britânico. Uma vez no Rio, De Graaf apresentou seus relatórios para seu superior, Alfred Hutt, na Light Electric Company, de propriedade do Canadá. Hutt repassou as anotações de Jonny para a Embaixada Britânica. A embaixada telegrafou-as, em código, para Londres, que devolveu pequenas partes dessas informações para o Itamaraty, que por sua vez passou as informações para Filinto Müller.[36]

Em Moscou, o Comintern estava prestes a cometer um erro fatal. Se é verdade que o erro dos exércitos é se prepararem para a guerra anterior, os líderes do Comintern também erraram ao pensar que a melhor maneira de iniciar uma revolta seria a maneira como tinham começado a revolta em seu próprio país. Prestes faria um discurso em 5 de julho de 1935. *A Manhã*, um jornal que atuava como porta-voz da ANL, naturalmente registraria os seus comentários. A data era importante, pois marcava o 11º aniversário da Revolução de 1924. Moscou, porém, insistiu que Prestes incluísse uma expressão arriscada no final de sua fala.[37]

O discurso estava cheio de comentários sobre o programa da ANL. Prestes também aumentou a temperatura ao chamar as administrações de Epitácio Pessoa, Artur Bernardes, Washington Luís e Getúlio Vargas de ditaduras sangrentas. Todos os brasileiros honestos tinham que fazer uma escolha entre serem a favor do fascismo e do imperialismo ou contra eles. Não havia meio-termo. O uso da palavra "honesto" implicava que aqueles que não escolhiam estar do lado dele eram desonestos. Em seguida ele conclamou todos os soldados, camponeses, cidadãos comuns insatisfeitos e os verdadeiros democratas para que começassem a se organizar. Quem questionasse isso era, *ipso facto*, um não democrata. No final de seu discurso ele fez uma convocação que *A Manhã* reimprimiu em letras maiúsculas: "ABAIXO O FASCISMO!", "ABAIXO O REGIME ODIADO DE VARGAS!", "POR UM GOVERNO REVOLUCIONÁRIO E POPULAR!" Concluindo, Prestes incluiu o que Moscou queria como declaração final: "TODO O PODER PARA A ANL!"[38]

Se alguém estava procurando uma desculpa, esse alguém era Getúlio Vargas. Logo Filinto estava em ação, preparando um relatório sobre a Aliança de Libertação Nacional para o presidente. Müller forneceu ao ministro da Justiça, Vicente Rao, uma cópia quase completa e rapidamente começou a trabalhar em um novo estatuto. Quando este estava terminado, Vargas assinou o decreto no dia 10, após uma reunião com Rao e seu chefe de polícia. O assunto da reunião vazou para o jornal carioca *Diário da Noite*, que publicou um relato em sua edição final, também no dia 10.[39] No dia seguinte, Filinto deu um esboço da proposta para a imprensa.[40] Mesmo que esta já estivesse assinada, ainda não tinha sido entregue. A medida não se tornou lei até que o governo a publicou no *Diário Oficial*, três dias após a assinatura de Vargas, no sábado, dia 13 de julho.[41] O atraso foi para dar tempo às autoridades de todo o país para colocar suas forças em posição, confiscar qualquer evidência incriminatória que pudesse ser encontrada nos escritórios locais da ANL.[42]

O dia 11 de julho de 1935 era também o dia do aniversário de Filinto. A descrição feita pelo chefe de polícia à mídia, sobre a celebração de seu 35° aniversário, merece uma atenção maior. Sua franqueza realmente tinha o propósito de legitimar o que estava prestes a acontecer devido à história divulgada. Havia, afinal, membros da ANL e indivíduos no setor público que não tinham conhecimento da conexão com Moscou. Müller começou dizendo:

> O Partido Comunista, dada a situação atual da Russia que se vê apertada entre duas potências – a Alemanha nazista e o Japão – entendeu oportuno não mais desdobrar as suas atividades máximas na Europa, mas deslocar, como medida necessária e imediata o centro das agitações comunistas para a América do Sul. E, na América do Sul, o país visado e escolhido, de preferência pelos chefes do comunismo, para a implantação e futura irradiação se suas doutrinas, foi o Brasil. A polícia vem acompanhando, há muito tempo essa atividade extremista, entre nós, e tem obtido, como melhor e mais seguras fontes de informações, as próprias diretivas do C.C. (Comitê Central) para o Partido Comunista Brasileiro. Uma dessas diretivas, traçadas em meados do ano 1933 tem para nós grande importância, pois nela está bem delineado o plano de assalto ao Brasil. É esse um documento de grande significado e de grande importância e para nós, repito, porque nos dá a chave e a explicação de tudo quanto se bem registrado entre nós, no decorrer dos ultimos anos, dando margem, ainda, a que possamos prever o que seria levado a termo futuramente, se não fôra, no caso, a ação vigilante e enérgica do nosso Governo.
> Tudo quanto temos assistido aqui nada mais é do que o desdobramento de um plano preconcebido e executado sob o controle absoluto da 3ª Internacional e que se encontra, em linhas gerais, nesse valioso documento n° 39, intitulado "Plano de Ação Comunista".[43]

O chefe então começou a esboçar como os comunistas propunham derrubar o governo. No início, haveria uma fase preparatória que encorajaria novos membros a se afiliarem através de aparentes doutrinas e princípios *ad hoc*. Esse período deveria ser relativamente curto e possivelmente violento. O internacionalismo deveria ser desencorajado. Em vez disso, eles deveriam se concentrar em questões nacionais, na medida em que isso agradava a maior parte do povo. Para conquistar outras pessoas, ainda não aliadas ao movimento, outros princípios básicos incluiriam:

1) Fim ao pagamento da dívida externa.
2) Distribuição da riqueza nacional.
3) Nacionalização dos meios de transporte.
4) Guerra contra o imperialismo e o fascismo.
5) Santidade da família.
6) Santidade das crenças religiosas.
7) Organização rigorosa dos membros em células secretas sob uma hierarquia de controle nacional, estatal e municipal.
8) Continuidade de ação em caso de chamado para substituir outra célula.[44]

Müller, em seguida, informou aos jornalistas que a ANL era exatamente esse tipo de organização. Bastava entender que era uma organização nacionalista obedecendo ao seu líder, Luiz Carlos Prestes. Müller acrescentou que, "usando a pele de um cordeiro, o Partido Comunista seria capaz de se mover livremente entre nós".[45]

Filinto então perguntou: "De onde vem o dinheiro para apoiar uma operação tão grande? Encontramos na presente diretiva... a resposta à nossa pergunta."[46] O documento dizia precisamente que o Comintern iria fornecer recursos para a primeira fase e que o PCB seria responsável pela segunda fase. O Comintern disponibilizaria fundo adicional caso necessário. Müller destacou que isso demonstrava duas coisas: havia dinheiro estrangeiro sendo usado para minar a ordem pública e as instituições brasileiras. Sem apresentar qualquer prova, ele afirmou que na segunda parte do plano haveria uma batalha separatista que tentaria colocar o Norte do país contra o Sul, e vice-versa.[47]

Müller continuou, mencionando que a Seção 3 da proposta era a mais interessante. Essa era a parte que lidava com a agitação. A perturbação da ordem seria estimulada entre os banqueiros, particularmente entre aqueles que trabalhavam com operações de câmbio, a respeito dos salários dos militares e por meio de queixas entre os sargentos. Qualquer agitação, motivada por questões de raça, religião ou esportes, da parte de estudantes universitários ou cientistas, seria benéfica para o movimento.[48]

O chefe Müller destacou que o chamado às armas deveria acontecer em algum momento entre janeiro e agosto de 1935. Então Müller observou que por causa dos comentários feitos em 5 de julho por Luiz Carlos Prestes, chefe da ANL, delegado do Comintern e chefe do comunismo na América do Sul, o governo tinha decidido fechar a ANL. Como se não estivesse prestando atenção, um repórter perguntou ao principal policial do país no que havia ele baseado sua ação sobre o manifesto de 5 de julho. Müller respondeu que ele não apenas tinha a diretiva de número 39, mas, além disso, o serviço secreto havia fornecido outras informações. Depois de divagar sobre a atividade da ANL com os jovens e nos sindicatos, Filinto se aproximou do final de sua intervenção apontando cinco itens que foram cruciais em algum momento no futuro, de acordo com a ordem de número 39.[49]

1) Só deve ser usada a luta corporal para capturar as estações de energia;
2) Só deve ser usada a luta corporal para tomar as instalações do telégrafo. Todos os legalistas e a burguesia devem ser capturados ou mortos. Deve-se alegar que o inimigo é extremista. Cidades vizinhas, fora de nosso poder, devem ser mantidas totalmente ignorantes sobre o que está acontecendo. Transmitir-lhes apenas nossas ordens e nenhuma ordem do governo;
3) Entre as tropas que aderirem a nós, todos os oficiais não comunistas deverão ser mortos, de preferência em suas casas;
4) As forças especiais, em caminhões equipados com metralhadoras, devem manter a população em geral dentro de casa;
5) Assumir o controle de uma ou mais estações de rádio e bombardear as outras.[50]

Müller então terminou seus comentários observando que "esta é uma pequena mostra do que vai acontecer em um levante comunista. Os brasileiros podem ficar tranquilos, no entanto, sabendo que o governo está absolutamente no controle da situação. Evitaremos qualquer perturbação da ordem e, se necessário, dominaremos com violência qualquer tentativa de instigar tais planos."[51]

Se essa era uma das estratégias comunistas ou não, nunca se soube, mas nove dias depois da conferência de imprensa de Filinto, no sábado, dia 20 de julho de 1935, uma poderosa bomba explodiu em uma área onde munições estavam sendo estocadas, na Polícia Central. Havia um acordo entre a cidade e a polícia, convenientemente ignorado, para não guardar tais itens na área central da cidade. A explosão era o produto de um cartucho de 75 mm que explodiu sob circunstâncias que fizeram com que o irmão de Filinto, Júlio, em Cuiabá, a classificasse como uma tentativa de assassinato. Aparentemente, Filinto havia falado com ele ao telefone para dizer que ele não tinha se machucado. O chefe de polícia teve sorte de a peça de 75 mm não ter acionado trezentas granadas que estavam próximas a ela.[52]

Um dos interventores do Distrito Federal nesses anos era um homem cuja carreira se igualava à de Filinto. Pedro Ernesto tinha tido dificuldades para se graduar. Com perseverança ele se tornou médico em 1908, e foi um adversário de Artur Bernardes e um simpatizante dos tenentes na década de 1920. Com a primeira administração de Vargas, Pedro Ernesto se tornou um membro dos autoritários guardiões da revolução de Getúlio, o Clube de 3 de Outubro, junto com Filinto, no início dos anos 1930. Mas os dois homens não concordavam no que dizia respeito à filosofia política. Quando Filinto Müller assumiu o posto de chefe da polícia, Pedro Ernesto estava apenas começando um programa ambicioso de construção de escolas e hospitais na capital. Em 1934 ele inclusive conseguiu formar a Polícia Municipal. A esperança era que os novos policiais pudessem de alguma forma diminuir o poder da Polícia Civil de Müller.[53]

Pedro Ernesto era ativo em muitas questões locais que Filinto via como perigosamente associadas à esquerda política. O chefe da polícia não se importava com políticos progressistas, sindicatos e sindicalistas. Por essa época, Müller era apenas um papagaio das preocupações domésticas de Vargas, e Getúlio já estava começando uma abordagem corporativa das questões trabalhistas. No dia 17 de abril de 1934, Filinto escreveu a seu irmão, Júlio, observando que o Distrito Federal já tinha passado por quatro ou cinco greves só naquele mês, e ainda estava se recuperando de uma greve parcial dos estivadores que poderia, em última análise, envolver outras cidades e abranger cerca de 400 mil trabalhadores. Vargas não iria aceitar isso. Em agosto de 1934 o presidente fez com que seu chefe de polícia colocasse o DESPS contra a atividade sindical de padeiros, marceneiros, funcionários de hotelaria, ferroviários, fabricantes de sapatos e trabalhadores da indústria têxtil. Um comício antiguerra e um protesto não violento dos estudantes resultaram em um ataque com gás lacrimogêneo. Alguns jornais foram temporariamente fechados.[54]

A rixa entre Filinto e Pedro Ernesto chegou a um ponto crítico com o fechamento repentino da ANL. Pedro Ernesto protestou com um discurso no Sindicato dos Motoristas, que apenas o expôs perante os integralistas, os oficiais militares conservadores e o chefe da polícia.[55] As autoridades fecharam a ANL por seis meses,[56] e poderia muito bem ter sido por seis anos. Como Vargas havia calculado – através de seu porta-voz, Müller –, muitos membros da ANL ficaram chocados com a conexão comunista e deixaram a organização. Aqueles que permaneceram ficaram em grande parte sob controle da ala revolucionária.[57] O grupo, então reduzido, entrou para a clandestinidade e começou a planejar seriamente uma revolta.

Infelizmente não existem registros que descrevam diretamente a ameaça comunista que chegou à mesa de Müller entre 23 de agosto de 1935 e 25 de novembro do mesmo ano. O que se tem registrado em agosto é um telegrama de Mato Grosso, informando a Müller que seu estado natal estava seguindo suas recomendações para manter a ordem (contra os comunistas). O documento de novembro é um apelo feito pela liderança das instalações portuárias do Rio para lidar com distúrbios, discursos e ideias que fossem inconstitucionais (isto é, comunistas).⁵⁸ O material perdido pode ter estado entre os despachos destruídos a mando de Müller, em julho de 1942.⁵⁹ Por essa e outras razões, não há registros oficiais do que Filinto pretendia durante os três meses cruciais antes dos eventos do final de novembro de 1935.

O que parece óbvio é que os revolucionários de Moscou enfrentaram uma tarefa árdua. As décadas de 1930 e 1940 foram épocas diferentes da nossa. A vida social era mais patriarcal, mais sexista, mais racista e mais antissemita no dia a dia. No Brasil, como em muitos outros lugares, a crença popular sustentava que se você fosse comunista provavelmente também seria judeu, e vice-versa.⁶⁰

A opinião pública era contra ambos, assim como Filinto. Mas é importante lembrar que seu antissemitismo nunca fora declarado até que os sentimentos de Getúlio em relação aos judeus se tornassem claros com a promulgação do Estado Novo, em 10 de novembro de 1937.⁶¹ Até então, a administração estava avançando bem devagar em direção aos poderes fascistas, com Vargas esperando para ver qual lado ganharia. Os acontecimentos do final de novembro de 1935 apenas empurraram o presidente com mais firmeza para essa direção.

À medida que o ano seguia, Filinto Müller entrava em contato com a Gestapo, o FBI, o Serviço de Inteligência da Inglaterra (MI6) e outros para se manter informado a respeito do que os inimigos do Brasil estavam fazendo.⁶² Alegou-se que, com a informação de que dispunha, Filinto incitou o jornal O *Globo*, a partir de meados de 1935, a publicar planos comunistas para o Brasil vindos de Moscou. De acordo com essa linha de raciocínio, a polícia estava tentando fazer os comunistas adiantarem a data de início da luta.⁶³ Os poderes constituídos pensavam que poderiam pegar os revolucionários mal preparados. Partindo do que Jonny de Graaf estava dizendo aos seus superiores em Londres, a data foi inicialmente definida para 7 de junho ou julho de 1935, e depois transferida para dezembro de 1935 ou janeiro de 1936, data que por fim prevaleceu.⁶⁴

Nesse ínterim, populares entraram na briga, embora em escala desconhecida, tornando-se voluntários para ajudar as autoridades a desmascarar os seguidores de Moscou.⁶⁵ Müller também estava ocupado informando o interventor do Espírito Santo, João Punard

Bley, que ficasse alerta contra os esquerdistas. Ele fez o mesmo com os líderes de outros estados enquanto a polícia invadia jornais, fazia ameaças e realizava prisões em muitas partes do país.[56]

Quando a ameaça vermelha finalmente chegou, começou pelo Rio Grande do Norte, depois foi para Pernambuco e eclodiu no Rio de Janeiro. O choque pegou muitos de surpresa. Filinto foi um dos que não compreenderam imediatamente como os acontecimentos no Nordeste estavam progredindo. Ele observou que "nós não temos notícias do Rio Grande do Norte". Uma segunda fonte confirma que não havia comunicações de Natal, capital do estado. Müller não sabia o que estava acontecendo em Recife até por volta das 20h do dia 24 de novembro. As hostilidades por lá haviam começado 11 horas antes.[67]

De antemão, Jonny de Graaf tinha ajudado a polícia enviando um telegrama em código para o chefe de polícia em Recife, Malvino Reis Neto. O telegrama de De Graaf avisava Malvino de que os revoltosos pernambucanos estavam prestes a entrar em atividade. De Graaf também tinha instalado artefatos explosivos que não foram detonados nas casas usadas por Luiz Carlos Prestes e Arthur Ernst Ewert quando a revolução chegou à capital do país, em 27 de novembro. Foi Prestes, e não Ewert, que manteve seus documentos incriminatórios em um aposento cheio de armadilhas, que deveria explodir caso alguém, por exemplo a polícia, tentasse forçar a entrada. Descuidadamente, Ewert deixou suas coisas expostas na casa que ocupava com Sabo. Imediatamente De Graaf ensinou a Müller como contornar o aparato com segurança. Sendo um perito em explosivos entre os revolucionários, Jonny também tinha o trabalho de formar alguns membros do partido na arte da fabricação de bombas. Um de seus melhores alunos, um espanhol, Francisco Romeiro, alugou uma casa no bairro do Grajaú para as aulas. O grupo armazenava no local grande quantidade de explosivos e equipamentos de rádio para envio e recebimento de mensagens. Talvez para proteger Jonny, ou mesmo para tentar depreciar Prestes, Filinto relatou mais tarde que o líder comunista não estava muito preocupado com a segurança. Quando os homens de Müller pegaram Prestes e Olga no Méier, Prestes havia deixado exposto todo tipo de material, o que forneceu às autoridades outras lideranças. Ele distorceu a história de propósito.⁶⁸

No dia 26 de novembro Filinto enviou um telegrama de felicitações para Recife, elogiando aqueles no comando por restabelecerem a ordem. Quase ao mesmo tempo, forças do estado da Paraíba avisaram Filinto que suas tropas haviam invadido a vizinha Rio Grande do Norte para ajudar a pôr fim à rebelião. No auge da batalha na capital, Müller tentou fazer contato com um antigo colega de armas, Estillac Leal. Nessa ocasião Estillac, um tenente-coronel responsável pelo 1º Grupo de Obuses, em São Cristóvão, foi indiferente a seu ex-chefe de gabinete. O tenente-coronel Leal estava realmente muito ocupado para conversar com o chefe de polícia: estava pondo suas armas pesadas em posição para contornar a rebelião comunista deflagrada pelo 3º Regimento de Infantaria, na Praia Vermelha.⁶⁹

Na verdade, havia muito a se fazer conforme a Intentona Comunista se realizava; as autoridades acabaram por perseguir todos os tipos de lideranças. Condizente com o pensamento da época, "se você é judeu, deve ser comunista também", a polícia de Müller invadiu a Cozinha Proletária Judaica (parte da Ajuda Vermelha do Partido Comunista Internacional), na praça Onze, no Rio de Janeiro, e prendeu vinte pessoas. Muitos estavam lá apenas pela comida de graça. O governo de Getúlio Vargas deportou 18 dos indivíduos para a Europa.⁷⁰ Outros, que podiam ou não ser judeus, foram expulsos em junho de 1933.⁷¹

No mês seguinte à Intentona, Müller apresentou ao presidente um relatório sobre a revolta, com uma lista de recomendações. Na opinião do chefe de polícia, as propostas reduziriam as chances de outra insurreição da esquerda. Havia dez sugestões específicas:

1) Remover todos os extremistas do serviço civil, das forças armadas e do sistema educacional;
2) Reformar a lei que regia a expulsão de estrangeiros para torná-la mais fácil e mais rápida;
3) Decretar uma lei tornando todos os estrangeiros desempregados por períodos superiores a dois meses, sem qualquer meio visível de apoio, deportáveis para seus países de origem;

4) Aplicar rigorosamente todos os estatutos em apoio aos direitos dos trabalhadores já promulgados pelo governo, sem aumentar os prazos burocráticos;
5) Aumentar a proteção para o trabalhador brasileiro;
6) Procurar transformar gradualmente os sindicatos em associações de assistência e cooperação;
7) Aliviar o congestionamento de áreas urbanas ao realocar desempregados para as regiões rurais do país;
8) Organizar "colônias de trabalho" [leia-se: campos de concentração];
9) Reajustar o setor de serviço público para estimular funcionários com hábitos morais e capazes;
10) Reformar as leis referentes aos jornalistas, exigindo que todas as publicações revelem suas fontes de financiamento e que demitam todos os funcionários extremistas.[72]

Na operação de limpeza que assolou o Rio e outros lugares após a agitação de esquerda, houve um número incontável de detenções. Müller informou um pouco mais de 200 prisões de civis no total, mas o número pode ter sido bem maior. Oficialmente, cerca de 2.500 membros das forças armadas foram levados sob custódia. A imprensa da Internacional Comunista disse que o número total de presos no país pode ter chegado a 35 mil, e esse número incluía uma quantidade desconhecida de mortos.[73] A tortura de suspeitos ganhou uma nova urgência depois da subversão fracassada. A polícia queria encontrar esquerdistas e acabar com eles. Por volta dessa época, Vargas escreveu ao embaixador do Brasil em Washington, Oswaldo Aranha, mencionando que seu chefe de polícia era "incansável... sereno e persistente... obtido bons resultados sem a necessidade de cometer excessos".[74]

Após a tentativa de tomada de poder comunista, Vargas ficou preocupado que os vermelhos poderiam fazer outra tentativa de derrubá-lo. Para tentar evitar que isso acontecesse, ele mandou Filinto aumentar o esforço anticomunista. Os contatos de Müller com nazistas, italianos, argentinos, norte-americanos e ingleses foram utilizados nesse empreendimento. O chefe de polícia política do DESPS, Affonso Henrique de Miranda Corrêa, foi enviado pelo menos para a Alemanha e para a Itália a fim de trocar informações e ver o que ambos os países estavam fazendo nessa batalha. Ele passou cerca de sete meses na Europa, durante os quais os governos alemão e italiano tentaram seduzi-lo. Enquanto estava lá, Miranda Corrêa foi agraciado com medalhas; na Alemanha, a honraria foi autorizada por Heinrich Himmler.[75]

Mesmo antes da Intentona, toda a atividade anticomunista por parte do governo uniu-se habilmente aos desejos da Ação Integralista Brasileira. Eles começaram a considerar Filinto Müller uma espécie de parceiro. Provavelmente em 1934, Filinto esteve em contato semanal com a AIB através de José Madeira de Freitas, pretensamente para discutir o comunismo. Freitas ocupou várias posições de destaque no movimento fascista e, em 1934, tornou-se o editor do jornal integralista *A Ofensiva*.[76] Em setembro de 1935, Filinto recebeu um telegrama de Goiás informando que o coronel da reserva Frederico Sócrates tinha chegado com a intenção de abrir uma filial da AIB. O escritor disse que notificaria o coronel sobre as regras para a realização de encontros e distribuição de propaganda. No mês seguinte, um telegrama chegou do Espírito Santo afirmando que os comunistas de lá haviam atirado em integralistas desarmados. Os camisas-verdes tiveram que recorrer à ajuda de bravos soldados brasileiros. Müller enviou uma cópia desse segundo telegrama ao ministro da Justiça, João Linhares, para que considerasse a situação. A AIB ainda escreveu a Filinto, afirmando diretamente que haviam ficado encantados com seus comentários durante uma entrevista e que iriam publicá-los em *A Ofensiva*. Eles sugeriram que Müller deveria se juntar às fileiras da AIB.[77] Filinto recusou o convite, mas respondeu, mais uma vez, dizendo que "Por ser ativos em nossos diferentes setores, podemos e devemos trabalhar para a glória de nosso amado Brasil".[78] Os camisas-verdes sem dúvida interpretaram suas palavras como uma indicação de sabedoria. Em torno do final de 1938, eles saberiam quão profundo era o interesse de Filinto em sua causa.

No dia 20 de dezembro de 1935, Vargas pediu ao Congresso que estendesse a lei marcial que vigorava havia quase um mês, após a tentativa de subversão comunista. Os legisladores não só concordaram, como deram a Getúlio um estado de guerra de noventa dias, que eles estenderam mais duas vezes até agosto de 1936. Dois dias após o pedido inicial de Vargas, a fábrica de bombas que Jonny de Graaf tinha organizado no Grajaú explodiu. A polícia prendeu Francisco Romeiro, que, enquanto era torturado, forneceu a eles o nome de um estrangeiro alto, de língua inglesa, chamado "Negro". Filinto pediu ao Itamaraty que perguntasse a Londres o que eles sabiam sobre "Negro". A Inteligência britânica respondeu que esse era um pseudônimo de Arthur Ernst Ewert, que estava usando um passaporte americano falso em diversos países, com o nome de Harry Berger. Filinto teve sua primeira oportunidade na captura do grupo central de revolucionários. A informação veio de Jonny de Graaf, por mais de uma década inimigo mortal de Arthur Ewert.[79]

No dia seguinte ao Natal, em 1935, Arthur e Elise foram detidos pelo DESPS e levados para a Polícia Central, onde foram agredidos pelos chefes Antônio Emílio Romano e Miranda Corrêa, entre outros. O ministro de guerra, João Gomes, queria que indivíduos como Arthur e Elise fossem executados, mas o DESPS transferiu Arthur para a sede da Polícia Especial no dia seguinte. A mando de Euzébio de Queiroz Filho, ele foi torturado até ter um colapso mental. Em março de 1936, após a captura de Luiz Carlos Prestes, Arthur Ewert foi transferido para um pequeno cubículo sob a escada no centro nervoso dos Cabeças de Tomate, onde não podia ficar de pé, vestir roupas limpas, tomar banho, fazer a barba ou respirar ar fresco. Somente o seu advogado *ex officio*, Heráclito Fontoura Sobral Pinto, podia vê-lo, uma vez que Filinto tinha proibido qualquer outra visita. Quando o advogado norte-americano David Levinson chegou mais tarde ao Rio, em uma tentativa de representar Ewert, o chefe de justiça do TSN (Tribunal de Segurança Nacional), Barros Barreto, disse a Müller que ameaçasse Levinson com a deportação se ele não partisse no próximo navio. Sobral Pinto alegou que a polícia havia impedido Levinson de ver Ewert devido à condição terrível de seu cliente não oficial. Heráclito posteriormente enviou ao juiz do TSN, Raul Machado, um recorte de jornal de um homem no Paraná que recebeu uma sentença de prisão de 17 dias e foi multado porque espancou seu cavalo até a morte. Machado passou o comunicado de Sobral Pinto para Müller, mas o escritório do chefe não fez nada. O TSN foi criado em 11 de setembro de 1936, pela Lei de Segurança Nacional.[80]

Sabo, esposa de Ewert, foi violentada e abusada sexualmente, mas não perdeu a sanidade. Jonny de Graaf entregou todos, exceto Prestes e Olga, e só não revelou o paradeiro deles porque não sabia exatamente onde estavam. De Graaf mencionou, no entanto, que Prestes e Olga estavam em algum lugar no Méier.[81]

Outra pessoa que De Graaf delatou foi Ghioldi. Um dos homens do inspetor do DESPS/Quadro Móvel, Francisco de Menezes Julien, localizou Rudolfo. Os detetives começaram a perseguir o comunista argentino e sua mulher, e os apanharam quando eles tentavam fugir para São Paulo de trem. Rudolfo não precisou ser torturado. Ele colaborou com a polícia e, provavelmente, ajudou a localizar Victor Allen Barron.[82] O americano foi detido em seu apartamento, em Copacabana, no início da manhã do dia 28 de janeiro de 1936, e levado diretamente para a Polícia Central, onde, por alguns dias, foi lentamente torturado até a morte.[83] Essa selvageria ocorria, invariavelmente, à noite, depois que Filinto tinha ido para casa. Os assistentes de Müller procuravam informações, sobretudo notícias sobre o paradeiro de Prestes. Se chegou a falar, Barron pode ter dito apenas o suficiente para que a polícia restringisse sua busca ao Méier. Filinto, de fato, disse ao embaixador americano Hugh S. Gibson que "Barron foi submetido a medidas extremas após sua confissão, para obtermos informações mais detalhadas".[84]

Ao menos nesse caso conclui-se que Müller estava consciente do que estava acontecendo, e que ele ou outra pessoa havia ordenado tal tratamento para alguém sob custódia policial. Não se tem notícias de qualquer pessoa que tenha sido demitida, suspensa ou transferida pela aplicação de "medidas extremas" em Barron. A filha de Filinto contou que essas penalidades eram sempre aplicadas quando seu pai tinha ciência de que uma tortura havia sido cometida. Filinto sustentou, anos depois, que nunca dera nenhuma ordem para torturar pessoas. Ele declarou ser apenas um administrador sentado em seu escritório no andar de cima, folheando papéis, sem saber das ações cometidas por seus subordinados.[85] José Guttman, um dos revolucionários de esquerda no complexo do Exército da Praia Vermelha, em 1935, classificou essa alegação de não envolvimento em tortura feita por Müller como "uma piada!".[86]

Antes disso, seguindo uma pista da Inteligência britânica, provavelmente dada por De Graaf a Londres, e segundo a qual Prestes havia conseguido chegar ao Rio, o DESPS fez listas de pessoas na capital que poderiam levá-los a Prestes. André Trifino Correia, Astrojildo Pereira Duarte Silva e Graciliano Ramos foram aqueles que as autoridades decidiram procurar. Um dia, no Méier, três patrulheiros de motocicleta viram alguém, que suspeitaram ser Astrojildo, passando por eles. Embora tivessem conseguido desacelerar e virar suas motocicletas rapidamente, Astrojildo desapareceu. Exultante com essa notícia, não demorou muito para que Filinto mandasse a polícia iniciar uma busca em todas as casas da vizinhança.[87] Um detalhe que ajudou na busca foi o fato de que havia chovido durante semanas no Rio de Janeiro. Muitas pessoas estavam dentro de casa. Filinto mais tarde escreveu ao general V. Benício da Silva contando como tudo aconteceu.

> Quando eu determinei que o ex-capitão Prestes estava em uma rua específica no Méier, nós só tínhamos uma forte suspeita, e não provas concretas. Foi então que decidi procurar em todas as casas da rua. Na primeira e na segunda, os ocupantes protestaram. Na terceira residência, um alto funcionário do Ministério da Justiça se recusou a nos deixar entrar. Com justa razão, ele declarou mais ou menos o seguinte: "Eu sou um funcionário do Ministério da Justiça e não vou permitir que a polícia invada minha casa." Em vão eles pediram permissão para realizar a busca. Mas sua recusa foi formal. O responsável então prendeu o homem e procurou na residência, sob protestos do indivíduo. Nada foi encontrado, mas na quinta ou sexta casa o chefe comunista foi capturado.[88]

Após uma curta estadia na Polícia Central, os agentes do DESPS levaram Prestes à sede da Polícia Especial e lhe deram a cela de Arthur Ewert. Antes de sua chegada, eles haviam transferido Ewert para o cubículo sob a escada. Em 1937, o escolhido de Filinto para ser diretor do presídio de Dois Rios, na Ilha Grande, no sul do estado do Rio de Janeiro, o membro da AIB e tenente Vitório Caneppa, foi transferido para administrar a Casa de Correção, na capital. Prestes já estava lá, e Ewert veio mais tarde. Caneppa logo começou a se divertir atormentando Prestes com disparates. As tolices iam desde colocar prostitutas caçoando na cela ao lado dele até arruinar seus livros. Havia também os guardas armados que ameaçavam atirar nele de tempos em tempos. Mais tarde, em novembro de 1940, Prestes teve sua sentença original de 16 anos e 8 meses aumentada em outros 30 anos por supostamente ter dado a ordem de executar Elza Fernandes. Seus colaboradores do PCB erroneamente acharam que ela era uma traidora comunista, talvez até a informante que tinha traído a liderança da revolução. Elza fora namorada, ainda jovem, de Antônio Bonfim, o homem que Prestes tinha substituído como líder do PCB.[89]

Olga Benário, a guardiã de Prestes, estava grávida de seis meses da filha dos dois quando pulou na frente do companheiro, pensando que a polícia abriria fogo durante a captura. Seu heroísmo estimulou muitas lendas. O casal nunca se casara formalmente.[90] Olga seria deportada para sua Alemanha natal, juntamente com Elise Ewert.[91] Ambas foram levadas para os nazistas em 23 de setembro de 1936 e não, como a lei estipulava, para o último país que tinham visitado antes de viajar para o Brasil. Alguns sustentam que Filinto foi o responsável pela expulsão de Olga em direção à morte certa. Sendo comunista e judia, a Gestapo torturou-a ao máximo após o nascimento de sua filha, Anita, e depois a matou em uma câmara de gás. Filinto falou pessoalmente com o embaixador alemão, Arthur Schmidt-Elskop, sobre a necessidade de a Gestapo enviar peritos para o Rio para trabalhar com o DESPS e, eventualmente, com a polícia argentina e uruguaia em sua batalha comum contra o comunismo. Ele aproveitou a ocasião para confirmar os detalhes da dupla expulsão com o embaixador.⁹² É importante lembrar, no entanto, que em 1936 Filinto Müller, na posição de chefe da Polícia Civil, órgão ao qual a DESPS era subordinada, não tinha autoridade para extraditar nenhuma das duas mulheres. Ele poderia fazer esse pedido, mas também o poderiam outros membros do governo. Na verdade, havia apenas um homem com tal poder. Anos mais tarde, Müller comentou o assunto com jornalistas:

> Fui convocado para uma reunião ministerial e notificado de que deveria levar esclarecimentos sobre a situação das mulheres estrangeiras presas, que eram Olga Benário, alemã, Carmen Ghioldi, mulher do chefe do Partido Comunista da Argentina, e a esposa do Harry Berger. Levei a documentação à reunião ministerial. Houve longo debate. Fiquei contra a expulsão. Ao final, decidiu-se que as estrangeiras seriam expulsas.⁹³

Em 1936 apenas o presidente do Brasil, Getúlio Dornelles Vargas, poderia expulsar estrangeiros indesejáveis.⁹⁴ No entanto Vargas se esquivou de toda a culpa pelo banimento de quem quer que fosse, inclusive Jenny Gleiser, de 17 anos, uma judia que ele havia extraditado no ano anterior, também por ter laços com os comunistas.⁹⁵ Em uma entrevista ao jornalista francês Jean-Gérard Fleury, o homem em última análise responsável declarou: "Minha experiência de poder, que em nossos tempos é o cenário mais dramático em que se pode estar, fortaleceu a minha inclinação à tolerância, um temperamento avesso à verbalização e à prática da violência. Nisso, acredito que eu seja um fiel intérprete da alma brasileira."⁹⁶ Uma testemunha dessa amplificação política, ele continuou seus comentários efusivos ao notar que "as palavras de Vargas são sacramentos que não pedem nenhuma defesa". Ele é um líder que está familiarizado com "o poder das ordens sem o menor ódio pessoal, porque ele tem a virtude de saber perdoar com elegância".⁹⁷

Não só foram Olga e Sabo ido, mas também o Ministro da Guerra em dezembro. Embora João Gomes Ribeiro Filho tivesse comandado o exército durante a Intentona, era um homem que mantinha um harém, com mulheres solteiras e casadas, para seus prazeres sexuais. Vargas afirmou em seu diário que Filinto lhe mencionou isso em 25 de novembro de 1936. Não se sabe que papel teve Filinto, se houver, na renúncia de Gomes nove dias depois – ostensivamente por se recusar a inspecionar tropas. O que se estabelece é que o novo ministro era da cidade natal de Cuiabá e um homem que manteria uma relação de trabalho com Müller por muitos anos.[98]

7. O Estado Novo

A tortura e a mutilação no Brasil continuaram por muito tempo após a captura da liderança revolucionária. Em maio e junho de 1936, Vargas e seu policial mais importante receberam com negação os rumores que acompanharam a brutalidade de ação.[1] Parte da população, é claro, elogiou os esforços brutais como uma etapa necessária na luta contra o bolchevismo. Cartas e telegramas chegavam ao grande escritório de Filinto, no segundo andar, na Polícia Central. Um indicativo desses comentários foi o telegrama enviado por Apiva Meira, de Copacabana, que agradeceu o chefe por combater o exotismo do comunismo. Houve também um telegrama do sindicato dos ferroviários em Rio Claro, São Paulo, e um outro assinado por um grupo de pessoas. A maior parte eram mensagens individuais de apoio, incluindo as felicitações de pelo menos um padre.[2] E houve também aqueles que usaram os eventos do final de novembro de 1935 para se vingar ou despedir trabalhadores, sob a simples acusação de que eram comunistas. Nenhuma outra prova era necessária. Para isso, Filinto mandou o chefe da Seção Social do DESPS, Serafim Soares Braga, para descobrir e despedir trabalhadores comunistas na Companhia Têxtil Brasileira, no Rio. Braga era um torturador ocasional quando estava em seu escritório, na Central. No estado natal de Müller, um cidadão escreveu para o chefe de polícia do Distrito Federal dizendo que gostaria que Antidia Alves Coutinho fosse demitido da agência de correios por fazer comentários extremistas. Na linha ferroviária do Nordeste, outro comunicado falava sobre suspeitos vermelhos que a companhia tinha demitido antes de suas prisões. Um dos ferroviários, evidentemente não esquerdista, de repente recebeu uma pensão e seus documentos de trabalho para que algum conhecido de Filinto pudesse ficar com o emprego.[3]

Na verdade, a tentativa de tirar Vargas do poder foi um divisor de águas na vida do jovem chefe de polícia. Ele comentou mais tarde que, "acima de tudo, após os acontecimentos de 1935, volto a acreditar que uma ditadura foi necessária".[4] Chegando a esse entendimento autoritário em relação ao povo brasileiro, Filinto era parte atuante na reação do governo. O estado de lei marcial e os consequentes privilégios concedidos a Getúlio pelo Congresso, a partir de 25 de novembro, foram suas melhores cartas. Eles deram à Polícia Civil, ao DESPS, à Polícia Especial e aos militares completo arbítrio para proibir reuniões públicas, silenciar a imprensa, fazer buscas em residências sem qualquer mandado e apreender suspeitos sem a ladainha das acusações formais. O considerável número de indivíduos apanhados por todo o litoral incluía o prefeito do Rio, Pedro Ernesto, o outrora presidente da banida ANL, Herculino Cascardo, e o general Miguel Costa, em São Paulo. Todos os três seriam supostamente inimigos de Filinto Müller.

Da mesma forma quatro deputados federais e um senador foram trazidos e presos. Uma comissão senatorial especial reviu os casos deles. O ministro da Justiça Vicente Rao e o chefe de polícia Müller apresentaram provas de acusação que resultaram na suspensão da imunidade parlamentar dos legisladores. Isso permitiu que o TSN julgasse os casos, que resultaram em três condenações. Os quatro processos representaram a ponta de um iceberg. Durante seu tempo de operação (1936-45), o TSN, com seu julgamento não oficial, condenou centenas de pessoas em uma sucessão incrivelmente rápida. Examinando apenas o período entre setembro de 1936 e dezembro de 1937, foram 1.420 indivíduos. Isso não era bom o suficiente para o secretário de Segurança Pública em Pernambuco, Frederico Mindelo. Ele escreveu a colegas no Distrito Federal expressando seu desejo por execuções em massa, imediatamente.[5]

Um dos itens interessantes que estão disponíveis a partir do final de novembro de 1936, quase um ano até o dia seguinte à rebelião esquerdista, é o rascunho de um telegrama de Filinto a seu irmão, Júlio. O telegrama informava Júlio sobre uma reunião ministerial na região serrana do Rio, em Petrópolis. Lá, no Palácio Rio Negro, o presidente disse a Müller o que queria. Filinto dizia a Júlio que lhe explicaria mais tarde, pessoalmente. Não confiava no sistema postal. Felizmente, Getúlio escreveu seus desejos num diário. Ele decidiu adotar algumas das ideias do relatório de dezembro de 1935 de Müller sobre o levante. Vargas queria reprimir o extremismo no Brasil de três formas: 1) demitindo pessoas indicadas como sendo comunistas; 2) transferindo para prisões ou colônias agrícolas [ou seja, campos de concentração] prisioneiros cujos casos estivessem sendo julgados [presume-se que Vargas quisesse dizer prisioneiros comunistas]; e 3) encerrando o inquérito policial [sobre o levante] que fora enviado ao Ministério da Justiça e abrindo inquéritos adicionais à medida que novos fatos aparecessem. Um ponto importante no diário do presidente é que ele não mencionava o nome de Filinto Müller, nem mesmo como participante da reunião no Rio Negro.[6]

Todas essas medidas deram seu próprio sabor ao cenário que estava se formando, e que estava programado para se dar a conhecer em 3 de janeiro de 1938. Pela Constituição de 1934, a eleição presidencial devia ocorrer naquele dia, o que não se coadunava com os propósitos de Getúlio Vargas. Ele não queria deixar o cargo, em parte porque pretendia reformar a Constituição de 1934, liberal demais. Ele comentou que o documento "estava distante do espírito da época".[7] Getúlio sentia que algo tinha que ser feito com a Constituição do país para que a petulante onda vermelha fosse contida.

Por fim, havia quatro candidatos para o cargo de chefe do país: Vargas, Armando de Sales Oliveira, Antônio Garcia de Medeiros Neto e José Américo de Almeida. Plínio Salgado e seus integralistas, pensando que o chefe de polícia Müller os tinha encorajado, não escolheram um candidato. Plínio se recusou a fazê-lo, acreditando que Getúlio endureceria a Constituição. O autor da nova Carta foi o ministro da Justiça, Francisco Luís da Silva Campos, comumente conhecido como "Chico" Campos. Vargas tinha insistido com ele para que começassem a revisão da Constituição no final de 1936. Após uma reunião entre Campos e Salgado, quase um ano depois, o normalmente taciturno Filinto disse ao líder da AIB que seu movimento não tinha nada a temer. De fato, um acordo foi feito na reunião seguinte, entre Getúlio e Plínio. O ministro da Educação seria Salgado, por sua cooperação.[8]

A luz fraca da democracia de 1930 estava para ser apagada. A maneira de sua extinção era o Plano Cohen, elaborado pelos integralistas e apoiado pelos militares. O capitão do Exército Olímpio Mourão Filho, da AIB, tinha inicialmente elaborado a conspiração após uma discussão com Plínio Salgado. Tudo era um cenário hipotético construído em cima do que aconteceria em um novo ataque comunista. O capitão Mourão Filho era o chefe do Serviço Secreto dos integralistas. Fosse como fosse, a limpeza de esquerdistas tinha em grande parte neutralizado os comunistas; o Exército modificou partes do plano e enviou cópias ao presidente e seu chefe de polícia. Vargas viu sua oportunidade e transmitiu para a nação a primeira de uma série de mensagens de rádio sobre a vigilância necessária para enfrentar uma nova intriga comunista. Os integralistas aplaudiram essa iniciativa. Os jornais também gostaram; alguns contaram histórias sobre o que Moscou teria reservado para o Brasil.[9]

Em uma reunião secreta pedida pelo novo ministro da Guerra, Eurico Gaspar Dutra, em 27 de outubro de 1937, com a participação de Góis Monteiro e Filinto Müller, entre outros, ficou decidido iniciar os preparativos para um golpe de Estado. O plano manteria Getúlio como líder nacional. Não se sabe se Vargas sabia desses planos. Ele desejava esperar até o Dia da Proclamação da República, 15 de novembro, para anunciar a sua própria *diktat* à nação. Mas quando os candidatos à presidência Armando de Sales e José Américo ficaram sabendo do que Vargas pretendia e começaram a tornar públicos seus sentimentos a respeito, em 8 de novembro, alguns assessores-chave, incluindo o recém-nomeado ministro da Justiça, Chico Campos, o general Dutra e Filinto Müller, aconselharam Getúlio a agir.[10]

E ele o fez: na manhã de 10 de novembro de 1937, Vargas decretou legais a Constituição de 1937 e o Estado Novo. Às 20h daquela noite, explicou no rádio por que tal passo era necessário. O espectro do comunismo em lenta ascensão era o principal vilão. Os políticos liberais que se beneficiavam do sistema também eram uma ameaça. A necessidade de ter um líder que pensasse apenas na vontade do povo era a terceira causa para essa medida drástica. Só por segurança, Getúlio mandou Filinto cercar o Senado, no Palácio Monroe, e o Congresso, no Palácio Tiradentes – com a polícia.[11]

Nenhuma menção foi feita ou sugerida de que a terra-mãe do Brasil, sob o governo de António de Oliveira Salazar, tinha um governo ditatorial semelhante, também chamado de Estado Novo. Brasil e Portugal não estavam sozinhos. A Europa tinha regimes de direita na Alemanha, Itália, Áustria, Grécia, Hungria e Bélgica. A Espanha se juntaria à lista em 1º de abril de 1939, quando Francisco Franco declarou finda a Guerra Civil Espanhola, e ele mesmo o vencedor. Mais próximos ao Brasil, tanto a Argentina quanto o Uruguai estavam caminhando na mesma direção. O que Vargas não anunciou em 10 de novembro foi que ele tinha decidido se aproximar mais do que nunca dessas mesmas forças. Para tal, concedeu a si mesmo poderes ditatoriais ilimitados, declarou ilegais todos os partidos políticos e fechou o Congresso. Em seguida, declarou ilegal criticar o governo ou funcionários públicos, instituiu a pena de morte, aumentou a censura, disse que governaria pelo menos até 1943 e exigiu que seu retrato fosse exibido em todos os locais de negócios.[12]

Juntamente com o cenário fascista internacional, é importante lembrar a história da vida social brasileira baseada no sistema de classes dos anos 1930. Começando com o término formal – e não o fim real – da escravidão, em 1888, o Brasil se tornou um país governado por elites que lidavam com aqueles que não tinham muito dinheiro de uma forma semelhante à maneira como eles haviam tratado os escravos. A cor de uma pessoa não era tão importante quanto em outros lugares, mas já que a maioria dos ricos era branca, a maioria dos que não tinham muito dinheiro seria um pouco menos branca. Isso se encaixa muito bem com as ideias populares do que os primeiros proponentes chamariam de eugenia, mais tarde de darwinismo social e depois de biologia social. Os que possuíam esta visão eram a favor da exclusão dos considerados geneticamente inferiores. O raciocínio utilizado era o dos instintos. Esta era a forma com que a natureza selecionava e protegia a espécie humana. Uma vez que o Brasil tinha, de longe, o maior número de afrodescendentes nas Américas, a elite e aqueles que aspiravam a visões elitistas olhavam de forma negativa a cultura africana, como inerente a uma cultura escrava. Por isso, as pessoas das classes sociais mais baixas tinham que ser controladas e paternalisticamente administradas, praticamente da mesma forma como se supervisionavam escravos, como se tratavam as mulheres ou como se criavam galinhas.

Vargas tinha dado a João Batista Luzardo, seu primeiro chefe da Polícia Civil do Distrito Federal, amplos poderes de censura nos emocionantes dias de novembro de 1930.[13] A censura simplesmente continuou até se tornar uma política oficial com o anúncio do Estado Novo. Naquela época, um jornalista nordestino, de Sergipe, tornou-se herdeiro da responsabilidade de proteger o pensamento. Sofrendo de um transtorno de visão, o estrabismo, e alvo de piadas tão adequadas quanto inconvenientes, Lourival Fontes controlaria o aparato de censura formal. Ele conseguiu isto através de uma série de órgãos governamentais, culminando no DIP (Departamento de Imprensa e Propaganda), no final da década.

Anteriormente, em novembro de 1935, juntamente com responsabilidades de censura, Filinto Müller elaborou o Serviço de Divulgação, ou simplesmente SD, a partir do DESPS. O SD era uma unidade que visava ao envio de propaganda para enfrentar o que se pensava representar o extremismo. A maior parte deste esforço se concentrava nos comunistas, com um esforço proporcionalmente menor destinado àqueles que tinham possível simpatia pelos integralistas. O SD poderia, como muitas vezes o fez, exigir que cerca de 1.300 jornais e revistas brasileiros publicassem o seu material.[14] O trabalho do Serviço de Divulgação era intensificar a doutrina do governo e dar orientações sobre a contratação e demissão de funcionários municipais, estaduais e federais. O resultado era uma questão de alto patrocínio, particularmente nas regiões urbanas maiores. Aqueles que fizessem qualquer tipo de agitação, mesmo que não fossem fanáticos, podiam ser afastados compulsoriamente.[15] O DESPS controlava a aprovação dos sindicatos, de seus dirigentes e proibia greves de todo tipo. Não havia recurso real às suas decisões. As unidades sob o comando de Fontes e de Müller muitas vezes competiam entre si. Fontes tinha até mesmo os próprios bandidos habilitados para executar suas vontades, mas seu contingente policial era muito menor do que o de Filinto, e de vez em quando ele tinha que contar com o DESPS de Müller para executar tarefas. Os dois homens não se gostavam. Sobral Pinto escreveu que eles viviam sob guerra não declarada.[16]

Vargas tinha neutralizado cuidadosamente Plínio Salgado e seus camisas-verdes a fim de manter o Estado Novo em funcionamento, sendo esse um dos primeiros itens tratados após o anúncio de 10 de novembro. Pouco antes da meia-noite de 31 de dezembro, Getúlio falou ao povo brasileiro através das ondas do rádio. Entre os chavões dessa última transmissão do ano estava a lembrança de que a nova Constituição tinha eliminado todos os partidos políticos. Ele então informou a seus ouvintes que todas as bandeiras estaduais e políticas também eram a partir de agora ilegais. O país teria somente uma, e esta era a bandeira nacional verde, branca, amarela e azul do Brasil. Outros estatutos já haviam tornado ilegal vestir diferentes uniformes políticos ou saudar de qualquer forma ligada a um partido político. Vargas terminou seu discurso deixando Plínio Salgado saber que ele teria que dispersar completamente os integralistas para ser recompensado com a posição de ministro da Educação. Plínio sugeriu seu colega pró-nazista e antissemita, Gustavo Barroso, para o posto. Salgado tinha decidido não aceitar o cargo, e para isso ele ofereceu o nome de Barroso, após a oferta de um cargo ministerial ter prescrito. Plínio, a contragosto, dividiu sua criação em algumas entidades que pareciam inocentes.[17]

As populações japonesa, italiana e alemã de São Paulo e dos estados do Sul logo começaram a sentir o peso das mesmas políticas que haviam acorrentado os camisas-verdes. Todas as escolas particulares receberam ordens para mudar imediatamente os nomes de suas instituições para os de figuras culturais brasileiras e para começar a instruir todas as turmas no idioma português. Aparentemente a comunidade italiana foi a única a quem foi dada alguma flexibilidade. Ainda assim, todos os jornais de língua estrangeira tiveram que parar de ser publicados, a menos que fosse em português. Fechar suas portas seria a única opção. Isso causou uma comunicação dura entre o embaixador alemão e Chico Campos, o que não levou a nada. Cada uma das potências do Eixo teve que obedecer, no final.[18]

Getúlio Vargas tinha superado Plínio Salgado. Além daqueles que eram a favor dos alemães ou dos italianos, dentro do movimento integralista, havia uma outra dualidade. A filha de Vargas conta que de um lado estavam aqueles que acreditavam que a AIB acabaria por tomar o poder. Essa facção procurou promover o seu objetivo em grande parte através do diálogo. A outra facção era daqueles que não podiam esperar. Eles queriam a eliminação de Vargas o mais rápido possível, e de qualquer forma.[19]

Getúlio basicamente ignorou Plínio nos meses seguintes, quando ele tentou conseguir concessões. Totalmente impedido, Salgado finalmente deu sua aprovação para o grupo que queria ação imediata.[20] A isso deve-se acrescentar a possibilidade de algum grau de cumplicidade entre Eurico Gaspar Dutra, Góis Monteiro e Filinto Müller. Mesmo que apenas passivamente, os dois primeiros tinham permitido que as forças armadas da nação se tornassem focos de atividade da AIB. Dutra era também nascido em Cuiabá e protegia bastante Filinto. Müller não ficaria contra Eurico mesmo que quisesse e mesmo em face daquilo que os ingleses chamavam de incapacidade intelectual de Dutra. Mais de um quarto de todos os oficiais do Exército e mais da metade dos oficiais da Marinha concordavam com os objetivos dos integralistas. Além disso, os departamentos de polícia do Rio de Janeiro tinham pelo menos oito oficiais do Exército, incluindo Filinto, entre seus principais membros desde janeiro de 1937. Alguns desses homens simpatizavam claramente com a AIB.[21]

Com financiamento italiano e alemão, e também com o dinheiro *de jure* ilegal do jogo do bicho, um episódio precipitado ocorreu nos dias 10 e 11 de março de 1938. Este resultou em uma tentativa frustrada de capturar a estação da rádio Mayrink Veiga no que era então o Distrito Federal (hoje a cidade do Rio de Janeiro), juntamente com uma rebelião malsucedida conduzida por alguns adeptos do Sigma na Marinha, e com algumas centenas de aprisionamentos. A estação de rádio capturada deveria ser usada para transmitir o início da revolução destes para todos os cantos do país. A empreitada não foi bem-sucedida porque a polícia de Müller estava ciente não só da trama, mas do que os integralistas pretendiam fazer, desde pelo menos a segunda semana de novembro de 1937. Cartas e telegramas de apoio à rápida ação do chefe de polícia chegaram de todas as partes do país com o final da frustrada performance da AIB.[22]

Plínio Salgado tinha usado Belmiro de Lima Valverde para planejar a subversão malsucedida. Estranhamente, em vez de expurgar Valverde pelo fracasso, o chefe nacional dos camisas-verdes deu a ele uma segunda chance. A nova data para a batalha foi marcada para o início da manhã de 11 de maio de 1938. No dia 10 de maio a maior parte dos golpistas que se reuniram no número 550 da avenida Niemeyer não sabia que o alvo deles era o líder da nação. À 1h, cerca de cinquenta homens partiram, liderados por um apreensivo tenente do Exército, Severo Fournier, em um caminhão com destino ao Palácio Guanabara. No caminho, foram informados de sua missão. Cada homem usava um lenço bordado com a letra grega Σ em volta do pescoço como único meio de identificação. A troca de tiros que irrompeu no Palácio durou várias horas, apesar de diversos telefonemas com pedidos de ajuda feitos pela filha de Vargas, Alzira. Os intrusos cortaram todas as linhas de telefone, exceto uma. Esse foi o seu grande erro.[23]

A equipe designada para capturar Filinto Müller não incorreu em tal erro. Os nomes de Filinto, na linguagem secreta da AIB, eram os bíblicos "Davi" ou "Ezequiel". Também era utilizado o condescendente "Sinhazinha", para satirizar Müller como a filha figurativa de Vargas.[24] Valverde e seus companheiros calcularam que 16 componentes fortes da AIB seriam suficientes para dominar Filinto, Consuelo, Maria Luiza, de 10 anos, e Júlia Rita, de 8 anos, na casa deles, no final da rua Constante Ramos, em Copacabana. O que ocorreu foi que, mesmo com o conhaque barato para dar coragem a todos, nenhum dos 16 designados para cuidar de Sinhazinha sequer chegou a Copacabana. O esquadrão era liderado por Durval Furtado de Castro. Sob o comando de Durval estavam Ivolino Vasconcelos, Simplício Lopes Ferreira, Agenor Fara, Denizard Correa Pinheiro, Danilo Romano da Mota, Ivo Perazzo de Figueiredo, Américo Bachi, Hesíodo de Castro Alves, Nemo Ponce Pasini, Celso José Ponce Pasini, Átila Faria, Walter Coelho dos Santos, Álvaro de Figueredo e Waldemar Petrônio. Finalmente, havia Eugênio Marcondes Ferraz Filho, um homem a quem Müller uma vez dera dinheiro para comprar uma passagem para São Paulo. Esses lutadores de Plínio caíram nas mãos da polícia, em Ipanema, em suas casas, nos dias seguintes, ou enquanto dormiam em seus carros, estacionados ao longo da praia. Alguns podiam muito bem estar dormindo sob o efeito do álcool. Quando detidos, nenhum deles portava arma de fogo, e todos se declararam inocentes ao serem acusados.[25]

Além de Getúlio Vargas, de Filinto Müller e de suas respectivas famílias, os principais alvos do segundo ataque do Sigma eram: o ministro da Guerra, Eurico Gaspar Dutra; o ministro da Justiça, Chico Campos; o embaixador João Alberto; os generais Góis Monteiro, Almério de Moura, Valentim Benício, Isauro Regueira e V. Benício da Silva; o almirante José Machado Castro Silva; os coronéis Adalberto Pompilio, Edgard Facó, Canrobert Pereira da Costa e Osvaldo Cordeiro de Faria; os capitães Felisberto Batista Teixeira e Riograndino Kruel, além do tenente Euzébio de Queiroz Filho.

Também, e ao mesmo tempo, deveriam ser tomadas as estações de rádio, como Rádio Mayrink Veiga, Rádio Nacional, Jornal do Brasil,

Transmissora, as estações de telégrafo locais, a Polícia Central, o Aeroporto Santos Dumont, a Academia do Commercio, o Pavilhão do Mourisco e as estações ferroviárias Barão de Mauá e Leopoldina.[26]

Apenas o coronel Canrobert foi feito prisioneiro. Contra todos os outros, os camisas-verdes falharam em suas atribuições. Algumas das outras ações planejadas para a capital tiveram sucesso fugaz.[27] Mais tarde relatou-se que cerca de vinte membros da AIB perderam a vida na luta.[28] Ao longo dos dois dias seguintes, pelo menos 248 telegramas e cartas de apoio chegaram ao escritório de Filinto, na Polícia Central. Brasileiros de todas as classes sociais ficaram contentes que as autoridades tivessem saído vitoriosas do *Putsch* de Pijama, como muitos o chamaram.[29] No entanto, após a desventura integralista, o servil Filinto Müller e o falante Góis Monteiro apresentaram suas demissões. Alguns alegaram que a polícia respondera de forma inepta, mas Vargas nada fez.[30]

As autoridades acusaram 201 indivíduos de terem tomado parte no golpe, mas chamaram muitos outros para serem interrogados. O número pode ter chegado a 474 pessoas.[31] A atmosfera ficou repleta, durante meses, de avisos de novas conspirações da AIB e de uma irritação visível entre o Brasil e a Alemanha.[32] Além disso, proporcionou um avanço na cooperação entre o Brasil e os Estados Unidos.

O novo entendimento era, na verdade, velho, e tinha começado em 1931, quando o governo brasileiro pediu ao Departamento de Estado dos EUA assistência na luta contra o comunismo. Os americanos enviaram um grupo de policiais de Nova York para o Rio de Janeiro a fim de treinar alguns dos homens do então chefe de polícia João Batista Luzardo. Com a conclusão dos eventos de 10 e 11 de maio de 1938, em novembro daquele ano, o chanceler Oswaldo Aranha pediu ao FBI que ajudasse a instalar um organismo similar no Brasil. No papel, a ideia era monitorar agentes alemães, italianos e japoneses. Na realidade, era apenas uma ação para contrabalançar todos aqueles que estavam sob o comando de Müller.[33]

As prisões continuaram. Embora os números disponíveis fossem diferentes, uma fonte fidedigna escreveu que o DESPS e a Polícia

Civil detiveram 1.604 pessoas no grande Rio de Janeiro. O número se dividia entre 1.167 civis e 437 militares (a maioria da Marinha). Em meados de 1939, aqueles que ainda estavam presos haviam caído para cerca de mil, e a maioria pertencia às forças armadas.[34]

Severo Fournier escapou para a Embaixada da Itália, mas eles logo trocaram-no por bens italianos no Brasil. Doente de tuberculose, Severo acusou Filinto pelo atendimento horrível que recebeu enquanto estava sob custódia da polícia. Então Luis Fournier, pai de Severo, teve uma opinião contrária e mais tarde escreveu a Müller, agradecendo-lhe pelo tratamento que o filho havia recebido. Dutra tinha prometido a Severo que nada de mal lhe aconteceria se ele se rendesse. É discutível exatamente onde e quando o jovem Fournier ficou doente.[35]

A polícia prendeu Gustavo Barroso e Plínio Salgado. Os dois sofreram a indignação reservada aos presos na Polícia Central, mas também não ficaram detidos por muito tempo. Barroso foi torturado, ironicamente. Filinto declarou Salgado inocente e o *Führer* de camisa verde e grande bigode escolheu navegar para um exílio português. Pelo resto de 1938 e 1939 a polícia incomodou os integralistas menos importantes. Os comunistas nunca saíam tão facilmente. Por fim, os vermelhos eram os únicos a serem encarcerados.[36]

Após o fracasso dos partidários de Salgado que tentavam tirar o poder de Vargas, as coisas mudaram na Polícia Central. Getúlio deu ao seu chefe de polícia sinal verde para aumentar a pressão contra os inimigos em potencial do governo. Ou seja, principalmente contra todos "os suspeitos de sempre".[37] Uma das maneiras pelas quais se conseguiu isso foi colocando maior ênfase no Quadro Móvel controlado por Civis Müller. Grandemente expandido, o contingente logo estava contando com mais de mil agentes. Repetidamente, muitos dos novos recrutas tinham certa tendência para a violência. Uma vez que ninguém, exceto Filinto e Civis, sabia suas identidades, as pessoas começaram a se referir ao Quadro Móvel como "Os Invisíveis". Eles nunca iam à Polícia Central. Sua sede ficava em um prédio de dois andares no número 158 da rua do Riachuelo, no bairro da Lapa, no Rio de Janeiro. Eles ainda tinham instalações na rua Ubaldino do Amaral, números 54 e 56, também na

Lapa, na rua Correia Dutra, número 92 (esta era a residência de um dos seus agentes), no Catete, e na rua Senador Dantas, na Cinelândia. No centro da cidade, estavam localizados na rua Conde de Lage (mais tarde alterado para Lages[38]); na rua do Costa (atual Alexandre Mackenzie), perto da companhia de energia Light, e não muito longe do Ministério das Relações Exteriores, o Itamaraty. Os interrogatórios, que às vezes podiam ficar desagradáveis, ocorriam principalmente nas subestações. A nova responsabilidade dos Invisíveis era seguir qualquer figura pública ou militar. Estavam incluídos aí diplomatas estrangeiros e nacionais, ministros, profissionais, trabalhadores, estudantes, desempregados – em uma palavra, todos. Para cumprir essa tarefa enorme, membros do Quadro Móvel podiam ser encontrados em toda parte no Rio,

> nos bondes, ônibus, botequins, bares, restaurantes, cinemas, teatros, feiras, repartições públicas, filas, boates, cabarés, cassinos, *dancings*, pontos de embarque e desembarque, escolas, praças de esportes, nas salas em que se faziam conferências, nas reuniões dos sindicatos e associações culturais, praias de banho, sempre estava um "invisível". Ouvia as conversas, anotava as piadas, registravam [*sic.*]os boatos, tomava nota dos comentários. Fingindo que estava lendo [ou cochilando], o "invisível" estava sempre de ouvido atento. Do que ouvia ou sabia fazia um "relatório" que, depois de lido, era transferido para as fichas individuais. Os "relatórios" eram pagos segundo a importância de comunicação ou valor da pessoa referida. Sem a menor indagação abria-se no arquivo do "Quadro Móvel" a ficha de um cidadão que ignorava o que estava sendo feito a seu respeito. Somente mais tarde, quando necessitava de um atestado de ideologia, visar seu passaporte ou tomar posse de um cargo qualquer é que vinha a saber que era inimigo do regime!
> Na Rua do Costa 84, sobrado, estavam o arquivo secreto e as cinco mesas telefônicas da censura. Eram duas interurbanas e três urbanas. Por meio delas os elementos do "Quadro Móvel", especializados, ouviam e gravaram as conversas entre políticos e militares. Nem o ditador escapava a êste contrôle. O mesmo acontecia com o ministro da Guerra, na ocasião general Dutra. O arquivo de gravação era enorme.[39]

O Quadro Móvel continuou a empregar um grande número de jovens de Mato Grosso, pessoas que vinham ao Rio com uma carta ou nota de apresentação de alguém do estado natal. No entanto, suas origens pouco importavam. Aqueles que conseguiam os trabalhos de campo eram pessoas de natureza tirânica e tendências violentas. Grande parte do trabalho que Civis passou eram tarefas que o chefe de polícia não queria que ficassem pendentes na burocracia operacional. Tratava-se de atribuições confidenciais, às vezes de natureza política.[40] Além disso, só podemos especular sobre o tipo de ações que o Quadro Móvel executou para Civis e seu tio. Quase por definição, havia ocorrências fora da lei. Essa era a razão de ser do grupo, em primeiro lugar. Usurpar os procedimentos formais e os estatutos legais permitia ao Quadro Móvel realizar qualquer ordem que recebesse – e até mesmo algumas nunca recebidas. O que se sabe é que em 1957, após a extinção do Quadro Móvel, um de seus antigos membros, Cecil de Macedo Borer, sugeriu ao chefe da Polícia Federal, o general Amauri Kruel, que um grupo de extermínio fosse formado para contornar a lei. A ideia de Borer indicava sua experiência com o Quadro Móvel? Kruel aprovou a proposta e a colocou em operação. Isso resultou no primeiro esquadrão da morte oficial das Américas no século XX.[41]

Em 1938, no entanto, as ações da maioria de tal polícia não eram um segredo aberto. O assassinato e a tortura daqueles levados em custódia, tanto antes como depois de serem acusados, eram delegados a outros indivíduos na Polícia Central e realizados caso a caso. Não havia registros escritos, porque os torturadores não recebiam diretrizes escritas para seguir. Tais comandos invariavelmente vinham de forma oral. Então um dos secretários particulares de Filinto, Philadelpho Garcia, afirmou não saber de nada disso enquanto trabalhava na Delegacia Central. Mesmo assim, os torturadores recebiam suas instruções. Eles esperariam até as primeiras horas da manhã e então se despiriam, ficando somente com as roupas de baixo para evitar que o sangue de suas vítimas respingasse em suas roupas. Na ocasião, os guardas desfilavam os indivíduos recém-torturados perante aqueles que ainda não tinham sido tocados, mas que estavam sob interrogatório. Se estava no turno da noite, o capitão Batista Teixeira gostava de fingir estar cochilando quando um suspeito era conduzido ao seu escritório. Se o indivíduo não colaborasse, ou não respondesse da maneira desejada pelos auxiliares de Batista Teixeira, o capitão de repente ficava de pé, se aproximava do prisioneiro e começava a bater nele com seus punhos ou qualquer coisa à mão.[42]

Na ação contra Alexandre Hirgué, no entanto, Filinto ficou sabendo do que estava acontecendo, ou simplesmente quis dar um exemplo, talvez até para limpar a casa. A polícia pegou Hirgué após uma investigação de sete meses por suspeita de negócios ilícitos, e também pela utilização de um passaporte brasileiro. Alegaram que ele era da Bessarábia, tinha uma conexão com a AIB e trabalhava para a União Soviética arranjando embarques de café brasileiro através da Turquia. Uma vez que ele não era cidadão brasileiro, Filinto iniciou procedimentos para que fosse deportado. O único problema era que os policiais que interrogaram Hirgué incluíram Guilherme Nilo Sarmento de Castro, Georges Sonschein e seu superior, Antônio Emílio Romano. Com um caráter particularmente sórdido, Romano era o chefe da seção política do DESPS e se envolvia sempre em sessões de tortura depois que Filinto saía, ao final do expediente.[43] Para encobrir os gritos de agonia, os policiais durões deixavam um motor de motocicleta sempre ligado na garagem aberta, ou mesmo um rádio estridente.[44]

A diferença no caso Hirgué foi que Castro, Sonschein e Romano foram pegos ao extorquir dinheiro dele. Sonschein admitiu ter levado centenas de contos de Hirgué em troca de promessas de libertação, o que, naturalmente, nunca ocorreu. Em vez disso, o trio corrupto levou sua vítima para um lugar deserto no carro de Romano para uma conversa amigável, ou para a residência de Hirgué, de maneira que pudesse procurar dinheiro e objetos de valor. O fator decisivo pode ter sido quando um colar de pérolas da esposa de Hirgué apareceu na mão dos três policiais.

No dia 28 de junho de 1938, Romano foi destituído de seu cargo no DESPS, por instância de Müller, e transferido para a Polícia Marítima para trabalhar como detetive comum. Menos de dois meses depois, a polícia acusou os três, Romano, Castro e Sonschein, de extorsão e os colocou sob prisão domiciliar. Outros casos que chegaram ao TSN tinham conexão com Romano e, pelo menos, a maus-tratos a prisioneiros. Romano, Castro e Sonschein, considerados culpados foram presos.[45] A transformação de policial importante em bode expiatório foi tão traumática para Emílio que ele se tornou mentalmente instável. Filinto Müller comentou que "a extorsão praticada por Emílio Romano era um tumor que eu lancetei em público".[46] O chefe continuou:

> Já antes de explodir o escândalo da extorsão determinei o afastamento de Emilio Romano porque apurei, através de denúncias recebidas, que o ex-chefe da Ordem Política e Social usava o espancamento como recurso comum de obter confissões de detidos. Essas desumanidades se registravam alta madrugada dentro da própria chefatura, em seguida à minha saída do gabinete.[47]

Falando diretamente sobre as alegações de brutalidade, Müller afirmou:

> A minha fiscalização em torno dos espancamentos era tão severa que por muito tempo eu mesmo inspecionei a carceragem da Ordem Política, dando liberdade aos detidos que nada tivessem que os comprometesse. E foi numa dessas visitas que dei liberdade a várias mulheres que se encontravam detidas numa das dependências da delegacia, entre as quais a esposa de Hirgué.[48]

Um dos atos culminantes do Serviço de Divulgação foi enviar um pedido a cada um dos então 1.478 municípios do país para determinar quais jornais e periódicos estavam sendo publicados ou estavam disponíveis para venda.[49] A maioria dos locais respondeu, como Santo Antônio, no Rio Grande do Norte, dizendo que não tinha imprensa local.[50] A razão para a pergunta, em primeiro lugar, era continuar a controlar o que o público lia. Saber o nome de uma publicação poderia facilitar encontrar seu endereço, o nome do editor e o cunho político das notícias.

O ESTADO NOVO

Em 15 de abril de 1939 o SD passou por uma reestruturação. Todos os seus departamentos, à exceção de um, foram eliminados. O único sobrevivente foi rebatizado de Serviço de Inquéritos Políticos Sociais, comumente conhecido como SIPS. O diretor titular do novo organismo era F. Collaço Veras, na verdade um membro do DESPS, de modo que o verdadeiro chefe do SIPS era Filinto Müller. Entre 10 de novembro de 1937 e a fundação do SIPS, o SD enviou inúmeros artigos e comentários para a imprensa, liberou uma quantidade desconhecida de livros e folhetos para o público e distribuiu cerca de 90 mil retratos de Getúlio Vargas para todas as partes do país.[51]

Em algum momento antes do nascimento do SIPS, também se decidiu descobrir o que os brasileiros pensavam do Estado Novo. Uma lista com três perguntas foi preparada e enviada para algumas pessoas importantes em cada um dos municípios da nação, entre 6 e 19 de julho de 1939. As perguntas eram as seguintes:

1. Sem paixão, ou o simples desejo de agradar, como tem sido a aceitação do regime instituído em 10 de novembro de 1937?
2. Qual aspecto do Estado Novo as diversas classes do Brasil receberam com maior entusiasmo?
3. Olhando as coisas sob a perspectiva da classe trabalhadora, qual era a diferença entre o novo regime e o que o precedeu, considerando as realidades nas quais esses indivíduos viviam? Ou seja, em nível cotidiano, o que o povo pensava que fosse melhor ou pior entre o Estado Novo e os governos passados?[52]

As respostas que voltavam para a capital federal percorriam toda uma gama de possibilidades. Por exemplo, o advogado Domingos Guimarães, de Campos dos Goytazazes, RJ, estava contente, enquanto em Barra do Piraí, também no estado do Rio de Janeiro, o farmacêutico Francisco de Paula Moura via as coisas de forma diferente. Ele disse que em sua comunidade as pessoas não se importavam com o Estado Novo. Esta mesma variação estava presente em todos os lugares. Ao Sul, em Santa Catarina, um juiz observou que as pessoas viam o novo regime com desconfiança, enquanto um segundo magistrado, em um município diferente, observou que ali havia grandes expectativas. Em Bodocó, Pernambuco, outro entrevistado disse sentir que o Estado Novo queria tornar público que o governo estava colocando o programa dos integralistas em ação. Em Garanhuns, Pernambuco, esse não era o caso. Lá o diretor da companhia municipal de água e luz disse que a primeira das três questões acabou trazendo um sentimento geral de felicidade.[53]

Quanto à questão número dois, as respostas foram mais positivas. Em Alagoas, o juiz Antônio José de Farias Costa observou que, em geral, as pessoas viam o Estado Novo como uma salvação. Um colega em outra parte de Alagoas observou que as pessoas de lá começaram a apoiar a administração nacional com entusiasmo quando viram o governo sustentando seus pronunciamentos com ações concretas. No Maranhão, o juiz José de Mello e Silva observou que no seu distrito judicial as pessoas estavam mais felizes com a proibição de partidos políticos. Na capital do estado, São Luís, três entrevistados afirmaram que o povo estava satisfeito com todos os aspectos do Estado Novo. Em Mato Grosso, a história era praticamente a mesma. Guilherme Lindmann escreveu que os trabalhadores de Campo Grande estavam satisfeitos com o início do Estado Novo. Em Lajeado, Aurélio Pires observou o prazer de sua cidade a respeito da dissolução dos partidos pseudopolíticos.[54]

A pergunta final, como em todas as pesquisas, recebeu muitas respostas apaziguando as autoridades no Rio de Janeiro, apesar do pedido para que isso não fosse feito. Um entrevistado de Granja, no Ceará, sentia que as pessoas de lá eram ignorantes e só se preocupavam com realidades objetivas, locais. Em torno de 170 quilômetros ao sul, no entanto, no município de Nova Russas, a resposta foi diferente. Naquela parte do Ceará o público trabalhador estava confiante, guiado pela mão forte e o espírito de seu grande presidente, que os estava levando à vitória final. Exagero? Sim, mas havia respostas semelhantes em Natal e Mossoró, no estado do Rio Grande do Norte. No interior de São Paulo, em Mogi das Cruzes, o advogado Romulo Pasqualini achava que o homem e a mulher comuns de sua região tinham um forte desejo de que a nação afirmasse sua existência e todos os aspectos de sua independência. Um comentarista final, Lucir Queiroz de Moraes, em Paraibuna, São Paulo, deu uma das respostas mais laconicamente precisas. Ele afirmou que não tinha informações confiáveis suficientes para determinar o que estava acontecendo na cabeça do trabalhador brasileiro.[55]

À medida que a maior parte dos formulários sobre o Estado Novo foi chegando, o SIPS enviou outra carta para os municípios. Dessa vez eles queriam saber os nomes das pessoas mais importantes na área. Eles geralmente pediam entre quatro e vinte nomes, dependendo do tamanho da população da área ou de sua importância.[56] Quando as respostas chegaram à Polícia Central, os assistentes selecionaram alguns indivíduos das listas e, em seguida, lhes enviaram um documento com 44 perguntas. Devido à divisão de alguns municípios, 1.574 regiões administrativas finalmente receberam o Caderno de Informações do SIPS. As 44 questões pediam descrições sobre os seguintes itens de cada localidade:[57]

1. Um breve resumo
2. Sua história
3. Descrição física
4. Mapa da região
5. Mapa da cidade principal
6. Meios de comunicação
7. Saúde pública
8. Hospitais
9. Educação
10. Créditos / débitos
11. Situação econômica
12. Agricultura
13. Gado
14. Comércio
15. Indústria
16. Emprego
17. Migração
18. Estrangeiros
19. Associações
20. Composição religiosa
21. Imprensa
22. Partidos políticos extintos
23. Polícia política
24. Segurança pública
25. Serviço postal
26. Serviço telegráfico
27. Serviço ferroviário
28. Vias públicas
29. Serviço marítimo
30. Registro civil

31. Associações culturais
32. Escritores e artistas
33. Figuras históricas
34. Reservas
35. Delegacias de polícia
36. Instituições penais
37. Criminalidade
38. Criminosos procurados
39. Armas
40. Venenos / drogas
41. Espiritualismo
42. Casas de apostas / cabarés
43. Desempregados / mendigos
44. Proxenetismo / prostituição

O que foi apresentado por Filinto Müller e F. Collaço Veras na publicação *SIPS e suas finalidades* é o melhor retrato das respostas que receberam.[58] O trabalho deles fez parecer que todos os municípios responderam com respostas bem pensadas e diretas. Na verdade, o oposto era geralmente o que acontecia. Mais ainda, as respostas que foram enviadas para o Rio de Janeiro, que *não* foram publicadas, eram um microcosmo das condições de vida dos brasileiros, especialmente dos brasileiros rurais, em 1939, isso quando tais questionários eram preenchidos e devolvidos. Muitos lugares escreveram a Filinto afirmando que não tinham a mão de obra, o dinheiro ou nenhum dos dois para realizar tal pesquisa. Das pesquisas que foram enviadas de volta, a maioria estava cheia de respostas que o governo não queria publicar.

No estado natal de Müller (no território que hoje pertenceu ao Mato Grosso do Sul), a comunidade de Herculânea, mais tarde chamada de Coxim, pode ser considerada um exemplo dos mais patéticos das municipalidades rurais do Brasil durante aqueles anos. Nessa localidade, cerca de 250 quilômetros ao norte de Campo Grande, na estrada que vai até Cuiabá, Waldemar Hansen, o burocrata que recebeu o *Caderno de informações* começou sua mensagem ignorando as cinco primeiras perguntas. Em seguida mencionou que o principal meio de comunicação era via Campo Grande, pela estrada de Cuiabá, mas as condições de vida eram terríveis. Não havia epidemias, no entanto a região tinha leprosos e um grande número de pessoas infectadas com ancilostomíase. Também não havia hospitais em Herculânea, apenas uma pequena farmácia em Rio Verde, cerca de 40 quilômetros ao sul.

No local existia uma escola primária apoiada pelo Estado, que ensinava para a primeira, segunda e terceira séries, e outra mantida pela cidade. Em Rio Verde e Camapuã, mais de 100 quilômetros a sudeste, também existiam escolas rudimentares. Estes dois últimos lugares de educação básica, no entanto, eram mal-organizados e tinham professores que não sabiam ler.

Quanto à situação financeira e econômica da área, o entrevistado afirmou que estavam mal organizados. A agricultura era incipiente e localizada sobretudo próximo à comunidade. Hansen estimou que havia 300 mil cabeças de gado na região. O comércio não tinha se desenvolvido muito além da exportação de couro e da mineração ocasional de diamantes. Herculânea vangloriava-se de não ter fábrica de qualquer tipo. Hansen respondeu que as questões 16 até 19 não se aplicavam ao município. Por outro lado, a religião certamente era importante. Hansen contabilizou católicos, protestantes e espíritas. O distrito tinha três igrejas católicas e quatro protestantes. Não havia jornais ou revistas. As questões 22, 23 e 26-34 foram ignoradas. Existia lá somente uma agência de correio na cidade. O serviço de entregas para Rio Verde era problemático.

A Polícia Militar fornecia segurança pública. Seu destacamento consistia em um tenente, um sargento, um cabo e dois policiais. Isso era muito pouco, tendo em vista o tamanho do município e as dificuldades de transporte. Alguns dos policiais eram analfabetos. Uma casa de barro foi convertida em cadeia pública. Ripas de madeira faziam as vezes de barras de ferro. Até algum tempo antes da correspondência de Hansen, Rio Verde utilizava um sistema em vigor desde a década de 1880. Naquele tempo os prisioneiros eram amarrados a uma árvore no meio da rua. As questões 37, 39, 40-44 não receberam resposta. O senhor Hansen terminava informando Filinto Müller de que o município tinha um grande número de espíritas e curandeiros.[59]

Outros municípios de regiões rurais também não responderam a algumas questões específicas. Muitos distritos do interior não dispunham de um hospital ou qualquer tipo de clínica. Farmácias eram inexistentes ou estavam em outras comunidades. Isso significava que era preciso lidar com casos de tuberculose, malária, varíola, sarampo, ancilostomíase e lepra em casa, com os poucos remédios que havia à disposição. As estradas estavam muitas vezes em condições terríveis e se tornavam intransitáveis durante a estação chuvosa. Tudo o que Herculânea oferecia era uma educação rudimentar, caso se tivesse sorte. Alguns lugares não tinham eletricidade nem telefones ou telégrafos. O salário médio para os trabalhadores rurais variava entre 3$000 e 4$000 (entre 15 e 20 centavos de dólar por dia). De vez em quando isso incluía uma refeição e/ou um lugar para se dormir. Às vezes, as comunidades tinham mendigos e prostitutas. Os ricos que existiam ficavam isolados no campo, protegidos de toda a miséria por guarda-costas e assistentes.[60]

Mesmo as maiores áreas urbanas tinham alguns problemas idênticos. A cidade de Natal é um bom exemplo, e uma que enviou um relatório quase completo para o SIPS. Apenas quatro anos depois da tentativa de revolução comunista, em 1935, a cidade continuava a ter casos de malária, ancilostomíase, tuberculose e lepra. Os salários dos trabalhadores eram de 4$000 na cidade, mas nas zonas rurais os ganhos caíam para entre 2$000 e 2$500 por dia (de 10 a 13 centavos de dólar). Uma das diferenças notáveis de Natal para o Brasil rural era a questão da migração e imigração. Muitos grupos étnicos tinham membros que se mudaram para a cidade antes de 1939 e depois partiram por causa das poucas possibilidades de avanço econômico. Um pequeno número dessas pessoas mudou-se para o sul de São Paulo durante os períodos de seca no Nordeste. Outros voltaram a seus lugares de origem. Os judeus eram os únicos que se recusavam a deixar o Brasil. Sua inflexibilidade era devida, obviamente, aos acontecimentos na Europa. Em Natal, alguns judeus haviam empreendido ou já chegaram com dinheiro suficiente para começar um negócio de doces, pedras, bebidas e móveis. Muitos deles trabalhavam como mascates indesejáveis ou, de vez em quando, migravam para outros estados. Diante dessa realidade, a polícia carioca de Filinto expressou sua opinião de que o público deveria manter um olho nos turistas judeus porque os inimigos do Brasil podiam estar entre eles.[61]

O chefe de polícia Filinto Müller era um homem que afirmava apenas seguir ordens.⁶² A esse respeito, e em relação ao antissemitismo do ministro das Relações Exteriores, Oswaldo Aranha, somente após o início do Estado Novo eles mostraram uma observância enérgica à nova política. Que política era essa? Com a tentativa de uma revolução comunista em 1935, na mente de muitos, incluindo Getúlio Vargas, ser um vermelho ou um judeu era quase a mesma coisa. A década de 1930 foi um período de pensamento ultraconservador em muitos lugares, não apenas no Brasil. O antissemitismo tinha sido fomentado durante séculos na Europa. Com a aprovação de Mussolini, em 1922, e então de Hitler, em 1933, a ação para conseguir um líder forte e um bode expiatório se tornou uma nova necessidade à luz da depressão econômica mundial. Era como se apenas um forte executivo pudesse salvar os valores, a cultura, de fato a própria nação do espectro do colapso econômico total, que poderia muito bem abrir as portas para o comunismo e para a destruição de tudo aquilo que os brasileiros zelavam. Era tempo de uma solução nacionalista; uma solução que não escapou à atenção de Vargas.⁶³

À medida que a década avançava, o governo, a conselho da direita, tirava proveito do terror do comunismo para justificar quase tudo. Atento a supostos aliados do bolchevismo, o Estado Novo estreitou os já difíceis estatutos de imigração do país para tornar a entrada de judeus ainda mais rigorosa. Oswaldo Aranha efetivamente defendeu essa política.⁶⁴

Filinto Müller, como Oswaldo, estava aderindo a um mandato maior, em 2 de fevereiro de 1938, quando ele se opôs a Francisco Campos sobre as ações da Associação de Colonização Judaica. Com sede em Paris, a ACJ tinha conseguido vistos brasileiros, pago passagens e encontrado empregos para alguns judeus poloneses que Filinto considerava de má qualidade.⁶⁵ Três dias depois, em um relatório para Campos, Müller mencionou que eles estavam abrindo as cartas endereçadas a todas as organizações judaicas no Brasil. Claro, o Quadro Móvel já estava realizando essa função, de qualquer maneira, em relação a toda carta ou pacote considerado suspeito.

Quanto aos judeus poloneses, Filinto citou em seu comentário as palavras do representante comercial do Brasil em Varsóvia, Pedro M. da Rocha, segundo o qual os judeus "consideravam um país de negros e cretinos [Brasil] uma excelente opção".[66] Em geral, "quase todos [judeus] são comunistas ou simpatizam com eles".[67] Rocha, então, começou a apontar famílias judias com membros comunistas que estavam vindo para o Brasil. Müller confidenciou que essas eram razões fortes para "fazer o repatriamento de todos esses parasitas, assim como o dos agentes extremistas entre nós".[68] O chefe observou que "isso estava sendo rigorosamente realizado sob ordens que vieram do presidente da República".[69] De fato isso acontecia, mas não todos os *extremistas* estavam incluídos. Alguns acusaram Filinto, durante esse período, de adquirir "uma reputação de se recusar a prender espiões [do Eixo] detectados para ele por agentes dos Aliados".[70] Por outro lado, ele continuou a escrever relatórios desesperados sobre os judeus no Brasil.[71]

A carreira de Müller como chefe de polícia de Getúlio Vargas duraria mais quatro anos. Ela terminou quando Vargas decidiu arriscar sua sorte com os Aliados. Não foi uma decisão repentina de Getúlio, mas levou meses, se não anos para ser realizada. O Estado Novo, por definição, era a manifestação do regime forte aceitável que Plínio Salgado e seus fascistas verdes tinham desejado. Mussolini, Hitler e o ditador português Salazar elogiavam-no.[72] Roma e Berlim viam o homem por trás dele como um aliado efetivo.

Vargas nunca aderiu formalmente aos alemães e italianos, mas ele estava[73] na centro-direita, com Dutra, Góis, Francisco Campos, o diretor do DIP Lourival Fontes, o ministro do Trabalho Alexandre Marcondes Filho, o chefe da Polícia Civil/DESPS Filinto Müller e seu subchefe, Felisberto Batista Teixeira. Pelo menos uma fonte alegou que Filinto estava orgulhoso de sua herança alemã. Em contraste, nem os nazistas, nem os britânicos, nem os americanos coerentemente colocaram Müller entre os amigos do Eixo.[74]

Dentro do governo, engrossando as fileiras dos que se opunham ao grupo mais conservador, estavam o embaixador do Brasil nos EUA e mais tarde ministro das Relações Exteriores, Oswaldo Aranha, e mais um aliado, o ministro da Economia, Artur de Sousa Costa. Oswaldo teve que ir devagar, uma vez que muitos do lado direitista do governo respondiam mais positivamente a cada nova vitória militar do Eixo.[75] Além disso, diplomatas ingleses acusaram Aranha e seus dois irmãos, Luiz e Cyro, de favorecerem o comércio com a Alemanha até julho de 1940. Os três Aranha supostamente perderam uma soma enorme quando os navios de guerra britânicos apreenderam o navio mercante brasileiro *Siqueira Campos*, que viajava de Lisboa para o Rio de Janeiro com uma carga de armas nazistas destinadas ao Exército brasileiro.[76] A questão realmente era: quem estava na direita política, quando e por quanto tempo?

Filinto e Oswaldo nunca gostaram um do outro, desde pelo menos a Intentona Comunista, em novembro de 1935. Em uma carta a Vargas, Oswaldo expressou seu descontentamento com a avaliação de Müller da contínua ameaça comunista. De acordo com Aranha, Filinto "estava exagerando sobre a seriedade da ameaça e se excedendo em sua autoridade nesta repressão".[77] Oswaldo não havia percebido plenamente o quão fino era o gelo que estava sob seus pés ao fazer tal alegação. Quatro anos depois, em 5 de outubro de 1939, Aranha continuou a sentir que Vargas e Filinto estavam indo longe demais, quando ele revelou ao diretor da United Press, James Miller, que "o país estava nas garras de um homem e de seu chefe de polícia".[78]

Jonny de Graaf voltou ao Rio de Janeiro em uma nova missão, vindo de Moscou, em 10 de julho de 1938. Ele estava com a irmã de Helena, Gertrude Krüger, ou "Gerti", que estava se passando por Helena. Jonny tinha assassinado Helena em Buenos Aires em 1936, quando ela se recusou a voltar com ele para a União Soviética e deixar um amante que fazia parte do Exército argentino. O subterfúgio de De Graaf em relação à identidade real de Gerti era para evitar que as autoridades brasileiras esmiuçassem sua vida passada. A razão para a segunda viagem de De Graaf ao Brasil, aos olhos soviéticos, era usar uma companhia de importação e exportação para espionar a indústria de armamento japonesa. Ele deveria viajar para o Japão quando tivesse instituído uma ligação brasileira. As ordens de Jonny do MI6 eram diferentes. A Inglaterra queria um grupo de observadores da costa a postos no litoral Atlântico do Brasil. De Graaf deixou os soviéticos de lado e completou o suficiente de sua atribuição para Londres, o que resultou em sua descoberta do paradeiro aproximado do encouraçado de bolso alemão *Graf Spee* em dezembro de 1939. O naufrágio do navio de guerra por seu capitão se tornou a primeira grande perda dos nazistas na Segunda Guerra Mundial.

Alguém que tinha a confiança de uma pessoa importante na administração queria saber mais sobre o que se passava na cabeça de De Graaf. Os alemães pagaram US$300 para deter e interrogar Jonny. O destinatário do dinheiro não era Filinto. A ordem de prisão veio diretamente do ministro da Guerra, Eurico Dutra. Esta chegou à Polícia Central no dia 14 de dezembro de 1939, às 12h37. Filinto acrescentou a palavra URGENTE em lápis vermelho no alto e pediu a seus subordinados que executassem a ordem. Uma vez que De Graaf e Filinto tinham desenvolvido uma relação de trabalho amigável durante a segunda viagem de Johnny para o Brasil, Müller inventou uma mentira especial para Jonny de Graaf. Outro indivíduo encarcerado, o inspetor de polícia "plantado", Francisco Julien, disse a Jonny que os superiores de Filinto tinham lhe ordenado que tirasse férias de seis semanas no exterior. Na verdade, Müller estava em sua mesa o tempo todo – um tempo durante o qual Jonny foi muito torturado, em uma tentativa de descobrir os nomes, paradeiros e quaisquer outras informações úteis sobre os observadores da costa.

Gerti sem dúvida se comunicou com os contatos ingleses de Jonny quando ele não voltou para casa, no dia de sua prisão. Londres finalmente enviou o *Ajax*, um dos três cruzadores que tinham estado na luta contra o *Graf Spee*, em uma visita de cortesia ao Rio de Janeiro. Essa demonstração de força produziu os resultados desejados. Os brasileiros deixaram Jonny ir embora e Filinto ficou fora de si, se desculpando e alegando que nunca soubera do que tinha acontecido. Ele até chegou a pedir a Jonny que se tornasse um agente do DESPS, o que De Graaf recusou por lealdade a Londres.[79]

A aproximação de Vargas com Roma e Berlim começou a diminuir conforme as forças do Eixo enfraqueciam. À medida que os Aliados começaram a ganhar batalhas, Getúlio aproximou-se lentamente da decisão crucial. A importância de Oswaldo cresceu, enquanto a de Filinto começava a declinar, um pensamento desagradável para alguns membros das forças armadas. Para dar mais prestígio a Müller, eles o promoveram ao posto de major no dia 4 de março de 1940.[80] Outro fator foi a pressão americana para o Brasil se juntar à causa dos Aliados. Essa oferta estava insinuada entre promessas de carregamentos de armas, que os nazistas não podiam mais fazer, e o compromisso de construir uma siderúrgica no país – um antigo sonho dos militares brasileiros. Tudo o que Getúlio tinha de fazer era romper relações diplomáticas com as nações do Eixo. Ele finalmente cedeu, e, em uma reunião de gabinete, na qual até mesmo Dutra concordou, aderiu ao pedido de Washington, no final da tarde do dia 27 de janeiro de 1941.[81]

Com a decisão de Vargas de se unir aos Aliados, a briga entre Oswaldo e Filinto saiu das sombras. O FBI advertiu o Departamento de Estado Americano, por essa época, de que havia pessoas no Brasil tentando remover Aranha de sua posição. A que esforços o FBI estava se referindo não fica claro, mas Filinto mandou seguir o ministro das Relações Exteriores. No dia 10 de maio de 1941 o adido militar dos EUA no Rio, Edwin Sibert, enviou um despacho para Washington, que começava observando que Oswaldo

> estava em uma livraria há poucos dias na presença de um amigo meu. Parece que o senhor Aranha tinha comprado alguns livros e estava saindo da loja. Perto da entrada ele se virou e pegou um homem pelo colarinho, sacudiu seu punho no rosto dele e disse a ele que voltasse e contasse a seu maldito chefe que ele não admitiria que os espiões dele continuassem a segui-lo.[82]

Filinto também colocou o Quadro Móvel para procurar algo errado nas correspondências de Aranha.[83] Isso não impediu que Oswaldo pedisse favores a Filinto. Muitas pessoas importantes do governo faziam as coisas dessa maneira. No dia 24 de dezembro de 1940, Aranha escreveu para Müller, pedindo que ele tirasse da prisão um indivíduo que já havia trabalhado para o ministro das Relações Exteriores. A polícia tirou Sebastião Adão da prisão, seguindo as ordens de Müller.[84]

De sua parte, Aranha acusou Müller de constranger um de seus amigos, o novo ministro interino da Justiça, Vasco Leitão da Cunha. O caso envolveu dois cidadãos holandeses que vieram ao Brasil à procura de brasileiros que iriam imigrar para Curaçao e trabalhar para eles. Em setembro de 1941, Marinus Hessels e Marinus Cornelis Johan Carriere foram presos ao entrar no país, uma vez que a expedição de caça aos imigrantes era ilegal no Brasil. Seguiu-se uma troca de acusações, em que Filinto observou que seu escritório deveria ter sido consultado. Enquanto isso, Leitão da Cunha ordenou que os prisioneiros fossem libertados, sob pendência de sua audição. Filinto relatou o que estava acontecendo a Vargas, que havia ordenado que os estrangeiros levados para São Paulo apresentassem suas declarações para um comitê de investigação. O chefe de polícia Müller fez com que os dois, junto com dois detetives, embarcassem em um trem para São Paulo. Leitão da Cunha, em seguida, fez contato com Filinto, pedindo a libertação dos dois holandeses em uma estação de trem, a caminho do destino deles. Filinto hesitou, sem ter ordens de uma autoridade superior (Vargas). Oswaldo então telefonou para Filinto para expressar sua decepção ante o fracasso de Müller em libertar os prisioneiros imediatamente. Durante a conversa, Aranha declarou: "Quem ordenou isso é um idiota!"[85] O ministro das Relações Exteriores, então, levou o caso ao presidente, que mudou de lado e ordenou a libertação imediata dos dois homens. Depois de algumas discussões adicionais com as autoridades de São Paulo, que decidiram que as declarações dos dois estrangeiros não eram mais necessárias, os holandeses receberam vistos temporários, por insistência de Oswaldo Aranha, e tiveram permissão para deixar o Brasil.[86]

Cinco meses depois, em 1º de março de 1942, Oswaldo escreveu uma carta furiosa para Vargas, na qual só faltou se demitir, sobre outra discussão séria com o chefe de polícia – como Aranha repetidamente se referia a Müller. Dessa vez o problema se referia a um membro da Polícia Civil, um amigo de Aranha. O inspetor Cezar Garcez, no entanto, era alguém que Filinto desejava deixar ir embora. O incidente rapidamente ganhou nova proporção quando o ministro das Relações Exteriores recebeu uma intimação da Polícia Central. Lá, juntamente com seu sogro e o inspetor Cezar Garcez, Aranha teve que esperar em uma antessala. O atraso, de cerca de 45 minutos, provou ser demasiado longo para o volátil Aranha, e ele foi para casa.[87]

A gota d'água veio em 14 de março de 1942, quando Euclides Aranha, filho de Oswaldo, falou com Vargas. O assunto era a acusação de que a polícia estava espionando seus pais. Getúlio então convocou primeiro Góis Monteiro, que informou ao presidente o que ele sabia, e então chamou Filinto. Vargas pediu uma análise tanto do general quanto do chefe de polícia sobre a última onda de agitação popular, que os dois funcionários atribuíam aos comunistas, instigados pelo Serviço Secreto de Inteligência da Inglaterra. Quanto às acusações de ter seguido a família Aranha, Müller disse que Aranha estava escutando as conversas telefônicas de Filinto com a ajuda de um intermediário da Light Electric Company.[88]

O fim veio durante uma manifestação que os estudantes queriam fazer em 4 de julho, percorrendo desde a praça Mauá às proximidades da embaixada dos Estados Unidos. A marcha era um protesto contra as potências do Eixo. Filinto negou a permissão para o comício, mas Getúlio mais tarde revogou sua decisão. A filha de Müller declarou que Vargas tinha inicialmente proibido a demonstração.[89] Por alguma razão, Müller tentou convencer Vasco Leitão da Cunha a proibir o desfile. Mas Vasco também queria algo: mais informações sobre uma pessoa da Quinta Coluna que estava operando no país. Supõe-se que Müller tenha se recusado a cooperar com o ministro interino da Justiça.[90] Durante uma de suas discussões acaloradas, em 2 de julho de 1942, no escritório de Leitão da Cunha, no Palácio Monroe, Filinto cometeu um erro. Ele mostrou a seu chefe que estava carregando um revólver. Com isso, Leitão da Cunha, que tinha o sangue britânico e o correspondente orgulho inglês, nenhum dos dois elementos combinando muito bem com ameaças, se levantou, caminhou até Filinto, calmamente colocou a mão no ombro de seu convidado e disse ao chefe de polícia que ele estava preso. Na verdade, Müller passaria 48 horas sob prisão domiciliar em sua casa, em Copacabana. Antes, porém, Filinto se recusou a aceitar a ordem ou a deixar o Ministério da Justiça, a menos que um oficial superior lhe dissesse para fazê-lo. Vasco informou Filinto de que isso não seria um problema. Ele telefonou para o coronel Odílio Denis, comandante da Polícia Militar, que escoltou Müller para fora do prédio. A sentença de 48 horas veio diretamente de Vargas, que estava se recuperando de um acidente de automóvel e tinha decidido se livrar de Filinto quando terminasse a detenção de dois dias.[91]

Naquele período não era um evento inédito que um oficial ameaçasse com uma arma seu superior ou mesmo um colega. Treze meses antes, o ministro da Guerra, Eurico Dutra, havia intimidado com uma arma o ministro das Relações Exteriores, Oswaldo Aranha. Na ocasião, Dutra convidou Aranha a encontrá-lo no escritório e acusou-o de seguir os desejos dos norte-americanos de perto. O ministro das Relações Exteriores respondeu que havia feito isso para libertar o Brasil dos 5os colunistas. Pró-nazismo, Dutra entendeu a acusação e sacou a arma; pessoas de seu gabinete o impediram de agir de forma mais violenta.[92]

Até o final de sua vida, Filinto permaneceu leal a Getúlio. Apesar de tudo o que aconteceu, ele nunca disse uma palavra contra Vargas, exceto uma vez, anos mais tarde, quando fez o seguinte comentário indireto: "O mal das ditaduras é que não são capazes de limitar-se no tempo."[93] Com o passar dos anos, possivelmente o político perfeito do Brasil, Getúlio Vargas, nunca fez uma declaração em defesa das acusações que atingiram seu fiel tenente em tantas batalhas. Por que ele faria isso, arriscando-se a estragar seus próprios planos políticos? Quando finalmente estava fora do posto, mas querendo voltar, tais comentários tinham uma tendência de mostrar ao povo que os mitos não são reais. Se não falamos mais sobre eles, logo nos esquecemos da conexão entre os dois homens e culpamos apenas um deles.

8. Limbo

Na segunda administração de Vargas, Filinto entrou no palácio presidencial do Catete somente mais uma vez.[1] Müller deixou finalmente a Polícia Civil e o DESPS em 25 de julho de 1942,[2] pouco mais de três semanas após Vargas o colocar sob prisão domiciliar. Houve alguma confusão inicial a respeito de se e quando Müller deixaria o departamento.[3] No período de intervenção, o embaixador americano, Jefferson Caffery, relatou que os assistentes de Filinto incineraram um número incontável de documentos e destruíram as dependências da Polícia Central.[4] Segundo consta, muitos indivíduos enviaram telegramas e cartas de simpatia, no entanto, para oferecer seu apoio ao chefe que deixava o posto. Filinto teve tempo de sobra para enviar notas de agradecimento à sua equipe e a outras pessoas próximas a ele, incluindo uma para o líder do Quadro Móvel, Civis Müller.[5]

A demissão de Filinto Müller e de outros no governo,[6] se pretendia mostrar aos Aliados que Vargas estava passando a ter uma compreensão das coisas à maneira deles, não foi tudo aquilo que parecia. Filinto começou a trabalhar no dia seguinte, 26 de julho de 1942, após o expediente na Polícia Central. Seu novo posto era o de chefe de gabinete no escritório do general Eurico Gaspar Dutra. Alguém havia arranjado essa função com antecedência, pois em 23 de julho Müller já começara a receber telegramas de congratulações pelo novo cargo.[7]

Philadelpho Garcia alegou que esta última nomeação foi um pedido dos generais Góis e Dutra para evidentemente demonstrar que as forças armadas apoiavam Müller e suas ações como chefe de polícia. Pelo menos o general Dutra apoiava Filinto e era contra Aranha na disputa que Vargas tinha acabado de estabelecer.[8]

O FBI sentiu que o novo posto de Müller no escritório do general Dutra era realmente um trabalho como chefe da contraespionagem do Exército ou algum outro tipo de aparato de inteligência do Exército, estabelecido para o benefício de Dutra. Eles também alegaram que Filinto levou consigo os arquivos do DESPS sobre os alemães, os integralistas e outros simpatizantes do Eixo. Especulou-se que ele poderia ter mantido esse material em casa, e depois o transferido para a residência de um ex-detetive da Polícia Civil. Esse oficial era, provavelmente, Affonso Henrique de Miranda Corrêa, o mesmo responsável pela queima de outros documentos delicados dos arquivos de Filinto, quando este último foi demitido.[9]

Os americanos confiaram a terceiros a sua informação. O indivíduo não identificado afirmou que Filinto era

> ainda quase fanaticamente pró-Eixo. Müller aconselhou [a] fonte a não prestar muita atenção às notícias da frente russa, alegando que estas estavam distorcidas por "judeus-comunistas". Sua opinião era que a campanha norte-africana era, como era de esperar, um episódio menor e que, mais cedo ou mais tarde, o jogo iria virar e o Exército inglês seria perseguido de volta para o Egito. Referindo-se ao primeiro Exército britânico, Müller disse: "De acordo com os jornais, a maior parte dos soldados é veterana de Dunquerque e, portanto, bastante acostumada a um rápido reembarque."[10]

Para ser justo, deve-se salientar que a força do comentário do FBI é questionável à luz de dois equívocos flagrantes: 1) os documentos alegam que Müller foi removido de sua posição como chefe de polícia no verão de 1941; 2) de acordo com as fontes utilizadas pelo informante de terceiros, Filinto estava prestes a ser enviado para o Mato Grosso para assumir um comando militar. Tal posto, aos olhos da fonte, era uma atribuição em "exílio virtual".[11] Evidentemente, Getúlio demitiu Filinto de seus vários comandos da polícia no ano seguinte. Quanto ao segundo erro, talvez isso fosse verdadeiro para outros oficiais do Exército, mas não para Filinto. Nem terceiros, nem nenhuma pessoa na sede do FBI aparentemente sabiam que Müller era de Mato Grosso. Teria sido um posto não de esquecimento para Filinto, mas uma volta ao lar.

A maioria das comunicações no arquivo do CPDOC de Müller cobrindo esse período é de pedidos de soldados ou de seus pais querendo alguma coisa: uma transferência, uma promoção ou uma permissão para iniciar um ciclo de estudos etc.[12] Existem dois itens, por outro lado, fora do comum. Em 22 de setembro de 1942, Portugal notificou Müller de que iria presenteá-lo com a sua Ordem de Aviz.[13] O governo português oferece o prêmio a membros das forças armadas por serviço exemplar. É uma das mais antigas medalhas do país, vinda do governo Salazar.

O segundo ponto foi uma reclamação a respeito da última substituição de Müller na Polícia Civil, o tenente-coronel Alcides Gonçalves Etchegoyen. O tenente-coronel havia assumido o departamento de polícia do chefe interino, o capitão Batista Teixeira. Em uma carta reveladora para Filinto de um notário da Polícia Central, é óbvio que havia em alguns setores da força desconforto sobre a partida de Müller e a nomeação de Etchegoyen.

> Hoje, a Polícia Civil do Distrito Federal está passando por um período triste, vítima de perseguição inimaginável e odiosa. Não podemos mais contar com um chefe simpático e generoso. Agora, temos um chefe com outras ideias e atitudes, que são completamente diferentes e a serviço de um temperamento muito militar, regido apenas por ações rudes. O desejo de praticar o mal tem sido tão grande, e tem alcançado tal requinte, que uma pessoa só precisa ter sido um de seus funcionários para ser alvo de perseguição... O atual chefe de polícia, na opinião de todos nós, é um homem que se gaba de não ter uma religião. Nada na vida o afeta.[14]

Essas eram, aparentemente, não apenas as palavras do escrivão da polícia. Em um movimento próximo ao do *cangaceiro mansoísmo*,[15] normalmente reservado às áreas rurais do país, Etchegoyen "limpou a casa" na Polícia Central, no Rio de Janeiro. Foi dito que ele queria informações sobre o Quadro Móvel, mas nunca as conseguiu. Em seus esforços para reformar o grupo clandestino, o novo chefe aceitou as demissões ou demitiu diversos policiais do antigo grupo de Müller. Pelo menos um dos infames torturadores, Álvaro Gurgel de Alencar Filho, o cabeça da câmara dos horrores do DESPS, a Seção de Explosivos, foi demitido. Alguns funcionários foram presos, como Clodomir Collaço Veras. Clodomir foi secretário particular de Batista Teixeira por quatro anos. Ele foi preso no dia 5 de setembro de 1942, a fim de "prestar esclarecimentos no interesse da justiça", mas foi liberado nove dias depois.[16]

O objetivo de Etchegoyen era na verdade se tornar conhecido assim que entrasse na Polícia Central. Uma das primeiras coisas que ele fez foi prender e manter, sem acusação, um recém-casado Philadelpho Garcia. Alcides deve ter concluído que não havia melhor maneira de descobrir o que Müller estava planejando do que perguntar a seu secretário particular. Quando descobriu o que estava acontecendo, Filinto contatou Dutra, que contatou Vargas para reclamar. Getúlio finalmente decidiu ordenar a libertação imediata de Philadelpho e o pagamento de 25 contos (1.282 dólares) pelo problema que Etchegoyen havia causado. O processo, da apreensão à soltura, levou três dias. Quando Garcia foi liberado, precisava de um banho, fazer a barba, e estava sem vontade alguma de aceitar o presente de Vargas. O dinheiro deveria ter sido por serviços prestados ao país. Outro cheque, em branco, foi feito depois e enviado a Filinto. Este veio dos cofres da Estação Ferroviária da Central do Brasil. Por decreto, ele foi tornado membro da Fundação Central do Brasil em 30 de novembro de 1943. Como empresa estatal, parece altamente improvável que essa compensação tenha vindo sem a aprovação de Getúlio Vargas. O objetivo do dinheiro era que Müller começasse uma vida nova depois de sair da Polícia Civil. Philadelpho Garcia nunca aceitou o dinheiro. Filinto nunca utilizou o cheque dado a ele.[17]

O major Filinto Müller trabalhou para o seu benfeitor de longa data, Dutra, por quase um ano. Ele se demitiu no dia 8 de julho de 1943 para assumir um novo posto. Philadelpho Garcia afirma que a oferta de uma outra nomeação próxima ao governo veio de Vargas através de sua filha, Alzira. Inicialmente, Getúlio queria Filinto como seu ministro de Financiamento Público, mas Müller recusou. Então ele foi convidado a se tornar o embaixador do Brasil na Colômbia, mas novamente disse não. Finalmente, Alzira telefonou para perguntar se Filinto aceitaria o cargo de presidente do Conselho Nacional do Trabalho, o CNT. Müller gostou dessa possibilidade e aceitou o convite.[18] Stanley Hilton, no entanto, sente que Getúlio ofereceu a nomeação para o ex-chefe de polícia por causa de seu "estado de alerta para sinais de infiltração comunista nos sindicatos trabalhistas".[19] De fato, J. Edgar Hoover escreveu que o futuro embaixador americano no Brasil, Adolf A. Berle, informou-o que fontes confidenciais atrelaram a escolha de Filinto a uma indicação de que o Brasil em breve iniciaria uma forte campanha anticomunista. Não se sabe se o chefe do FBI estava atualizado sobre o governo de Vargas e seu ex-chefe de polícia. Hoover também apontou que o homem que Müller estaria substituindo, como chefe do CNT, era o irmão do general Góis Monteiro, Silvestre Péricles de Góis Monteiro.[20]

A cerimônia do juramento de Filinto realizou-se no Ministério do Trabalho, na avenida Presidente Antônio Carlos, 251, no centro do Rio de Janeiro. Esse era um ritual quase típico da bravata em torno de uma mudança de comando na cúpula da burocracia governamental. O ministro do Trabalho, Alexandre Marcondes Filho, e Silvestre Péricles, que saía, derramaram elogios ao se referir a Müller. Essa parte era esperada. O que tornava esse acontecimento diferente era o número de policiais em atendimento, não para proteger ninguém, mas para estar perto do homem que eles lembravam como seu chefe de polícia. Entre os comentários feitos por Marcondes Filho estava a observação de que Filinto, durante o tempo em que fora chefe da Polícia Civil e do DESPS, realizava suas funções não simplesmente como se fossem as obrigações de um policial; ao contrário, ele sempre tentava praticar a justiça, porque apenas a justiça inspira confiança. Quando chegou a vez de Filinto falar, ele comentou que, "na posição de presidente do Conselho Nacional do Trabalho, vou tentar ser justo... No CNT, meu lema será exatamente aquele que nunca me deixou: Trabalhar com sinceridade e ardor pelo Brasil".[21]

O CNT tinha evoluído para um labirinto no momento em que Filinto assumiu as rédeas do comando, em 9 de julho de 1943.[22] De maneira notável, em 14 de outubro de 1941, esta se tornou a agência central que decidia a emissão de todas as pensões com fundos públicos. Filinto tinha um grupo comandado por ele, dois vice-presidentes e 19 assistentes, todos operando formalmente como uma parte do Ministério do Trabalho. Em 12 de julho de 1943, Filinto Müller entrou no Palácio do Catete pela última vez durante o governo do presidente Vargas para discutir um novo compromisso.

Philadelpho Garcia logo deixou seu emprego no departamento de polícia para se juntar a Müller no CNT, como seu chefe de gabinete. O sobrinho de Filinto, Civis Müller da Silva Pereira, também veio, embora não sem sua própria bagagem. Um pouco antes de junho de 1943, Civis foi indiciado em um caso de segurança nacional que foi ouvido no TSN, antes de ser arquivado. As acusações incluíam o desfalque e o uso ilegal de fundos, suborno, corrupção, uso indevido de documentos oficiais e prevaricação penal (neste caso, prendendo inocentes e livrando culpados). Com a ditadura militar, em 1964-85, alguém se lembrou de Civis e reabriu seu caso. Isso resultou em sua demissão do trabalho como curador judicial para o tribunal. Nesse posto, ele tomava posse de itens que aguardavam uma decisão judicial. Civis apelou, evidentemente, ao governante militar do país, e, em 26 de fevereiro de 1966, o presidente anulou sua demissão.[23] Coincidentemente, nessa mesma época Filinto era um senador muito poderoso no partido político do governo, a ARENA, ou Aliança Renovadora Nacional. Dois meses depois da decisão de 26 de fevereiro, Filinto se tornaria o líder dos esforços militares no Senado. Tinha o senador Müller um poder de decisão quanto ao general no comando em Brasília? É tentador pensar que sim. Quanto a Civis, pode-se apenas imaginar como ele seria quando fazia parte do Quadro Móvel, no antigo Distrito Federal, e estava diretamente sob a asa protetora do tio.

O indivíduo que uma vez foi chamado de o homem mais perigoso do país nunca teve o traço marcante de alguns homens que estavam sob seu comando. Ele era, afinal, apenas um importante burocrata, quase sempre sisudo, correto e impecavelmente vestido, fosse como chefe de polícia ou como chefe de outro órgão do governo. As mãos de Filinto estavam supostamente limpas. Como muitos, ele tinha inúmeras facetas. Havia até mesmo momentos em que sua importância permitia um invólucro altruísta. Tal oportunidade surgiu quando ele se tornou presidente do CNT, ao colocar em operação o Serviço de Assistência Médica e Domiciliar de Urgência. Essa iniciativa fornecia assistência médica urgente, que ia à residência do paciente. Müller também aprofundou seus conhecimentos da lei no que dizia respeito a questões sociais e trabalhistas durante esses anos.[24]

Enquanto Consuelo gostava do fato de o marido já não ser o homem responsável pela Polícia Civil, evitando assim todos os perigos que isso implicava, a monotonia de lidar com pensões não era exatamente um rebaixamento para um homem que tinha estado tão próximo da ação. Afinal, Vargas havia pedido a ele que assumisse esse novo papel. Quem sabe aonde isso levaria? Além disso, inúmeros eventos ainda conectados com os tempos antigos preenchiam um dia de trabalho típico. Isso pode ser vislumbrado a partir de um dos poucos itinerários ainda disponíveis, listando os compromissos de Müller como presidente do CNT. O documento em questão é datado de 16 de novembro de 1943, apenas quatro meses depois de ele assumir o comando do Conselho Nacional do Trabalho.[25] A seguir estão algumas das anotações da agenda, que são incompletas, mas, no entanto, oferecem uma visão sobre o cronograma de Filinto e o tipo de coisas, algumas fraudulentas, de que ele tratava, provavelmente em uma base regular.

Quadro 1

ENCONTRO COM	NOTAS – ASSUNTO	COMENTÁRIOS DE MÜLLER
Stenio Congro	Já nomeado – vindo para agradecer	✓
Cesar Augusto Borges	Visita	✓
Tenente Cesar Cantu	Quer saber se ele pode entrar em contato com o tenente Caneppa[26]	Sim.
Alceu Verlangiere de Castro	Ele traz uma carta do doutor Luiz de Miranda Horta para você, que ele não pôde entregar antes devido a doença. De Castro não pôde ir ao teste admissional da Escola da Aeronáutica. Ele foi colocado para trabalhar pelo coronel Dulcídio do Espírito Santo Cardoso no Departamento da Aviação Civil, onde ele espera as suas ordens.	Obrigado pela gentileza.
Alberto Ferreira dos Santos	Fornecê-lo de informações para seu sobrinho, Orlando Ferreira dos Santos, que fará o teste da CAP (Caixa de Aposentadoria e Pensões do Serviço Público).	✓
Frederico Rodrigues	Ex-investigador da polícia do Mato Grosso, vindo para comunicar que ele está trabalhando no hotel Quitandinha, onde ele continuará a realizar suas ordens.	Obrigado.
Dr. Albino Pereira da Rosa	Amanhã ele trará alguns documentos.	Obrigado.

contiua

ENCONTRO COM	NOTAS – ASSUNTO	COMENTÁRIOS DE MÜLLER
Geronimo Ignacio Bonfim	Anteriormente no Quadro Móvel, trabalha atualmente com operários. Virá entregar uma carta.	✓
Benedito Eduardo de Campos	Ex-investigador da polícia do Mato Grosso. Dar a ele informações privilegiadas sobre o exame do banco da Caixa Econômica.	✓
Ester de Souza Ferreira Coelho	Funcionária no Instituto Félix Pacheco [a divisão de identificação policial] e irmã do Dr. Oscar de Souza (falecido). Dar a ela informações privilegiadas para seu filho, que fará o exame da CAP.	✓
Rolando Gonçalves Ribeiro	Filho de Rolando GPC [significado desconhecido], da Polícia Civil, e sobrinho do Capitão Guimarães Junior (de Caxambu [em Minas Gerais]). Dar a ele informações para o teste da CAP.	✓
João Gallicchio	Junto com alguns colegas, ele virá para informá-lo de que farão o exame para detetive. Ele pede qualquer ajuda que você possa oferecer.	✓
Ayrton da Costa	Investigador da polícia do Mato Grosso: ele pede sua ajuda em relação à situação de seu pai, o subtenente Felipe Francisco da Costa, declarado incapaz em março deste ano. Seu caso está na Diretoria de Armas, mas precisa de sua ajuda para uma solução.	Major Caminho
Afonso Caves	Ex-inspetor da polícia na Segurança Pública do Gabinete de Investigações, onde ele deixou um registro excelente. Ele quer ser readmitido em uma unidade comparável.	✓

contiua

ENCONTRO COM	NOTAS – ASSUNTO	COMENTÁRIOS DE MÜLLER
Salvadinha	Ele retorna com a carta de mérito anexada do major Faria Lemos, que deixou este cargo. Ele deseja saber se você conhece o substituto do major, Dr. Pedro Loureiro.	* Não.
Potiguara	Você está ajudando-o a conseguir seus documentos de certificação profissional.	✓

Um dos aspectos interessantes dessa lista é o número de pessoas que vinham até Filinto para conseguir algo que tinha pouco ou nada a ver com a CNT. Embora esse grupo talvez seja pequeno demais para extrapolar, observe, no entanto, que 59% desses compromissos de 16 novembro de 1943 diziam respeito a membros ou ex-membros de um departamento de polícia, e que apenas 21% eram encontros envolvendo o tema de pensões. Outros 12% vinham de pessoas ligadas às forças armadas do Brasil. Observar também a propensão dos brasileiros em tentar arranjar alguma coisa através de contatos com pessoas importantes.

No mesmo dia 16 de novembro de 1943 um cidadão preocupado no Rio de Janeiro enviou uma carta a Filinto. O ponto principal era um episódio em curso de banditismo rural, ou cangaço, muito vergonhoso, no Nordeste do Brasil, e supostamente extinto. Representantes da lei e da ordem tinham matado o último grande cangaceiro, o "Lampião" (Virgulino Ferreira da Silva), em uma emboscada em 1938. O último membro importante do grupo de Lampião, "Corisco" (Christino Gomes da Silva), sucumbiu ao fogo da metralhadora da polícia, em 1940.[27]

O autor da carta ao presidente do CNT Filinto Müller queria o mesmo tipo de ação contra um bando de arruaceiros, aparentemente da Bahia, que vinha aterrorizando as famílias na comunidade de

Camapuã, ou perto desta. Os principais membros do grupo tinham sobrevivido a uma escaramuça com a polícia em outubro de 1941, apenas para se esconderem por dois anos em Curitiba, no Paraná. De volta à área perto de Camapuã (aproximadamente 120 quilômetros ao norte de Campo Grande, atualmente capital do Mato Grosso do Sul) e operando por todo o caminho a oeste até a fronteira com o Paraguai, esses suspeitos de infrações estavam causando estragos. O autor da carta acrescenta que todos no sul do antigo território do Mato Grosso os temiam, até mesmo a polícia. Dizia-se que as autoridades do Mato Grosso sabiam do paradeiro da quadrilha quando ela estava no Paraná, mas se recusaram a pedir sua captura e extradição.[28]

Na verdade, as autoridades brasileiras nunca erradicaram o banditismo rural no Brasil. Os poderosos sempre usaram criminosos de vários tipos para realizar sua vontade e manter suas hegemonias particulares, especialmente no interior. Rufiões sem ligações ou independentes eram, e ainda são, rotulados como bandidos e sujeitos à total força da lei. O fato de muitas vezes esses grupos de homens fortes terem sido e continuarem sendo intercambiáveis, dependendo da influência na polícia de seu protetor ou benfeitor, não era um problema para Filinto. Ele escreveu sobre a carta: "Transmitir para confirmação a Julião. Responder."[29] Na coluna da esquerda, Filinto acrescentou: "Tanto eu quanto você solicitamos uma carta [sobre isto] do Ministério da Guerra, sem receber uma resposta."[30]

Apesar da experiência em sua ocupação anterior, pensões e empregos pareceram ter tomado muito do tempo de Müller no CNT, da mesma forma como quando ele era chefe da polícia. De fato, após a proclamação do Estado Novo, quando Getúlio tentou acalmar a influência das velhas elites políticas em São Paulo nomeando um interventor maleável, Filinto foi fundamental para atrair Adhemar de Barros para o trabalho, alegando que a corrupção no departamento da polícia fazia o atual governador, Cardoso de Melo Neto, dispensável. Adhemar tinha sido um dos agentes secretos de Müller, pago com fundos clandestinos, cujo trabalho era espionar Cardoso de Melo Neto. Müller levou Adhemar para Dutra, que o apresentou a Vargas.[31]

Naquela época, um peso adicional era acrescentado ao caso se o suplicante tivesse uma conexão com alguém importante antes de fazer seu pedido – para Müller ou qualquer outra pessoa. Isso funcionava em todos os níveis sociais. Um caso em questão veio de Ambrosina Maggioli, que procurava uma pensão. Ela usou Batista Luzardo para chegar a Filinto. A mulher obteve sua pensão. Outras pessoas simplesmente queriam movimentar um estagnado requerimento de fundo de aposentadoria. Um deles até escreveu em agradecimento por um duplo pagamento de uma pensão no Natal. Enquanto a ligação a um indivíduo de influência realmente ajudava, Filinto diferenciava entre a fama da pessoa importante e o respeito que ele pessoalmente tinha pelo intermediário. Sem saber disso, petições podiam ser contraproducentes caso se referissem a alguém da lista de inimigos de Filinto. Em 1944, quando funcionários do Instituto de Pensão dos Trabalhadores do Comércio erroneamente acusaram Maria Catharina Diniz de fraude, Müller foi contra seu pedido. O problema era que ela tinha contratado Sobral Pinto, e Filinto ainda estava com raiva de Sobral por sua defesa enérgica de Luiz Carlos Prestes e Arthur Ewert, há nove anos.[32]

Quanto a empregos, considere o caso de dois jovens companheiros de escola da juventude de Filinto, em Cuiabá. Ambos se corresponderam com o ex-colega, perguntando-lhe o que poderia fazer por eles. Cada um obteve o emprego desejado.[33] Isso não quer dizer que Filinto fosse sempre bem-sucedido. Em inúmeros casos, uma posição não estava disponível, ou a pessoa era recusada.[34] Ele também conseguiu uma vaga em uma escola de prestígio para dois filhos de funcionários públicos. Müller ajudou outra pessoa no seu pedido de naturalização e um francês preso por não estar com sua carteira de identidade – ele conhecia o capitão Felisberto Batista Teixeira. Müller se recusou a ajudar, em contraste, um italiano que residia havia trinta anos no Brasil, casado com uma brasileira – mas evidentemente *não* bem relacionado.[35]

Quando a Guerra chegou, aqueles que escreviam pedindo uma promoção podiam não saber que seus registros de tempo de serviço seriam analisados por Müller. Por que essas pessoas entravam em contato com ele, em primeiro lugar? Talvez fosse o conflito no exterior. Possivelmente era o fenômeno de conhecer um patrocinador importante. Talvez fosse uma combinação dos dois, porque Filinto certamente também recebia alguns pedidos militares incomuns. Havia exemplos como o de um homem de 59 anos que queria se juntar ao treinamento da Força Expedicionária Brasileira para viajar à Itália e lutar contra o Eixo. Ele foi rejeitado por causa de sua idade. Outra solicitação veio de um pai que pediu a Filinto que tirasse seu filho do Exército, talvez com medo de que ele fosse mandado para a Itália. Um "ok" foi escrito em sua carta.[36]

Ser do Mato Grosso era especial, tanto para a pessoa que solicitava o favor quanto para Filinto. Há uma afinidade especial entre os mato-grossenses.[37] Não apenas muitas dessas pessoas acabaram na Polícia Civil e no Quadro Móvel quando chegaram ao Rio, mas Müller nunca parou de cuidar delas enquanto esteve no CNT. Alguns simplesmente pediam dinheiro. Outros deixavam de fora a parte do dinheiro. Em vez disso, estavam interessados em mobilidade ascendente ou lateral, como Lenir Campos Russo, de Campo Grande. Ela pediu que Filinto arranjasse uma transferência para seu marido, que trabalhava como despachante para as Linhas Aéreas Pan Air do Brasil. Ela queria que ele fosse transferido para as cidades mais importantes do Rio ou de São Paulo. Já João Felix, um residente de Porto Esperança (situado ao sul de Corumbá), disse que precisava de um trabalho diferente. O senhor Felix incluiu um pequeno presente em seu pedido. Tais presentes não chegavam com frequência. A oferta era de duas garrafas de um licor do Mato Grosso chamado Piqui. Filinto agradeceu ao homem e prometeu tentar encontrar algo para ele.

Ajudar seus conterrâneos do Mato Grosso a conseguirem educação, é claro, foi algo que Müller fez durante anos. E não era necessário que fosse de classes média ou alta para ganhar sua generosidade. Lafayette de Lima Brandão, por exemplo, era pobre, mas tinha boas notas. Filinto conseguiu uma vaga para ele na Faculdade de Medicina da Bahia. Müller deve ter dado alguns telefonemas para instituições semelhantes, sondando as possibilidades antes de finalizar esse arranjo com a Bahia. A ocasião, sem dúvida, conjurou frustrações, lembrando de sua juventude em Cuiabá. Um resultado comum nessas situações era algum tipo de recompensa para um colega mato-grossense. Fosse uma esposa, um homem carregando presentes ou um futuro médico, todos eram recursos possíveis e todos espalhariam a notícia do apoio do cacique. Era hora de começar a pedir favores a quem ele esperava que fosse ou que se tornasse seu amigo. Em dezembro de 1945, já tenente-coronel por cerca de um ano, Filinto havia decidido deixar o CNT e concorrer a um cargo de senador pelo Mato Grosso.[38]

O obstáculo foi o tempo de Müller como chefe da polícia de Vargas. Seu tempo no DESPS e na Polícia Civil tinha lhe angariado muitos inimigos, mesmo que apenas por sua eficiência. Não haveria compensação do antigo mestre, também, e sobretudo não se admitiriam as ordens que ele tinha dado para permanecer no poder durante seus anos no Catete. Além disso, em abril de 1943, era aparente, mesmo para Vargas, que o Estado Novo entraria em colapso. Getúlio, em consequência, fez com que seus interventores criassem um novo partido político nacional, o Partido Social Democrático, o PSD, em julho de 1945. A ideia era que ele se tornasse o presidente nacional do PSD e liderasse o grupo em direção aos raios aquecidos da era democrática do pós-guerra, como presidente do Brasil.[39] Ele estava errado. Não importava que Vargas fosse o líder do PSD e da nação. Os militares o depuseram, em um golpe sem derramamento de sangue no final de outubro de 1945. Alguns daqueles que queriam mudança expressaram um prólogo para a sua remoção. Eles formaram um partido de oposição, a União Democrática Nacional, a UDN, em 7 de abril de 1945.[40]

O fato de Filinto ter recebido 42% dos votos em seu estado natal contra os 26% do seu rival mais próximo, na eleição de 26 dezembro de 1945, não era relevante. Embora Müller tivesse conseguido quase a maioria do voto popular, a UDN controlava o conselho que aprovava os resultados das eleições. O líder do corpo de sanção era o irmão do líder da UDN. O resultado não foi o que o eleitorado de Mato Grosso e Filinto Müller tinham em mente. O tenente-coronel Müller voltou para o quartel por seis meses, como um soldado.[41]

No palco maior, o general Eurico Gaspar Dutra, o candidato do PSD, foi eleito presidente nas eleições de 1945. No mês seguinte, em setembro, Dutra levou Müller com ele para a Cidade do Panamá, para o encontro dos presidentes americanos. Filinto pediu transferência para a reserva do Exército, no mesmo mês. Seus superiores concederam o pedido, com o pagamento. Nesse ínterim, Müller tornou-se líder do PSD em seu estado natal e se ocupou de angariar apoio para uma outra tentativa em uma cadeira do Senado, em janeiro de 1947. Mas antes da eleição, outro evento teria consequências devastadoras para o futuro senador do Mato Grosso.[42]

9. A CPI

A UDN não queria somente depor Vargas. Eles queriam uma investigação sobre os fatos alegadamente ilícitos cometidos pela polícia enquanto ele governava o país. Talvez a voz mais forte agindo de acordo com essa vontade tenha sido a do líder da UDN no Distrito Federal, o coronel Euclides de Oliveira Figueiredo. Primeiro, ele propôs que o governo abolisse a Polícia Especial. Depois, no dia 2 de maio de 1946, criou um projeto para começar uma avaliação das transgressões policiais durante o Estado Novo. Chamada Comissão Encarregada de Examinar os Serviços do Departamento Federal de Segurança Pública, essa comissão, cuja existência foi votada pelo Comitê da Constituição Nacional, se outorgou poderes para escrever a nova Constituição democrática.[1]

O coronel Euclides sentiu que havia um imperativo ético para essa decisão após o país ter retornado à categoria das nações democráticas.

> Não se pode virar esta página da nossa história, que chegou a ser cruel para os nossos presos políticos, sem conhecer e dar publicidade, para maior castigo aos culpados, das atrocidades cometidas em nome do que chamou de "defesa do regime", "defesa da ordem e das instituições", ou que outro nome lhes pudessem dar, mas que, de fato e em verdade, não foram, em toda a sua hediondez, mais do que a defesa de uma ditadura que toda a opinião pública repelia e todo brasileiro odiava.[2]

A ira de Euclides era voltada àqueles que tinham torturado ou matado prisioneiros políticos, e que gastaram dinheiro para fazê-lo. Ele esqueceu, talvez propositalmente ou ingenuamente, que este grupo muitas vezes vinha das classes média e alta. Os mesmos maus-tratos frequentemente dispensados aos brasileiros comuns das classes trabalhadoras e ao *Lumpenproletariat* abaixo deles não estavam na ordem do dia. Além disso, ele também ignorou o fato de que havia algumas pessoas na classe mais alta que tinham apoiado os mecanismos de Getúlio e Filinto. Uma comissão séria, com poder efetivo, poderia constranger a elite da nação.

Vargas já havia decidido por um retorno político, e foi eleito para o Senado e a Câmara dos Deputados por uma aliança entre PSD e PTB (Partido Trabalhista Brasileiro), na eleição de dezembro de 1945. Na verdade, ele tinha recebido mais votos que qualquer candidato. Os eleitores garantiram-no de volta, para um ou ambos os postos aos quais concorreu, em sete estados, entre os quais Rio Grande do Sul, São Paulo e Distrito Federal. Eles também o escolheram para ser um membro da Assembleia Constituinte, com poderes para organizar a 4ª Constituição desde a fundação da república, em 1889.[3] Vargas não era exatamente odiado por todos os brasileiros.

A Comissão Encarregada de Analisar os Serviços do Departamento Federal de Segurança Pública, de Euclides Figueiredo, concluiu de forma diferente. Ela se enfraqueceu por mais de quatro meses, até 18 de setembro de 1946, quando desapareceu à medida que a nova Constituição reorganizava tudo. Não era muito do agrado do povo, de qualquer maneira, ver como as principais personalidades do extinto Estado Novo estavam tão próximas. A Comissão foi a única dos grupos de trabalho que não reapareceu sob nova forma em 3 de outubro.[4] Mas havia aqueles nas sombras, que já tinham enfrentado muitas críticas.

David Nasser foi a única testemunha a comparecer perante a comissão de Euclides em sua sessão exclusiva.[5] Nasser já havia publicado um primeiro artigo, meses antes, condenando o que ele chamava de métodos monstruosos de tortura, usados pela polícia da era Vargas, na capital. O repórter afirmou que esse artigo era o início de uma história que ele sempre quis escrever, ainda que o seu empregador possa ter dado uma ajuda substancial para que ele se concentrasse em seu interesse. O que Nasser finalmente colocou no papel foi uma série de artigos na revista semanal *O Cruzeiro*, que se tornou a base para um livro, *Falta alguém em Nuremberg*.⁶ O chefe de longa data de David Nasser era o teimoso, ciumento e vingativo Francisco de Assis Chateaubriand Bandeira de Mello.

Mais conhecido como "Chatô", ele estivera do lado das forças vitoriosas de Vargas que brigavam pelo poder com Washington Luís, em 1930. Essa aliança terminou com a Revolução Constitucionalista, dois anos depois. Assis aliou-se, então, àqueles em São Paulo que queriam o fim do Governo Provisório de Getúlio e um retorno a uma aparência de regra de consenso. Naquela época, Chatô estava a caminho de se tornar o magnata mais poderoso da imprensa no país. Os seus Diários Associados eram proprietários, inteiramente ou em parte, de uma cadeia de órgãos de comunicação de massa. Entre 1940 e 1950, ele possuiu 34 jornais, 36 estações de rádio, cinco revistas semanais, uma agência de notícias e a primeira estação de TV do país. Chateaubriand era praticamente o Cidadão Kane brasileiro.⁷ Qualquer um ou qualquer coisa que ficasse em seu caminho, ou lhe causasse problemas, tinha que tomar cuidado para escapar de sua fúria. Uma das principais técnicas operacionais de Chatô, nesse sentido, era mandar sua equipe de repórteres encontrar ou inventar informações comprometedoras, e então enterrar o indivíduo na lama.

Por seus escritos ácidos contra o governo Vargas, em 1933, as autoridades prenderam Assis Chateaubriand, libertando-o e depois encarcerando-o novamente. A polícia continuamente o vigiava quando ele não estava sob custódia. Quando se mudou do Rio para São Paulo, o jornalista entregou-se ao novo chefe de polícia do Distrito Federal, Filinto Müller. A Polícia Civil o fotografou, coletou suas impressões digitais e o colocou em uma cela. Naquela noite, Filinto pessoalmente pôs Assis em liberdade, com a observação de que, ao fazê-lo, estava realizando uma das coisas de que mais gostava em seu trabalho: libertar pessoas. Tudo bem, mas com isso Müller não queria dizer libertar totalmente. Ele designou um censor, o policial Álvaro Vieira, para o trabalho solitário de examinar exclusivamente os artigos publicados por Assis Chateaubriand.[8]

Ainda em 1933, Assis, então com 41 anos, se apaixonou por Cora Acuña, uma atriz argentina de 15 anos de idade que vivia em São Paulo. O fato de Assis já ser casado, desde 1926, ou o fato de "Corita", como Cora Acuña era chamada, ser menor de idade, realmente não representavam um problema. Chateaubriand começou um romance arrebatador com a adolescente e acabou indo morar com ela no elegante bairro Jardim Paulista, em São Paulo. Em pouco tempo, Corita ficou grávida e deu à luz uma filha, Teresa Acuña. Com o apelido de "Teresoca", a criança se tornou a menina dos olhos de seu apaixonado pai, apesar de ter nascido fora dos laços do casamento.[9]

Levando sua filha e Corita para a avenida Atlântica, em frente à famosa praia de Copacabana, no Rio de Janeiro, Assis era um homem que não conseguia deixar as coisas como estavam. Um conhecido mulherengo,[10] ele continuou a procurar outras mulheres, enquanto mantinha Corita sob vigilância. No entanto, sua eterna infidelidade e seu ciúme incessante não eram o que ela queria. Logo, ela começou um romance com um rico engenheiro, apenas oito anos mais velho, chamado Clito Barbosa Bockel.

Quando Teresoca tinha 7 anos, Corita e Clito decidiram fugir juntos durante uma das muitas viagens de negócios de Chatô. A viagem do editor, por outro lado, era um truque. Alguém tinha avisado Chatô sobre os planos do casal. Voltando mais cedo para o apartamento da avenida Atlântica na esperança de encontrar os dois juntos, Chateaubriand ficou chocado ao descobrir que os amantes tinham fugido antes de ele chegar. Para piorar a situação, haviam levado Teresoca. Assis rapidamente descobriu o paradeiro deles, e, com uma gangue de dez homens armados, cercou o prédio e resgatou a querida filha. Teresoca foi levada de limusine direto para o aeroporto e voou rapidamente para São Paulo no avião particular de Chatô.[11]

Assim começou a verdadeira batalha entre o poderoso membro da nobreza financeira do Brasil e a artista nascida na Argentina. Foi uma competição travada com advogados e que viria a incluir Getúlio Vargas e Filinto Müller.

Na manhã seguinte à remoção de sua filha, sob a mira de armas, Corita entrou com uma ação que o juiz substituto Elmano Cruz confirmou na 4ª Vara de Órfãos e Sucessões do Rio de Janeiro. Corita queria saber para onde Chateaubriand havia levado Teresoca. Voltando para a capital, e no tribunal, o editor respondeu com uma acusação: disse que o magistrado era um "juiz de merda"[12] e o informou que sua carreira havia terminado a partir daquele momento, saindo rapidamente da câmara judicial para não ser preso. Ele prontamente levou Teresa consigo para uma pequena comunidade no interior de Minas Gerais. Lá, confrontou seu amigo, Nelson Hungria, o homem que tinha substituído Elmano Cruz temporariamente. Chatô instruiu Nelson a retornar ao seu posto e a derrubar a decisão de Cruz; uma ordem a que Hungria obedeceu. A verdade é que Assis não queria Teresoca ao seu lado dia e noite. Toda essa confusão foi criada só para manter a criança longe de Corita e Clito. Fingindo ser justo, o juiz Hungria levou a criança para sua própria casa e concedeu direitos de visitação para cada progenitor, Corita no período da manhã e Chateaubriand no período da tarde.[13]

Durante esse período de visitas, Corita conseguiu entender quão impotente ela era em relação ao pai de sua filha. Por desespero, decidiu ver o que uma argentina bem relacionada – e mãe, assim como ela – poderia sugerir. Corita foi até a casa de Consuelo Müller e implorou, de joelhos, por ajuda. A esposa de Filinto recebeu sua compatriota com cortesia. Ela escutou pacientemente enquanto Corita contava sua triste história. Consuelo finalmente orientou Corita a contar sua história a Filinto, que já devia estar chegando em casa. Quando o chefe da polícia chegou, ele também prestou atenção ao que a jovem estava dizendo. No final da conversa, Filinto informou Corita que encontraria Vargas no dia seguinte e levaria o assunto a ele.[14]

Durante o encontro presidencial, que, novamente, Vargas não registrou em seus diários, mas que aconteceu no início dos anos 1940, Getúlio sugeriu o que Müller deveria fazer. A atitude do presidente foi claramente resultado das muitas mudanças do jornalista – que às vezes apoiava Vargas, às vezes opunha-se a ele. No entanto, havia um outro fator: o antissemitismo de Getúlio, que ele registrou na década anterior, e que revelou sua opinião ambígua a respeito do volúvel jornalista. O registro de 29/30 de março de 1935 nas crônicas de Vargas afirma que ele recebeu Assis Chateaubriand, um homem que ele considerava "astuto, muito inteligente e necessitado de dinheiro. Ele deve ter sangue judeu, mas os judeus querem dinheiro para reserva. Ele pretende usar este dinheiro em seus jornais. Eu nunca dou dinheiro a ele, mas acho que ele vale o que pede".[15] Pouco mais de nove meses depois, em 11 de fevereiro de 1936, Getúlio novamente comentou sobre a inteligência, agilidade mental e capacidade de debate das questões sociais de Assis. Ele terminou declarando que Assis tinha fundamentalmente "um interesse monetário. Ele deve ter sangue judeu".[16]

O fato de que Vargas ventilava seus preconceitos com a mesma expressão gramatical, com meses de intervalo, pode ser tomado como um reflexo do desenfreado antissemitismo que fazia parte do tecido social brasileiro, e, em um âmbito maior, mundial, nos anos que antecederam a Segunda Guerra. Só podemos imaginar que tipo de linguagem ele utilizava em uma conversa casual. O fato de Getúlio ser o chefe do país e de Müller ser seu policial inquestionável não poderia agradar a Assis Chateaubriand. Müller chamou o jornalista ao seu escritório na Polícia Central para uma pequena conversa. Um pequeno homem com uma grande memória, Chateaubriand soube que Filinto tinha informado Getúlio sobre seus esforços para manter Teresa Acuña longe da mãe. Vargas havia instruído Müller a dizer ao chefe dos Diários Associados que parasse de fazer isso. Se ele continuasse, poderia enfrentar acusações criminais, e Teresoca ficaria sob a tutela do Tribunal até atingir a idade legal. Chatô explodiu, deixando a delegacia de polícia em péssimo humor e querendo assassinar Filinto

Müller.[17] Quando se acalmou, entendeu que teria de fazer as coisas de uma forma diferente. Ele se recusava terminantemente a encerrar a perseguição. Seu plano de ataque seria agora de cima para baixo.

Enquanto isso, Corita publicou um artigo no dia 25 de junho de 1941 no *Jornal do Commercio* do Rio de Janeiro, sob o pseudônimo "Crucem Lacrimosa" (ou "Cruz em Prantos", em latim), no qual alertava os leitores para o que Chatô estava fazendo – sem nomeá-lo especificamente – em um protesto de nove pontos. Chateaubriand reagiu em seu *Diário da Noite* com acusações de que Clito Bockel era um cafetão e vivia da renda de mulheres desde os 13 anos. Um dia depois, ele aparentemente mudou um pouco de ideia e registrou que Clito tinha sido mantido por mulheres desde os 14 anos de idade.[18]

No dia 27, Chatô tinha um compromisso: presidir o batismo de um avião doado para um de seus projetos favoritos, o movimento dos Diários Associados para disponibilizar aeronaves para os militares. A cerimônia aconteceu no local onde hoje fica o aeroporto Santos Dumont, perto do Centro do Rio de Janeiro. Em algumas dessas ocasiões, Chateaubriand servia pessoalmente a seus convidados e dignitários a primeira taça de champanhe. Ele decidiu fazê-lo dessa vez, e, enquanto o fazia, ao acabar de servir um tenente da Força Aérea, o mesmo se identificou como o irmão de Clito Bockel. Na mesma hora, ele jogou o conteúdo de seu copo no rosto de Chateaubriand, e com a outra mão deu um soco no jornalista. Chatô reagiu puxando seu revólver calibre 38 e atirando todas as seis balas em várias direções. Sua pontaria aleatória arrancou os dentes falsos da boca de seu editor-chefe e fez um buraco nas vestes de um sacerdote, entre as pernas. O irmão de Clito, Paulo, sofreu um ferimento no braço.[19]

A nova estratégia de Chatô para conseguir o que queria era modificar as leis sobre família no Brasil. Getúlio, porém, não estava muito interessado em tais mudanças, porque achava que iam de encontro aos interesses da Igreja. No entanto, isso não significava que a persuasão estivesse fora de questão. À medida que Chateaubriand começou seu ataque à opinião de Vargas, via emissários, espiões e intermináveis discussões, Filinto entrou no meio de tudo isso, mesmo não sendo mais o chefe de polícia do Distrito Federal. Müller falou com Alzira Vargas, mais uma vez intermediária de Filinto com seu pai, e pediu que ela intercedesse, em favor de Corita e Teresa. Por essa segunda afronta, Chatô decidiu destruir Filinto. Ele deu essa instrução a um de seus principais inventores de notícia, David Nasser.[20]

Antes de atacar Müller, no entanto, Chateaubriand finalmente conseguiu chegar até Vargas. Esse fato pode muito bem ter sido uma recompensa por Chatô ter demitido o diretor dos Diários Associados, Dario de Almeida Magalhães, em março de 1942. Magalhães era um homem cuja estrela estava em ascensão, e que era totalmente contra o Estado Novo. Como retribuição pela demissão, Vargas promulgou duas leis. A primeira, o Decreto-lei nº 4737, de 24 de setembro de 1942, permitia que filhos ilegítimos se tornassem legítimos se os pais estivessem legalmente separados e fossem reconhecidos pelo progenitor. Isso fez com que Chateaubriand procurasse rapidamente a separação oficial da sua esposa. O segundo decreto presidencial, quatro meses depois, o Decreto-lei nº 5213, de 21 de janeiro de 1943, afirmava que o tribunal colocaria filhos legítimos, não obstante a decisão de um juiz no interesse do menor, sob os cuidados do pai.[21] O estatuto viria a ser chamado de "Lei Teresoca". Não havia nada, entretanto, a respeito da extradição de Corita. Isso pode muito bem ter levado o poderoso Chateaubriand a incluir Getúlio no que estava prestes a acontecer.

David Nasser nasceu na cidade de Jaú, em São Paulo, no dia 1º de janeiro de 1917. Seus pais levaram a família para o Rio de Janeiro em algum momento antes de 1919, e depois foram para a vizinha Minas Gerais, quando David tinha 9 anos de idade. Aos 15 anos, ele conseguiu um emprego como office-boy em O Cruzeiro. Na escola secundária, aos 16 anos de idade, e já com traquejo para usar bem a palavra, ele conseguiu, ardilosamente, um trabalho como jornalista. O tabloide era O Jornal, o carro-chefe do império florescente de Assis Chateaubriand. Essa posição durou três anos. No dia 26 de novembro de 1936, ele trocou de jornal e assinou contrato com O Globo. David ficou em O Globo até 1944, mas não gostava de trabalhar para o proprietário, Roberto Marinho, porque ele havia publicado artigos seus não assinados. Ao menos foi isso o que Nasser alegou. A verdadeira razão pode ter sido porque ele ainda era muito inexperiente como repórter para ter seu nome publicado. Sua primeira grande história foi a matéria a respeito dos fatos que cercaram a morte do compositor Noel Rosa, em 1936.[22]

David era talentoso com a língua portuguesa, tanto em sua prosa quanto escrevendo letras de música.[23] Seus pais vinham de Bekassin, no Líbano, e eram primos de primeiro grau, um fato que poderia ter tido um efeito sobre a saúde de seu filho. David avaliava o pai, Alexandre, como uma das pessoas mais importantes em sua vida.[24]

Como grande parte do fechamento em qualquer jornal matinal acontece na noite anterior, Nasser passava muitas noites em O Globo ou nas ruas, teoricamente procurando notícias. Uma de suas paradas habituais era um barzinho na avenida Rio Branco, chamado Café Nice. Foi enquanto estava conquistando a amizade dos donos do lugar que ele ganhou o apelido de "Songamonga". Mas o apelido que "pegou", em referência à sua herança libanesa, foi "Turco".[25] Esse apelido de mau gosto continha um quê de verdade quando era usado por seu chefe em O Cruzeiro, pois David Nasser era no máximo um soldado para Assis Chateaubriand. A observação vem do fato de que depois que Nasser voltou para os Diários Associados, em 1944, ele escreveu um total de 91 artigos até a queda de Vargas, em 29 de outubro de 1945. Todos esses artigos eram pró-Estado Novo, ou ao menos neutros. Sua primeira história com a palavra "ditador", ou mesmo com uma referência a Vargas como sendo um presidente ruim, veio menos de duas semanas após a queda de Getúlio, no artigo intitulado "O fim", publicado no dia 10 de novembro de 1945.[26]

Mesmo então, as pessoas sentiam que Nasser era um homem vaidoso e exibicionista. Esses atributos seriam uma compensação por sua condição médica. David tinha contraído uma forma leve de meningite na juventude, o que lhe gerou problemas de locomoção. Ele próprio dizia que andava como um bêbado. Outros efeitos colaterais atrapalhavam o ato de se barbear, de se vestir e de preparar refeições, sem mencionar a direção de automóveis. Ele gostava de esportes, mas dificilmente podia praticá-los.²⁷ Em resumo, seu corpo deixou-o com uma necessidade de mostrar a todos quão bom ele era em alguma coisa – uma necessidade que aflorou cedo em sua vida, com sua concentração na escrita.

As inclinações de Nasser para o texto escapista se transformaram, em sua vida adulta, em invenções que ele veio a acreditar serem fatos. Para Armando Nogueira, um colega correspondente, "a regra de Nasser era que a probabilidade valia mais, jornalisticamente, do que a realidade".²⁸ David usava sua imaginação quando escrevia uma história. Muitas vezes escrevia em primeira pessoa, como se o protagonista estivesse falando. Quando os fatos atravessavam seu caminho, muitas vezes ele se esquivava ou os ignorava. Ele jogava uma pitada de verossimilhança, por causa da credibilidade, e *voilà*: notícias. Era esse o caso quando ele lidava com muitas pessoas importantes da época. De Carmen Miranda a Juscelino Kubitschek, Nasser de fato exibia mais aptidão para romancista que para repórter. Um alvo, Leonel Brizola, era um agitador que não parecia se importar com os ataques pessoais de Nasser feitos através da imprensa. David deveria ter desconfiado. Brizola o encontrou no aeroporto do Galeão, no Rio, em dezembro de 1963, e deu o troco com seus punhos.²⁹

Durante os anos em que foi o Jovem Turco de Chateaubriand, Nasser publicou regularmente seus artigos anti-Filinto sob o título *Falta alguém em Nuremberg*. As histórias apelavam para uma prestação de contas ao povo e forneciam a base lógica para uma Comissão Parlamentar de Inquérito, ou CPI, para determinar a extensão de certos atos criminosos realizados pelos governos entre 1934 e 1945. Uma moção para estabelecer esse segundo grupo de trabalho foi aprovada em 12 de novembro de 1946. A reunião preliminar da CPI aconteceu às 15h45 do dia 13 de dezembro de 1946, na biblioteca do Congresso Nacional do Rio de Janeiro (hoje a Assembleia Legislativa).³⁰ Nasser, no entanto, tinha armado o cenário quase um ano antes, escrevendo um artigo como aperitivo, que saiu em *O Cruzeiro* no dia 17 de novembro de 1945. É muito provável que Euclides Figueiredo tenha lido a história, e também o artigo sobre Getúlio, na semana anterior, porque *O Cruzeiro* era uma das revistas semanais mais populares desse período. Com a comissão de Euclides quase terminada no meio de setembro, um pouco antes de 26 de outubro de 1946, alguém deu a Nasser permissão para apertar o gatilho. A partir de então, e até 8 março de 1947, suas histórias estavam quase todas as semanas na revista de Chatô.[31]

As denúncias de Nasser condenavam em alto e bom som a forma como o governo de Vargas lidava com os prisioneiros de consciência, fossem eles de esquerda ou direita. Além disso, dizia-se que poderosas figuras políticas, como Eduardo Gomes, teriam apoiado os integralistas, mas se recusaram, no último momento, a apoiar o *Putsch* de Pijama, em 11 maio de 1938. Nasser também afirmou que Oswaldo Aranha queria que o líder do *Putsch*, Severo Fournier, fosse executado; e que Filinto Müller era o responsável por todas as crueldades da polícia no Rio de Janeiro.[32]

No entanto, foi para o ex-chefe de polícia que Nasser guardou a maior parte de sua artilharia. Na primeira denúncia de todas, os leitores souberam não apenas que Filinto era a pessoa responsável pela tortura nas cadeias do Distrito Federal, mas que Vargas dera a ele ordens expressas para isso. Müller, por sua vez, passou a agonia diária da operação no DESPS na capital para Emílio Romano. Continuamente dando "Strubling" como nome do meio do chefe de polícia para fazê-lo parecer mais germânico, Nasser usou um detalhe, ou, nesse caso, "associação por sorriso", para reforçar seu argumento. Ele sustentou que, invariavelmente, Romano tinha um sorriso diabólico em seu rosto angelical quando entrevistava ou torturava aqueles levados em custódia. Essa observação veio do testemunho de um único indivíduo, José Alexander dos Santos, que falava de uma maneira sugestivamente semelhante à maneira como Nasser escrevia. Não existia nenhuma fotografia conhecida de um Emílio Romano sorridente. Filinto sorria em um número muito limitado de fotografias. Ele preferia posar seriamente para a câmera. De fato, Müller agira de modo reservado a vida toda. No entanto, Chatô reforçava para os compradores de *O Cruzeiro* que Müller tinha em seu rosto o mesmo sorriso de Romano, "um sorriso nazista", quando dos Santos encontrou-o mais tarde, em um restaurante do Rio.[33]

José Alexander dos Santos comentou que Romano lhe disse que o chefe ordenara "ensanguentá-lo". Levando socos e chutes, o tratamento de Santos foi apenas um aquecimento para outras pessoas levadas sob custódia policial, de acordo com David Nasser. Para esse fim, o jornalista narrou uma série de horríveis instrumentos de tortura na Central, que incluíam uma máscara de couro destinada a limitar a respiração. Havia também a cadeira americana, que era uma engenhoca de mola projetada para impulsionar rapidamente alguém sentado sobre ela em direção a uma parede próxima. Havia a *adelfis* (estame de uma flor), que eram pinos de aço ou lascas de bambu colocados lentamente sob as unhas da vítima. Ocasionalmente, a polícia usava o maçarico. Jornais enrolados em chamas e cigarros também eram encostados ou apagados na pele da vítima, incluindo os mamilos de muitas mulheres. Outras tinham uma bucha embebida em mostarda inserida em suas vaginas, o que teria causado a morte de uma das torturadas, uma pessoa a que Nasser se referiu somente como Aída. Ele não forneceu o sobrenome dela. Os prisioneiros eram amontoados em celas com capacidade para muito menos pessoas. Alguns cometiam suicídio quando os guardas os deixavam.

Nasser, em seguida, dedicou-se ao financiamento secreto para o DESPS. A alegação era de que o quase dizimado Partido Comunista Brasileiro estava prestes a liderar um outro ataque inspirado por Moscou. Isso deixou Vargas tão impressionado que ele passou a assinar quase todos os pedidos de subsídios para o DESPS, a fim de lutar contra os fanáticos vermelhos. Poder-se-ia acreditar aqui que Vargas estava confiando principalmente em Filinto para uma avaliação da força comunista. Esse não era certamente o caso, embora houvesse dinheiro. Com o Quadro Móvel para apoiar, além de outros empreendimentos, é provável que a polícia tivesse fundos consideráveis à sua disposição. Uma das poucas indicações disso estava na quantia gasta no período após a remoção de Filinto como chefe. No ano de 1945, Euclides Figueiredo afirmou que a polícia do Distrito Federal havia gastado 26 milhões de cruzeiros, ou aproximadamente US$ 17.954.400 em dólares de 2017.[34]

Em terceiro lugar, Nasser (Chateaubriand) teve de lidar com o fato da eleição de Filinto para o Senado brasileiro como representante de seu estado natal, Mato Grosso. Por mais que Chatô não quisesse que isso acontecesse, ele e Nasser tiveram que perdoar os eleitores do Mato Grosso por colocarem um criminoso nesse posto. Usando duas fotos raras de Filinto sorrindo ligeiramente, Nasser acusou o ex-chefe de polícia de arranjar passaportes brasileiros para doze marinheiros do encouraçado de bolso alemão *Graf Spee*. Em uma distorção de lógica, Nasser afirmou que o documento de viagem permitia que os alemães retornassem à Alemanha, se transferissem para o serviço submarino e patrulhassem as águas sul-americanas afundando navios brasileiros. Ele estava se referindo aos cargueiros brasileiros que eram sistematicamente afundados pelo Eixo. Evidentemente, esses afundamentos também eram culpa de Filinto. Sempre sem citar fontes, e sem separar imaginação e realidade, Nasser incluiu o comentário de que a informação vinha de um policial "digno", que desejava se manter anônimo. O mesmo aconteceu em um escrito de Nasser carente de fontes a respeito de uma alegação: a de que Filinto poderia ter sido o inventor de um dispositivo capaz de esmagar o crânio de um rebelde e/ou suas partes íntimas.[35] Finalmente, de maneira equivocada, Nasser atribuiu a descoberta do paradeiro do *Graf Spee* ao navio *Formose*. O crédito deveria ter ido de fato para Jonny de Graaf.[35]

No exemplar de 22 de fevereiro de 1947 da revista *O Cruzeiro*, Nasser revelou que o substituto de Müller na Polícia Central, o tenente-coronel Etchegoyen, embora impopular, com um número desconhecido de pessoas sob seu comando, era na verdade uma boa pessoa, que estava apenas limpando a casa. Aparentemente, Etchegoyen não se envolveu na tentativa de Nasser em mostrar que Müller estava por trás da morte prematura de Fournier, enquanto era chefe de polícia. Assim que o comandante em campo do *Putsch* Integralista contraiu tuberculose, tornou-se parte da confusão. Filinto afirmou que Fournier já estava doente quando foi preso. O jornalista argumentou que Filinto tinha impedido a continuação do tratamento médico de Fournier durante sua detenção. Com isso, Müller apresentou uma carta do pai de Fournier, Luís, que na realidade agradecia ao estoico chefe de polícia pelas bondades que tinha feito ao seu filho enquanto Severo estava na prisão. A mãe de Severo tinha opinião contrária. Ela continuou a colocar a culpa em Filinto pela morte do filho.[37]

No dia 14 de abril de 1947, a CPI realizou sua primeira reunião completa. Presidindo o grupo estava Plínio Barreto (UDN), de São Paulo. Também estavam presentes:

1. Glicério Alves (PSD-RS)
2. Segadas Viana (PTB-DF)
3. Amando Fontes (PR-SE)
4. Manuel Vitor (PDC-SP)
5. José Maria Crispim (PCB-SP) (Crispim era o único membro mantido da comissão original reunida por Euclides Figueiredo)
6. Raul Pila (PL-RS)
7. Rocha Ribas (PSD-PA)
8. Campos Vergal (PSP-SP)
9. Aliomar Baleeiro (UDN-BA)
10. Carlos Nogueira (PSD-PA)[38]

A assembleia de abertura produziu duas alterações: Segadas Viana e Aliomar Baleeiro foram substituídos por Rui Almeida (PTB-DF) e Euclides Figueiredo. No dia 23 de abril, Carlos Valdemar Rollemberg (PR-SE) substituiu Alves Glicério e Amando Fontes. O grupo ganhou novos membros como Argemiro Fialho (PSD-MT), Heitor Collet (PSD-RJ), Oscar Carneiro (PSD-PE), Lopes Cançado (UDN-MG) e Orlando Brasil (PSD-SC), até as deposições iniciais, em 8 de maio de 1947. A CPI acontecia todas as quintas-feiras, às 15h, no Salão da Comissão da Justiça, no Congresso Nacional. A composição final do grupo tinha então uma preponderância de seis indivíduos no PSD, seguidos por três da UDN, e um membro de cada um dos outros partidos. Filinto Müller foi um dos membros fundadores do PSD. Ele atuou como representante do Mato Grosso no primeiro Diretório Nacional do partido.[39]

O comitê chamou suas primeiras testemunhas, apresentadas antecipadamente, com evidências a serem consideradas: Belmiro Valverde, Olindo Semeraro e o diretor do Centro Nacional de Psiquiatria, Paulo Franklin Elejalde. Valverde tinha sido o Secretário Nacional das Finanças dos Camisas-Verdes, e a mente por trás dos planos para o *Putsch* de Pijama, em maio de 1938.[40] Antes que Valverde pudesse falar, contudo, foi lido um artigo da *Diretrizes*, que citava os nomes dos três possíveis queixosos – Elisiário Alves Barbosa, Diocenzano Martins e Silveira Martins – e afirmava que haviam sido torturados pela Polícia Civil e depois deixados em hospitais psiquiátricos. O capitão Felisberto Batista Teixeira tinha cuidado da parte burocrática da transferência dos prisioneiros.[41]

Ainda em 1938, o deputado federal Euclides Figueiredo perguntou a Valverde se, na presença do policial Álvaro Gurgel de Alencar Filho, tinha visto Neptuno Gasparini ser espancado por membros do DESPS do Rio de Janeiro e se, após protestar contra o que estava acontecendo, Valverde fora afastado. Alencar Filho tinha sido um dos principais torturadores, tanto na Polícia Central quanto na Casa de Correção. Valverde declarou ter visto Gasparini sendo golpeado e maltratado algumas vezes. Os assistentes de Alencar tinham usado cassetetes em Valverde. Questionado se ele havia relatado esses eventos ao chefe de polícia Müller, ele disse que sim. Na verdade, Valverde respondeu que Filinto havia declarado em um jornal que a tortura não estava ocorrendo durante seu mandato como chefe de polícia. Ao saber disso, 17 ou 18 companheiros de prisão, provavelmente todos integralistas, escreveram uma carta detalhada para Müller explicando o abuso físico que haviam sofrido. Valverde conhecia Filinto da vida civil, e escreveu que ele tinha sido interrogado algumas vezes entre as 17h e as 2h, tendo sido espancado. Vitório Caneppa, diretor da Casa de Correção, prometeu enviar a carta para Müller. Nenhum dos prisioneiros jamais recebeu resposta do chefe de polícia. Reclamações posteriores, uma delas de Valverde, via Felisberto Batista Teixeira, tiveram o mesmo fim. Não se sabe se Filinto realmente recebeu as denúncias, mas as surras continuaram.

Belmiro Valverde também mencionou que a Seção Política de Emílio Romano, no DESPS, não ficava no mesmo local onde ocorria a tortura. Não era, portanto, tão envolvida nesse tipo de atividade quanto a Seção de Explosivos de Alencar. No entanto, durante a noite ele tinha ouvido sons produzidos por palmatórias vindos da Seção Política. Além de Alencar e Emílio Romano, Serafim Braga tinha sido o outro oficial responsável por abuso físico na Central. Os três eram totalmente responsáveis pelas crueldades ocorridas em suas unidades, nunca mencionando se alguém em cargo superior lhes havia ordenado que o fizessem. O grupo então perguntou a Valverde, que era médico, se os presos mutilados tinham ajuda médica à disposição. O integralista respondeu que nunca tinha visto esse tipo de assistência após uma sessão de tortura na Polícia Central. Os médicos da casa chegavam apenas durante o dia, e somente para administrar primeiros socorros.[42]

O próximo a dar seu testemunho sob juramento, em 8 de maio de 1947, foi o Dr. Paulo Franklin Souza Elejalde. Ele negou a história publicada em *Diretrizes* pelo repórter de *O Cruzeiro*, Edmar Morel. O artigo alegava que a polícia tinha transformado instituições psiquiátricas em campos de concentração, e que tinha intimidado os funcionários dessas instituições. O Dr. Elejalde afirmou que ele não era responsável pelo Centro Nacional de Psiquiatria, no Rio de Janeiro, mas disse ter trabalhado na seção de autópsia, e não na seção de admissões. Ele informou à comissão que Morel chegara depois de afirmar que Elejalde lhe dera permissão para inspecionar os registros do hospital. Depois de uma troca de ofensas, Euclides Figueiredo perguntou se era verdade que a instituição médica havia admitido pacientes que não apresentavam sinais de perturbação mental, mas cujos corpos haviam sido golpeados e feridos, e que morreram pouco tempo depois de receberem os ferimentos. Elejalde pediu tempo para analisar os casos referidos pelo comitê antes de responder. Olhando para os registros que havia trazido, ele comentou que isso era aparentemente correto, a partir das observações do deputado federal, mas que ele nunca havia tratado nenhum dos pacientes mencionados.

O comitê então considerou o caso de Diocenzano Martins, que supostamente teria chegado em um estado deplorável no hospital onde Elejalde trabalhava. Os registros mostraram que ele entrou na instituição em 23 de abril de 1942 e lá morreu, em 12 de maio de 1942. Uma autópsia do cadáver mostrou sinais de tortura, e em especial queimaduras nas nádegas e unhas arrancadas. Elejalde rebateu com a observação de que o comentário não era verdadeiro, porque Diocenzano Martins ainda estava vivo. Diante disso, os congressistas Crispim e Rui Almeida pediram para ver os médicos que assinaram as declarações em relação a Diocenzano Martins.

Elejalde, em seguida, tentou corrigir os comentários no artigo de *Diretrizes*. Morel havia escrito que outro paciente tinha sinais de tortura. O nome do homem era Adelino da Silva, mas o Dr. Elejalde afirmou para os registros que ele era na verdade Adelino dos Santos. Eles o admitiram para observação em 16 de outubro de 1937, com queimaduras de terceiro grau no lado direito do tórax e na parte posterior do braço direito, além de rins lesionados. O diagnóstico foi de paralisia total. O indivíduo faleceu no dia 10 de julho de 1939. Elejalde acrescentou que, em sua opinião, esse não era um caso de tortura policial. O médico concluiu seu comentário com uma análise de cinco casos adicionais que vieram das delegacias de polícia no Rio de Janeiro. Ele mencionou que quatro desses cinco pacientes não morreram no hospital psiquiátrico em razão de lesões ocorridas quando estavam sob custódia policial. Elejalde, no entanto, não teve acesso aos registros para um desses casos.

Os membros da comissão logo estavam criticando o jornalista Edmar Morel por não ter fornecido mais provas, além de desperdiçar o tempo do comitê. O presidente Plínio Barreto perguntou se o Dr. Elejalde nunca tinha ouvido falar, direta ou indiretamente, de casos em que a polícia tinha torturado suspeitos e, em seguida, os transferido para hospitais psiquiátricos. Elejalde respondeu que ele não tinha se envolvido pessoalmente com esses pacientes, mas que ouvira vagos rumores de que haviam existido tais casos.[43]

Posteriormente ao Dr. Elejalde, Samuel Lopes Pereira forneceu seus comentários no dia 22 de maio de 1947. Pereira foi o enfermeiro que havia admitido Elisiário e Diocenzano. Apesar das observações precedentes de Pereira, o comitê votou e aprovou duas melhorias estruturais, bem como ofereceu um rol de testemunhas, incluindo David Nasser, que eles queriam que comparecessem diante deles. Adquiriram ainda algumas cópias do livro de Nasser, *Falta alguém em Nuremberg*, para fins de consulta.[44]

Pereira começou a contar de seu encontro com o jornalista Edmar Morel no Hospício Nacional dos Alienados, no Rio de Janeiro. Morel queria saber os nomes de todos os indivíduos doentes que Filinto Müller tinha enviado para lá. Pereira disse que se lembrava dos nomes de Elisiário e Diocenzano. O jornalista imediatamente perguntou se os dois chegaram feridos, mas o enfermeiro respondeu que não. Morel seguiu, perguntando se eles tinham alguma reclamação sobre o tratamento que haviam recebido na Polícia Central. Pereira respondeu que nenhum dos homens havia mencionado tais queixas, mas eles tinham cicatrizes em seus corpos e pernas, o que indicava o tratamento recebido no cativeiro.

Morel então quis saber se Pereira conseguia se lembrar de qualquer outro caso. Pereira, que tinha 35 anos de experiência na instituição, respondeu que poderia haver exemplos nos registros do hospital. Edmar afirmou que ele então pediu a seu anfitrião a gentileza de verificar os arquivos. O comitê começou então a atormentar Pereira a respeito de todos os eventos relacionados a Elisiário e Diocenzano.

O deputado federal Euclides Figueiredo declarou mais tarde que era muito importante saber se a história de *Diretrizes* relatada pelo repórter de *O Cruzeiro* era verdade ou ficção. O enfermeiro Pereira comentou que ele nunca havia usado o nome de Filinto Müller da forma atribuída a ele por Morel, e que cerca de 75% da história era mentira pura. Com essa observação, o presidente Barreto encerrou o interrogatório.[45]

Em 27 de maio de 1947, perante o orador seguinte, houve uma tentativa, da parte de Oscar Carneiro, de abandonar a audiência com a observação de que erros durante o governo de Getúlio Vargas até o início do Estado Novo estavam no território da Constituição de 1934, e, como tal, eram acusações que não deveriam ser ouvidas pelo comitê. O pedido de Carneiro para terminar o inquérito foi derrotado em um voto verbal.[46]

Dois dias depois, a CPI convocou o Dr. Odilon Vieira Gallotti para depor. Gallotti era diretor do Hospital Pedro II, onde Samuel Lopes Pereira trabalhava. Ele começou delineando a seção para os recém-chegados no Instituto Psiquiátrico até 1938. Naquele ano, pacientes que chegavam, incluindo aqueles enviados pela polícia, já não eram levados para o Instituto Psiquiátrico, mas despachados diretamente para o Hospício dos Alienados, que era uma parte do complexo do Pedro II. Aqueles que apresentavam sintomas mentais ficavam no hospital; caso contrário, eram enviados para outro lugar. Entre os casos políticos que chegaram àquela época estavam Elisiário Barbosa e Diocenzano. Elisiário entrou no hospital no dia 27 de junho de 1942. O DESPS o tinha enviado para lá por causa de problemas mentais, de acordo com o médico da polícia. Colocado sob observação, a equipe médica informou que a partir de 5 agosto de 1942 Diocenzano não apresentou quaisquer sintomas de desequilíbrio mental. A equipe relatou esse fato à polícia, que o apanhou no dia 3 de dezembro de 1942. Com isso, o deputado federal Plínio Barreto quis saber se Elisiário tinha chegado com algum sinal de tortura no corpo. O Dr. Gallotti respondeu que um exame físico era feito naqueles que chegavam lá antes das 18h30. Como não havia médicos de plantão após essa hora, os pacientes que chegavam depois tinham que esperar até o dia seguinte.

O deputado federal Figueiredo então ficou curioso sobre um outro ponto: os formulários de admissão sobre novos pacientes que morreram rapidamente. O relatório incluía casos de costelas quebradas e crânios rachados. O legislador queria saber se isso iria chamar a atenção dos funcionários de admissão do hospital. O Dr. Gallotti respondeu que certamente chamaria. Em sua opinião, no entanto, a história em *Diretrizes* estava cheia de absurdos e maquinações e tinha sido escrita em um tom negativo. Em parte, a base para o relatório vinha da suposta autópsia de Diocenzano Martins, um homem que ainda estava vivo, residindo na rua da Alfândega, onde trabalhava como alfaiate.

Euclides Figueiredo seguiu perguntando se o ponto no artigo sobre fraturas era verdadeiro. O Dr. Gallotti respondeu dizendo que não havia ossos quebrados entre os pacientes enviados pela polícia. Figueiredo continuou perguntando se Gallotti poderia atestar que os pacientes podiam ir e vir sem serem examinados ou classificados. Ele respondeu de forma negativa, exceto nos casos em que os indivíduos tinham fugido. Gallotti acrescentou, no entanto, que havia um paciente, Alfredo Esteves Paulo, que havia chegado às 16h35 do dia 27 de agosto de 1941 com uma costela quebrada, mas foi a polícia comum que o trouxe, e não o DESPS. Esse paciente morreu em 20 de setembro de 1941 às 16h. O Dr. Elejalde tinha feito o diagnóstico de uma costela quebrada durante a autópsia. Portanto, o paciente poderia ter mantido aquela lesão específica no hospital. Figueiredo ficou insatisfeito e sugeriu que, nesses casos, deveria haver um inquérito. Ele perguntou se teria havido alguma pessoa admitida com uma fratura no crânio. Gallotti respondeu que nunca teve conhecimento de nenhuma admissão desse tipo.

O deputado federal Oscar Carneiro o interrompeu, perguntando se não era hora de descobrir quem fora o responsável por dizer que Diocenzano Martins tinha morrido. O Dr. Gallotti respondeu que isso fora provavelmente um erro da pessoa que anotou a informação.

O deputado federal José Crispim perguntou se quando os pacientes iam ao banheiro eram acompanhados por funcionários, podendo reportar qualquer irregularidade. A resposta é que esse era, possivelmente, o caso. Por outro lado, nenhum dos membros da equipe, que cuidava de cerca de oitocentos pacientes no hospital, relatou ter visto um paciente com sinais de maus-tratos antes da sua chegada.

Euclides Figueiredo, então, questionou se o Dr. Gallotti tinha qualquer documentação a esse respeito. A resposta foi que havia um caso de um paciente que estava com uma vértebra quebrada ao entrar no hospital. Figueiredo continuou perguntando se havia uma ligação entre o estado mental dos pacientes e suas lesões. Gallotti respondeu que esse paciente específico não veio da polícia. Figueiredo respondeu que ele estava falando em geral, e não necessariamente a respeito dos presos que vinham das diversas entidades policiais. Gallotti continuou, afirmando que certamente havia uma conexão entre o estado mental e as lesões dos pacientes. Mas, enfatizou ele, os pacientes com fraturas no crânio e com costelas quebradas a que o deputado federal estava se referindo não tinham vindo do departamento de polícia. Figueiredo em seguida perguntou se era possível que a polícia tivesse agredido brutalmente um paciente que a equipe do Instituto Psiquiátrico tivesse admitido por problemas mentais. O Dr. Gallotti respondeu que isso era possível. Ele então continuou, informando ao comitê que durante o período sob escrutínio ele não era diretor do Instituto Psiquiátrico, mas chefe de uma seção do estabelecimento. Ele se tornou diretor de uma outra instituição, o Hospital do Engenho de Dentro, em 1945.

O deputado federal Argemiro Fialho tomou a palavra, perguntando por que Elisiário Barbosa tinha ficado no hospital por tanto tempo. Gallotti respondeu que isso era devido ao fato de a polícia não ter enviado uma pessoa para buscá-lo. O deputado federal Crispim questionou se o Dr. Gallotti sabia se havia prisioneiros políticos no instituto. Ele respondeu que soube disso no dia seguinte. Crispim continuou, insistindo que durante aqueles tempos os prisioneiros políticos eram agredidos. Esse fato deveria ter levado a equipe médica a esperar tais lesões em pacientes vindos do DESPS, ao menos para salvar a reputação do hospital. No caso em questão, Crispim argumentou que o comitê tinha provas de que a polícia agrediu Elisiário Barbosa e Diocenzano Martins enquanto estes estavam sob custódia. O deputado federal Crispim quis saber se isso tinha sido determinado no hospital. Gallotti respondeu que não, e disse mais: que a quase totalidade dos casos que chegaram da polícia vinha do DESPS.[47]

No dia 29 de maio de 1947, o presidente Barreto começou a audiência explicando que eles tinham chamado o Dr. Adib Jabur para dar mais explicações mais sobre o testemunho do Dr. Elejalde a respeito de Elisiário Barbosa. Os legisladores perguntaram ao Dr. Jabur se Barbosa mostrara sinais de agressão, mesmo que leves, mas foram informados de que o paciente não tinha absolutamente qualquer tipo de contusão. O deputado federal José Crispim, em seguida, perguntou se o paciente tinha tuberculose. Jabur não soube responder a isso. Crispim continuou, questionando se Jabur tinha olhado para as mãos de Barbosa durante o seu exame, e se ele tinha percebido quaisquer cicatrizes que evidenciassem que alguém havia colocado algo sob as unhas dele. Jabur respondeu que não tinha visto nada fora do comum. O homem tinha apenas mencionado comida. O deputado federal Crispim então perguntou se o Dr. Jabur havia examinado Diocenzano, e, em caso afirmativo, se Diocenzano tinha problemas estomacais ou intestinais e se ele tinha sido torturado. Jabur respondeu que o paciente tinha mencionado problemas de fígado, mas seus sintomas eram imprecisos. Ele falava antes que tinha tido hepatite, mas nunca disse nenhuma palavra sobre castigos físicos.[48]

Bernardino Oliveira Carvalho foi o observador seguinte a apresentar seu testemunho, também em 29 de maio de 1947. Ele alegou atuar como jornalista em São Paulo. No entanto, não havia registros de ter exercido essa profissão.[49] Embora ele nunca tenha mencionado o nome do tabloide para o qual trabalhava, comentou que desejava publicar seu projeto em um periódico conhecido, tal como o *Diretrizes*. Carvalho disse que já havia decidido escrever um relatório baseado apenas em fatos e não em fantasia, como o Dr. Elejalde insinuou, erradamente. Ele mencionou que percebera que alguém tinha levado vários prisioneiros torturados para hospitais psiquiátricos, onde eles morriam. Carvalho disse como havia conhecido o pessoal do hospital psiquiátrico, que o Dr. Gallotti não tinha aprovado o seu pedido para fazer pesquisa para a história e que Adauto Botelho, o diretor dos Serviços Mentais no Brasil, finalmente permitiu a sua investigação.

Grande parte da contribuição de Carvalho girava em torno de uma entrevista que ele alegou que Paulo Franklin Elejalde lhe dera. Elejalde negou que tal sessão de perguntas e respostas tivesse ocorrido. Então, Bernardino Carvalho apresentou uma fotografia do Dr. Elejalde e dele mesmo, aparentemente conversando. A comissão informou-lhe que o que mais interessava a eles era a verdade em suas observações, uma vez que era difícil dizer se a fotografia realmente vinha de uma entrevista durante o exame de Carvalho dos arquivos de pacientes mortos, no escritório de Elejalde. O jornalista Carvalho então afirmou que o enfermeiro Samuel Lopes Pereira lhe havia falado que o TSN tinha condenado Diocenzano Martins e Elisiário Barbosa a vinte e trinta anos de prisão, respectivamente. Martins tinha apelado a Getúlio Vargas por um novo julgamento. Carvalho também informou que o policial tinha agredido o marinheiro Francisco Caruso, em seguida transferindo-o para o hospital psiquiátrico, onde veio a falecer. Outro indivíduo torturado e enviado à instituição para morrer foi Adelino da Silva. Carvalho mostrou a cópia de um documento do hospital, no qual se afirmava que Filinto Müller tinha mandado um prisioneiro para a instituição devido a aparentes problemas mentais, e que somente o chefe Müller poderia enviar tais prisioneiros para o hospital.

O deputado federal Rui Almeida então começou uma linha de questionamento que parecia mostrar que o jornalista, de fato, tinha usado de certo sensacionalismo em seu relato. Carvalho jurou que isso não era verdadeiro. Seguiu-se então um debate adicional sobre a requisição de todos os arquivos dos hospitais psiquiátricos do Rio de Janeiro, em cujas informações a comissão deveria acreditar, e deixar ou não o TSN fora das deliberações do comitê. O deputado federal José Crispim lembrou seus colegas, no final da sessão, que a razão para a criação do TSN tinha sido "cobrir grande parte da violência que estava sendo relatada com um verniz de legalidade".[50]

O comitê, em seguida, convocou alguns daqueles que tinham testemunhado para tentar resolver a discrepância nos testemunhos de Elejalde, Samuel Lopes Pereira e do jornalista Carvalho. O Dr. Elejalde foi o primeiro. Ele afirmou que Carvalho não o tinha entrevistado, mas que o pretenso colunista tinha escrito um relatório como se tivesse havido tal reunião. O médico frisou que havia, na verdade, partes erradas no relato do jovem.

Bernardino Carvalho sustentou que sua versão do que ele havia escrito era verdadeira. Depois de um pesado questionamento, o deputado federal Rui Almeida afirmou para seus colegas que Carvalho tinha tentado evitar uma resposta direta às suas perguntas e que, portanto, ele não estava dizendo a verdade sobre ter entrevistado o Dr. Elejalde. Quanto ao que era verdadeiro ou falso no artigo, Elejalde respondeu que era correto que os casos eram dois ou três prisioneiros políticos, incluindo Elisiário Barbosa e Diocenzano Martins, que não eram loucos e foram mandados para o hospital e liberados mais tarde. Já os comentários sobre os pacientes que vieram da polícia apenas para morrer no hospital psiquiátrico eram errados.

O enfermeiro Samuel Lopes Pereira aderiu às acusações contra o correspondente novato Morel. Ele disse que Carvalho o procurara durante todo o tempo em que eles falaram sobre pacientes com suspeita de lesões características de tortura. Pereira reafirmou que ele tinha respondido repetidamente que não sabia. O deputado federal Crispim, então, quis saber por que Pereira quase tinha terminado seu diálogo com Morel quando Carvalho mencionou o nome de Filinto Müller. Pereira respondeu que era porque ele não queria entrar em uma caça às bruxas política. A reunião do comitê foi encerrada com o aviso de que haveria uma visita ao Hospital Pedro II na segunda-feira, dia 16 de junho de 1947.[51] O encontro ocorreu como previsto, confirmando o testemunho dos médicos e desacreditando a história de Bernardino Carvalho.[52]

Em 17 de junho de 1947, aos 49 anos de idade, Olindo Semeraro testemunhou. Ele afirmou que a polícia o tinha prendido 15 vezes durante os anos Vargas e que ele era a ligação entre o integralista Severo Fournier e outros direitistas. O comitê pediu que Semeraro falasse mais a respeito do espancamento de Neptuno Gasparini pelo grupo de policiais que trabalhavam para Alencar Filho. Conquanto Semeraro não houvesse exatamente visto Gasparini ser espancado, ele realmente tinha visto a declaração juramentada de Gasparini. Ele também sabia de muitos prisioneiros a quem as autoridades haviam tratado rudemente, na Polícia Central. O professor Rocha Vaz e Raul Leite, além de muitos outros, tinham sido torturados ali, incluindo as esposas de Agildo Barata e Arthur Ernst Ewert. Um policial conhecido apenas como "Buck Jones" tinha ferido uma criança de três anos para tentar conseguir que sua mãe, que estava presente, revelasse o paradeiro de seu marido. Ao todo, eram cerca de 11 torturadores na Polícia Central. Gustavo Barroso tinha sido "atendido", na linguagem da época, por um deles, de uma maneira única e sem dúvida engraçada – para a polícia que lhe assistia. Os guardas não permitiram que ele usasse um banheiro apropriado durante 48 horas. A cela do político Mário Brant passou por uma limpeza noturna feita por estranhos. Durante a espera, os carcereiros o levaram a uma cela com cafetões e outros tipos abomináveis. Quanto a Olindo Semeraro, ele alegou que o editor de *O Estado de S. Paulo*, Júlio de Mesquita Filho, que tinha entrado e saído da prisão durante esse período, tinha presenciado a polícia bater-lhe no rosto com uma barra de ferro e cortar as solas de seus pés com uma faca. Roxo, Olindo foi mais tarde transferido para a Polícia Especial, para morrer. Após quarenta dias, no entanto, surpreendentemente, ele se recuperou. Olindo Semeraro alegou que o chefe de polícia Filinto Müller estava ciente de tudo isso. Semeraro afirmou que Filinto tinha dado ordens através de um assistente, que as havia transmitido, por sua vez, para Felisberto Batista Teixeira. Às vezes, o assistente até mesmo participava das sessões de brutalidade.[53]

O próximo a apresentar sua versão era um dos homens por trás de tudo aquilo. No dia 31 de julho de 1947, David Nasser se apresentou ao comitê para explicar o material que entrava em seus artigos e em seu livro. Nasser começou informando ao comitê que ele nunca tinha sido encarcerado e que, portanto, não havia realmente testemunhado os exemplos mencionados em seus artigos e em seu livro. Então, ele disse que poderia fornecer ao comitê uma lista de endereços daqueles que poderiam comprovar o que ele havia escrito. Em seguida, discutiu o destino do líder do ataque ao Palácio Guanabara, Severo Fournier.

Esse era o homem que o general Dutra queria alvejar. Nasser apresentou um resumo de acontecimentos explicando que, em vez disso, Fournier foi levado a uma morte lenta e dolorosa. Era a visão de Nasser que Fournier tinha contraído tuberculose após sua custódia na polícia. Eles o tinham colocado em uma cela úmida até que ele pegou uma gripe forte. Então os carcereiros transferiram-no para o cubículo de um indivíduo que sofria dessa enfermidade, e assim ele se infectou.

Severo Fournier chegou a escrever um diário secreto no qual comentava sobre a chamada "Sala Americana", na Polícia Central. Tratava-se de um recinto sem janelas onde guardas mandavam os prisioneiros se despirem. Depois, inspetores de polícia entravam com cassetetes e começavam a bater nas vítimas. Uma motocicleta do lado de fora era ligada ao mesmo tempo e continuamente acelerada para abafar os gritos da pessoa que apanhava.

Nasser insistiu que Vargas era informado sobre esses acontecimentos, assim como o foi sobre a tortura de Auguste Elise Ewert, a esposa de Arthur Evert. Filinto também sabia o que estava acontecendo, de acordo com Nasser. O jornalista chegou a acusar o chefe da polícia de dizer à família de Severo Fournier que ele não podia fazer nada até que o filho deles morresse. Então ele lhes devolveria o corpo. Em outra ocasião, no comentário de Nasser, ele afirmou que Müller ordenou que o recém-operado Fournier fosse transportado de São Paulo para o Rio de trem, mesmo que a única opção fosse um trem de carga.

Nasser se aproximou do fim de seu testemunho com a observação de Severo Fournier a respeito dos sete membros da AIB executados no Palácio Guanabara, nas mãos do irmão mais novo de Vargas, Benjamin (comumente chamado de "Bejo"), e do capitão Serafim Braga, do DESPS. Mais tarde, Benjamin se vangloriou dos assassinatos no Jockey Club do Rio. Nesse ponto o presidente do comitê, Plínio Barreto, questionou se as pessoas que contaram sobre esses acontecimentos a Nasser eram as próprias vítimas. Nasser disse que sim. Da mesma forma, Barreto quis saber se o jornalista daria, de fato, uma lista desses nomes, de maneira que a CPI pudesse requisitar a presença deles. Nasser estava aparentemente preparado para essa pergunta. Ele respondeu que consultaria antes cada uma das vítimas, uma vez que não queria compor tal lista sem o consentimento dos envolvidos.[54]

No mesmo dia, 31 de julho de 1947, Aristófanes Barbosa Lima seguiu Nasser até o banco das testemunhas. Sendo advogado, Lima representou um dos três indivíduos que haviam trabalhado para a Companhia de Navegação Lloyd Brasileiro. A polícia prendeu o trio, acusando-os de crimes falsos, e depois os agrediu. Isso foi durante o Estado Novo, quando Filinto Müller era chefe de polícia. O chefe da seção onde a tortura acontecia era Vidal Martins. Libertados, os três homens voltaram, finalmente, para o Lloyd, mas ficaram com medo de prestar queixa. Um dos indivíduos, Serafim Carneiro da Rocha, disse a seu advogado que mataria o policial responsável pelo tratamento que ele havia recebido. O presidente Barreto informou a Lima que ele discutiria com seus colegas se haveria necessidade de seu cliente comparecer.[55]

As seguintes observações de Marighella não apareceram no *Diário do Congresso Nacional* no mesmo dia em que ele compareceu perante a CPI, em 21 de agosto de 1947. Por alguma razão desconhecida, elas surgiram uma semana depois, na edição do jornal do dia 28 de agosto de 1947. Isso sugere que a censura pode ter sido um dos motivos. O comunista Carlos Marighella (PCB-Bahia), no entanto, compareceu diante de seus colegas para prestar um testemunho muito forte. Marighella era um estudante de engenharia da Bahia que tinha se transferido para o Rio de Janeiro a pedido da liderança do PCB. A polícia o levou sob custódia no dia 1º de maio de 1936, quando ele foi à casa de um amigo, para uma visita.

Levado ao DESPS, e para o Escritório de Serafim Braga, Marighella disse à CPI que Braga era, na realidade, português. Comentava-se que o chefe da seção social do DESPS durante este tempo agia como um vigarista que conseguira prosperar sob a proteção policial no lendário bairro da Lapa, no Rio de Janeiro. Alguns afirmam que ele tinha obtido um diploma de Direito. Braga tinha ordenado um espancamento como "boas-vindas à Central" para Marighella, assim que ele chegou ao edifício. Ao revistar o suspeito, a polícia encontrou literatura comunista e documentos que "justificavam" o uso da tortura por parte das autoridades. Eles rapidamente amarraram Marighella, e Serafim Braga comandou pessoalmente o abuso. Este começou com as solas de seus pés. Um dos brutos policiais era um homem conhecido apenas como "Mattos". Os outros nunca usavam nenhum tipo de nome. Eles também bateram na região dos rins de Marighella. A polícia fazia incessantemente as mesmas perguntas, todas relacionadas às atividades comunistas de Marighella. Eles o arrastaram para uma pequena sala, onde os espancamentos continuaram.

Mais tarde, no escritório de Emílio Romano, este tentou convencê-lo a confessar. A polícia queria que ele dissesse que o PCB estava preparando outra revolução. Para isso, eles o golpearam na cabeça. Ele desmaiou, mas foi reanimado e informado de que deveria dizer a verdade ou eles o entregariam à Polícia Especial de Euzébio Queiroz Filho, da qual receberia um tratamento ainda mais duro. Como ele se recusou a cooperar, a polícia do DESPS manteve a sua palavra e Marighella acabou indo para as instalações da Polícia Especial, que ficava próxima. Um dos torturadores dali, José Torres Galvão, também praticava sua especialidade na Central. Outro membro da Polícia Especial, também ativo na Central, segundo Marighella, era alguém chamado "Julião".[56]

No morro de Santo Antônio, assim como no edifício na rua da Relação, a provação por que passavam os prisioneiros acontecia à noite, chegando quase até a manhã. No caso de Carlos Marighella eles o chutaram, espancaram e queimaram com cigarros. Em seguida, Galvão empurrou seu alfinete de gravata lentamente sob as unhas de Carlos. Outro tipo de tortura machucou sua testa. Finalmente levado a uma cela, um guarda chamado "Gaúcho" fez Marighella continuar em pé até desmaiar. Transferido novamente para a Polícia Central, Romano fez com que o futuro deputado federal fosse algemado e amarrado de cabeça para baixo em cima de uma cama, onde os torturadores lhe bateram com cassetetes. Isso terminou mais tarde, uma vez que eles o levaram para um cubículo escuro para interrogá-lo. Entre outras coisas, a polícia queria saber onde seus camaradas imprimiam seu tabloide, *A classe operária*.

Em 23 de maio de 1936, em uma pausa para os primeiros socorros, Romano queria usar Marighella para uma história de jornal, mas percebeu que ele tinha machucados demais para as fotografias que acompanhariam a história. Mais tarde, Marighella disse que os jornais foram muito bons em retocar as fotografias para remover referências visíveis do que os presos tinham sofrido. Durante esse tempo, Marighella pessoalmente contou cerca de 400 marinheiros que também haviam sido torturados.

Em seu depoimento à CPI, em 1947, Marighella leu a declaração dada ao Congresso, em 1937, por um adversário de Vargas, o deputado federal João Mangabeira, que o DESPS tinha prendido em 1936 após a tentativa da Revolução Comunista. Mangabeira falecera em 1945. Suas observações revelaram a seus colegas do Congresso que o chefe de polícia, Filinto Müller, tinha muita ousadia em ir contra a opinião nacional no que dizia respeito ao assassinato de Augusto Medeiros. De acordo com Mangabeira, a polícia tinha torturado Medeiros até a morte, levado seu corpo até os morros que rodeavam o Rio de Janeiro e, na Vista Chinesa, atirado nele. Fontes policiais colocaram a culpa pelo assassinato de Medeiros diretamente nos comunistas.

Marighella afirmou que ele havia testemunhado maçaricos aplicados aos pés dos prisioneiros na Central, em 1940. Em 1946, ele encontrou um homem alistado na Marinha que tinha tido uma das nádegas cortada por um aparato especial, na Central. Marighella não sabia se o comitê tinha ouvido falar de José Alexander, conhecido como "Ceará", que tinha sofrido o mesmo processo. O presidente Barreto mencionou que eles haviam lhe pedido que testemunhasse, mas ainda não tinham recebido uma resposta.

Continuando, Marighella leu à comissão outra parte da declaração de João Mangabeira. Nela estava citada a tortura de um estudante de engenharia chamado Carlos Marighella, ato testemunhado por Mangabeira. Fotografias do jovem torturado apareceram em diversos jornais no Distrito Federal, bem como em outras partes do país. Mangabeira escreveu que Filinto Müller tentou fazer com que as pessoas acreditassem que o governo tratava com tolerância aqueles sob sua custódia. Sempre que ele pensava em tais coisas, Mangabeira lembrava-se do caso de Domingos Velasco. A polícia tinha batido terrivelmente no Deputado Velasco, junto com o senador federal Abel Chermont. Mangabeira tinha afirmado tudo isso perante seus contemporâneos no Congresso, à época. Ele tinha se recusado a ficar calado, e simplesmente deixou os torturadores irem adiante. Eles tinham aleijado e matado. Relatou tudo isso ao Almirante Álvaro de Vasconcelos, mas o que o almirante fez é desconhecido. No dia 26 de julho de 1936, no entanto, oficiais do Exército e da Marinha, professores, jornalistas, advogados e médicos mostraram sua insatisfação a Vargas. Entregaram-lhe um documento com suas queixas sobre o tratamento desumano. Getúlio simplesmente respondeu com um de seus célebres sorrisos e nada mais.

O deputado federal Marighella continuou com os comentários escritos de Mangabeira, acrescentando suas próprias observações sobre as mulheres levadas para o "Salão de Beleza" da Central, onde tinham os cabelos arrancados. Ele também mencionou os marinheiros que passaram pela "Caixa Inglesa" e eram obrigados a lamber o sangue de companheiros torturados. De São Paulo, as autoridades levaram Marighella a um brigue militar no Rio, onde ele encontrou muitos prisioneiros que tinham passado pela Polícia Central. Um considerável número deles possuía marcas de queimadura e hematomas das surras que haviam recebido. Mangabeira observou que, nesse momento, Clodomir Colaço Veras era a pessoa encarregada da tortura na principal delegacia do Rio de Janeiro. Veras controlava um sombrio depósito de dispositivos destinados a extrair informações ou apenas infligir punição. Havia os *adelfis*, alfinetes de aço colocados debaixo das unhas dos torturados. A polícia também empregava a infame máscara de couro. A ideia era afivelá-la tão fortemente na cabeça da vítima que a respiração se tornaria difícil. Os prisioneiros tinham que ficar em pé o tempo todo enquanto usavam a máscara.

Figura 1.
Rita Teófila e Júlio Frederico Müller, pais de Filinto Müller, na residência da família, em Cuiabá. [s.d.]

Figura 2.
A casa onde Filinto Müller nasceu, na rua Comandante Costa, 18, em Cuiabá. A propriedade ainda pertence à família Müller.

Figura 3.
A mais antiga fotografia conhecida de Filinto Müller retrata o jovem cadete na Escola Militar do Realengo, bairro da zona oeste do Rio de Janeiro.

Figura 4.
No descanso das manobras, na Vila Militar. Filinto está sentado entre dois colegas, durante uma refeição. 29/4/1922.

Figura 5.
Escola Militar do Realengo.

Figura 6.
Epitácio Pessoa, que assumiu a Presidência da República de 28/7/1919 a 15/11/1922.

Figura 7.
Artur Bernardes, presidente do Brasil de 15/11/1922 a 15/11/1926.

Figura 8.
Washington Luís, presidente do Brasil de 15/11/1926 a 24/10/1930.

Figura 9.
Na Divisão de São Paulo, defendendo sua posição próximo a Catanduvas, na fazenda Floresta. Em 16/7/1925, Buenos Aires, Filinto enviou esta foto ao sobrinho Civis Müller, filho de sua irmã mais velha, Frederica.

Figura 10.
Exilados em Buenos Aires: Henrique Ricardo Holl (segundo da esquerda para a direita), Newton Estillac Leal (sentado ao lado do garrafão de vinho), Filinto Müller (de pé, à direita de Estillac), Clélio Souza de Carvalho (ao lado de Filinto, à esquerda). Os dois homens jogando xadrez não foram identificados.

Figura 11.
Encontro no Palácio dos Campos Elíseos, em São Paulo, 1931. Müller (de pé, o segundo da esquerda para direita) assinou sobre o retrato. No grupo também estão: (sentados, na terceira, quarta e quinta posições, da esquerda para a direita) Miguel Costa, João Alberto e Góis Monteiro.

Figura 12.
Aeródromo de Campo dos Afonsos na década de 1930.

Figura 13.
Posse do ministro da Guerra, general João Gomes Ribeiro Filho, no Ministério da Justiça, em 7/5/1935. Na foto (da esquerda para a direita): Filinto Müller, chefe de Polícia; João Gomez Ribeiro Filho; Vicente Rao, ministro da Justiça; e Pedro Ernesto, interventor do Distrito Federal Rio de Janeiro.

Figura 14.
Rendição dos rebeldes na Praia Vermelha, no Rio de Janeiro, em 1935. Na foto: Agildo Barata, l[íder] daquela seção da revolução, e José Gutman (respectivamente, o segundo a partir da esquerda, primeira fila, e o terceiro a partir da direita).

Figura 15.
Filinto Müller entre Francisco Julien (à sua direita) e Affonso Henrique de Miranda Corrêa, após a tentativa da Revolução Comunista em 1935.

Figura 16.
Integralistas saudando "Anauê"! Na foto (da esquerda para a direita): Manoel Hasslocher, Araújo Lima, Plínio Salgado, Alcebíades Delamares, Raimundo Barbosa Lima. O sexto integrante da foto não foi identificado. Montevidéu, 16/7/1939.

MINISTÉRIO DA JUSTIÇA – NEGÓCIOS INTERIORES
POLÍCIA CIVIL DO DISTRITO FEDERAL

PLANILHA DE REGISTO

Nome MARIA PRESTES ou OLGA BENARIO
Nacionalidade Alemã
Naturalidade Erfurt
Filho de
e de
Idade   anos. Nascido em   de   de 1.904
Estado Civil   Instrução Sim
Profissão Doméstica
Residência
Motivo

Notas Cromáticas

Cutis   Cabelos
Olhos   Bigodes
Barba   Como usa

Filiação morfológica e exame descritivo

Altura 1.   cent.
Fronte: altura   Inclinação
Largura   Sobrancelhas
Pálpebras
Nariz: dorso
Base
Boca   Lábios   Queixo   Orelhas
Marcas particulares, cicatrizes e tatuagens

Assinatura do Identificado   Identificado em   de   de 19
Identificador

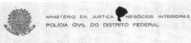

Figura 17.
Ficha de Olga Benário na Delegacia Especial de Segurança Política e Social (DESPS).

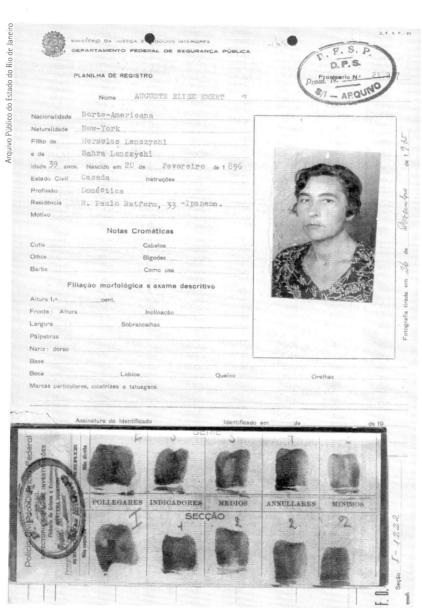

Figura 18.
Ficha de Auguste Elise Ewert, também conhecida como Sabo, na DESPS.

Figura 19.
O capitão Filinto Müller, a esposa, Consuelo, e as filhas, Júlia Rita e Maria Luiza, chegam ao aeroporto Santos Dumont, no Rio de Janeiro, em um Lockheed Super Electra, da Panair do Brasil, em julho de 1938.

Figura 20.
(Da esquerda para a direita, em pé) Frederico, Fenelon, Júlio, Filinto e, sentadas, suas irmãs, Frederica e Rita, em 1941.

Figura 21.
Filinto Müller e Getúlio Vargas no Palácio Rio Negro, em Petrópolis, provavelmente entre dezembro e março de 1940.

Figura 22.
Filinto Müller em sua mesa de trabalho na Polícia Central, em junho de 1941.

Figura 23.
Pedro Aurélio de Góis Monteiro.

Figura 24.
Felisberto Batista Teixeira.

Figura 25.
Getúlio Vargas anunciando o início do Estado Novo, em 10/11/1937. Filinto (o homem alto, em traje claro) está atrás de Dutra (de terno escuro, com os braços cruzados).

Figura 26.
Filinto (em primeiro plano) e o sobrinho Júlio Frederico Müller, um dos filhos de seu irmão Júlio, na fazenda Abolição.

Figura 27.
Uma das raras fotografias de Civis Müller, sobrinho de Filinto.

Figura 28.
Oswaldo Aranha, 20/3/1939.

Figura 29.
Vasco Leitão da Cunha, no fim do primeiro semestre de 1942.

Figura 30.
(Da esquerda para a direita) Antônio Emílio Romano, Georges Sonschein e Guilherme Nilo Sarmento de Castro como réus no julgamento pela extorsão de Alexandre Hirgué, em setembro de 1938.

Figura 32.
Nereu Ramos entre o senador Flinto Müller (à sua direita) e o presidente Dutra (à sua esquerda), em 20/9/1947.

Figura 31.
Müller com seu protetor, Dutra, ministro da Guerra, em 16/5/1938. Na ocasião, Dutra deixava a Polícia em decorrência de seu apoio ao *Putsch* de Pijama.

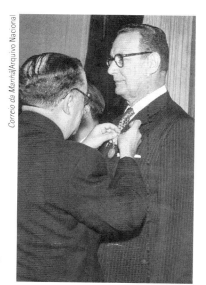

Figura 33.
Filinto sendo condecorado com uma de suas muitas medalhas.

Figura 34.
Assis Chateaubriand (em primeiro plano) e David Nasser.

Figura 35.
Almoço no Palácio das Laranjeiras, no Rio de Janeiro, em 6/5/1959. Na foto (sentados, da esquerda para a direita): general Nelson de Melo; o primeiro-ministro de Cuba, Fidel Castro; o presidente do Brasil, Juscelino Kubitschek; e o senador Müller.

Figura 36.
O vice-presidente do Senado, Filinto Müller, acompanhado pelo senador Benedito Valadares, em reunião com o secretário-geral das Nações Unidas, Dag Hammarskjöld, em Brasília, em setembro de 1959.

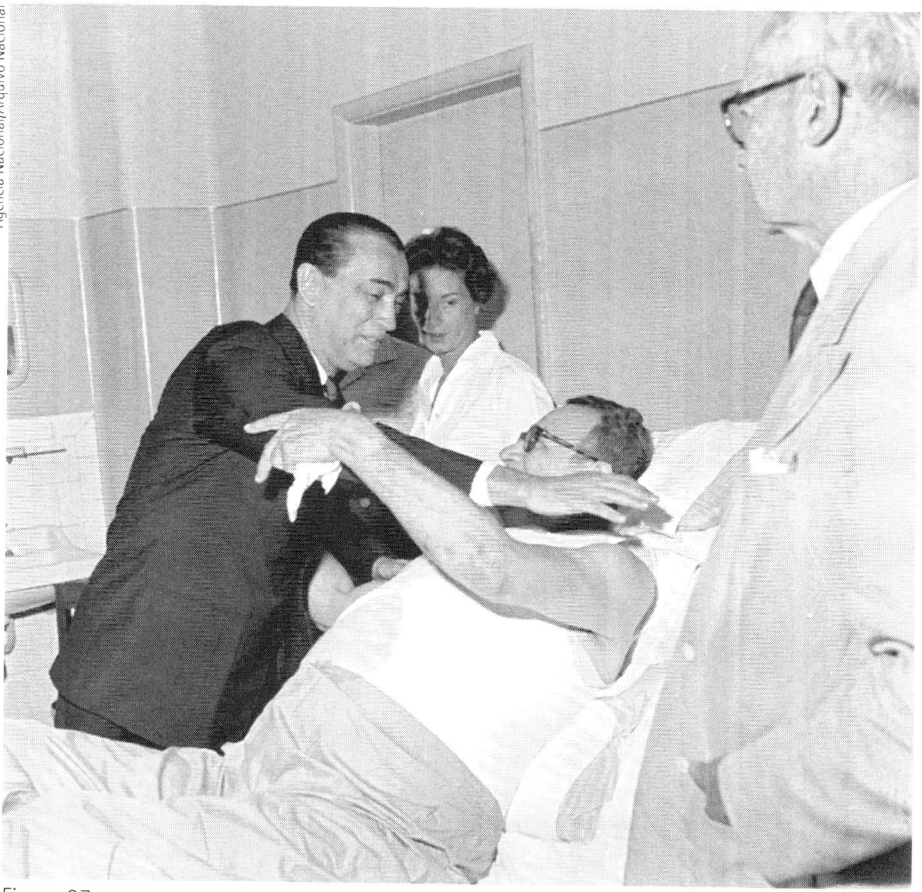

Agência Nacional/Arquivo Nacional

Figura 37.
Visita do presidente Juscelino Kubitschek ao seu colega de partido senador Müller, no hospital, em 11/2/1959. Müller havia fraturado as costelas em um acidente doméstico.

Figura 38.
Filinto Müller, líder da Arena no Senado, em novembro de 1969.

Figura 39.
Filinto (à esquerda) com o embaixador americano no Brasil, William Manning Rountree (ao centro), entre 1970 e 1973. O homem à direita não foi identificado.

Figura 40.
O senador Müller com o secretário-geral das Nações Unidas, Kurt Waldheim, em 12/3/1973.

Figura 41.
Filinto com o autocrata português, António de Oliveira Salazar (o segundo da esquerda para a direita), provavelmente em 1961.

Figura 42.
O neto Pedro Müller.

Figura 43.
Destroços do acidente aéreo que tirou a vida de Filinto Müller, de sua mulher, Consuelo, de seu neto, Pedro, e de outros 120 passageiros em 11/7/1973.

As mulheres com mais "sorte" escaparam de ser estupradas ou de ter a terrível bucha de mostarda introduzida em sua vagina.

Os presos às vezes tentavam enviar artigos para os jornais, e, estranhamente, a mídia publicou alguns deles. No Congresso, o deputado federal João Café Filho leu uma série de cartas que os prisioneiros descontentes lhe haviam enviado. Aqui, o presidente Barreto interrompeu para perguntar se o governo tinha feito algo ao receber esses protestos. Café Filho respondeu que a administração não tinha feito nada. Marighella, em seguida, observou que poderia mostrar como o governo respondeu ao contar o caso de Francisco "José" Romero, em 1935. A polícia prendeu Francisco fugindo da fábrica de bombas que os esquerdistas tinham no bairro do Grajaú, no Rio, depois de uma explosão inesperada. As autoridades, sedentas por mais informação, torturaram Francisco, sua esposa e sua filha pequena. Para encerrar sua declaração, Carlos Marighella acrescentou que, enquanto esteve encarcerado, encontrou outras vítimas. Entre estas estavam Fernando de Oliveira, Juvenal de Brito e um indivíduo mencionado apenas como "Osvaldo".

Euclides Figueiredo elogiou Carlos Marighella por ter oferecido seus préstimos, e ressaltou o valor de suas declarações, observando que ele também tinha sofrido nas mãos das autoridades. Ele sabia que o que Marighella tinha dito era verdade. Os dois homens tinham sido companheiros de cela. O governo tinha encarcerado e deportado Figueiredo por seu papel nas desventuras de 1932 para tornar a constitucionalizar o país. É concebível que ele quisesse vingança contra Getúlio Vargas e seu regime. Ele tinha estado no comando das forças paulistas derrotadas que enfrentaram o Exército Federal, que avançava do Rio de Janeiro. Figueiredo também tinha ficado ao lado dos integralistas no *Putsch* de maio de 1938. No entanto, Euclides ficou sob custódia da polícia antes da tentativa de golpe, e seu papel de liderar o lado militar da operação na capital foi delegado a outra pessoa. O TSN confiscou sua propriedade e o sentenciou a quatro anos de prisão por seus atos, em 1938. Figueiredo soube que havia pessoas que estavam tentando silenciar o trabalho do comitê.

Em seguida, José Crispim quis saber se Felisberto Batista Teixeira ainda estava ativo na Central. Marighella respondeu que depois de 1940 Batista Teixeira ainda trabalhava na Central, embora ele pensasse que Emílio Romano o tivesse substituído. Os prisioneiros continuaram a falar sobre Batista Teixeira e sobre como ele deixava indivíduos encarcerados saírem da Central seguidos de perto pela polícia. O DESPS queria encontrar e possivelmente prender os contatos deles. Diocenzano Martins era um chamado contato, e foi preso dessa forma. José Crispim acrescentou que a família de Batista Teixeira tinha escrito para o comitê negando qualquer culpa pelos atos de violência de Felisberto enquanto ele exercia seu cargo no DESPS. O comitê então questionou Marighella sobre o capitão da Marinha Lúcio Martins Meira, que supostamente espancava prisioneiros antes de interrogá-los, e, em Dois Rios, sobre casos de tuberculose e suicídio. Ele afirmou que tudo isso aconteceu e forneceu os nomes de algumas das vítimas, como o marinheiro Freitas, João Rabelo e João Valêncio da Costa.[57]

Também sem a data de seu depoimento na versão publicada, mas vindo imediatamente depois de Carlos Marighella, Antônio Soares de Oliveira foi o próximo indivíduo a se colocar diante do comitê. Antônio era um sindicalista na Estação Ferroviária da Central. Ele trabalhava como bombeiro nos trens que circulavam pelo estado do Rio de Janeiro. Seguindo os acontecimentos de novembro de 1935, a polícia de Filinto Müller teve um interesse renovado em Oliveira por causa de seu trabalho sindical. No entanto, felizmente, sempre que as autoridades estavam prestes a prendê-lo, ele escapava. Isso ocorreu várias vezes, até que a polícia finalmente conseguiu alcançá-lo, em 27 de maio de 1937, em Minas Gerais. Eles o levaram para Belo Horizonte e o colocaram em uma cela. Estavam presentes o delegado local e um primo de Getúlio Vargas. Após seu primeiro interrogatório, no qual admitiu o trabalho sindical e ter participado de uma greve, ele foi avisado de que o verdadeiro interrogatório começaria no dia seguinte. Em algum momento, no meio da noite, três figuras entraram em sua cela e começaram a chutá-lo e surrá-lo com cassetetes até ele ficar quase inconsciente. Como resultado, Antônio perdeu a audição do ouvido direito, bem como o paladar e o olfato.

Em um cenário kafkiano, alguns meses depois, o sistema o colocou perante o TSN, declarou-o culpado de ser cúmplice em um crime não descrito e o condenou a quatro anos e quatro meses de prisão. No recurso, sua sentença foi anulada, embora, antes de o tribunal libertá-lo, afirmarem que ele seria enviado para Belo Horizonte para responder por crimes cometidos em Minas Gerais. Oito dias depois de chegar à capital mineira ele voltou ao Rio, e no dia 3 de março de 1938 foi informado de que o TSN tinha ouvido seu caso e que ele tinha sido condenado a 21 anos e seis meses de prisão. Antônio nunca teve o privilégio de aparecer em seu segundo julgamento para se defender. Sua próxima parada foi Fernando de Noronha, a ilha-prisão, localizada a 345 quilômetros da costa do Rio Grande do Norte. Ele foi colocado em um navio para seu confinamento com as pernas presas a pedaços de madeira, de modo a impedir qualquer tentativa de fuga.

Quando perguntado se testemunhara as atrocidades que teriam ocorrido na Polícia Central no Rio, Antônio Soares de Oliveira disse que, para economizar tempo, ele confirmaria tudo que o deputado federal Marighella havia falado a esse respeito. Isto incluía as denúncias sobre a tortura na Marinha.[58]

O próximo a dar seu depoimento foi João Alves da Mata,[59] que se tornara comunista quando era soldado. Isso foi o suficiente para que a polícia o levasse, sob suspeita de conspiração, para uma instalação do Exército no Rio de Janeiro. Ele foi espancado. Liberado após cinco meses de cativeiro, a polícia o capturou novamente e o registrou como comunista em sua ficha, e então o liberou. Mesmo assim, ele era quase constantemente vigiado pelas autoridades, e era ocasionalmente levado de novo, sendo surrado algumas vezes, até a inconsciência em algumas oportunidades. João Alves não tomou parte nos eventos de novembro de 1935, mas a polícia do Rio alvejou-o mesmo assim, enquanto ele dirigia seu carro. Detido mais uma vez, quando a polícia o interrogou ele cometeu o erro de dizer que era definitivamente contra Getúlio Vargas.

Por isso e por outras transgressões João Alves da Mata foi parar na Colônia Correcional Dois Rios. Todos os presos enviados para a fortaleza na ilha encaravam um novo problema assim que seus grilhões chegavam em terra: o homem no comando, o tenente Vitório Caneppa. De uma personalidade perversa, Caneppa recebia todos os prisioneiros sem distinção: com agressões verbais. Depois de 17 meses de trabalho forçado em Dois Rios, os detetives do DESPS acolheram João Alves da Mata de volta à Polícia Central com vinte golpes de palmatória. Posteriormente levado para o cargo de Emílio Romano, o chefe da seção política do DESPS fez com que seus homens batessem em João Alves com seus cassetetes com tanta força que nocautearam o prisioneiro. Os golpes deixaram cortes abertos em sua cabeça, exigindo sete meses de tratamento.

Percebendo que não poderia ficar no Rio, João Alves acabou por fugir para Cuiabá, onde foi reconhecido e pego novamente. O homem que o prendeu foi João Batista, um primo de Filinto Müller.[60] Levado para a fazenda das Palmeiras, que pertencia ou a Fenelon ou a Júlio Müller, Alves trabalhou como escravo por cinco meses. Todos os trabalhadores locais que causavam problema terminavam por lá e tinham que trabalhar desde as quatro da manhã até o anoitecer. Por seu trabalho duro recebiam uma pequena quantidade de farofa e um pedaço de carne. Os prisioneiros problemáticos tinham o lóbulo da orelha cortado. Tais partes do corpo ficavam no chaveiro pessoal de João Batista. João Alves da Mata afirmou ter visto o repugnante chaveiro com seus ornamentos. Finalmente, ele conseguiu escapar com dois paraguaios.

O presidente Barreto perguntou se o aparato judicial já tinha feito acusações contra Mata em um tribunal. João Alves respondeu que ele nunca tinha tido esse luxo. Perguntado se a polícia o tinha torturado após sua apreensão, ele respondeu que sim e que tinha fotografias para provar isso.

O resto de seu testemunho foi centrado na vida em Dois Rios. O comitê queria saber se os prisioneiros realmente dormiam na areia molhada; como era o sistema de trabalho, e se havia instalações médicas na ilha. As respostas foram sim, horrível e não. Tudo era proibido na ilha, exceto o comportamento homossexual, que era incentivado pelos guardas.⁶¹

Nesse ponto do processo, Raul Pila discutiu a petição do deputado federal do PTB Rui Almeida. Baseado numa interpretação literal da Constituição de 1946, cujo texto dava margem a ambiguidade, Almeida sustentara que a formação de um comitê para investigar crimes de uma administração anterior era ilegal. Os membros do comitê rejeitaram essa segunda tentativa de acabar com a CPI por outro voto verbal.⁶²

No dia 28 de agosto de 1947 o presidente Barreto observou, para os registros, que, após consultar-se com outros membros do comitê, ele havia decidido não convocar, para prestar testemunho, os acusados de terem cometido atos de tortura, mas em vez disso ouvir aqueles que tinham sido torturados. Rui Almeida indicou seu desejo de ouvir Felisberto Batista Teixeira, Serafim Braga, Álvaro Gurgel de Alencar Filho e Clodomir Colaço Veras. Embora não tenha mencionado isso à época, ele provavelmente teria incluído Antonio Emílio Romano na lista. O presidente Barreto, no entanto, decidiu que o acusado seria ouvido mais tarde. Esse foi um ponto-chave que basicamente debilitou todo o processo, uma vez que a CPI nunca tomou tal testemunho, exceto em um caso. De fato, as forças anteriormente no poder poderiam estar exercitando sua magia especial, mais uma vez. Os documentos originais à disposição do comitê não registraram objeção. O golpe tinha sido dado e ninguém reclamou. Apenas um dos réus teve que se explicar.⁶³

Barreto, então, comentou que Euclides Figueiredo e um advogado queriam fazer declarações. O primeiro a falar foi Figueiredo, que apresentou uma declaração de cinco tópicos de David Nasser, a partir de seu livro, *Falta alguém em Nuremberg*, e de seu testemunho. No primeiro tópico, Figueiredo sugeriu que o livro fora longe demais em confirmar o depoimento de testemunhas. No segundo, ele colocou a culpa por contrair tuberculose, e pela falta de tratamento da mesma, no caso de Severo Fournier, diretamente no presidente Getúlio Vargas e no chefe de polícia Filinto Müller. Terceiro, ele concordou que as autoridades ignoraram o assassinato de sete membros da equipe da AIB que foram mandados para atacar o Palácio Guanabara. Quarto, as atrocidades que aconteceram contra os prisioneiros durante a ditadura eram de responsabilidade de Filinto Müller, de seu assistente Felisberto Batista Teixeira e de vários outros policiais. Finalmente, em quinto lugar, que a informação fornecida por Nasser fortalecia a posição de que tanto Müller quanto o próprio ditador deveriam ser investigados.

Na conclusão do depoimento de Figueiredo, o advogado Aristófanes Barbosa Lima afirmou que o *Diário do Congresso Nacional* relatou incorretamente alguns dos comentários a respeito de seu cliente Serafim Carneiro da Rocha. Entre os itens que Barbosa Lima desejava esclarecer estava aquele que dizia que Rocha, na verdade, tinha sido preso durante o período do coronel Etchegoyen na chefia de polícia. O coronel Etchegoyen não fazia com que os prisioneiros fossem torturados. Em segundo lugar, ele não disse que o advogado da Lloyd devia ser considerado culpado por seu cliente ter ido para a prisão. Muito pelo contrário, os três homens no caso puderam ser reintegrados graças aos esforços do advogado da Lloyd.[64]

A testemunha seguinte, em 28 de setembro de 1947, foi José Alexander dos Santos. Ele fora importante para as primeiras histórias que Nasser publicou em *O Cruzeiro*. Preso em casa, o comunista José Alexander soube no camburão o que estava prestes a acontecer com ele, quando então começou uma briga. Ameaçado de morte, o plano do seu assassinato foi frustrado por um transeunte na rua. Continuando para a Central, e entregue a Romano, o chefe da seção política ordenou a Alexander que contasse sobre suas atividades comunistas e também que desse o paradeiro da liderança do PCB. Com a sua recusa, Emílio Romano deu ordens para que o tratassem rudemente. À medida que a tortura se tornou intensa, os agentes trouxeram um homem idoso e bateram nele repetidamente na frente de José Alexander. Romano disse que iriam matar o prisioneiro mais velho de qualquer maneira, então não importava realmente o que eles iriam fazer com o velhinho no momento.

José Alexander dos Santos agonizou durante dias, devido a uma lesão infligida aos seus rins. O médico da Polícia Militar, Dr. Romão Castelo Branco, operou-o para desbloquear o seu fluxo de urina. O médico realizou a operação sem anestesia. Finalmente libertado, a polícia capturou José Alexander novamente em 1939. O presidente Barreto perguntou se ele tinha sido maltratado durante sua segunda prisão. Ele respondeu que não. Por outro lado, ele tinha sido vigiado pelas autoridades durante anos, e tinha sido preso várias vezes por ser um vermelho.[65]

Posteriormente, o comitê chamou Iguatemi Ramos da Silva para dar seu depoimento. Ele começou salientando que às 23 horas do dia 29 de maio de 1937, enquanto dormia, cerca de vinte homens armados, alguns com metralhadoras, forçaram-no a entrar em um camburão. Levado para a Central, uma briga começou entre Serafim Braga e Emílio Romano, a respeito de qual seção do DESPS tinha prioridade sobre o prisioneiro. Braga venceu a discussão. Inicialmente cortês, Braga queria que Silva dissesse tudo o que sabia sobre o funcionamento do PCB. Silva desprezou as perguntas e os assistentes de Braga imediatamente o atacaram, numa surra que chegou até as seis horas da manhã seguinte, aproximadamente. Em certo momento, alguém lhe deu uma injeção do que ele pensou ser cafeína e óleo canforado para reanimá-lo. Mantido em um compartimento sob uma escada, as agressões duraram dez dias. No final do 16º dia, um dos guardas deu a ele sua primeira refeição em cativeiro: leite frio e torradas. Algumas das pessoas sob o comando do capitão Felisberto Batista Teixeira mutilaram os prisioneiros que da Silva conseguiu encontrar. Álvaro Alencar ou Clodomir Veras cuidou de outros. Indo e voltando entre Fernando de Noronha e a Polícia Central, Alencar Filho torturou Silva, dessa vez na presença de Veras. Mais de uma vez, Iguatemi tentou cometer suicídio. Isso levou o deputado federal Rui Almeida a pedir mais uma vez que o presidente Barreto convocasse para interrogatório Felisberto Batista Teixeira, Serafim Braga, Álvaro Gurgel de Alencar Filho e Clodomir Colaço Veras. Barreto ignorou o pedido.[66]

O próximo a ser ouvido, em 28 de setembro, foi João Massena Melo. Ele começou afirmando que, por volta da meia-noite do dia 22 de setembro de 1936, cerca de 16 policiais portando metralhadoras cercaram sua casa. A polícia não usou suas armas ou cassetetes para intimidar Melo ou José Rodrigues, que morava com Melo; em vez disso, usaram o jiu-jítsu. Os dois presos chegaram à Central aproximadamente às três horas da manhã. Por volta das cinco horas, os policiais da prisão decidiram começar a tortura. Como tinha apenas 16 anos de idade, Melo foi, durante algum tempo, o prisioneiro mais jovem na Central e também o que mais apanhou. Melo e Rodrigues gritaram tanto que a polícia os amordaçou. Às 11 horas, algemados e na companhia de outro prisioneiro, eles foram levados até Emílio Romano.

Após uma série de ameaças, Melo foi submetido a uma sessão completa de torturas. Uma delas consistia em um capacete com dois fusíveis na frente. Outra, em alicates usados para torcer e puxar sua pele. O misterioso Buck Jones aplicava habilmente cada tratamento. Para todo lugar que o levassem, na Central, os investigadores perguntavam: "É este o cara que vai ser liquidado hoje?" Quando Melo chegou na sala usada para as "sessões espirituais", Romano disse que eles iriam esmagar-lhe os ossos caso não falasse. Melo se recusou, e a tortura continuou. Esta durou entre dois e quatro dias. Cada noite, assim que Romano chegava, por volta das 23h, as sessões espirituais começavam. Elas continuavam até as duas horas da manhã. Após cerca de vinte dias, seu corpo tinha mudado, com novas cicatrizes e diversas partes quebradas. Enviado para a casa de detenção, um ano depois eles o deixaram ir embora.

A provação de Melo não tinha acabado. Em 1939, as autoridades o prenderam novamente e o levaram para a Polícia Central. Conduzido diretamente até Felisberto Batista Teixeira, ele soube que Felisberto fazia as coisas de um modo diferente. Felisberto, Serafim Braga e Benedito José da Costa Melo submeteram-no a uma série de torturas excruciantes. O sofrimento começava normalmente à meia-noite e durava até o amanhecer. Uma vez que sempre desmaiava, ele nunca sabia como tinha voltado à sua cela. Mas era lá, no entanto, que ele acordava todas as manhãs, com sangue por toda parte. Isso durou seis dias. O banheiro e o chuveiro eram usados para grande parte dessa tortura, uma vez que ainda não havia uma sala específica para os episódios de dor, e porque a polícia tinha um prazer macabro em ver prisioneiros escorregarem e deslizarem no chão molhado misturado com seu próprio sangue. Por que toda essa agonia tinha que acontecer? O DESPS estava interessado em Melo porque ele era mais um comunista.[67]

Em 11 de setembro de 1947, antes que os representantes da CPI pudessem ouvir a próxima testemunha, o presidente Barreto tentou esclarecer uma entrevista que tinha dado no dia anterior para o jornal *O Mundo*. Ele enfatizou que o comitê estava investigando coisas que eram muito tristes e contra a noção brasileira de humanidade. Em segundo lugar, na conclusão de suas investigações, o comitê apresentaria um relatório e suas recomendações para todo o Congresso. Em terceiro, o plenário do Congresso decidiria quais medidas eram adequadas, à luz do relatório. Em quarto lugar, uma vez apresentado esse relatório, o trabalho do comitê estaria terminado. Qualquer punição para o acusado era responsabilidade do ramo legal do governo. Em quinto lugar, se a imunidade parlamentar protegesse um ou mais acusados, o corpo governamental ao qual o acusado pertencia poderia peticionar a suspensão da proteção.[68]

Seguindo o esclarecimento de Barreto, o senador Abel Chermont deu seu testemunho. No dia 23 de março de 1936, a polícia apreendeu Chermont em casa. Ele se recusou a ir até que chegaram os reforços. Um policial os havia chamado, e em pouco tempo diversos homens uniformizados apareceram. Eles levaram Chermont diretamente para o centro de operações na Polícia Especial. Chegando ao complexo do morro de Santo Antônio, seus captores abriram as portas traseiras do camburão. Chermont encontrou-se na garagem usada para a tortura e cercado por 12 policiais, cada um deles segurando um revólver e um cassetete. De repente, alguém deu uma gravata em seu pescoço e começou a sufocá-lo. Chermont tentou se libertar, mas, em seguida, os outros policiais o atacaram com murros e golpes de cassetetes. Finalmente jogado em uma cela, os guardas não forneceram comida, água ou cama durante 72 horas. Posteriormente transferido para a Polícia Central e depois para o Regimento de Cavalaria da Polícia, ele se encontrou com outro deputado do primeiro governo de Vargas mantido no local. Chermont estava certo de que Getúlio sabia do que estava acontecendo, assim como também sabia das acusações de que a polícia havia assassinado vários indivíduos sob custódia, como Augusto Medeiros e Absguard Martins.

Seguiu-se uma discussão sobre o tratamento medonho sofrido por Harry Berger (Arthur Ernst Ewert) e sua esposa "Sabo" (Auguste Elise Ewert) nas mãos da Polícia Especial. O comitê escutou brevemente mais alguns casos. Um destes era o do filho de Chermont, Francisco, que foi preso com seu pai e transferido para uma terrível colônia correcional nos porões de um navio ao lado de 580 a 600 prisioneiros. A prisão de Abel Chermont durou cerca de 14 meses. O TSN deu-lhe um julgamento tipicamente rápido e o declarou inocente, mas ele permaneceu preso, mesmo assim. Quando perguntado sobre o nome do policial que o havia torturado na Central, ele mencionou que somente um homem era o responsável, um indivíduo que estava ciente de tudo isso: Getúlio Vargas. Euclides Figueiredo então perguntou a Chermont o nome da autoridade policial de mais baixa patente, que era responsável pelos crimes cometidos durante a ditadura Vargas. Abel Chermont pensou por um momento e depois respondeu que era Filinto Müller. Em seguida, ele acrescentou que o ex-ministro da Justiça, Vicente Rao, também merecia ser incluído.[69]

Após as observações de Chermont, em 8 de setembro de 1947, era a vez do senador e líder do PCB, Luiz Carlos Prestes, dar seu depoimento ao comitê. Os comentários de Prestes e as observações de outros comunistas foram permitidos durante um período de quase dois anos de tolerância democrática, que durou de 10 de novembro de 1945 a 27 de outubro de 1947.[70] Após esse período, o PCB e seus membros foram declarados ilegais e forçados à clandestinidade.

Prestes começou falando sobre sua captura por elementos da Polícia Especial e do DESPS na manhã do dia 5 março de 1936. Levados à Central, ele e Olga Benário nunca mais se viram. O DESPS enviou Prestes à sede da Polícia Especial para o encarceramento. Nos meses seguintes, ele foi repetidamente insultado. Guardas armados fora de sua cela tinham ordens expressas para atirar nele se alguém tentasse libertá-lo à força. Durante esse período, ele não foi fisicamente agredido, mas ouvia o som de pessoas sendo torturadas no corredor e do lado de fora, na temida garagem. Alguns prisioneiros eram torturados, de modo que Prestes pudesse vê-los de sua cela. Para complementar a renda escassa, há indícios de que integrantes da Polícia Especial usavam sua influência de outra maneira. Alguns deles faziam trabalho extra como aliciadores de menores e, sem dúvida, usavam de força para manter seus pequenos haréns em ordem. Outros tinham uma relação escusa com os bordéis na capital, como parece acontecer até os dias de hoje.[71]

Prestes, em seguida, falou sobre a tortura sofrida por Arthur Ewert e Sabo, colocados sob uma escadaria e proibidos de tomar banho ou de respirar ar fresco. Essa cela em forma de cunha de Ewert não tinha cama, cadeira, mesa nem espaço suficiente para ficar em pé. Ewert era espancado e chutado durante a noite. Isso o encorajava a gritar por horas e em tal volume que os outros prisioneiros não conseguiam dormir. O homem responsável pela tortura de Ewert era um oficial da Marinha, o capitão Lúcio Meira. Ele chegava pontualmente às 20h, todas as noites, para supervisionar o banho de sangue. Prestes protestou contra o tratamento desumano para seus carcereiros, em cartas para as autoridades e para qualquer um que o escutasse, mas nada aconteceu. Em certo momento, um juiz ordenou a transferência de Ewert para uma instituição penal, mas o tenente Queiroz recusou-se a obedecer ao magistrado. Em junho, Filinto também recusou uma ordem similar, do então novo ministro da Justiça, José Carlos de Macedo Soares. O advogado não oficial de Prestes e Ewert, Heráclito Fontoura Sobral Pinto, escreveu para toda a hierarquia de oficiais, e até mesmo para Getúlio Vargas, mas nada aconteceu para melhorar as condições sob as quais Ewert vivia. Irritado com os pedidos de Prestes, o tenente Queiroz informou seu prisioneiro-estrela de que iria colocar um pelotão de execução fora de sua cela e que atirariam nele pelas costas, para fazer parecer que havia tentado escapar. Eles simplesmente iriam atirar em Ewert em seu covil debaixo da escadaria. No dia 3 de outubro de 1937, quando Ewert já estava na Polícia Especial desde 26 de dezembro de 1935, a polícia o transferiu mentalmente perturbado para a casa de correção.

Em dezembro de 1937, a mão de ferro do sistema penal, Vitório Caneppa, substituiu o mais tolerante diretor da casa de correção, Carlos Lassance. Caneppa manteve Prestes em isolamento quase total. Os guardas nunca deviam falar com ele. Aqueles que desobedecessem sofreriam demissão imediata ou transferência.

Depois do depoimento de Prestes o comitê lhe fez uma série de perguntas. O deputado federal Rui Almeida queria saber quem Prestes desejava ver questionado pelo comitê. Ele respondeu que desejava que fossem o ministro da Justiça José Carlos de Macedo Soares, Affonso Henrique de Miranda Corrêa, do DESPS, o inspetor-geral da Polícia, o coronel Riograndino Kruel, juntamente com os oficiais Euzébio de Queiroz Filho, Vitório Caneppa, Vitor Hugo e os soldados Belini e Pinheiro. O presidente do comitê disse que no momento oportuno cada um deles seria chamado.[72] Isso nunca aconteceu.

Duas semanas após o testemunho de Prestes, o comitê chamou João Basílio dos Santos, um ex-membro da Polícia Militar. Ele foi preso em 9 de junho de 1936. Acusado de ser comunista, levaram-no até Serafim Braga. Ocupado, Braga entregou-o a Emílio Romano, que lhe deu 24 horas para pensar sobre o que ele diria. Quando o prazo se esgotou, João Basílio disse que não era comunista nem conhecia qualquer comunista na Polícia Militar. Quatro assistentes, então, começaram a bater nele e a chutá-lo. Romano disse aos torturadores que poderiam fazer o que quisessem, até mesmo matar João Basílio, porque ele tinha uma ordem assinada pelo presidente da República, Getúlio Vargas, que permitia qualquer coisa. Nas duas semanas seguintes, João Basílio recebeu espancamento aproximadamente a cada três dias. Eles o ameaçaram com uma transferência para a Polícia Especial. Esse blefe não funcionou, então o levaram para a casa de detenção do Rio de

Janeiro por 11 meses. Libertado sob ordem do ministro da Justiça, Macedo Soares, ele soube mais tarde que um colega da Polícia Militar havia feito a acusação original. Ele fora ameaçado de tortura se não delatasse algumas pessoas, embora tenha dito que não foi ele quem acusou João Basílio.[73]

Por causa da ausência da pessoa designada para apresentá-lo, no dia 25 de setembro de 1947 o deputado federal Carlos Waldemar deu detalhes sobre o incidente na Escola de Direito da Universidade de São Paulo, ocorrido em 9 de novembro de 1943. Durante o Estado Novo, o DIP o tinha silenciado, mantendo qualquer menção a isso fora da imprensa. O caso girava em torno de estudantes de direito, irritados ao saber que Getúlio Vargas, apesar de todas as suas promessas de fazer o contrário, continuava a governar a nação como um ditador. Eles queriam um retorno à democracia. Em consequência, em 30 de outubro de 1943, o presidente de um dos maiores grupos estudantis da escola, Hélio Mota, pegou o microfone em uma festa da escola e proferiu o inaceitável "Viva a democracia!". Um outro jovem fez o mesmo, mencionando a contradição de soldados brasileiros lutando contra os fascistas na Itália enquanto em casa eles tinham o Estado Novo. Tal descaramento não ficaria sem resposta. Em represália, o major da Polícia Especial, Anísio Miranda, e suas tropas invadiram a festa nas primeiras horas da manhã.

Em 9 de novembro de 1943, Coriolano de Góis, secretário de Segurança Pública na cidade de São Paulo, fez com que sua unidade policial abrisse fogo contra um grupo de estudantes, incluindo aqueles da famosa Escola de Direito do Largo do São Francisco. Durante o massacre, Coriolano recebeu ordens pelo telefone diretamente do irmão mais novo de Vargas, Benjamin, que estava no Rio de Janeiro. Os alunos tinham marchado silenciosamente pelo centro da cidade com mordaças amarradas na boca em protesto contra a falta de um governo representativo. Chegando à praça do Patriarca, o major Miranda viu Hélio Mota.

Miranda estava esperando por esse momento. Ele determinou que os bombeiros, os elementos da força policial regular e a Polícia

Especial local bloqueassem as saídas da praça. Então, aproximou-se de Hélio Mota, que estava com os estudantes tentando convencer as autoridades de que a marcha tinha terminado. Tudo o que os manifestantes queriam era ir embora pacificamente. Miranda queria o contrário. Ele rosnou para seus homens: "Atirem!" Então ele golpeou Mota no rosto, com um soco. O ajuntamento tranquilo rapidamente se transformou em uma atrocidade à medida que os policiais disparavam ou golpeavam com cassetetes alunos desarmados. No mínimo duas pessoas morreram e 25 foram feridas, 23 das quais por tiros. Não houve vítimas entre aqueles sob o comando de Miranda.[74]

Em 16 de outubro de 1947, Francisco de Oliveira Melo, que havia se alistado na Marinha em 1936 deu seu depoimento ao comitê. Seus superiores disseram que ele tinha que se juntar aos integralistas. Como ele se recusou, ordenaram que comparecesse perante o comandante de pessoal da Escola Naval, onde informaram que ele deveria se juntar aos integralistas, porque na Marinha todos que não eram comunistas estavam na AIB. Melo respondeu que não se importava, pois era apenas um marinheiro.

No dia 5 de junho de 1936, a Marinha entregou o marinheiro obstinado à Polícia Especial, na presença do capitão Lúcio Meira. Naquela noite, os Cabeças de Tomate surraram Melo, das 22h às 2h. Quarenta e oito horas depois, a Polícia Especial espancou-o mais uma vez, agora com Gaúcho e um cabo chamado "Brito". Durante seis dias, o marinheiro foi torturado. Após cada sessão, Meira afirmava saber que Melo não era comunista. Perante seu oficial superior, o marinheiro respondeu que não era contra o integralismo, mas também não queria se juntar à AIB. Ele só queria continuar na Marinha. Meira em seguida comentou que se ele quisesse voltar à Marinha teria de delatar todos os marinheiros que ele sabia serem comunistas. Oliveira Melo então respondeu que não poderia fazer isso, porque ele e sua família nunca tinham sido informantes. Por essa revelação, Gaúcho bateu-lhe fortemente no rosto. A tortura de Oliveira Melo continuou. Vários dias se passaram, no final dos quais Meira mais uma vez tentou convencê-lo. Novamente, Melo se recusou. Com sua paciência já acabando, o capitão fez com que sua próxima parada fosse a casa de detenção. Premiado com a libertação pela anistia declarada mais tarde pelo ministro da Justiça Macedo Soares, sua liberdade não durou muito. O DESPS prendeu Melo de novo em 1938. Mais uma vez acusado de ser um comunista, ele foi condenado pelo TSN a cinco anos e oito meses de prisão e mandado para a colônia penal de Dois Rios, para o regime comandado pelo tenente Vitório Caneppa.[75]

Seguiu-se um relatório, em 27 de outubro de 1947, que falava sobre abuso policial em Teresina, a capital do estado do Piauí. O autor do relato, o advogado e jornalista Vitor do Espírito Santo, começou denunciando várias pessoas na administração do estado e no departamento de polícia local. A lista incluía o ex-interventor federal, Leônidas de Castro Melo, o oficial do Exército e ex-chefe da polícia do estado, Evilásio Vilanova Gonçalves, o delegado do Departamento Nacional de Segurança Pública, Lopes Benedito, além de oficiais do Escritório de Segurança Pública do Piauí, Pedro Basílio da Silva, Alcindo Batista da Silva e Ivan Tito de Oliveira. As acusações contra esses indivíduos incluíam prisões arbitrárias, além de tortura e coerção em suas tentativas de determinar o(s) autor(es) de uma série de incêndios criminosos em Teresina. Eles também eram acusados de dirigir um campo de concentração e um centro de tortura nas instalações da cavalaria da Força Pública, em Ilhotas, fora da capital do estado. O coronel Alcides Etchegoyen foi trazido, mas foi um desperdício de tempo, depois se aliou à polícia local.[76]

A comissão também questionou Vitor do Espírito Santo sobre as observações feitas por um médico, Nilo Rodrigues, na época assistente do comandante da Polícia Militar. Rodrigues já havia confidenciado a Espírito Santo ter visto coisas horríveis, o que ele poderia comentar senão o fato de que as partes responsáveis ainda estavam em posições de poder. No que dizia respeito a Carlos Marighella e à tortura que ele tinha sofrido, Nilo Rodrigues comentou nunca ter visto tanta bravura e resistência em uma vítima. Rodrigues não pôde fazer nada à época, e a partir da data dessa audiência perante a CPI temia por sua vida se tivesse que depor. Se pedissem que ele desse um relato juramentado, negaria tudo.[77]

Houve, infelizmente, apenas um caso interessante além deste ponto. O último indivíduo a apresentar o seu lado das coisas, sete meses e meio após Vitor do Espírito Santo, foi Antonio Emílio Romano. A CPI alegou tê-lo escolhido para interrogatório pelo fato de ter sido mencionado em vários depoimentos. No dia 10 de junho de 1948, Emílio começou sua tentativa de vingança ao notar que nunca havia torturado Carlos Marighella. Marighella, alegou, sofrera nas mãos de outros membros do departamento de polícia. Tudo o que eles queriam de Marighella, de qualquer maneira, era a localização do seu tesouro de literatura subversiva. O esconderijo foi finalmente descoberto, perto de São Cristóvão. Suas técnicas próprias de interrogar constavam de diligência, e não de dor, para conseguir confissões. Além disso, Emílio afirmou ao comitê que nunca havia recebido um prisioneiro chamado João Basílio da Silva, muito menos que o tinha transferido para Serafim Braga para ser torturado porque as diversas seções do DESPS não trocavam prisioneiros dessa forma. O erro do presidente Barreto foi ter perguntado a Romano se ele já tinha torturado um prisioneiro chamado João Basílio da Silva, quando deveria ter dito João Basílio dos Santos. Espertamente Emílio respondeu que nunca havia tido um prisioneiro chamado "da Silva". Em aparente contradição, ele começou a observar então que Iguatemi Ramos da Silva havia sido transferido para Serafim Braga. Emílio Romano ressaltou que o seu único conhecimento de tortura ocorrida nos anos anteriores a 1937 vinha dos jornais. Ele reiterou essa posição para os anos anteriores a 1935. E não comentou sobre o período de 1935 e 1937. Em outubro de 1949, Romano enviou uma petição ao secretário da Câmara dos Deputados reafirmando (seus primeiros comentários foram em um telegrama de 22 de agosto de 1947) que seus atos, enquanto chefe da Seção Política do DESPS, foram praticados durante o período em que ele trabalhava como servidor público.[78] O argumento era que isso tornava tais medidas aceitáveis...

As testemunhas sob juramento acusaram Filinto Müller somente baseadas em boatos. Não havia nenhum testemunho real, tampouco contra Vargas. À medida que o comitê caía em esquecimento, o mesmo acontecia com o interesse do público em relação às investigações da CPI. Esta nunca completou seu objetivo de pesquisar todos os crimes contra civis cometidos pela repressão de Vargas. Nem Filinto Müller, nem Getúlio Vargas jamais chegaram a depor. Na realidade, várias das figuras-chave boicotaram o processo. Embora definhar seja um destino bastante comum para as CPIs brasileiras, esse desaparecimento foi diferente, por uma série de motivos. O comitê percebeu que a brutalidade da polícia durante o governo Vargas ocorrera não apenas em bolsões isolados, mas em todo o país. Investigar um assunto tão sério realmente estava fora do alcance do comitê, pois tratava-se de uma situação que poderia ser uma caixa de surpresas e causar muitos problemas, inclusive para potenciais testemunhas. O fato de o PSD ter entulhado o comitê de informação certamente não prejudicou Filinto. Há ainda o fato de grande parte do povo brasileiro desconhecer sua própria história, e são muitos fatores que contribuem para isso. Desde a baixa ou nenhuma instrução escolar até certa desvalorização da própria cultura, temas que não cabem ser discutidos aqui. Os delitos ocorridos na ditadura Vargas caíram na categoria de coisas passadas. Além disso, muitos dos afetados eram comunistas ou fascistas da AIB. Alguns podem ter pensado que eles receberam o que mereciam, particularmente os vermelhos nos anos de início da Guerra Fria. Ao mesmo tempo, uma investigação sobre as acusações de fundos secretos usados por Müller durante seu mandato como chefe de polícia começou, mas não chegou a nenhum resultado.[79]

Mesmo assim, a tempestade que os artigos e o livro de Nasser provocaram nunca abandonou Filinto Müller. Pelo resto de sua vida, Müller viveu sob a nuvem de seus anos como chefe de polícia. Raramente alguém se lembrava que o principal culpado era Getúlio Vargas. Exceto por Olindo Semeraro, não havia ninguém que afirmasse que Filinto Müller tenha dado ordens de tortura, ou tenha torturado pessoalmente, ou tenha estado presente enquanto as torturas aconteciam. Por outro lado, é difícil acreditar que Filinto fosse totalmente inocente. Do contrário, teríamos de aceitar que ele deixava a Central, no final do seu dia de trabalho, ignorando tudo o que acontecia à noite.[80]

Assis Chateaubriand nunca conseguiu fazer com que Corita fosse deportada. Ela continuou a viver com Clito Bockel no Rio de Janeiro. Chateaubriand cortou os laços com sua filha, Teresa, depois que ela fez uma viagem à Europa sem ele e na qual encontrou sua mãe e Clito. Somente alguns anos depois o editor tentou reavivar sua relação com a filha.

David Nasser se tornou amigo dos membros de um dos primeiros esquadrões da morte da polícia do Rio de Janeiro. Em pelo menos uma ocasião, referiu-se a eles como "Empreiteiros de Jesus". Quando o líder desse grupo inicial foi baleado ao perseguir um suspeito, a Scuderie Detetive Le Cocq, ou Esquadrão Le Cocq, logo ganhou vida. Eles se diziam uma associação de caridade da polícia, mas todos sabiam que foram eles que começaram a assassinar pobres no Rio de Janeiro de forma institucionalizada, principalmente na zona norte e na Baixada Fluminense – uma prática que ainda hoje parece ser realidade.[81] A mensagem essencial da Scuderie a essas pessoas era: "Não causem problemas ou morrerão." Não muito tempo depois, esse modelo de justiça foi adotado em outras partes do país. Com o golpe de 1964, David Nasser ficou mais próximo da Scuderie Le Cocq. Com o tempo, fizeram dele o seu presidente honorário. Quando ele morreu, em 1980, foi enterrado com a bandeira da Scuderie estendida sobre o caixão.[82] Ironicamente, a gênese das equipes de sucesso da polícia que mata no Brasil veio da mente fértil de Filinto Müller com seu Quadro Móvel. Os interesses dos dois homens se encontraram uma vez para nunca mais.

10. Senador

Como líder do PSD em Mato Grosso, em 19 de janeiro de 1947 Filinto ganhou a eleição para o Senado em seu estado natal. Seu mandato duraria até 31 de janeiro de 1951.[1] Ocupando-se de seu primeiro comitê designado, que lidava com trabalho e bem-estar social, ele fez o discurso inicial no majestoso Palácio Monroe, em 14 de julho de 1947. Foi um breve comentário efusivo a respeito da promulgação da nova Constituição do estado do Mato Grosso, um documento aprovado pela legislatura em Cuiabá, em 11 de maio de 1947. O *Correio da Manhã* não deu às suas observações nem mesmo quatro linhas nas páginas internas. A grande notícia do dia era a ameaça comunista e a questão de permitir ou não aos comunistas eleitos sua cadeira no Congresso.[2]

Naquele outubro, no dia 20, o governo de Dutra decidiu a questão e rompeu relações diplomáticas com a União Soviética. No dia seguinte Müller era um dos legisladores que votaram para apoiar o governo, embora não haja registros de seu discurso, na ação que os conservadores do Brasil aplaudiram intensamente.[3] Filinto deve ter sido exuberante no veredicto de seu antigo mentor.

A próxima oportunidade do senador Müller de falar para os registros aconteceu em 9 de dezembro de 1947, em seu único comentário no Senado a respeito da CPI, que acontecia no momento, sobre os crimes cometidos por seu serviço durante a ditadura Vargas. Até então trabalhando no Comitê da Constituição e Justiça, Müller indiretamente abordou o tema da CPI quando comentou com seus colegas que havia vários tabloides na capital publicando artigos que se referiam a ele pessoalmente. Ele comentou que raramente respondia a tais críticas. "Quando elas são verdadeiras, eu tento corrigir meus erros. Quando elas são falsas, minha consciência fica tranquila e eu as esqueço."[4]

Em 1950, o senador Filinto Müller tentou novamente vencer a eleição para governador em Mato Grosso, mas seu primo, Fernando Corrêa da Costa, o derrotou novamente. A imprensa deu resultados flutuantes até 1º de novembro de 1950, quando a comissão eleitoral regional declarou Corrêa da Costa vencedor, por uma margem de 3.223 votos.[5] Em janeiro de 1951, com o fim de seu mandato como senador, Filinto deixou o Rio para se concentrar na política do PSD em seu estado natal. Ele sentiu que caminharia triunfantemente em direção ao ostracismo. Durante a eleição nacional que trouxe Getúlio de volta ao posto de presidente, em 1950, Filinto encontrou Vargas pela última vez. Foi um encontro casual, com um diálogo amigável. Não falaram sobre o passado.[6]

Filinto ficou arrasado quando Vargas se suicidou, em agosto de 1954. Ele estava no interior de seu estado natal, disputando um lugar no Senado novamente, mas largou tudo e retornou para Cuiabá. Juntamente com outros, prestou suas condolências na capital do Mato Grosso ao primeiro ditador a quem tinha servido fielmente. Quando a eleição de 1954 ocorreu, no dia 3 de outubro, ele venceu seu irmão, Júlio, que ficou em segundo lugar. Filinto tomou posse no ano seguinte, no dia 2 de fevereiro, iniciando o primeiro dos três mandatos consecutivos como senador de Mato Grosso.[7] Durante 1955, Filinto trabalhou no Comitê da Reforma de Eleição Senatorial da Câmara dos Deputados, no Comitê de Finanças e como vice-presidente do Comitê de Transportes, Comunicação e Obras Públicas. Ele se reinventou como um legislador democrático eficiente. Seus dias como chefe de polícia raramente se tornaram parte de discussões abertas, embora ainda estivessem latentes, no fundo da mente das pessoas, na forma de uma pergunta incômoda: será que David Nasser estava certo?

Um ano depois, o presidente Juscelino Kubitschek de Oliveira, que assumiu o cargo sob a sigla do PSD, nomeou Müller para liderar o partido da maioria no Senado. Durante esse período, Filinto resumiu para os colegas senadores suas preocupações com a proteção aos índios do Brasil; sobre a morte de seu companheiro de armas e ex-oficial superior, o general Newton Estillac Leal; sobre a crítica do senador Juraci Magalhães (UDN-BA) a respeito do governo de João Café Filho, e sobre remessas de gasolina para o Mato Grosso.[8]

O ano de 1956 foi aquele em que o líder da maioria Müller esteve mais ativo até então. Os destaques de seus discursos começaram em 4 de janeiro, com uma homenagem ao governador de Goiânia, José Ludovico, por sua ajuda em arranjar terras para a transferência da capital nacional para o Planalto Central. Müller também foi contra os planos para a extensão do estado de sítio apoiado por Juraci Magalhães. A medida era uma resposta ao caso entre o general Henrique Batista Duffles Teixeira Lott e o presidente temporário Carlos Coimbra da Luz. O general Lott era a favor da posse do presidente eleito e do vice-presidente, Juscelino Kubitschek e João Belchior Marques Goulart, respectivamente. Goulart era do PTB. As eleições à época eram duas disputas independentes, uma para presidente e outra para vice-presidente. Apenas alguns meses antes, havia ameaças de fechamento do Congresso se o PSD escolhesse Kubitschek como seu candidato. A UDN queria mudanças na Constituição. Um dos principais focos de inimigos estava no Exército e se chamava o Grupo dos Coronéis. Mas Filinto e seus colegas do PSD escolheram Juscelino, mesmo assim.[9] Em meados de abril, o senador Müller pediu que todos os membros considerassem o relatório por escrito da Comissão de Segurança Nacional e decidissem quanto à sua publicação ou se ele deveria ser mantido em segredo. Este tratava de um episódio que iria se transformar na Revolta de 1957, no Paraná. O evento colocou os pobres das zonas rurais contra empresas do setor imobiliário, com estas utilizando de violência excessiva para manter o controle. Os legisladores ilustres decidiram debater o assunto secretamente.[10]

No final de abril, Filinto, agora um dos três vice-presidentes do PSD, achou necessário defender Kubitschek das acusações de Juraci Magalhães de que a administração tinha usado o jornal carioca *A Noite*, um tabloide comprado pelo governo Vargas em 1940, para promover sua própria agenda política. Müller declarou que a compra tinha ocorrido, mas que o governo Kubitschek não tinha usado o jornal para tais fins, o que seria ilegal. Da mesma forma, Magalhães acusou o governo de importar ilegalmente cerca de setecentos aparelhos de televisão com documentação falsa a bordo de um voo fretado da Varig. Filinto salientou que o presidente era inocente e que funcionários do aeroporto de São Paulo haviam cometido o delito.[11]

Em maio, o líder do partido da maioria, PSD, registrou seu acordo final com o ministro da Justiça, que estava em processo de solicitação de extradição do Paraguai do ex-governador de São Paulo, Adhemar de Barros. Após as eleições gerais de 1955, nas quais Adhemar ficou em terceiro lugar, o governador eleito de São Paulo, Jânio da Silva Quadros, decidiu tentar pôr um fim à carreira política de Adhemar. Barros fora acusado de negócios ilícitos na compra de cinco dos 36 Chevrolets adquiridos para uso da cidade. Após a eleição, ele havia fugido para o Paraguai. Em 9 de maio de 1956, o Supremo Tribunal Federal emitiu uma sentença unânime de *habeas corpus*, permitindo que Adhemar voltasse ao Brasil. Ele ainda estava sujeito à prisão, mas isso nunca ocorreu.[12]

O jornalista Carlos Lacerda, exilado em Portugal e ainda inconformado com a eleição de Kubitschek e Goulart, decidiu emitir um manifesto ao povo brasileiro em seu jornal *Tribuna da Imprensa* no segundo aniversário do suicídio de Vargas, em 24 de agosto de 1956. A proposta de Lacerda não era lisonjeira para o presidente do PSD ou para seu vice, do PTB. O jornalista se opunha veementemente aos dois. Ele tinha culminado tudo com uma exibição de três dias de bravata, juntamente com outros, a bordo do cruzador *Tamandaré*, começando em 11 de novembro de 1955. Em sua declaração,

Lacerda referia-se a Kubitschek como "um exibicionista frenético". Ele classificava "Jango", apelido de Goulart, como um traidor. Em retaliação, Juscelino fez com que a polícia apreendesse a edição de 24 de agosto da *Tribuna da Imprensa*, e fez o mesmo com o quinzenal *Maquis* quando este publicou o manifesto em uma página interna, no dia 7 de setembro de 1956. Agentes prenderam seis homens e três mulheres durante o ataque ao *Maquis*.[13]

As ações de Kubitschek colocaram o senador Müller em uma posição de defender o presidente para o Senado. Ele afirmou que a matéria escrita por Lacerda claramente incitava à subversão da ordem estabelecida, e, como tal, a Constituição a proibia. Filinto prometeu que não haveria mais apreensões de jornais até que o legislativo aprovasse uma nova lei sobre tais ações. Os adversários da UDN, Juraci Magalhães e Mem de Sá, solicitaram uma votação para cortar a justificação de Müller, mas não conseguiram.[14]

Duas semanas depois, Filinto comentou que sua opinião havia mudado:

> Em momentos diferentes, quando eu exerci o cargo de chefe de polícia do Distrito Federal, tive a oportunidade de desafiar os regulamentos relativos à liberdade de imprensa. Eu estava servindo a um regime que não era o governo constitucional sob o qual vivemos agora. Quando amadureci politicamente, entendi que tinha que lutar pela democracia no Brasil. A partir daí, adotei todos os princípios de que a democracia necessita, para que nosso governo possa viver, de fato, de acordo com este sistema. Por este motivo, eu condeno qualquer tipo de restrição que seja colocada contra a liberdade de imprensa ou de pensamento.[15]

Contudo, em 1º de outubro de 1956, Müller e outros nove senadores prestaram uma homenagem ao ditador da Nicarágua recentemente assassinado, Anastasio Somoza García, um homem que havia controlado a imprensa de seu país por 20 anos. Rigoberto López Pérez, um trabalhador gráfico e poeta, de 27 anos, matou Somoza com três dos seis tiros de uma pistola calibre .45, no dia 21 de setembro, quando o ditador participava de uma festa em León, na Nicarágua. O guarda-costas do tirano matou López Pérez no local. O presidente dos EUA, Dwight Eisenhower, enviou uma equipe de médicos para León, em uma tentativa frustrada de salvar a vida de Somoza, que recebera somente elogios dos senadores brasileiros.[16] Filinto comentou que "eles lamentavam muito que ainda ocorressem acontecimentos como este, que ensanguentavam a Nicarágua e entristeciam o continente".[17] Na década de 1970, a Frente de Libertação Nacional Sandinista transformaria López Pérez em um mártir herói. É interessante notar, no que diz respeito à homenagem de Filinto a Somoza, que ele não pronunciou uma única palavra no Senado, nem mesmo um gemido, quando um outro filho das Américas foi morto em 22 de novembro de 1963.

O Levante Húngaro aconteceu do final de outubro até novembro de 1956. Quase duas semanas depois de ter acabado, Müller condenou, em alto e bom som, o que tinha ocorrido no plenário do Senado. Ele se solidarizou com as vítimas da invasão liderada pelos soviéticos, assim como o cardeal do Rio de Janeiro, Dom Jaime de Barros Câmara, que organizou uma missa especial para que os cariocas pudessem rezar com ele pelo povo húngaro. Várias vezes durante o discurso de Filinto colegas pediram-lhe que igualasse o sofrimento geral no Egito, devido à invasão anglo-francesa-israelense durante a Crise de Suez, começada também em outubro de 1956, mas que se estendeu até março do ano seguinte. Filinto recusou. Ele queria que as atenções se voltassem exclusivamente para a Hungria. O ódio de Müller aos comunistas foi um fato conhecido por décadas. O ódio de Dom Jaime pelos comunistas iria florescer totalmente durante os anos posteriores à derrubada de João Goulart, quando ele disse aos seus paroquianos que "matar um comunista é como matar um ladrão; não é um crime".[18]

Em março do novo ano, 1957, Filinto voltou a defender o governo de 14 meses de idade de Juscelino Kubitschek contra as acusações feitas pelo presidente da UDN e líder da minoria, Juraci Magalhães.

O senador baiano era uma das pessoas que continuavam profundamente ressentidas com os governos de Kubitschek e Goulart. Quando Kubitschek, seguindo as diretrizes do conselho da prisão, aprovou o perdão de Norbert Moritz Frank, um homem ligado ao ex-governador da Bahia, Luís Régis Pacheco Pereira, Juraci disse que a situação era injusta. Régis Pacheco havia derrotado Juraci Magalhães para o cargo de governador, em 1950. Juraci viu uma maneira de se vingar quando Frank foi pego tentando contrabandear, em um carro, 4.062 relógios para o país. Filinto respondeu que o caso seria resolvido nos tribunais da Bahia, e não na mesa do presidente, mas que, se o presidente quisesse perdoar alguém ou reduzir sua pena, essa era uma prerrogativa que ele tinha. Juraci reclamou durante uma semana, mas não chegou a lugar algum. Tudo acabou quando Müller apontou cinco outros casos envolvendo o perdão presidencial desde os tempos de Café Filho até o presidente interino Nereu de Oliveira Ramos.[19]

Quinze dias depois, Juraci fez uma nova denúncia contra Kubitschek. Essa denúncia levou a acusações pessoais por parte de Magalhães, que disse nunca ter sentido medo de Müller, nem mesmo quando ele era o chefe de polícia do Distrito Federal. O senador baiano afirmou que Filinto mantivera masmorras na Polícia Central. O ex-chefe de polícia respondeu dizendo que quando Magalhães era governador da Bahia também tinha mantido masmorras. Desde a tentativa da Revolução Comunista de 1935, os dois homens não se toleravam. Juraci afirmou que Filinto tinha lhe telegrafado, pedindo que, como governador, prendesse seu próprio irmão, Eliezer Magalhães, por causa de suas conexões com a ilegal ANL. Juraci, que estava com seu irmão à época, teria respondido que, se Filinto queria que Eliezer fosse preso, ele poderia ir à Bahia e fazê-lo pessoalmente.[20]

Uma nova alegação de Magalhães, em 1º de abril de 1957, foi de que o presidente Kubitschek tinha dado ilegalmente uma espada a um general, e havia recebido de fontes privadas um diamante bruto como presente durante uma visita ao Território do Rio Branco (agora estado de Roraima). Uma estimativa afirmava que a pedra cortada e polida teria 2 quilates. Filinto explicou aos presentes, no entanto, que Juscelino estava planejando doar o diamante ao seu museu presidencial quando este ficasse pronto, assim como ele e sua família fariam com todos os presentes recebidos enquanto ele estava no cargo público. Uma das únicas exceções foi um carro que a Chrysler Corporation lhe dera quando fora governador de Minas Gerais. Kubitschek o escondera na garagem do palácio do governador, onde ficou acumulando poeira. Juraci Magalhães tentou esconder seu desapontamento, mas a argumentação já havia caído em ouvidos moucos.[21]

O primeiro discurso importante de Filinto em 1958 tratava das intermináveis acusações de corrupção contra o presidente Kubitschek feitas pelo infatigável líder da UDN. No dia 10 de fevereiro de 1958, Juraci afirmou que Juscelino tinha ficado furioso com suas contínuas provocações sobre desonestidade. Filinto disse aos ouvintes eminentes que este não era o caso. O presidente tinha sofrido ataques muito maiores durante a eleição e permanecia calmo diante das afirmações de Juraci.

No final do mês, Filinto comentou sobre a situação na Argentina. Ele havia visitado o país no ano anterior com Consuelo e teve o prazer de informar aos seus colegas senadores que o governo do presidente Pedro Eugenio Aramburu Cilveti tinha mantido o país nos moldes da comunidade das nações democráticas. Aramburu foi o general do exército que liderou a derrubada de Juan Perón. Filinto não tinha como saber disso à época, mas, no final de maio de 1970, montoneros pró-peronistas sequestrariam Aramburu em seu apartamento, em Buenos Aires, e o executariam. O general Juan Carlos Onganía, líder da junta militar que então comandava a Argentina, liderou pessoalmente a tentativa frustrada de encontrar Aramburu antes que fosse tarde demais.[22]

Vinte e cinco anos após seu antissemitismo vir à tona pela primeira vez, como jovem chefe da polícia de Vargas, o líder da maioria e do PSD, Filinto Müller, fez um discurso no Senado homenageando os judeus e o Estado de Israel. Seus comentários foram feitos em 24 de abril de 1958, três semanas antes do décimo aniversário da fundação do Estado de Israel.[23] Eles já não eram mais considerados comunistas.

Agora, de acordo com Filinto e com diversos de seus senadores que prestavam homenagens, eles haviam contribuído para o progresso do Brasil através de seu "comércio, indústria, conhecimento, literatura, artes e ciências".[24] Além disso, a República de Israel havia "estabelecido um lar para o povo judeu, tantas vezes perseguido, tantas vezes humilhado e tantas vezes tratado com desprezo".[25] Ninguém na plateia teve coragem de dizer para os registros quão rapidamente os homens esquecem as maldades de seu passado.

Filinto reiterou sua preocupação e a do presidente Juscelino com o Nordeste, atormentado pela seca, em um discurso de 5 de maio de 1958. Isso ocorreu como parte do escândalo chamado "Importação de Uísque por Meio Dólar a Caixa". Os bastidores envolviam o jornalista Carlos Lacerda, o ministro da Economia do PSD do governo de Kubitschek e empresário Antônio Sanchez Galdeano. Nos primeiros meses de 1956, Lacerda havia voltado de seu exílio autoimposto com um automóvel Plymouth 1956, que ele havia comprado nos EUA. O ministro José Maria Alkmin fez com que o veículo fosse apreendido ao alegar que Lacerda tinha passado do limite de sua importação de bens pessoais. Lacerda não aceitaria tal tratamento sem lutar, e logo estava atacando Alkmin, porque ele havia permitido que o empresário Galdeano contornasse as taxas para as caixas de uísque e os veículos que havia importado. Como uma vingança, o carro de Lacerda saiu perdedor. Seu veículo permaneceu apreendido por cerca de dez meses, até que os burocratas o liberassem em más condições, apenas para ser colocado à venda pelo jornalista.[26]

Uma das verdadeiras joias desse período, no entanto, envolveu um plano de Kubitschek para melhorar as condições de vida no hemisfério sul. A ideia se desenvolveu após a visita do vice-presidente americano Richard M. Nixon ao Uruguai, ao Peru e à Venezuela, em maio de 1958. Inicialmente, Nixon e sua esposa participariam da posse do presidente argentino, Arturo Frondizi. O norte-americano tinha estado na cerimônia de posse de Kubitschek, em 1956. Na sequência dos acontecimentos em Buenos Aires, Richard e Pat Nixon viajaram para Montevidéu, onde foram insultados por alunos do curso de direito.

O casal então foi para Lima, e lá estudantes atiraram pedras em sua direção. Isso tudo foi apenas um aquecimento para os fatídicos acontecimentos do aeroporto de Maiquetía, em Caracas. Assim que o avião tocou o solo, na Venezuela, uma multidão enfurecida assediou Nixon e sua esposa, cuspindo neles, empurrando o carro e ameaçando suas vidas. Levemente ferido por uma pedra atirada, Nixon cancelou o resto de sua visita e voltou a Washington, onde fez um relato mordaz. Em toda a América Latina havia descontentamento com os Estados Unidos por sua apatia diante dos males que afligiam a região. Além disso, os norte-americanos, de forma geral, com Eisenhower então no governo, tinham apoiado os ditadores latino-americanos por décadas. Instados pelos esquerdistas, os manifestantes queriam mudança. Foi nessa atmosfera que o presidente Kubitschek fez uma proposta.[27]

A sugestão do brasileiro era um Plano Marshall longamente esperado para a América Latina. Delineado em uma carta que Kubitschek escreveu a Eisenhower, duas semanas após os problemas de Nixon em Caracas, requeria uma promessa de US$ 40 bilhões para a América Latina nos próximos vinte anos. O plano foi batizado de Operação Pan-Americana pelo líder brasileiro. Seu maior atrativo era simples, mas coerente. Se a América queria manter vizinhos latinos fora das mãos soviéticas, o país mais rico do hemisfério norte teria que olhar para o subdesenvolvimento e a pobreza da região. Enquanto isso, as discussões nos órgãos legislativos por todo o continente começaram a considerar expandir seus contatos com países do bloco oriental à medida que Washington se recusava a aceitar a ideia.

Filinto Müller, líder do maior partido do Senado brasileiro, e em posição de fazer sugestões ao presidente Kubitschek, aconselhou o governo a ser muito cauteloso na aproximação com a URSS. Sempre com medo da insidiosa ameaça vermelha, ele acrescentou que qualquer aproximação deveria ser feita de maneira a proibir uma agência de propaganda comunista de se instalar no país sob o pretexto de diplomacia.[28] Os americanos só acordariam com o sucesso da Revolução Cubana, em 1º de janeiro de 1959. A ajuda para o continente, dessa forma, teria que esperar pela Aliança para o Progresso, do presidente Kennedy, em 1961.[29]

Em janeiro, Filinto informou seus colegas de Senado que iria renunciar ao cargo de líder da maioria, devido a um evento pendente. Em 2 de fevereiro de 1959, por uma votação de 52 contra 1, Müller tornou-se o vice-presidente do Senado. O único voto divergente veio do senador cearense Francisco de Meneses Pimentel (PSD). Filinto deixou todos os seus antigos postos de comissão. Como a segunda pessoa no comando do Senado, ele substituiria o presidente da Câmara, o vice-presidente brasileiro João Goulart, quando Jango estivesse ausente. Então, novamente, essa possibilidade teve que esperar algumas semanas, porque logo após a eleição de Filinto para o posto de vice-presidente no Senado ele caiu de uma árvore em casa e quebrou algumas costelas. Filinto passou um tempo no hospital, onde Juscelino Kubitschek o visitou.[30]

A questão do contrabando e da Bolívia veio a chamar a atenção de Filinto Müller quando o vereador de Corumbá, Edu Pereira da Rocha, um representante do PSD, fora assassinado, no final de julho de 1959. Totalmente recuperado, Filinto soube que um dos assassinos era, aparentemente, Carivaldo Salles, encarregado da alfândega brasileira na região por 15 anos. Ele teria sido um dos transferidos para outro cargo, seguindo a proposta de Müller de retirar das áreas de fronteira do Mato Grosso todos os suspeitos de contrabando que trabalhassem para o governo federal. No caso de Salles, seus superiores queriam enviá-lo para outro posto. Um agente sob o comando de Salles, com o mesmo sobrenome, Enio Salles, acabou indo para São Paulo. Filinto ficou triste por ter que usar seu arquivo secreto de documentos para determinar apenas aqueles que tivessem de fato participado do crime, uma vez que este envolvia uma série de pessoas inocentes. Müller afirmou que nunca em sua vida pública tinha sido capaz de esconder ou proteger criminosos.[31]

Os eventos em Aragarças, Goiás, chamaram a atenção do Congresso em 10 de dezembro de 1959, quando o ministro da Justiça Armando Falcão fez uma aparição na Câmara dos Deputados e falou por um longo período, usando documentos secretos retirados de um dos rebeldes. Este foi outro esforço do que veio a ser, na realidade, uma manifestação contra João Goulart, oculta sob a decisão de Jânio Quadros de retirar sua candidatura da eleição presidencial de 1960. O pensamento de Quadros irritou tanto um grupo de oficiais que eles planejaram derrubar o governo. Os principais instigadores eram os coronéis da Força Aérea, João Paulo Moreira Burnier e Haroldo Veloso, juntamente com o coronel do Exército Luís Mendes da Silva. O senador da Bahia pela UDN/PL, Otávio Mangabeira, e o ex-presidente Jânio Quadros aparentemente incentivaram os conspiradores. Alguém pediu a Carlos Lacerda que participasse, mas sua esposa demoveu-o da ideia. Mesmo assim, todos os envolvidos sentiam que o Brasil estava se deixando levar pela influência dos comunistas. O país tinha que ser salvo. A revolta durou dois dias, 3 e 4 de dezembro de 1959, e terminou quando as tropas leais ao governo desceram de paraquedas na principal base dos rebeldes, em Aragarças, e dispersaram os aspirantes a revolucionários. Embora Filinto tivesse as últimas informações do que havia transpirado, em 10 de dezembro, ninguém no Senado estava interessado nisso. Eles queriam discutir outras questões.[32]

Em março, Auro Soares de Moura Andrade, do PSD, e representante de São Paulo no Senado, tornou-se vice-presidente da Câmara após obter mais votos que o líder da minoria, João Vilasboas, da UDN. Filinto dirigiu o processo eleitoral. O novo vice-presidente permitiu ao grupo que elaborasse uma solução para a crise presidencial que estava prestes a acontecer, em 25 de agosto de 1961. Os senadores e deputados iam sugerir mudar a forma de governo de uma democracia presidencial para uma democracia governada pelo parlamento. A medida foi uma maneira de solucionar o dilema criado pela renúncia inesperada de Jânio Quadros, e resolver o desconforto dos militares à ideia de o vice-presidente João Goulart usar a faixa presidencial. Moura Andrade também se tornaria presidente do Congresso Nacional, em 1961.[33]

Nesse meio-tempo, ocorreram dois eventos dignos de nota. Filinto iria tentar tirar o governo de seu estado natal das mãos de Fernando Corrêa da Costa, em 1960. O sonho de Müller de administrar o

Mato Grosso afundou pela terceira vez. Após a contagem final de votos, o governador em exercício teve 66.206 votos contra 55.105 de Filinto.[34] Juscelino Kubitschek se saiu melhor. Ele derrotaria o seu adversário na eleição de Goiás com 146.366 votos contra escassos 26.800 votos. O Senado oficializou a vitória de Juscelino em 12 de julho de 1961, testemunhada por João Goulart, sentado em sua cadeira de presidente da Câmara. Com a saída de Quadros, havia apenas seis semanas, Kubitschek ficaria do lado daqueles que se opunham aos militares darem as regras na forma de democracia do Brasil. Ele se opunha firmemente a castrar a presidência com uma administração parlamentar. Kubitschek mais tarde se tornou um dos defensores do movimento para livrar o Brasil desse desvio quando as forças armadas conseguiram o que queriam. Isso lhe sairia muito caro quando os generais finalmente assumiram o poder, três anos depois. Os homens de farda tirariam seus direitos políticos em um processo antidemocrático chamado cassação.[35]

O *coup d'État* que tomou as rédeas do país era algo incrível de se ver. Liderada por militares apoiados pelos americanos e determinada a salvar o Brasil dos "males" da esquerda, a direita tirou o presidente João Goulart da presidência em 1º de abril de 1964. Após o plebiscito de 6 de janeiro de 1963, que aboliu o sistema parlamentar, Jango ficou na presidência por apenas 14 meses. Na esteira dos acontecimentos para livrar o país das aspirações da classe trabalhadora em tempos do auge da Guerra Fria, muitas pessoas tiveram seus direitos políticos revogados. Juscelino Kubitschek teve a ousadia de pensar que poderia concorrer ao mais alto cargo pela segunda vez, em 1965. Os generais não deixariam que isso acontecesse. Eles alegaram que ele havia permitido que comunistas assumissem sindicatos importantes e que era um corrupto sob outra forma. Os comandantes, cheios de si, tiraram o seu direito de pertencer a um partido político, de votar, de ser candidato ou de exercer um cargo político por dez anos.[36]

Muitos dos oficiais que assumiram o poder em 1964 eram os veteranos idealistas das Revoluções de 1922 e 1924. Filinto Müller estava neste grupo, mas alegou que não tinha nada a ver com o planejamento do Golpe. Um dos conspiradores de São Paulo, Herbert Levy, refutou as afirmações de Filinto. Ele alegou que o senador Müller queria reunir em torno de si os integrantes do governo deposto, de forma a restabelecer o prestígio do Legislativo. Outros duvidaram que esse fosse o plano de Filinto. Müller voltou, no entanto, para comandar o Senado observando os interesses dos militares, após o afastamento de Goulart. Mas quando eles incluíram o nome de Kubitschek na lista negra política, Filinto renunciou à sua posição. O PSD, liderado por Müller, se tornaria imediatamente um partido político independente dos desejos do governo.[37]

Tudo isso, no entanto, ainda estava por vir. O senador Müller fez uma última coisa na segunda metade do ano de 1961. Ele mostrou sua preferência por um Exército forte. Em 21 de julho, ele estava entre o grupo de senadores que apresentaria um projeto de lei que concedia anistia aos rebeldes de Aragarças. Um ano depois, o senador Müller falou pouco perante seus iguais no Senado. Ele disse que a Câmara devia prestar uma homenagem a Juscelino Kubitschek em 3 de julho por mudar a capital para Brasília. Filinto tinha sido a favor da nova capital desde 1956 porque sentia que o Rio de Janeiro era "uma cidade onde as pessoas gastavam uma enorme quantidade de tempo em filas, além de ser um lugar que tinha um tráfego asfixiante em todas as ruas, sem serviços públicos essenciais, juntamente com um governo preocupado com assuntos relacionados exclusivamente com o Rio de Janeiro e São Paulo".[38]

Um texto típico seu foi lido no final de outubro, sobre a morte do líder da maioria da UDN, Geraldo de Meneses Cortes. General do Exército, Meneses Cortes foi um dos oficiais envolvidos no plano para impedir Kubitschek e Goulart de tomarem posse em 1955. Se Filinto sabia disso, ignorou o fato e proferiu uma despedida que demonstrava somente elogios ao senador que tinha partido. Em 6 de novembro, Müller tinha alternado as funções dos membros da sua comissão e se tornou pleno colaborador da Comissão do Senado para Relações Exteriores, e um membro suplementar da Comissão de Finanças.[39]

Em 24 de janeiro de 1963, Filinto havia anunciado que aconteceria em São Paulo uma assembleia sobre a exigência de Jango por reformas de base. Isso se referia a um conjunto de propostas para a reforma agrária, modificações administrativas, nacionalização das companhias petrolíferas estrangeiras que operavam no Brasil, controle de renda e um limite das remessas de lucro para as empresas estrangeiras. Filinto sentia que os encontros em São Paulo eram uma necessidade patriótica, de modo a produzir um estudo honesto e profundo do que o pacote de transformação deveria incluir ou excluir.[40]

Houve também a tentativa de veicular relatórios com previsões diretas que tinham aparecido no *Correio da Manhã* e no *Jornal do Brasil*. Os relatos afirmavam que, no encontro mensal do PSD, o grupo do Senado tinha decidido romper com o governo de João Goulart. Filinto negou a exatidão dos jornais. Ele não contradisse, contudo, o pensamento de que os membros tinham debatido vigorosamente a forma pela qual a administração estava lidando com seus esforços. O *Correio da Manhã* manteve a sua história, no entanto, e chegou mesmo a publicar que Müller tinha mencionado que o Partido Social Democrata não era um "rebanho de ovelhas".[41] O PSD, incluindo seu líder no Senado, estava claramente nervoso a respeito de João Goulart.

Assim também estavam as classes média e alta, a elite agrícola, os empresários estrangeiros (incluindo os americanos) e os militares brasileiros. Quando o confronto finalmente ocorreu, foram necessários apenas dois dias para depor o presidente do Brasil eleito democraticamente: 31 de março e 1º de abril de 1964. Filinto esperou pouco mais de três semanas para ver para qual lado o vento soprava antes de fazer um pronunciamento público. No entanto, suas observações em 22 de abril foram um fiasco. Ele ficou de pé para expressar seu pesar pela morte, no dia anterior, do empresário e político de São Paulo Eloy de Miranda Chaves. O senador Müller não mencionou o golpe. No entanto, no dia 30, o ditador militar que estava entrando, o general Humberto de Alencar Castello Branco, nomeou Filinto para ser o chefe dos esforços do governo no Senado. Em seu discurso para assumir o cargo, Filinto agradeceu a seu antigo companheiro da Academia Militar de Realengo, Castello Branco, afirmando que ele poderia não ter a energia ou a capacidade necessária para fazer o trabalho, mas, ao mesmo tempo, sentia a confiança que nunca o abandonava nos momentos anteriores a uma luta. Com isso, muitos de seus colegas senadores, de diversos partidos, ofereceram suas calorosas felicitações. Foi um momento de boa politicagem. Filinto, então, ressaltou que os homens de valor, atualmente à frente do governo, iriam lidar com as aspirações da classe trabalhadora por uma vida melhor. O conceito de reformas de base estava desatualizado.[42]

Embora não haja menção disso em seus discursos, durante esse período Müller foi um dos líderes do esforço para estabelecer o aparato de espionagem do governo militar, o Serviço Nacional de Informações, ou SNI. Sinônimo de muitos dos futuros excessos do regime militar, o SNI foi criado em 13 de junho de 1964. Três semanas e meia mais tarde, Müller ajudou Castello Branco a evitar a possível eleição de Carlos Lacerda para a presidência ao defender a extensão do mandato do general, em 8 de julho de 1964. A nova data para Castello Branco deixar o cargo foi adiada para o dia 15 de março de 1967.[43]

Seguiu-se então a decepção de Filinto com os líderes militares por causa da demissão de 13 professores da Faculdade de Direito de Cuiabá, por crimes contra o novo governo. Os generais empregaram um novo estatuto nebuloso para punir suspeitos, o Ato Institucional nº 1. Promulgado em 9 de abril, o AI-1, como era chamado, permitia que o Exército e seus aliados conservadores resolvessem muitas antigas pendências – ao estilo caça às bruxas. O artigo 7º da medida dava aos generais o poder de perseguir qualquer pessoa que tivesse segurança no emprego ou que gozasse de vantagem por estar há muitos anos no mesmo trabalho. O artigo 8º permitia que aqueles no poder enfrentassem indivíduos que agissem contra a vontade do Estado. Ambos os artigos tornaram possível o afastamento daqueles que fossem julgados idealistas de esquerda ou a favor de Goulart.[44]

Depois de uma breve viagem à Europa com sua esposa, Müller discutiu o que tinha visto na França e na Holanda. Alguns brasileiros exilados no continente, disse ele, estavam tentando ativamente sabotar os esforços dos militares para receber ajuda da Aliança para o Progresso, do Banco Mundial, do Banco Interamericano e do Mercado Comum Europeu. Alguns tinham mencionado que João Goulart e Juscelino Kubitschek estavam entre o grupo de brasileiros descontentes. Com a colaboração de Castello Branco, Kubitschek havia deixado o Brasil rumo ao exílio em 14 de junho de 1964. De volta a casa, o líder do PSD, Müller, no entanto, ressaltou que Juscelino era inocente. O ex-presidente havia repetidamente agido com calma em relação às sugestões para que se juntasse aos conspiradores. Filinto disse aos seus ouvintes que, se Juscelino decidisse voltar à política, o ex-presidente queria conduzir sua campanha política somente dentro do Brasil.[45]

O ano seguinte, 1965, produziu comentários de reverência para o marechal do Exército Cândido Mariano da Silva Rondon, que se tornou uma lenda no Brasil moderno por seu trabalho de desbravar o vasto interior do país. Entre seus administradores estava o ex-presidente norte-americano – que depois se tornou explorador – Theodore Roosevelt. Rondon era ativo na proteção dos povos nativos brasileiros e desejoso, às vezes, de usar trabalho escravo em seus esforços. O governo fez com que alguns dos sobreviventes da Revolta Naval de 1910, misturados a pequenos criminosos, fossem levados até ele no que hoje é o estado de Rondônia. Lá, os capitães dos navios que os transportavam venderam alguns dos quatrocentos prisioneiros desgrenhados para que fossem escravos, que ainda existiam em áreas remotas. Rondon acrescentou o restante ao seu grupo que trabalhava nas linhas de telégrafo, ou na construção da Estrada de Ferro Madeira-Mamoré. Quando o trabalho foi concluído, aproximadamente 30 mil vidas foram perdidas devido a doenças tropicais, ataques de povos indígenas e carnificina da parte dos guardas. O senador Müller elogiou Rondon por seu centésimo aniversário. Ele mencionou as façanhas da exploração, e até mesmo a colocação das linhas de telégrafo, mas omitiu o restante.[46]

O acontecimento mais importante para Müller, em 1965, em contraste, foi a extinção dos partidos políticos sob os auspícios do artigo 18 do segundo dos atos institucionais, o Ato Institucional nº 2. O estatuto se tornou lei em 27 de outubro de 1965. Os ditadores militares estavam apertando os parafusos. Eles instituíram uma série de controles conservadores, aumentando o poder do Executivo e diminuindo qualquer equilíbrio de forças. Os parlamentares corriam o risco de ter ambas as casas do Congresso fechadas de acordo com os caprichos do presidente, e, por mandato do governo, tinham que participar do maior partido, o do governo, a ARENA; da oposição, ou então tornarem-se independentes. Grande parte do PTB se uniu no segundo grupo, o MDB, ou Movimento Democrático Brasileiro. Filinto Müller, como todo mundo, teve que fazer uma escolha. As pessoas logo estariam criticando o MDB como o partido do "Não", e a ARENA como o partido do "Sim, senhor!". O humor se referia ao coerente "arrastar de calcanhares" do MDB e aos membros da ARENA que agiam como homens obedientes, que só diziam "sim". Ele escolheu então entrar para a ARENA, pois tinha muitos amigos no Congresso que tinham ido para o partido, sem mencionar o fato de que ainda era um militar e um veterano do movimento tenentista. Aceito calorosamente nas fileiras da ARENA, Filinto provou seu valor para a nova organização política. Em 1966, chegou um momento decisivo, em abril, quando seus colegas lhe pediram para se tornar vice-presidente e líder do partido no Senado. Eles, então, elegeram o senador Daniel Krieger (ARENA-RS) presidente do partido. Enquanto isso, em 20 de outubro de 1966, como uma previsão dos eventos vindouros, militares armados com rifles ocuparam e fecharam o Congresso. Este ficaria fechado até o dia 22 de novembro.[47]

Em março de 1967, no dia 15, o mandato de Castello Branco expirou. No Palácio do Planalto, em Brasília, o general que deixava o cargo colocou a faixa presidencial sobre a cabeça e os ombros do próximo general do Brasil, o marechal do Exército Artur da Costa e Silva. Vindo diretamente de seu cargo anterior como ministro da Guerra, Costa e Silva prometeu "governar para o povo", "respeitar o Poder Legislativo", "multiplicar as oportunidades educacionais" e "restabelecer acordos com a classe trabalhadora".[48]

No dia 26, Filinto estava de volta perante os membros do Senado para oferecer uma réplica preliminar às acusações do senador Artur Virgílio do Carmo Ribeiro Filho (MDB-AM) de que o PSD havia apoiado João Goulart até o último dia de sua presidência. Dentro do partido, Filinto explicou, havia dois grupos. O primeiro, ao qual ele pertencia, queria se afastar do governo de Goulart, porque eles não acreditavam na direção que este estava tomando. O outro queria seguir a administração de Jango, indo onde quer que ele os levasse. Felizmente, a nação foi sacudida por uma revolução, que começou a corrigir muitas das situações provocadas pelo governo anterior. Müller chegou a sugerir que, quando Artur Virgílio afirmou que o PSD tinha apoiado Goulart, esquecera-se de mencionar que o partido não era um grupo de simples seguidores. Na verdade, Filinto ressaltou, antes de os militares agirem, Goulart havia cometido um erro ao deixar o vice-almirante Cândido Aragão negociar com os marinheiros rebeldes na sede do sindicato do Comando Geral dos Trabalhadores. Isso perturbou perigosamente a hierarquia militar. Goulart tinha cometido outro erro ao falar diretamente com sargentos e cabos, no Automóvel Clube, no Rio. Isso também tinha subvertido a hierarquia. Filinto terminou seu discurso dizendo:

> Bendita a hora em que as mulheres mineiras, descrentes dos homens, agarraram seus rosários para confiar somente em Deus. Bendita a hora em que as mulheres paulistas deixaram seus lares para percorrer as ruas, clamando contra o perigo da corrupção e da insensatez. Bendita a hora em que as senhoras cariocas organizaram a CAMDE [Campanha da Mulher pela Democracia], para lutar contra a subversão. Bendita a hora em que os homens da bravura de um Carlos Lacerda assumiram a responsabilidade de enfrentar essa situação, e desafiaram a força que se preparava para lançar o Brasil numa situação cujos limites ninguém poderia imaginar.
> Bendita a hora em que o Exército Nacional, atendendo aos apelos das mulheres e dos homens de boa-vontade da nossa Pátria, saiu dos quartéis, não para implantar a ditadura no Brasil, como volta e meia se diz, mas para restabelecer a ordem e a dignidade brasileira. Bendita a hora em que se fez essa revolução.[49]

O ano de 1968 seria crucial na história brasileira. Para Filinto, ele começou em 26 de janeiro, com uma descompostura da oposição, o MDB. Na visão da oposição, eles tinham seguido demais o governo no ano anterior, e estavam aparentemente prontos para redobrar os seus esforços, em 1968. Estavam fazendo isso devido à falta de um programa pensado, bem definido, suficientemente sólido para convencer as pessoas na rua a trocarem de lado. Cabeças mais calmas, temperadas por sabedoria e nascidas da experiência prevaleceram. A liderança nobre da ARENA, sob comando de seu presidente, Daniel Krieger, tinha feito um excelente trabalho construindo um partido tão fraterno e cordial. Quando chegou a esse ponto, Filinto argumentou, o que eles estavam testemunhando nos meios de comunicação era a hostilidade da oposição, a tolerância que reforçava que o país estava vivenciando um modo de vida democrático. A tolerância era a prova, de acordo com o senador Müller, uma vez que esta só se encontra nas sociedades livres – como o Brasil.

Nesse contexto, os membros da oposição interromperam seu discurso para reclamar que havia estatutos que mantinham o Congresso em um perpétuo ambiente de dois partidos, em que um era dominante e o outro era fraco, e que definitivamente excluíam quase que totalmente outros partidos. As leis permitiam que entidades políticas que haviam tido representantes eleitos em pelo menos um terço dos estados do Brasil se tornassem partidos políticos, sem mais delongas. Os demais, desejosos de formar uma organização política, no entanto, tinham que obter assinaturas de 10% dos que haviam votado na última eleição. Havia cerca de 20 milhões de pessoas habilitadas a votar, à época. Isso fez do trabalho de coleta de 2 milhões de assinaturas uma tarefa assustadora. O senador Aluísio Lopes de Carvalho Filho (ARENA-BA) sentiu que a Frente Ampla tinha apoio suficiente para se tornar esse terceiro partido.[50]

Concebida pelo jornalista Carlos Lacerda no final de outubro de 1966, a Frente Ampla era um mecanismo para eleger o editor para presidente, em 1972. Com o apoio de dois ex-presidentes exilados, Juscelino Kubitschek e João Goulart, além do governador de Minas

Gerais, Magalhães Pinto, o grupo se tornou uma pedra no sapato dos generais. Estes declararam a Frente Ampla ilegal em 5 de abril de 1968.⁵¹ De volta ao Senado em janeiro, com a previsão de alguém de dentro, Filinto aconselhou seus colegas que esquecessem a Frente, porque os seus membros poderiam continuar a pregar ideias agressivas, uma abordagem que os tornaria diretamente responsáveis por suas ações.⁵²

Com a tomada do poder por Costa e Silva, Filinto Müller tornou-se um homem diferente. Após o golpe, talvez ele estivesse esperando para ver o que aconteceria com a presidência de Castello Branco. Havia também todo o problema com Juscelino Kubitschek. Müller parecia ter depositado toda a sua hesitação sobre o marechal do Exército. A retórica de Filinto começou a assumir tons exagerados, normalmente encontrados em regimes de extrema direita ou esquerda. Começados no primeiro aniversário do governo do presidente militar Costa e Silva, os comentários de Filinto no Senado em relação ao líder em exercício se tornariam elogios repetitivos. Dando um exemplo, ele leu para os registros um comentário do economista da Universidade de Brasília, Eugênio Gudin, intitulado o "Guardião Vigilante da Revolução".⁵³ Um dos parágrafos começava dizendo: "A sinceridade franca e transbordante com que o presidente Costa e Silva dirige a nação dá-nos a prova e segurança de que ele, como seu antecessor, só pensa em termos do que é melhor para o Brasil."⁵⁴

No dia 29 de maio de 1968, o senador e ex-chefe de polícia comunicou com felicidade ao Senado que Campo Grande, no Mato Grosso do Sul, estava prestes a ter um novo jornal diário. Chamado *Diário da Serra*, faria parte do império dos Diários Associados, controlados por Assis Chateaubriand. Filinto não disse o que ele devia realmente pensar sobre o homem, e mostrou nada mais do que uma admiração cansativa. Chatô falecera havia apenas um mês.⁵⁵

No final de junho, Filinto se levantou de sua cadeira no Senado para se defender. Na segunda-feira anterior, 27 de junho de 1968, antes de uma sessão plenária agendada, ele tinha sido insultado no pátio do Congresso. O deputado federal Márcio Moreira Alves

(MDB-Guanabara) tocou em um nervo exposto do senador de Mato Grosso. Haviam se passado 26 anos desde que Filinto trabalhara como chefe de polícia no antigo Distrito Federal. Moreira Alves pegou o microfone e chamou Müller e o deputado federal Ernani Aires Sátiro e Souza (ARENA-PB) de uma dupla de agentes da polícia enviados ao pátio para coagir os parlamentares a não virem tomar seus assentos. Isso foi simplesmente demais para Filinto. Ernani Sátiro tinha sido brevemente chefe de polícia na Paraíba, em 1939, então havia alguma verdade na acusação de Moreira Alves, pelo menos no que dizia respeito aos dois homens terem sido chefes de polícia. Em questão estavam os esforços do governo para retirar 68 municípios do poder de decisão de seus prefeitos eleitos e levá-los para o reino das coisas diretamente controladas pelo governo. O argumento para isso foi colocado na necessidade de segurança nacional; esse era um refrão constantemente ouvido quando os militares sentiam necessidade de justificar algo à medida que se aproximava o final dos anos 1960. Nesse caso, permitia aos ditadores fazer o que quisessem em 68 distritos cuja lealdade era suspeita.

O episódio provocou uma réplica mordaz de Filinto naquela sexta-feira, 31 de maio de 1968, que mostrava claramente suas obsessões. Ele começou frisando para o presidente do Senado e vice-presidente da República, Pedro Aleixo, que, quando a legislatura federal era no Rio de Janeiro, ele tivera a oportunidade de explicar por que havia ignorado tais críticas. Müller destacou que em uma década distante ele tinha sido vítima de insultos, provocações e calúnias. No entanto, não pôde responder na imprensa às acusações de assassinato feitas contra ele. Ele se encontrou, portanto, forçado a usar um destes caminhos: praticar um ato de violência ou desrespeito ou permanecer tranquilo com o conhecimento de que tais acusações eram falsas, sendo apoiado por homens de compaixão que sabiam dos fatos de uma forma que só quem estava muito próximo a ele poderia saber – e, assim, ser capaz de resistir ao vendaval.

Filinto sentiu que a escolha do segundo caminho seria mais acertada para ele. Ao longo dos anos, ele tinha aumentado seu grupo de amigos e ganhado o respeito daqueles que desprezavam a alternativa tranquila. Ele afirmou que iria continuar a ignorar os comentários espúrios no futuro, mas que queria clara para os registros a verdade sobre os acontecimentos daquela segunda-feira. Foi quando o presidente da ARENA, Daniel Krieger, telefonou para ele, do Rio de Janeiro, dizendo que não poderia viajar até Brasília para a votação. O governo, no entanto, queria que o ocorrido passasse. Uma vez que os deputados estavam notoriamente ausentes da capital nas sextas e segundas-feiras, ele, Filinto, só tinha ido ao pátio do Congresso para contar os presentes, e não para impedir os membros de votar. Müller disse que ele e Sátiro estiveram ali para tentar averiguar se havia quórum suficiente. E não havia, o que resultou no cancelamento da sessão plenária. A medida, portanto, passou, porque não foi derrotada durante o tempo previsto para a discussão, que deixou de ocorrer porque não havia a quantidade necessária de votantes.[56]

Além do mais, o partido do governo não estava interessado em discutir a anistia com estudantes e trabalhadores nos dias tumultuados do fim de 1968. Na terça-feira, 20 de agosto, Filinto leu outra nota para o registro, dessa vez do Comitê Executivo Nacional da ARENA. Esta afirmava que a liderança da ARENA, em uma reunião presidida por Daniel Krieger, era contra a promulgação de uma anistia, pois ela poderia vir a ser um estímulo para mais atos de desordem.[57]

Acontecimentos fora do Congresso haviam provocado o pedido de perdão oficial inútil, uma vez que estava acontecendo quase uma guerra civil contra os ditadores e seus seguidores. Alguns grupos finalmente se uniriam para tentar provocar a queda dos militares. Em 1968, a oposição era composta da Frente Ampla, da Igreja Católica brasileira, de artistas, trabalhadores e estudantes universitários. Embora os generais tivessem declarado a Frente Ampla ilegal, eles dificilmente poderiam se livrar dos liberais da Igreja da mesma forma. O que podiam fazer era tentar perturbá-los, torturá-los e matá-los para que se submetessem. Muitos membros do clero e vários artistas foram silenciados dessa forma. Outros foram para o exílio voluntário. O arrocho salarial, uma invenção do ministro da Economia, Antônio Delfim

Netto, mantinha os trabalhadores sob controle. Esse mecanismo ajustava os salários do trabalhador em uma batalha lenta e sempre perdida, pois não acompanhava a inflação. A cada mês, o salário dos trabalhadores podia comprar um pouco menos. Embora toleradas em um primeiro momento, as greves se tornaram cada vez mais um ato de desobediência civil, submetidas aos cassetetes das autoridades. Para os estudantes também não havia perdão.[58]

Dez dias após Filinto ler o comunicado de Krieger para os presentes no Senado, a polícia política, então renomeada como DOPS (Departamento de Ordem Política e Social), assistida pela Polícia Militar, deslocou-se para a última rodada de ações contra os estudantes universitários. Os protestos iniciais tinham ocorrido em 1965, e os punhos voaram novamente em março de 1966, quando a polícia subjugou uma manifestação de estudantes primeiranistas em Belo Horizonte. A partir desse momento, seguiram-se por todo o país explosões de manifestações, em vários *campi* ou nas ruas próximas a estes. Em resposta, representantes da lei tinham batido, golpeado e até mesmo estuprado alunos, tudo para manter o país seguro, na visão dos generais. Ao longo do caminho, protestos em massa ocorreram por causa do assassinato, no Rio de Janeiro, de Edson Luís de Lima Souto pela polícia. Ele tinha sido culpado somente por fazer o seu lanche no lugar errado e na hora errada. Outro ultraje, em 30 de agosto de 1968, também se tornou famoso porque o Exército, a Polícia Militar e o DOPS tinham combinado de invadir violentamente a Universidade de Brasília em busca de sete alunos, entre eles Honestino Guimarães, o presidente da extinta Federação dos Estudantes Universitários de Brasília.[59]

A brutalidade da ação da polícia na universidade da capital do país levou o implacável Márcio Moreira Alves a dar uma de suas mais memoráveis conferências na Câmara dos Deputados para aqueles que se opunham à ditadura militar brasileira. As pessoas que o ouviram se referiram a seus comentários de 3 de setembro de 1968 como o "Discurso de Lisístrata". Aristófanes era o autor da peça original, na Grécia clássica. Os principais pontos da versão de Moreira Alves eram um pedido para que os cidadãos boicotassem o Dia da Independência nacional, o 7 de Setembro, quando os militares mostravam suas habilidades, e que as mulheres brasileiras – como a heroína Lisístrata e suas seguidoras – não praticassem sexo com os homens de farda, até que a violência que eles tinham instigado acabasse.[60]

O efeito não poderia ter sido mais agridoce. Por um lado, os poucos que ouviram o discurso de um deputado federal em primeiro mandato riram, entre aqueles que estavam contra os generais. Aqueles em posições de poder nas forças armadas do Brasil, no entanto, não estavam entre os que se divertiram. Eles fizeram com que o discurso fosse reproduzido e afixado em instalações militares por todo o país. Em uma terra conhecida por seu machismo, não demorou muito para que os oficiais e praças estivessem gritando para que se fizesse algo a esse intruso da Guanabara. O problema é que os legisladores gozavam de imunidade total para qualquer coisa que dissessem enquanto estivessem no Congresso. No entanto, a linha-dura entre os militares começou um movimento na Suprema Corte para interromper a proteção a Moreira Alves, a fim de que pudessem fazer acusações contra ele por ofender a honra dos militares do país, sem mencionar sua masculinidade. Para aqueles que queriam que a "revolução" desse uma guinada mais para a direita, isso era o veículo perfeito.[61]

A Suprema Corte entregou a petição para julgar Márcio Moreira Alves em um Comitê Judiciário na Câmara dos Deputados e, então, no Congresso, para um voto plenário. Os parlamentares logo perceberam, no entanto, a caixa de Pandora diante deles. Votar com o governo e contra Alves significava que eles também poderiam ter sua própria liberdade de falar o que pensavam suspensa por alguma infração que cometessem mais tarde.[62]

À medida que a petição para lidar com Moreira Alves fez seu caminho através do labirinto burocrático, em Brasília, mais acontecimentos eclodiram no país, indo parar nas mãos daqueles que estavam na extrema direita. Em 3 de outubro, os estudantes de esquerda do Departamento de Filosofia da Universidade de São Paulo e seus opositores políticos na Universidade Mackenzie, particular, do outro lado da rua Maria Antonia, no centro de São Paulo, começaram uma guerra de pedras, estilingues e coquetéis molotov, que deixou um morto, vários feridos e muitos presos. A polícia política e os vários grupos anticomunistas fizeram parte na repressão da guerra de dois dias.[63]

Em 12 de outubro, o capitão do Exército dos EUA e provável agente da CIA, Charles Chandler, foi morto a tiros em seu carro, na cidade de São Paulo. Revolucionários comunistas o mataram por ter torturado prisioneiros vietnamitas. Alguns diziam que ele tinha sido um dos agentes da CIA na Bolívia à época da execução de Che Guevara. Depois desse episódio, ele foi para Campinas, São Paulo, para estudar o idioma português. Seus colegas o conheciam como um homem que defendia o uso do que, muito mais tarde, as pessoas chamariam de "técnicas avançadas de interrogatório". Na realidade, Chandler deu aulas de tortura para as autoridades brasileiras enquanto estava em São Paulo.[64]

No mesmo dia em que Chandler morreu, todos os líderes estudantis importantes caíram nas mãos da polícia em Ibiúna, uma fazenda remota, a oeste de São Paulo. Eles foram apreendidos pela participação no 30º Congresso Nacional da União Nacional dos Estudantes, na ilegalidade desde 9 de novembro de 1964. Supostamente deveria haver de 750 a 1.600 pessoas no evento, mas fora dado um aviso de que a polícia estava a caminho. Quando os representantes da lei e da ordem chegaram, encontraram apenas 102 alunos universitários e cinco jornalistas.[65]

Em 12 de dezembro, o Congresso votou a suspensão da imunidade de Márcio Moreira Alves. Foi um voto oral. Filinto votou com o partido do governo, a ARENA, pela revogação. Mesmo assim, a contagem foi uma vitória esmagadora para o MDB, com 216 membros votando para não rescindir sua imunidade, contra 141 que queriam Moreira Alves responsabilizado por suas palavras. Houve 24 abstenções, 12 votos em branco, junto com 93 membros, principalmente da ARENA, que não compareceram. Um segundo deputado federal, Hermano de Deus Nobre Alves (MDB-Guanabara, sem parentesco com Márcio

Moreira Alves), foi igualmente salvo na mesma noite da guilhotina da cassação. Ele havia publicado uma série de artigos considerados ofensivos pelos poderes em Brasília.⁶⁶

A reação dos generais veio no dia seguinte. Em 13 de dezembro, às 20h, eles decretaram o Ato Institucional n°5 para a nação no programa de rádio *Voz do Brasil*.⁶⁷ Com esse anúncio, os militares brasileiros tomaram para si o caso de Márcio Moreira Alves e de seu colega Hermano Alves. Eles também colocaram para todos claramente que não iriam devolver as rédeas do governo para as mãos de civis. Se havia uma esperança de restaurar a democracia com Castello Branco, com a chegada do AI-5 os militares de linha dura assumiram o controle – sem um fim previsto para seu período no cargo. Claro que um segmento de civis conservadores queria de fato que se fizesse algo para interromper o desafio às suas posições de poder, prestígio e influência, mas é duvidoso se eles queriam inteiramente tudo o que estava sendo anunciado.⁶⁸

Sob o AI-5, as forças armadas mantiveram a Constituição de 1967, mas permitiram ao chefe do Executivo:

1) Intervir em qualquer parte do país, a seu critério;
2) Nomear todos os governadores e prefeitos;
3) Acabar com todos os direitos políticos de qualquer cidadão por até dez anos;
4) Cancelar o mandato de qualquer indivíduo eleito. Não haveria substituição para as pessoas assim afastadas;
5) Extinguir todos os cargos vitalícios para juristas e funcionários públicos (isso incluía a maior parte dos professores);
6) Espionar o povo;
7) Determinar aos cidadãos onde viver;
8) Aposentar ou remover à força funcionários públicos, bem como membros das forças armadas, ou da Polícia Militar;
9) Declarar o estado de sítio e decidir por quanto tempo ele ficaria em vigor;
10) Confiscar a propriedade de pessoas que cometiam fraude;

11) Suspender o *habeas corpus* em casos econômicos, de segurança nacional e políticos;
12) Limitar o direito de reunião pacífica;
13) Censurar o correio;
14) Proibir apelações a um órgão judicial superior;
15) Invocar novos atos institucionais ou previsões à vontade;
16) Fechar ou reconvocar qualquer uma ou ambas as casas do Congresso. Durante esses tempos, os membros receberiam apenas seus salários-base.[69]

Havia rumores sobre a chegada de tempos mais difíceis desde julho de 1968, mas ficou claro a partir de 13 dezembro que as autoridades estavam agora lidando com os acontecimentos de forma diferente. Adversários dos líderes militares, como os deputados Márcio Moreira Alves e Hermano Alves, o ex-presidente Juscelino Kubitschek, o advogado Heráclito Sobral Pinto e os jornalistas Hélio Fernandes e Carlos Lacerda estavam todos sendo abusados de alguma forma, presos ou indo para o exílio, se já não estivessem lá.

Para o senador Filinto Müller, o seu local – o Senado, juntamente com a Câmara – foi fechado imediatamente e assim permaneceu por dez meses. Durante esse intervalo, Costa e Silva adoeceu, e três ministros militares o substituíram brevemente em um triunvirato. Daniel Krieger deixou a presidência da ARENA e o cargo foi transferido para Filinto. Essa transferência mereceu pouca atenção por grande parte da população.[70] O verdadeiro show aconteceu nos bastidores, onde alguns generais que lideravam começaram a manobrar para suceder Costa e Silva. Os contendores não gostavam do vice-presidente, Pedro Aleixo, porque ele era um civil. Filinto encontrou-se com os três militares e saiu se dizendo "muito satisfeito" com a reunião. Ele pediu que todos os brasileiros apoiassem o oficial escolhido. O fato de o general Emílio Garrastazu Médici, chefe do SNI, ser apontado como o favorito levou Filinto a entrar em ação. Ele sugeriu a promulgação de duas medidas para acelerar o processo de escolha do presidente. O primeiro passo seria fazer com que a diretoria nacional de um partido político selecionasse seu candidato para o partido. A etapa seguinte seria um decreto para conferir ao Congresso c papel paralelo de criação de colégio eleitoral. Ele, então, enviou telegramas para 67 membros da liderança da ARENA solicitando a presença destes para uma assembleia especial em Brasília, em 16 de outubro de 1969. Antes da reunião, os militares promulgaram as leis e colocaram o nome de Médici na lista como candidato oficial à presidência pela ARENA. No dia seguinte, como esperado, o general Emílio Médici tornou-se o terceiro ditador militar da "revolução".[71]

A próxima oportunidade de Müller para se dirigir ao Senado ocorreu em 24 de outubro de 1969. Foi uma ocasião em que ele defendeu vigorosamente o desejo da ARENA de reformar o Congresso para ter "instituições democráticas que correspondessem ao *grau de civilização* do povo brasileiro" [grifo meu].[72] No dia 25, ele ressaltou que o único desejo da ARENA era fortalecer essas instituições. No final do mês, Filinto pintou um quadro lisonjeiro dos comentários feitos por Médici, que havia assumido o poder formal somente um dia antes. Müller concluiu suas observações desejando o melhor para o novo líder nacional em sua promessa de restaurar a democracia no Brasil até o final do seu mandato.[73]

Apenas dez dias depois, Filinto ficou nervoso quando o senador Josafá Ramos Marinho (MDB-BA) começou a pintar um retrato pouco lisonjeiro do Brasil, quase um ano após o decreto do AI-5.[74] O senador da Bahia teve a audácia de inferir que existiria um número de atos incrivelmente violentos cometidos desde que o AI-5 havia se tornado lei. O líder do Senado pela ARENA ficou fora de si, explicando a razão de tais eventos terem ocorrido. Ele alegou que, com o governo Goulart, "começaram a criar raízes a subversão, a desordem, a anarquia e indivíduos que queriam levar o país para a esquerda, para o coletivismo, para a subversão total!".[75] Sim, tinha havido excessos, "mas estes excessos ocorreram com a intenção de poupar o público e evitar que o Brasil afundasse no comunismo".[76]

Sem dúvida o momento mais ridículo para Filinto no ano seguinte, em 1970, não veio do conhecimento que ele havia recolhido em todas as comissões nem de todos os seus anos de serviço público, e sim do que ele sabia sobre o que os torturadores faziam. No dia 10 de agosto de 1970 ele enfrentou seus companheiros no Senado e expressou seu profundo pesar de que os Tupamaros tivessem sequestrado três pessoas no Uruguai. O Movimiento de Liberación Nacional, esquerdista, tinha levado o grupo. Os três prisioneiros incluíam Aloysio Marés Dias Gomide, cônsul-geral do Brasil no Uruguai, e Claude L. Fry, mas os Tupamaros tinham deixado Fry ir embora, devido a um ataque cardíaco. O terceiro indivíduo, Daniel Mitrione, tinha acabado de ser executado.[77] Ele havia trabalhado com Fry em Montevidéu e, antes disso, no Brasil. Ambos trabalhavam para a USAID (U.S. Agency for International Development – Agência dos EUA para o Desenvolvimento Internacional) como peritos em contraterrorismo. O alvo do lamento de Filinto era Anthony Daniel Mitrione. Filinto mencionou que a embaixada americana em Montevidéu havia empregado Mitrione, e que ele não tinha nenhuma relação com a situação política no Uruguai. Na verdade, Mitrione era um fanático que tinha dado aulas de tortura para os policiais e militares no Brasil e no Uruguai. Às vezes, ele usava como cobaias em suas palestras mendigos retirados das ruas. Mitrione era da CIA e se considerava o melhor de seu ramo na luta contra os comunistas. Sua morte serviu como assunto do filme *Estado de sítio*, de Costa-Gavras, de 1972.

Em uma homenagem quase cômica, a execução de Mitrione trouxe um Frank Sinatra e um Jerry Lewis com olhares tristes ao seu funeral, que aconteceu em seu estado natal, Indiana. Também participaram do enterro David Eisenhower e o secretário de Estado dos EUA, William Rodgers. O secretário de Imprensa do presidente dos EUA Richard M. Nixon, Ron Ziegler, declarou que "os serviços devotados do senhor Mitrione à causa do progresso pacífico em um mundo ordenado permanecerão como um exemplo para todos os homens livres".[78] Embora Müller tenha passado mais tempo discutindo a situação de seu concidadão, Aloysio Gomide, seria justo se perguntar se qualquer um dos outros parlamentares sabia o que Mitrione planejava no final dos anos 1950 e na década de 1960, quando ainda atuava no Brasil.

Mitrione alegou ter ensinado não se sabe o que, exatamente, para quase um sexto da força policial do país, ou cerca de 100 mil indivíduos. Tal pista parece difícil de ignorar, sobretudo quando se está na Comissão de Relações Exteriores e quando se é um representante da Comissão de Segurança Nacional, como Filinto Müller.[79]

Nas eleições regionais de novembro de 1970, o MDB acusou a ARENA de ter intimidado o público para votar em seus candidatos. Uma semana antes da eleição, de acordo com o MDB, o governo prendeu importantes figuras políticas da oposição, como dirigentes distritais e trabalhadores de campanha do MDB. Somente no estado de São Paulo, aconteceram quase trezentas apreensões, e em nível nacional as detenções podem ter atingido o número de 10 mil. E ainda mais: o general Médici tinha prometido não acabar ou mesmo diminuir os poderes concedidos a ele pelo AI-5. Segundo o senador Josafá Marinho, os abusos se manifestaram não apenas nos números daqueles que votaram em candidatos da ARENA, mas no elevado número de eleitores que votaram em branco. O senador Filinto Müller discordou dessa avaliação. Para ele, o fato de a ARENA ter conseguido algumas vitórias, incluindo o lugar de Josafá Marinho na Bahia, se devia ao fato de ter um programa melhor e à sua confiança no líder do governo. Como exemplos, Filinto citou o fato de o governo estar colocando a inflação sob controle e de a renda *per capita* ter aumentado durante os anos Médici.[80]

O senador Juvenal Lino de Matos (MDB-SP), em seguida, quis saber por que Médici tinha mantido o AI-5, e, na verdade, sobre todas as prisões. Filinto tinha a resposta. Em relação à manutenção do AI-5, ele informou sua audiência que o governo decidira mantê-lo devido ao seu medo de demonstrações pelo aniversário de um ano da morte de Carlos Marighella, em São Paulo. Um revolucionário notável, a história mais comum é que Marighella morreu em uma emboscada da polícia em São Paulo, dirigida pelo detetive Sérgio Fernando Paranhos Fleury.[81] A razão para as prisões também estava ligada às atividades rebeldes fora do parlamento, especialmente na cidade de São Paulo. As duas medidas, portanto, reafirmavam a toda a nação que o governo estava vigilante em seus esforços para impedir os subversivos de implantarem a desordem e a anarquia em seu amado país. Filinto tentou deixar de fora o grande número de votos em branco, dizendo que isso acontecia em todas as eleições. Então, ele acrescentou que nesse processo em particular foi também porque eles estavam usando um novo tipo de voto, que talvez tenha causado confusão em parte do público que não sabia como indicar suas preferências.[82]

No final de novembro, Müller fez dois pronunciamentos. O primeiro, em 26 de novembro, mais uma vez agradeceu à "revolução". Caso tivessem esquecido, ele mais uma vez lembrou a todos que esta era "uma necessidade para impedir o Brasil de cair no caos e na anarquia".[83] No dia 30, Filinto avaliou o trabalho realizado durante 1970 pela administração Médici. Resumindo, ele comentou:

> Terminamos esta década com muita fé, pois representa, sobretudo, um ano de confiança. O povo brasileiro, sr. Presidente, que deseja paz, que deseja a tranquilidade, para poder trabalhar, o povo brasileiro contrário a gestos violentos de assaltos, de terrorismo, de assassinatos, de robôs, o povo brasileiro deseja viver, deseja produzir com seu trabalho, para engrandecer a nossa Pátria. O povo brasileiro confia, e já o demonstrou, inteiramente, no eminente brasileiro que temos à frente dos destinos do País – o General Emílio Médici. Esta confiança nos dá a esperança de dias melhores para o futuro. O Presidente Médici afirmou, numa de suas manifestações, ao assumir o Govêrno, que desejava, ao fim do seu mandato, deixar reintegrada a democracia na nossa Pátria, a plenitude democrática no Brasil. O Presidente Médici, democrata sincero, deseja, como todos nós, esta plenitude democrática. Mas para isso é necessário uma suma de esforços de todos os brasileiros, dos brasileiros de todos os setores. Que assinalem os erros, que contestem aquilo que lhes pareça desacertado, mas o façam dentro da lei e dentro da ordem, para que possamos criar condições de ordem e segurança social, que permitirão o restabelecimento integral, do estado de direito, como disse o Professor Buzaid, em magistral aula pronunciada, na Escola Superior da Guerra, de um estado de justiça [...] em que haja liberdade, não para destruir, mas para construir a grandeza de nossa Pátria.[84]

O que Filinto esqueceu, além da imprecisão do Médici democrata – ou seja, a democracia definida pelos militares –, foi a essência do ministro da Justiça, Alfredo Buzaid. Ele tinha sido integralista até 1940. Durante o governo Médici, Buzaid foi contra a reintegração do *habeas corpus*, um defensor ferrenho do AI-5 e, com o consentimento de Filinto, propôs (ou seja, os militares propuseram) que os partidos políticos aprovassem todos os candidatos antes mesmo que eles pudessem se candidatar. Buzaid negou que a tortura de prisioneiros políticos tivesse ocorrido ou que ainda ocorresse. Ele chegou mesmo a convidar correspondentes estrangeiros para que viajassem ao Brasil e vissem com seus próprios olhos, caso não acreditassem nele. Na semana seguinte, no entanto, ele retirou seu convite e negou que o tivesse feito. A duplicidade era uma marca de Buzaid. Ele chegou a mentir para o promotor em campanha Hélio Pereira Bicudo, naquela década, quando este tentou reunir provas sobre os esquadrões da morte da polícia de São Paulo, liderados por Sérgio Fleury.[85]

Depois de três meses, em 1971, no dia 1º de abril, Filinto viu-se envolvido em uma discussão com Nelson de Sousa Carneiro (MDB-Guanabara) sobre o número cada vez menor de representantes do MDB no Legislativo. Müller afirmou que isso era resultado de o MDB ter saído muito lentamente das vistas do povo brasileiro. Como prova de que o governo estava fazendo um bom trabalho, Filinto apresentou um estudo publicado um dia antes, em *O Globo*, que dizia que 63% dos cariocas sentiam que o governo federal de Médici tinha feito mais para aliviar os problemas mais importantes do país do que qualquer governo anterior. 53% daqueles que viviam no estado do Rio de Janeiro tinham uma boa opinião sobre o governo a respeito de educação, agricultura, transportes e sobre a luta contra a inflação. Além disso, 44,2% tinham uma opinião muito boa do governo sobre esses quatro itens. Os resultados foram mais ou menos os mesmos em Minas Gerais e São Paulo. Na opinião de Müller, isso era prova do apoio público às políticas do general Médici.[86]

No dia seguinte, Filinto apresentou o seu companheiro e vice-líder da maioria, senador Eurico Vieira de Resende (ARENA-ES), e pediu-lhe para ler um pronunciamento do general Médici para marcar o sétimo aniversário da derrubada de João Goulart.⁸⁷ Filinto, então, começou a apresentar Resende, observando:

> Sempre entendi que documentos de valor, documentos de importância, documentos que se refiram à vida do País, podem e devem ser transcritos nos nossos Anais, para servirem, futuramente, de informação àqueles que, [sic.] esses Anais, queiram examinar a História brasileira, ou analisar determinados períodos da vida nacional.⁸⁸

Quando ele entregou a apresentação a Resende, no entanto, os documentos aos quais Müller se referia eram mais das mesmas justificativas usadas para a remoção de Jango pelos militares e de seus esforços para implantar uma forma de governo própria. Resende começou chamando Goulart de "o pior presidente de todos, adoecendo a nação".⁸⁹ Em seguida, ele apresentou uma carta de Médici. O documento dizia que os comunistas ateus, especialmente os cubanos, eram a causa dos males do Brasil e do hemisfério. A única maneira de chegar a um acordo com eles era redobrando a revolução brasileira, ou seja: dar ainda mais poder aos generais. Isso permitiria que os militares chegassem a lugares ainda não alcançados. Isso promoveria a liberdade e evitaria que o país estagnasse no abismo da falta de ação e ficasse no meio do caminho para o desenvolvimento. Resende incluiu a observação de que os esquerdistas estavam tentando promover uma imagem negativa do Brasil nos EUA e na Europa. Ele também deu ao governo um tapinha nas costas por ter diminuído a inflação de 85%, na véspera do golpe, para 20%, no momento em que ele falava. Então começou uma ladainha das realizações, incluindo os registros para exportações, reservas monetárias, estradas pavimentadas, produtos agrícolas, energia e saúde.⁹⁰

O ano de 1971 foi violento no que dizia respeito àqueles que estavam insatisfeitos com as palavras de Müller e no que dizia respeito à reação por parte do governo militar. Um lado provocava o outro e ambos sofriam. Os exemplos incluem as mortes por tortura de Stuart

Edgar Angel Jones e Rubens Beyrodt Paiva pelos militares, e a morte, a tiros de metralhadora, de Henning Albert Boilesen, uma cortesia da guerrilha de esquerda.[91] Os ditadores faziam as leis para combater a insurgência, uma das quais era seriamente considerada: a pena de morte. Quando senadores como Nelson Carneiro e Danton Pinheiro Jobim (MDB-Guanabara), juntamente com deputados federais como Tancredo Neves (MDB-MG) reclamaram por causa da promulgação da pena máxima, Filinto lembrou a todos que o Brasil já tinha esse estatuto. O presidente militar poderia invocá-lo em tempos de guerra. No momento seguinte, ele observou que um esconderijo de documentos bolcheviques recentemente descoberto condenara um camarada à morte por alguma infração, e que o grupo se havia declarado em guerra com o regime atuante. Ele, então, nomeou dois indivíduos – um major do Exército Brasileiro e alguém que ele havia direcionado para um posto na Polícia Federal – que tinham sido mortos pelos revolucionários. Filinto, em seguida, pediu aos membros presentes que pensassem sobre esses dois mártires e as famílias que deixaram para trás, sem mencionar a guerra já declarada pelos terroristas, quando ponderassem como votariam sobre um estatuto de pena de morte. Um projeto de lei de Tancredo Neves para eliminar a pena capital para todos os crimes, mesmo em tempos de conflito, foi derrotado na Câmara dos Deputados em 8 de julho de 1971 por uma votação de 22 a 6.[92]

Em maio, Filinto cortou um pedido do Programa pela Assistência dos Trabalhadores Rurais em 20%, do dinheiro arrecadado pelos sindicatos. Os fundos, declarou Filinto, pertenciam a outros projetos. Na discussão subsequente, Filinto mencionou que sabia que o orador da oposição, que era a favor da proposta dos trabalhadores rurais, o senador André Franco Montoro (MDB-SP), não era um marxista-leninista, mas que seu raciocínio parecia o de um marxista-leninista.[93]

Franco Montoro e Filinto Müller voltaram a essa questão com outro tópico. Esta começou no dia 8 de julho de 1971, quando Montoro declarou que o governo estava tratando mal o trabalhador brasileiro. Ele tinha sido o presidente de uma CPI recente que havia determinado que 65% dos trabalhadores brasileiros recebiam um salário-mínimo por mês, ou seja, Cr$ 200 (ou 10,28 dólares). Filinto tentou amenizar essa revelação ao apontar que o governo estava fornecendo outros tipos de apoio para os trabalhadores, tais como bolsas para estudantes, receitas subsidiadas e habitação. Montoro desconsiderou a resposta de Filinto, perguntando por que o Brasil tinha sido o único país no mundo a votar contra na Conferência Geral da Organização Internacional do Trabalho das Nações Unidas, em defesa de um salário justo para os trabalhadores. Filinto não quis responder. Ele disse que, assim que tivesse a informação necessária do ministro do Trabalho, Montoro teria sua resposta. Por enquanto, ele teria que se satisfazer com o que o líder da ARENA no Senado queria dizer: que dois ditadores militares (Filinto os chamou de presidentes), o general Alfredo Strössner, do Paraguai, e o general Emílio Médici, do Brasil, tinham se reunido recentemente na inauguração da ponte recém-construída entre Bella Vista (Paraguai) e Bela Vista (Mato Grosso, Brasil). Uma simples laje de concreto entre essas duas comunidades desde então atravessou o rio Apa, um afluente que poderia ser chamado de riacho. As observações de Filinto exaltavam o potencial magnífico do Brasil e seu respeito por outros países. O Senado não ouviu nada mais sobre a questão original de Montoro.[94]

No dia 21 de julho, Filinto pediu a seus colegas senadores que o perdoassem. Na ocasião fez uma homenagem ao general Humberto Castello Branco, morto em um acidente de avião em julho de 1967. Ele disse que ainda estava muito emocionado para fazer um tributo adequado. Por causa de seus sentimentos, entregaria o microfone a outro para que fizesse as honras, mas não antes de mencionar que ele sempre se lembraria das lições, da dedicação ao serviço e do amor ao país que tinha aprendido com Castello. Ele então passou a contar sobre um encontro, em suā casa, com Castello Branco. O general, que assumiu após a remoção de João Goulart, começou observando que a ele "tinha sido dada uma missão a cumprir, e eu a cumpri com dedicação, com convicção, com entusiasmo, até o limite de minha capacidade". Então, depois de um momento de silêncio, ele acrescentou: "Eu nem sequer tinha o direito de ser simpático na execução desta missão. Eu não tinha sequer o direito de ser simpático!" Filinto discordou, dizendo: "Castello, eu entendo a sua angústia e sua amargura. Mas lembre-se, você estava construindo o Brasil para o futuro, e o Brasil do futuro sabe como lhe fazer justiça. Você construiu uma estátua de gratidão entre os brasileiros, no seu coração e no deles."[95]

Naquele outubro, Müller continuou a fazer muitos elogios aos ditadores militares. Agora, era a vez de Emílio Médici. Depois de quase dois anos de Médici no comando do governo militar, Filinto declarou, em parte, o seguinte:

> Em sua primeira manifestação, pelo rádio, dirigindo-se ao povo brasileiro, Sua Excelência conquistou, desde logo, generalizada simpatia. E os primeiros atos da sua administração foram transformando aquela simpatia em confiança. A expectativa se transformou em entusiasmo pela realidade que surgia. E, pouco a pouco, pela sua atuação, o Brasil foi saindo daquele estado de quase perplexidade em que nos encontrávamos, e tomando rumo certo de seu desenvolvimento, de seu engrandecimento.[96]

O ano de 1972 foi um momento ainda mais intenso de confronto esquerdista. O governo de Castro, em Cuba, tinha permitido que um crescente número de idealistas brasileiros viajasse para lá, para serem treinados. Um pequeno grupo de revolucionários se tornou ativo no Araguaia, uma região isolada no estado do Pará. Os companheiros militares de Médici mantiveram essa informação fora da mídia, mas os membros selecionados do governo e da legislatura, sem dúvida, sabiam sobre isso. As forças armadas também desenvolveram esquadrões da morte especiais, não visando os pobres, como era costume, mas os filhos e filhas da classe média que tinham se tornado ativos na esquerda política. Durante o ano de 1972, a Polícia Militar chegou a ter escolas onde o ensino da arte da tortura fazia parte do currículo.[97] A guerra civil havia chegado ao seu ápice.

Filinto começou o ano com uma ordem direta de seu superior. O general Médici queria que ele reorganizasse a ARENA.⁹⁸ O Poder Executivo queria um partido político forte para liderar a legislatura. O trabalho de Filinto, ele anunciou em 7 de março de 1972, era exortar seus colegas legisladores para fortalecer o cargo de governador de estado e se esforçar mais para atrair os jovens para as fileiras da ARENA. Sendo o menor partido, o MDB podia ver isso acontecendo e fazer críticas construtivas, até que eles conquistassem o coração do público – um público que, na visão de Filinto, estava apoiando firmemente a atual administração e seus esforços. Finalmente, Müller pediu a seus colegas no Senado que dessem a ele uma chance de completar sua missão em prol da revolução. Na verdade, a ordem de Médici pedia que a ARENA se tornasse um instrumento para realizar a política da revolução. Filinto sugeriria fazer isso por meio dos intelectuais conservadores e dos cursos da Escola Superior de Guerra.⁹⁹

No mês seguinte, Müller ofereceu um gesto de confiança ao glorioso destino do Brasil para a oposição, o MDB. Ele não disse nada sobre os distúrbios que estavam acontecendo – a inquietação civil à época em todas as cidades brasileiras importantes. O senador Müller falou em resposta ao chamamento do MDB a um retorno de um Judiciário livre, do fim da censura à imprensa e de uma reversão do atual afastamento da democracia sob o comando do general Médici. Eloquente como sempre, ele alegou que as observações do MDB manifestavam uma tentativa de transformar água em vinho. Direcionando seu discurso para os integrantes da Câmara, Filinto salientou que aqueles que não aceitaram a revolução militar como veículo para salvar o Brasil poderiam cruzar o corredor e se juntar ao MDB. Por outro lado, quem quisesse permanecer nas fileiras da ARENA deveria entender que o partido e o governo tinham um trabalho para realizar:¹⁰⁰ o sagrado dever de salvar o Brasil, colocando-o no "caminho certo, no curso para o restabelecimento da ordem, da paz e da tranquilidade no seio de sua amada terra".¹⁰¹

Müller, então, focou na objeção do MDB quanto à disposição que permitia que o presidente nomeado invocasse leis secretas e apresentasse propostas de mudanças à Constituição para que fossem aprovadas. Ele afirmou que o Brasil era um país democrático, porque tinha leis e uma Constituição que os cidadãos respeitavam. Ele não afirmou que a nação estava sem algumas restrições. Essas restrições, no entanto, não afetavam os homens de boa-fé, os homens inocentes. As restrições afetavam apenas aqueles que queriam usar a Constituição e seus estatutos para derrubar o regime e colocar o povo brasileiro em risco ao cometer crimes, assaltos e roubos. Quanto à liberdade de imprensa, sim, havia a censura, mas somente para manter as histórias que favoreciam os desordeiros longe da imprensa. Müller afirmou, mais tarde, que não havia mais censura no Brasil. Essa observação, contudo, foi censurada para a mídia.[102]

Quase simultaneamente a esses comentários de Filinto, ele anunciou um novo projeto, que alguns disseram ter se originado diretamente da mesa de Médici, para mudar a Constituição. O projeto requereria que os brasileiros elegessem seus governadores indiretamente em 1974. As legislaturas estaduais, muitas delas com maioria da ARENA, escolheriam o governador. Médici, através de Müller, disse que não haveria concessões ou alterações da medida proposta. Filinto advertiu que o bloqueio da proposta poderia resultar em outro fechamento do Congresso pelo governo. A medida passou.[103]

Em um dos discursos seguintes de Filinto no Senado, ele homenageou um falecido jornalista. O jornalista era Herbert Moses, fundador da Associação Brasileira de Imprensa, que havia morrido em 11 de maio de 1972. Moses era um homem que Filinto admirava grandemente. Quando Filinto foi chefe de polícia, logo após a tentativa da Revolução Comunista de 1935, Moses tinha se aproximado dele na Polícia Central, na tentativa de obter a libertação de um jornalista. O homem que Moses queria fora da cadeia, provavelmente o diretor de *A Manhã*, Pedro Mota Lima, fora acusado de ter publicado um apelo às armas, em 27 de novembro de 1935, na primeira página de seu jornal. *A Manhã* havia direcionado a notícia à população do Rio de Janeiro. Herbert Moses já sabia sobre Filinto e sua dedicação a Getúlio Vargas. O chefe de polícia já conhecia Moses e sua tenacidade.

Moses disse a Müller que ele estava ciente da culpa de Pedro Mota Lima, mas o queria libertado de qualquer maneira. Filinto lhe disse que isso não seria possível sob as circunstâncias, mas Moses insistiu e Filinto recusou novamente, mas Moses insistiu e continuou insistindo até que Müller cedeu. Pedro Mota Lima foi libertado e deixou o país para o exílio na Argentina.[104]

O próximo discurso importante do líder da maioria, Filinto Müller, foi mais uma vez feito para elogiar o seu líder, o general Emílio Garrastazu Médici, dessa vez a respeito do terceiro aniversário da ascensão do general à presidência. Müller começou por dizer que os brasileiros estavam orgulhosos, seguros e felizes por terem tal presidente liderando o país em direção a seu destino. Ele então mergulhou em uma gama de realizações por parte da administração. Ao concluir, Filinto observou que Médici "tem doado todo o seu entusiasmo, toda a sua vitalidade e todo o seu fervor ao seu patriotismo. Em três anos, o Brasil tem uma aparência completamente diferente".[105] Müller continuou por alguns minutos, mas a conclusão era oportunamente apropriada. "Este povo brasileiro, tão sofredor, mas tão decente, tão generoso e nobre; este povo brasileiro, neste momento, expressa seu ardente desejo pela saúde e felicidade do ilustre presidente Médici."[106]

Em 12 de dezembro de 1972, Filinto se dirigiu a seus colegas no Senado pela última vez como líder da ARENA. Estava deixando o cargo para assumir uma nova função. Ele então definiu uma revisão do trabalho que tinha sido feito no órgão legislativo daquele ano e desejou a todos um período de férias digno e renovado vigor quando o Congresso retornasse após o recesso de Natal e Ano-novo.[107]

Filinto não realizaria tanto em 1973. Nessa época de sua vida, muitos consideravam-no o último dos tenentes originais ainda na política.[108] Para sua alegria, ele continuou como presidente da ARENA. A nova responsabilidade política a que ele aludiu era a presidência do Senado. A imprensa havia mencionado o seu nome para o posto desde setembro do ano anterior. No dia 28 de fevereiro de 1973, Filinto foi eleito para o cargo com uma votação de 56 votos contra 1, com 6 votos em branco e 1 nulo. Müller agradeceu a seu antecessor, Petrônio

Portela Nunes (ARENA-PI), e eloquentemente prometeu exercer suas futuras funções com o melhor de sua capacidade. Portela assumiu a tarefa de ser líder da ARENA no Senado. Renunciando a várias comissões no Senado, o novo presidente da Casa continuou com sua adoração apaixonada pelo general Médici. Ele exaltou o dinamismo do governo Médici por trazer benefícios sociais para um número cada vez maior de brasileiros e pediu a colaboração dos senadores de ambos os partidos políticos para obter resultados ainda maiores. Certo de que podia contar com o apoio deles, aceitou seu novo cargo, "inspirado no ideal supremo de servir o Senado e a nação".[109]

11. Uma fileira de cebolas

Filinto era um homem de hábitos. Em Brasília, levantava-se pontualmente às 6h e tomava o café da manhã, em cuja refeição ele incluía, invariavelmente, guaraná natural. Ele mandava vir o pó da Amazônia e o transformava em bebida. Filinto e Consuelo Müller viveram primeiro na Superquadra Sul 206, e depois na Superquadra Sul 309. Em cada apartamento, Consuelo vigiava as refeições do marido com uma preocupação bem fundamentada, uma vez que Filinto tinha tido três problemas circulatórios. Ele adorava carne de porco, mas se privava dela, a menos que estivesse comendo com os colegas que, invariavelmente, faziam do porco seu prato principal. Às 6h30 da manhã, saía para uma caminhada, normalmente sem guarda-costas. Todas as manhãs, durante 13 anos, fazia caminhadas, às vezes de até seis quilômetros, mudando a rota a cada dia. Por volta das 7h30, ele voltava para casa, tomava um banho e recebia a primeira das muitas pessoas que tinham visitas marcadas com ele. Às 10h, ia para o seu pequeno pedaço de terra perto do aeroporto, onde cultivava mangas, bananas, abacates e rosas – suas favoritas. Aqueles que o conheciam diziam que ele somente ficava em paz quando podia cuidar de suas flores. Filinto tinha uma rosa que era quase negra e outra que era quase cinza. O trabalho que tanto amava deixou suas mãos calejadas. Ele disse a amigos mais íntimos que sempre quisera ser apenas um fazendeiro, mas que sua vida tinha tomado um rumo diferente.

Ao meio-dia, o senador Müller voltava para casa, tomava outro banho, almoçava e em seguida tirava uma soneca de cerca de trinta minutos (dizia-se que ele caía no sono rapidamente). Acordando descansado, ia para o Senado de carro para começar o seu dia no governo às 14h. Ele dizia que a sesta o ajudava a trabalhar mais horas. E realmente o ajudava. Entre as 19h e as 20h, deixava o Senado, ia para casa receber mais visitas enquanto cuidava de sua correspondência, se estendendo até meia-noite ou 1h. Ele só precisava de seis horas de sono por noite.[1]

No final de junho, Müller estava prestes a fechar a primeira parte da 83ª Sessão Legislativa no Senado brasileiro. Sua eleição para o cargo de prestígio como presidente do órgão tinha ocorrido apenas quatro meses antes. Ele disse aos membros que ainda estavam lá que cada um deles merecia um bom descanso antes de retomar suas funções, em 1º de agosto. Ele, então, arrumou a agenda com os tópicos para discussão após o recesso de um mês e fechou a assembleia.[2]

O senador Müller e Consuelo não tinham finalizado seus planos para o recesso legislativo. Eles viajaram para o Rio para estar com suas filhas e cinco netos em 6 de julho, ficando na casa de Maria Luiza, em seu apartamento localizado no bairro da Lagoa, na avenida Epitácio Pessoa. Júlia Rita tinha seu próprio apartamento no mesmo prédio, em um andar mais baixo.[3] Em algum momento após sua chegada, o general Médici contatou Filinto e lhe pediu que viajasse a Paris para informar o general Aurélio de Lira Tavares, pessoalmente, que o próximo presidente do Brasil seria o general do Exército Ernesto Geisel. Médici tinha nomeado Lira Tavares embaixador na França em 1970. Como diretor nacional da ARENA, uma das tarefas de Filinto era coordenar a transição do poder de Médici para Geisel. A Varig, então a maior companhia aérea do Brasil, cedeu bilhetes de primeira classe gratuitos para Filinto e Consuelo. Sabendo que o filho de Júlia Rita, Antônio Pedro Müller Braga, de 16 anos de idade, conhecido por seu segundo nome, gostava de aeronaves e nunca tinha estado fora do

UMA FILEIRA DE CEBOLAS

Brasil, pediram-lhe para vir junto. Eles também se ofereceram para levar uma outra neta, Flávia, mas ela teve que recusar, uma vez que ainda tinha exames para fazer na escola. Pedro era, provavelmente, o favorito deles, de qualquer forma, uma vez que era o filho que eles sempre tinham desejado. Ele era um jovem bonito. Consuelo já era famosa, pelo menos por uma coisa, para aqueles que conheciam os Müller. Ela ia para todos os lugares com seu marido, perdendo apenas uma única viagem, devido a uma filha doente, em cinquenta anos de casamento. A Varig conseguiu um outro bilhete para o jovem Pedro.[4]

A viagem começou no Galeão, o aeroporto internacional do Rio de Janeiro, na noite do dia 10 de julho de 1973. Acompanhado por alguns assistentes, Müller, sua esposa e o neto juntaram-se a outros passageiros do Rio na área de check-in enquanto Müller apresentava os três bilhetes de primeira classe no balcão da Varig. Havia repórteres presentes. Um deles, do *Jornal do Commercio*, viu a chance para uma rápida entrevista, e se aproximou do presidente do Senado. Müller não podia falar muito, já que as formalidades de pré-embarque estavam em andamento. O momento permitiu apenas uma pergunta, enquanto Müller e sua família começaram a caminhar em direção à área de controle de passaportes. O repórter perguntou: "Como a ARENA reagiria ao plano do MDB de lançar um candidato simbólico para presidente nas próximas eleições de 1974?" Com a compostura habitual, Filinto respondeu: "Este é um problema para a oposição."[5]

Às 22h30, o salão estava lotado com três voos cheios ou quase cheios da Varig, partindo quase ao mesmo tempo, um com destino a Nova York, outro para Madri, Zurique e Genebra, e o avião em que os Müller embarcariam, para Paris e Londres. Eles iriam desembarcar na primeira parada, no 73º aniversário de Filinto, e passariam oito dias na capital francesa, celebrando e passeando. Obviamente a embaixada brasileira havia planejado uma festa de aniversário. Uma sala foi reservada para eles no exclusivo Hotel Edouard VII, na avenue de l'Opéra, em Paris.[6] Durante a semana, ele iria se encontrar com o general Lira Tavares.

O voo 820 da Varig naquela noite seria em um Boeing 707-345C com as marcas PP-VJZ. A aeronave era um exemplo do modelo da produção final do 707. O avião tinha vindo das linhas de montagem da Boeing em Seattle, em 1968. No início, carregava as marcas da Seaboard World Airways, uma companhia aérea de transporte de carga que levava tropas americanas e suprimentos para a Guerra do Vietnã. A Varig adquiriu o avião em 1971 e o transformou em um avião de passageiros.[7]

Com mais de uma hora de atraso devido a um voo com passageiros de conexão, às 23h03, a equipe em terra liberou o voo 820 para começar a sua viagem transatlântica. A bordo estavam 117 passageiros e 17 tripulantes, o dobro da equipe habitual da Varig, devido à transferência de pessoal na Europa.[8] Junto com Filinto, Consuelo e Pedro, havia alguns passageiros cujos nomes já tinham estado na mídia. Provavelmente os mais notáveis eram a socialite Regina Leclery, o compositor e cantor Agostinho dos Santos, o atleta campeão Joerg Bruder e os jornalistas Júlio Delamare e Antônio Carlos Scavone. Havia empresários de importâncias variadas e um fugitivo a bordo, Joe Baxter, líder de um grupo argentino de radicais políticos, o Tacuara, que viajava com um passaporte americano falso, como Bernard Regan. Mas não havia realmente ninguém insignificante naquela terça-feira à noite, em julho de 1973, quando o voo 820 teve permissão para decolar às 23h30. Todos tinham sonhos, problemas e planos enquanto o Boeing subia suavemente.[9]

A temperatura cairia para cerca de 21°C naquela noite. O Serviço Meteorológico havia definido a visibilidade no Galeão a 18,3 quilômetros.[10] Era uma noite como tantas outras nessa época do ano no Rio de Janeiro. De fato, o voo também estava dentro da rotina esperada, seguia em segurança o seu caminho para o aeroporto de Orly, na periferia sul de Paris, a cerca de 11 horas de distância.

Nessa época os passageiros ainda podiam fumar em aviões comerciais. Em algum momento, à medida que o 707 se aproximava do continente, segundo uma das possibilidades, alguém estava fumando em um dos banheiros da parte de trás da aeronave, ambos localizados perto da cauda do jato. O indivíduo teria apagado a brasa na lixeira daquele lavatório específico, para que ninguém o visse fumando no banheiro claustrofóbico.[11] Uma ideia menos veiculada é que um curto-circuito teria acontecido na área traseira, possivelmente em um dos banheiros.[12] Quanto à primeira hipótese, embora houvesse uma regra em 1973 de que os passageiros não deveriam fumar nos banheiros, não era incomum que o fizessem, mesmo assim.[13] Portanto, a pergunta óbvia é: quem fumaria em um banheiro na extremidade de um 707 levando-se em conta que isso era contra os regulamentos da empresa e que passageiros podiam fumar livremente na cabine? Oficiais da Força Aérea Brasileira depois descartaram a possibilidade de alguém ter jogado fora um cigarro na lixeira.[14] Até essa época, a lei não exigia extintores de incêndio no cesto de lixo ao lado da pia nem detectores de incêndio nos banheiros. A causa definitiva do que iria acontecer, infelizmente, nunca foi determinada conclusivamente.[15] Apesar disso, o legado do voo 820 se tornou perene após os acontecimentos daquela noite – regras rígidas e dispositivos sensíveis para combater o tabagismo nos banheiros em todos os aviões comuns de passageiros.

    Enquanto o avião sobrevoava a Península Ibérica, a tripulação não notou nada fora do comum. Ao entrar em espaço aéreo francês, as coisas seriam diferentes. Quando a aeronave se aproximou de Paris, a fumaça começou a sair da parte de trás do avião. Isso fez com que as aeromoças corressem para notificar o capitão, Gilberto Araújo da Silva. Elas também tentaram a combater as chamas que saíam dos dois banheiros da parte de trás. O copiloto do capitão Silva, Antonio Fuzimoto, estava pilotando a aeronave.[16] Um extintor de incêndio foi encontrado e utilizado em um dos banheiros, mas não adiantou. O fogo continuou consumindo tudo que fosse feito de material combustível. Isso incluía papéis, borracha, fios de eletricidade e plástico. As densas nuvens que as chamas produziam eram mortais. Elas continham dióxido de carbono, monóxido de carbono, ácido clorídrico e ácido fluorídrico. A cabine de comando ordenou aos passageiros, pelos alto-falantes do Boeing, que ajustassem os cintos de segurança.

O capitão Silva passou duas mensagens via rádio para a torre de controle em Orly, informando que havia um incêndio a bordo da aeronave. Nem um minuto depois, ele disse a seu interlocutor em Orly que o incêndio tinha se expandido plenamente. Recebeu permissão para uma aterrissagem direta na pista 07. Na cabine, a tripulação colocou máscaras de oxigênio, óculos de proteção e abriu as menores janelas laterais da cabine para limpar a fumaça que se acumulava na frente de seus instrumentos. O avião estava a poucos quilômetros da segurança do aeroporto, da equipe de resgate e dos caminhões de bombeiros com a sua espuma de resfriamento.[17]

O capitão não dispôs máscaras de oxigênio para os passageiros, uma vez que pensou que isso iria aumentar o fogo. Mesmo enquanto os pilotos e o navegador colocavam o equipamento de emergência, a fumaça e o monóxido de carbono estavam se tornando insuportáveis. Muitos dos passageiros na parte traseira do avião já tinham desmaiado. Quase todos ainda estavam atados a seus assentos. O pânico tinha começado a se espalhar entre a equipe do avião, que havia se espremido na cabine do piloto. Silva ordenou a Fuzimoto que fizesse um pouso de emergência na primeira oportunidade. Eles não podiam esperar pelo aeroporto. A apenas cinco quilômetros de Orly, ele fez uma aterrissagem forçada, conseguindo desviar heroicamente de um povoado, mas cortando algumas pequenas árvores. O Boeing derrapou por cerca de 457 metros através de um pedaço de terra cultivado com diferentes vegetais. Às 14h15, hora local, a parte principal da fuselagem parou em uma fileira de cebolas. Eles não estavam longe de uma estrada principal e de Saulx-les-Chartreux, uma comunidade de cerca de 2 mil pessoas. O pouso forçado arrancou partes da asa esquerda e dos motores. A fumaça e as chamas, em seguida, começaram a ondular, saindo das aberturas no teto da aeronave, enquanto somente dez membros da tripulação e um passageiro cambalearam para fora das portas e janelas mais próximas da cabine de comando. O resto dos passageiros estava morto ou quase morrendo. Seus corpos estavam em chamas.[18]

Filinto e Consuelo sempre disseram às suas duas filhas que queriam morrer juntos. Eles sentiram uma paixão genuína um pelo outro durante todo o casamento. Ele tinha 73, e ela, 66 anos. Para pessoas que tinham conhecido uma afeição tão longa e duradoura, pode-se dizer que suas vidas foram quase completas, de qualquer maneira. A verdadeira tragédia da família Müller, naquela manhã, em um campo de cebolas francês, era Pedro, de 16 anos de idade, e o futuro que ele nunca teria; o futuro para o qual seu avô queria prepará-lo. Filinto tinha dito em mais de uma ocasião que Pedro era "o único Müller com um talento especial para a política".[19]

Houve um total de 122 mortes – 116 passageiros e 6 tripulantes – nessa primeira grande tragédia da aviação comercial brasileira. O governo militar, para o qual o presidente do Senado e líder da ARENA tinha trabalhado com tanto entusiasmo, declarou um período de luto de três dias ao saber da tragédia. Médici deu a Filinto honras militares completas durante o funeral. Foi difícil identificar os restos mortais de Filinto, Consuelo e Pedro. Foram necessários vários dias para isso, um trabalho que os franceses atrasaram por causa do 13 de julho, a sexta-feira antes do Dia da Bastilha, um dia de folga para os funcionários do necrotério.[20]

Os corpos de Filinto Müller, de sua esposa e de seu neto voltaram ao ponto de partida de sua viagem fatídica, o Aeroporto Internacional do Galeão, às 6h do dia 19 de julho de 1973, a bordo de um voo da Varig vindo de Paris. O governo imediatamente enviou o corpo do senador Müller para Brasília e colocou-o em um tanque do Exército. Soldados do Exército, da Marinha e da Aeronáutica seguiram o seu caixão com os fuzis apontados para o chão. Um catafalco de prata aguardava o corpo de Filinto para poder levá-lo até o belo edifício do Congresso, projetado por Oscar Niemeyer. Acompanhados pelas duas filhas de Filinto, Júlia Rita e Maria Luiza, além dos seus irmãos, Fenelon e Júlio – sua única irmã viva, Frederica, de 83 anos de idade, não tinha saúde suficiente para viajar até a capital para assistir ao serviço[21] –, quase todos os políticos com quem Müller havia convivido nos últimos 11 anos se despediram dele, no caixão.

O líder do país, o general Emílio Médici, e sua esposa, Dona Scylla, rezaram pela alma de Filinto na primeira fila. Até mesmo o novo líder da oposição (MDB), Ulysses Guimarães, evitou a polêmica de não comparecer. Ele ofereceu suas condolências, que incluíram um discurso para um homem que ele considerava criado pela política. O indivíduo escolhido para substituir Filinto como chefe do partido político do governo, Petrônio Portela Nunes, fez os comentários mais importantes enquanto, consternado, enxugava uma lágrima: "Caro senador Filinto Müller, seus amigos e companheiros estão aqui, sem o seu comando, embora ainda sentindo a eloquência de sua vida."[22]

Após a formalidade em Brasília, Médici fez com que o caixão do ex-presidente do Senado voltasse para o Rio de Janeiro. A família enterrou Filinto, Consuelo e Pedro juntos no cemitério Jardim da Saudade, em Sulacap, na zona oeste da cidade. Entre os participantes do sepultamento estava o pré-selecionado presidente eleito, o general Ernesto Geisel. Choveu fino durante a cerimônia.[23]

Um lugar na história

Em 28 de março de 1951, Filinto escreveu ao Ministério da Guerra para pedir uma promoção ao posto de general de brigada. O motivo era o tempo acumulado como membro do Exército a serviço do Brasil. O artigo 2º da Lei nº 1267/51, de 9 de dezembro de 1950, permitia aos oficiais militares peticionar para avançar um posto ao se reformarem.[1]

Um pouco mais de seis meses depois, em 10 de outubro de 1951, o presidente Getúlio Vargas assinou o decreto que fazia de Filinto um brigadeiro-general da reserva, efetivado a partir de 13 de dezembro de 1950.[2] Embora essa prática fosse comum na época em que os oficiais deixavam o serviço, o caso de Filinto era muito mais um reconhecimento do governo. Houve muitas outras homenagens ao longo do caminho. A lista de honras vinha de fontes externas e internas – frequentemente governamentais. Por merecimento e país, essas honras incluíram:

- Medalha de Bronze do Exército Brasileiro para Serviços Louváveis – Brasil;
- Comendador da Legião de Honra – França;
- Grã-Cruz da Ordem Militar de Aviz (11 de dezembro de 1941; Grau: Comendador Cavaleiro) – Portugal;
- Grã-Cruz da Ordem Militar de Aviz (28 de fevereiro de 1961; Grau: Grã-Cruz) – Portugal;
- Grã-Cruz da Ordem Nacional do Mérito – Brasil;
- Grã-Cruz da Ordem Menelick II – Abissínia;
- Grã-Cruz da Ordem do Mérito – Alemanha;

- Grã-Cruz da Ordem do Mérito – Paraguai;
- Grande Oficial do Mérito Aeronáutico – Brasil;
- Grande Oficial do Mérito Militar – Brasil;
- Grande Oficial do Rio Branco – Brasil;
- Grande Oficial do Mérito Naval – Brasil;
- Grande Oficial da Ordem do Mérito de Brasília – Brasil;
- Medalha de Mérito da Cidade de Recife, Classe Ouro – Brasil;
- Medalha de Santos Dumont – Brasil;
- Medalha de Tamandaré – Brasil;[3]
- Ordem da Coroa italiana – Itália;[4]
- Medalha de Prata do Cinquentenário da República – Brasil.[5]

Esses prêmios de fita e metal, seguidos de discursos floreados de congratulações, representavam as opiniões das elites. Aqueles que nunca tinham sido e que não eram do escalão superior em privilégio e comando, aqueles que podiam ver através da análise malconcebida, deveriam formular uma opinião diferente sobre Filinto Müller. Precisava que o escrutínio, no entanto, fosse justamente alimentado por um jornalista mercenário?

A despeito dos elogios oficiais, o foco das opiniões instruídas lembra Filinto Müller como o homem mais perigoso do país devido ao seu papel em suprimir a tentativa da Revolução Comunista, em 1935. Esqueceram que os integralistas também foram foco de sua atenção, embora em menor grau, e que ele fora o chefe do Conselho Nacional do Trabalho, senador, líder de dois partidos políticos, líder da maioria no Senado para um democrata e três ditadores e, finalmente, presidente do Senado. De fato, como ex-chefe de polícia no antigo Distrito Federal e executor da vontade de Getúlio Vargas, Filinto estava cônscio de como a maioria se lembraria dele. "E daqui a alguns anos só se lembrarão de um terrível chefe de polícia do 'tempo do Onça', que também foi um chefe de polícia."[6] Filinto estava fundindo sua persona, na mente das gerações futuras, àquela de um dos chefes de polícia do começo do século XX no Rio de Janeiro. Violência era a marca registrada desse homem. Onça, ou Gato Selvagem, era o seu apelido.[7] Quão verdadeira essa visão de Müller seria? Nas décadas posteriores à recente ditadura militar, muitos comentaristas, tanto na academia quanto na mídia, ainda escolhiam lembrar de Filinto sob tal aspecto.[8] Muito do pensamento dessas pessoas vem de repetir as garatujas de David Nasser, sem atribuir culpa a quem a culpa é realmente devida.

Sim, Filinto era apenas um homem que havia se tornado o líder da polícia em uma época em que coisas horríveis lhe foram pedidas. Vargas parece ter achado que ele era um excelente chefe de polícia.[9] Isso, certamente, enfatiza que ele obedeceu ao que Getúlio queria. Ainda assim, não podemos ignorar a cumplicidade de Müller nessa ousadia autoritária. Apenas seu grau de participação nela está em questão. E nem Filinto era um degenerado. O mesmo molde, não apenas o da repressão, mas da repressão violenta, produziu diversos chefes de polícia que precederam Filinto. Houve muitos antes do Onça. Na juventude idealista de Filinto, não se precisava olhar mais longe do que para o chefe de Polícia Civil do Rio de Janeiro, o general Manuel Lopes Carneiro da Fontoura (1922-26), ou para seu substituto, Coriolano de Araújo Góis Filho (1926-30). Cada homem e os presidentes para os quais eles trabalhavam são estudos sobre o macabro. É essencial lembrar, em qualquer estudo sobre Müller, principalmente, que tanto Fontoura quanto Góis estabeleceram modelos para a emulação durante o período em que Filinto foi cadete, revolucionário e prisioneiro. A violência por parte da polícia, ou a aprovação tácita por seu chefe, era um comportamento quase normal àquela época.[10]

Então, qual é o lugar de Filinto Müller na história brasileira? Será que ele se reinventou a partir de seu afastamento da Polícia Central, em julho de 1942? E quanto a todas as acusações que o atormentaram até então, e que continuariam a persegui-lo pelo resto de sua vida? As respostas certamente são uma mistura. Não, ele não foi um desertor da Coluna Miguel Costa/Luiz Carlos Prestes. Não, ele provavelmente não tinha nada a ver com a deportação de Olga Benário e Sabo (Elise Ewert). Sim, ele deu ao menos uma ordem ocasional para descobrir, por qualquer meio possível, o que um suspeito específico sabia, se os casos de Victor Allen Barron e de Jonny de Graaf são exemplos de seu *modus operandi*. Como se poderia esperar de um chefe de polícia, que normalmente andava à paisana, que estivesse armado, a exibição dessa arma ao seu superior é indicativa de um homem que usou a coerção psicológica, quando necessário, para abrir o seu caminho. Esse tipo de pessoa não necessariamente participaria, ele mesmo, de sessões de tortura. Sim, ele deu a aprovação para a formação do Quadro Móvel, que, por sua vez, deu origem ao primeiro esquadrão da morte da polícia da era moderna nas Américas.

Se Filinto não era o homem mais perigoso do país, ele certamente foi, à sua época, um dos maiores hipócritas do país. Esse é um território perigoso, no entanto, porque se pode levantar essa acusação sobre muitos brasileiros, tanto histórica quanto contemporaneamente – e sobre pessoas públicas em muitos lugares, não apenas no Brasil. Ainda assim, Filinto Müller era um homem que uma hora dizia uma coisa, outra hora dizia outra. Ele declarou: "O mal das ditaduras é que elas não são capazes de limitar seu tempo no cargo."[11] Isso é verdade, mas, em seguida, ele mencionou que seu erro foi acreditar em um autocrata, Getúlio Vargas, que, ele esperava, salvasse o Brasil. Ele fez essa observação em 1945, "quando eu já não fazia mais parte de sua ditadura. Em toda a minha vida pública, desde então, tenho demonstrado que a democracia é o único sistema que realmente respeita a integridade do povo, permitindo-lhe que alcance alguma dignidade".[12]

Nós somos, então, deixados com o dilema da incapacidade do senador Müller para entender que, em uma democracia, o povo elege os seus representantes. Eles não escolhem apenas alguns deles, se os eleitores e os eleitos se comportarem, enquanto os militares escolhem entre eles, em uma base rotativa, o general que será o presidente. Müller trabalhou fervorosamente para um grupo de ditadores militares nas décadas de 1960 e 70 – mas se recusou firmemente a chamá-los de ditadores. Ele se referia a eles como democratas. Até chegou a comentar que, provavelmente, o pior do lote a dirigir o país depois do golpe de 1964, mas aquele para quem ele havia trabalhado com mais afinco, o general Emílio Médici, tinha o mesmo magnetismo pessoal que Getúlio Vargas.[13] Será que isso queria dizer que Müller sentia que Médici poderia salvar o país, também? Sim, caso se ouvisse ou lesse a retórica de Filinto nos anos Médici. Do mesmo modo, isso significava que os antigos sentimentos de Müller, seus antigos anseios por um líder forte, haviam retornado. Será que eles nunca haviam ido embora? A resposta é possivelmente afirmativa. Müller nunca foi realmente um democrata, se nos lembrarmos das origens do PSD, do qual ele era membro fundador. O PSD, com sua aparência e aspirações familiares, foi a ligação de Filinto com o período Vargas. O Partido Social Democrático foi "formado para apoiar os atos de uma ditadura".[14] A UDN era o inimigo natural de Vargas, portanto um Partido ao qual Müller nunca poderia juntar-se, apesar de pertencer ao bloco de direita do PSD. O que Filinto estava fazendo entre líderes fortes, entre Vargas e Castello Branco, era apenas jogar o jogo da política – dos políticos. Sem saber disso, possivelmente sem admiti-lo, ele estava esperando a chegada do próximo salvador para se juntar a ele. Ele não era um membro do grupo que planejou a derrubada de João Goulart. No entanto, "quando a revolução de 31 de março ocorreu (...) eu a acolhi como uma medida de salvação nacional".[15] Com o Marechal Castello Branco, o primeiro ditador daquela revolução, a visão de Filinto começou a mudar. Com o general Costa e Silva, ela mudou ainda mais. Com o general Médici, esta floresceu. O novo messias de Filinto havia chegado. Em março 1972, ele observou que cada uma de suas batalhas passadas, começando com a revolta de 1922, tantas vezes interrompida por motivos inesperados, atingiu seu objetivo final e sua definição através da Revolução de 1964 – um esforço nacional que, em sua opinião, conseguiu realizar todos os sonhos românticos de sua juventude como cadete militar.[16]

Filinto foi um representante da geração de tenentes que pensava que eles, e somente eles, sabiam o que era melhor para o país. Sua receita para um Brasil melhor não incluía o comunismo de Luiz Carlos Prestes, mas sim a ditadura dos militares "sabichões". Müller serviu aos governos autocráticos de Vargas, Castello Branco, Costa e Silva e Médici com entusiasmos diferentes – mas os serviu. Certamente, Vargas e Médici ganharam seu fervor infinito. Cada líder usou-o para seus próprios fins. Alguns podem mesmo ter dito que ele era o seu fantoche. Teria sido ele o homem mais perigoso do país? Ou seria ele apenas um pequeno indivíduo que servia aos interesses de homens maiores para que pudesse ficar perto do poder? Neste último caso, ele seria apenas mais um "fisiologista", ou bajulador, para apoiar qualquer líder de direita ou de centro-direita que governasse o país. Quanto ao comunismo, as pessoas que conheciam Filinto Müller diziam que ele havia estudado os trabalhos de seus adversários. Será que teria deixado escapar o *dictum* de 1852 de Karl Marx? Uma tradução deste diz o seguinte:

> Os homens fazem sua própria história, mas eles não a fazem como querem; eles não a fazem sob circunstâncias escolhidas por eles mesmos, mas sob circunstâncias já existentes, dadas e transmitidas juntamente com o imenso peso do passado.[17]

Notas

Observa-se que aqui e na Bibliografia o nome de autores, títulos de obras, locais de publicação e editoras aparecem exatamente como estão no item citado. Isto inclui o nome de Filinto Müller, que aparece registrado como Felinto Müller, Felinto Muller e Filinto Muller. Reformas ortográficas entre Portugal e Brasil resultaram em grafias um pouco diferentes para algumas palavras portuguesas no texto. A menos quando ressaltado, todas as fontes de arquivo são do Brasil.

Nota prévia

1. Paulo Faria, e-mail, 6 de janeiro de 2010.
2. A lista é longa aqui, mas a matéria enviada para o parente foi de R. S. Rose: "Johnny's Two Trips to Brazil", *Luso-Brazilian Review* [daqui em diante *LBR*].

Introdução

1. Getúlio Vargas governou o Brasil de 1930 a 1945 e novamente de 1950 a 1954.
2. *Jornal do Brasil*, 11 de março de 1987, seção Cidade, p.1.
3. David Nasser, *Falta alguém em Nuremberg: torturas da polícia de Filinto Strubling Müller*. 4ª ed. Rio de Janeiro: O Cruzeiro, 1966.
4. Luciana Quillet Heymann, "Indivíduo, memória e resíduo histórico: uma reflexão sobre arquivos pessoais e o caso Filinto Müller", *Estudos Históricos*, p. 53-58.
5. *O Globo*, 2 de setembro de 2013, seção Educação, p.1.

6. Ver a esse respeito Fernando Rodrigues da Silva, "Uma carreira: as formas de acesso à escola de formação de oficiais do Exército brasileiro no período de 1905 a 1946", tese de doutorado, Programa de Pós-Graduação em História, Universidade do Estado do Rio de Janeiro, 2008.
7. Albert Einstein, *The World As I See It*. Londres: The Bodley Head, 1935, p. 4.

1. Dias em Cuiabá

1. A maioria das províncias do Brasil foi transformada em estados quando o Exército derrubou a monarquia, em 1889.
2. Foram separados oficialmente em 1977.
3. "Mato Grosso", [http://en.wikipedia.org/wiki/Mato_Grosso], acessado em 31 de julho de 2007; "Mato Grosso do Sul", [http://en.wikipedia.org/wiki/Mato_Grosso_do_Sul], acessado em 31 de julho de 2007; "Pantanal", [http://en.wikipedia.org/wiki/Pantanal], acessado em 31 de julho de 2007; e Alzira Alves de Abreu e Israel Beloch, et al. *Dicionário histórico-biográfico-brasileiro pós-1930*, 2ª ed., rev. Rio de Janeiro: Fundação Getulio Vargas, 2001, p. 5126.
4. Adauto Alencar, *Roteiro genealógico de Mato Grosso*. Cuiabá: Genus, s.d.), vol. I, p. 95-96; Zephyr Lake Frank, "Elite Families and Oligarchic Politics on the Brazilian Frontier: Mato Grosso, 1889-1937", *Latin American Research Review*, v. XXVI, nº 1, 2001, p. 69; Pedro Rocha Jucá, *Júlio Müller, um grande estadista*. Cuiabá: Memórias Cuiabanas, 1998, p. 22; "Algumas pessoas conhecidas com o patronímico Müller", [http://br.geocities.com/familia_mueller/personalidadesmueller.html], acessado em 4 de março de 2007, Helena Júlia Müller de Abreu Lima, entrevista, Cuiabá, MT, 3 de julho de 2007; Fred Müller, entrevista, Cuiabá, 5 de julho de 2007; e Maria Luiza Müller de Almeida, entrevista, Barra da Tijuca, RJ, 17 de junho de 2007. Helena Júlia Müller é a filha de Júlio Strubling Müller, irmão de Filinto. Fred Müller é o neto de Júlio Strubling Müller. Fred diz que a malária foi a causa da morte, enquanto Maria Luiza pensa que esta se deveu a uma lesão seguida de infecção. Maria Luiza é a única filha sobrevivente de Filinto Müller.
5. Alencar, p. 96-103; Estado de Mato Grosso, 3º Serviço Notarial e Reg. das Pessoas Naturais de Cuiabá, "Certidão de Nascimento", Livro: 8-1ª Série, Termo: 15, Folha: 00166; Jucá, *loc. cit.*; Maria Luiza

NOTAS

Müller de Almeida, entrevista, Barra da Tijuca, RJ, 20 de setembro de 2007; Rita Generosa Müller Pereira da Silva, entrevista, RJ, 10 de fevereiro de 2008; Maria Müller Peixoto de Azevedo, entrevista, RJ, 10 de fevereiro de 2008; Pedro Rocha Jucá, e-mails: 26 de fevereiro de 2007, 7 de março de 2007 e 16 de julho de 2007. O trabalho de Alencar (p. 103) erroneamente dá a hora do nascimento de Filinto como sendo às 10h. A hora dada aqui é a da certidão de nascimento de Filinto. Rita Generosa Müller é a filha de Fenelon Müller, irmão de Filinto. Maria Müller é a filha de Rita Müller, irmã de Filinto. Jucá é um amigo da família Müller.

6. Fred Müller, entrevista, Cuiabá, 5 de julho de 2007; Maria Luiza Müller de Almeida, entrevista, Barra da Tijuca, RJ, 17 de junho de 2007; e Brasil, 3º Serviço Notarial e Reg. das Pessoas Naturais de Cuiabá, MT, "Certidão de Nascimento, Livro: 8-1ª Série, Termo: 15, Folha: 00166. O documento anterior é a certidão de nascimento de Filinto Müller. Não se sabe quando Strubling, ou alguma variação deste, começou a aparecer como o nome do meio de Filinto. O registro mais antigo de seu uso descoberto neste estudo está no Arquivo Filinto Müller [daqui em diante AFM], telegrama, "Apolonio [único nome dado] para Filinto Strubling Müller", 19 de julho de 1942, CPDOC/FM chp/ad, 42.06.01, 36. Certamente, David Nasser foi responsável por promover esse erro. Pode ser que ele e outras pessoas pensassem que esse era o nome de solteira de Rita Teófila, uma vez que Júlio o usava, mas Filinto nunca o fez. Na opinião da filha de Filinto, Nasser o incluiu desnecessariamente no título de seu livro para fazer seu pai parecer um pró-nazista. Maria Luiza Müller de Almeida, entrevista, Barra da Tijuca, RJ, 17 de junho de 2007. A data em que a casa foi construída está marcada em algarismos romanos acima de uma entrada.

7. Alencar, p. 104; e Arquivo Público do Mato Grosso, documento, Cartório Segundo Ofício Cível, "Inventário: Julio Müller" [daqui em diante "Inventário: JM"], Caixa atual 94 (Caixa anterior 13), 1931, p. [13].

8. Frank, p. 66, 69; e Pedro Rocha Jucá, e-mail, 26 de fevereiro de 2007.

9. Frank, p. 69; "Inventário: JM", p. [3, 12]; e Robert C. Sahr, "Consumer Price Index (CPI) Conversion Factors 1774 to Estimated 2019 to Convert to Estimated Dollars of 2013" [daqui em diante "Tabela de Conversão Sahr"], [http://oregonstate.edu/cla/polisci/

sites/default/files/faculty-research/sahr/inflation-consersion/PDF/cv2013.PDF>, acessado em 20 de abril de 2014. Júlio Strubling cuidou do inventário. Este foi terminado em 17 de junho de 1931, deixando para cada um dos seis filhos dinheiro e bens em quantidades iguais: 12:510$730, ou 966,08 dólares americanos (15.540 dólares americanos em valores de 2017). "Inventário: JM", p. [13]; *Jornal do Commercio* (Rio de Janeiro): 24 de setembro de 1930, p. 14; 18 de junho de 1931, p. 11; e "Tabela de Conversão Sahr".

10. Ver R. S. Rose, *Beyond the Pale of Pity: Key Episodes of Elite Violence in Brazil to 1930*. Bethesda: Austin & Winfield, 1998, capítulos 2 e 4, para uma discussão sobre grande parte desse período.
11. Oscar Penna Fontenelle, *Problemas policiaes*. Rio de Janeiro: *Jornal do Commercio*, 1927, p. 115.
12. Brasil, Ministerio da Agricultura, Industria e Commercio, *Annuario Estatistico do Brasil, 1908-1912*. Rio de Janeiro: Typografica da Estatistica, 1916, v. I, p. 292.
13. Isso não significava que alguém tinha alcançado o posto de coronel no Exército.
14. Linda Lewin, "The Oligarchical Limitations of Social Banditry in Brazil: The Case of the 'Good' Thief Antonio Silvino", *Past and Present*, nº 82, 1979, p. 128-29.
15. *Diário de Cuiabá*, 11 de dezembro, 2000, p. A3.
16. *Ibid.*; Jucá, p. 30-31; e "História de Cuiabá MT", [http://www.achetudoeregiao.com.br/MT/cuiaba/historia.htm], acessado em 14 de julho de 2009.
17. Helena Júlia Müller de Abreu Lima, entrevista, Cuiabá, MT, 3 de julho de 2007; Maria Luiza Müller de Almeida, entrevista, Barra da Tijuca, RJ, 20 de setembro de 2007; e Rita Generosa Müller Pereira da Silva, entrevista, RJ, 10 de fevereiro de 2008.
18. *Jornal do Povo* (Três Lagoas, MS), 15 de julho de 1973, p. 1; Jorge Tadeu, e-mail, 2 de agosto de 2007; e Rita Generosa Müller Pereira da Silva, entrevista, RJ, 10 de fevereiro de 2008. Tadeu é o secretário do Colégio Salesiano São Gonçalo.
19. Helena Júlia Müller de Abreu Lima, entrevista, Cuiabá, MT, 3 de julho de 2007; e Abreu e Beloch, p. 3995.

20. Abreu e Beloch, *loc. cit.*; Maria Luiza Müller de Almeida, entrevista, Barra da Tijuca, RJ, 17 de junho de 2007; *A Manhã* (Rio de Janeiro), 10 de julho de 1943, p. 2; Arquivo Agência *O Globo*. Texto datilografado sem autor. "Filinto Müller" [daqui em diante Agência O Globo, "Filinto Müller"], p. 1.
21. *Veja* (Rio de Janeiro), 29 de março de 1972, p. 30.
22. "História de Cuiabá, MT" *op. cit.*
23. Abreu e Beloch, *loc. cit.*; Pedro Rocha Jucá, e-mail, 26 de fevereiro de 2007; Helena Júlia Müller de Abreu Lima, entrevista, Cuiabá, MT, 3 de julho de 2007; *Jornal do Brasil*, 12 de julho de 1973, seção 1, p. 1; *A Manhã*, 10 de julho de 1943, p. 2; *Veja*, 29 de março de 1972, p. 22; Agência O *Globo*, "Filinto Müller", *loc. cit.*
24. Alves e Beloch, p. 3994, 4001; Rubens de Mendonça, *Dicionário biográfico mato-grossense*. São Paulo: Gráfica Mercúrio, 1953, p. 92; Maria Luiza Müller de Almeida, entrevista, Barra da Tijuca, RJ, 17 de junho de 2007; Helena Júlia Müller de Abreu Lima, entrevista, Cuiabá, MT, 3 de julho de 2007; e Rita Generosa Müller Pereira da Silva, entrevista, RJ, 10 de fevereiro de 2008.
25. AFM, carta, "de Fenelon Müller para Felinto [Müller]", 16 de março de 1934, CPDOC / FM chp / mt, 33.04.02, XXVIII-57.
26. Helena Júlia Müller de Abreu Lima, entrevista, Cuiabá, MT, 3 de julho de 2007. Ver também o item curioso no capítulo 2, nota 1.
27. Brasil, *Collecção das Leis da Republica dos Estados Unidos do Brasil de 1908*. Rio de Janeiro: Nacional, 1909, vol. I, p. 20, Lei nº 1.860 de 4 de janeiro de 1908, título IV, capítulo I, artigos 61-6; e Philadelpho Garcia, *A versão e o fato* (Londrina: Branco & Preto, 1994), p. 40.

2. A paixão de um jovem

1. Arquivo Histórico do Exército [daqui em diante AHEx], documento, "Certifico" [por Augusto da Costa e Silva] [daqui em diante "Certifico" ACS], 17 de agosto de 1931, p. 1, "Filinto Müller", pasta XXX-51-289; Francisco José Corrêa Martins, entrevista, RJ, 28 de maio de 2007: e Francisco José Corrêa Martins, e-mails: 24 de agosto de 2007: e 28 de agosto de 2007. Capitão Corrêa foi o chefe da divisão histórica do AHEx. Observe o erro no "Certifico" acima, indicando que Müller

foi liberado do 53º Batalhão por causa do artigo 66. Esse artigo proíbe o casamento de cadetes. Uma vez que o Exército manteve Filinto – mesmo casado –, por sua ininterrupta carreira militar e aceitação em Realengo, podemos deduzir que o artigo 66 deve ser um erro de digitação. O artigo correto deveria ter sido o artigo 62. Brasil, *Lei nº 1.860 de 4 de janeiro de 1908, Regula o alistamento e sorteio militar e reorganisa o Exercito*. Rio de Janeiro: Nacional, 1908, p. 12, e Francisco José Corrêa Martins: entrevista, RJ, 28 de maio de 2007.

2. AHEx, "Certifico" ACS, *loc. cit.*; *Jornal do Brasil*, 12 de julho de 1973, seção 1, p. 5; e Fernando da Silva Rodrigues, "Uma carreira: as formas de acesso à escola de formação de oficiais do Exército brasileiro no período de 1905 a 1946." Tese de doutorado, Programa de Pós-Graduação em História, Universidade do Estado do Rio de Janeiro, 2008, p. 114.

3. Jehovah Motta, *Formação do oficial do Exército: currículos e regimes na academia militar, 1810-1944*, 1ª ed., rev. Rio de Janeiro: Bibliex, 2001, p. 215-6; e Hélio Vianna, *História do Brasil: monarquia e república*, 8ª ed., rev. São Paulo: Melhoramentos, 1970, p. 198-208.

4. Motta, p. 256-7, e Alain Rouquié, *The Military and the State in Latin America*. Berkeley: University of California Press, 1987, p. 77-82.

5. AHEx, "Certifico" ACS, *loc. cit.*

6. AHEx, documento, "Boletins da Escola Militar do Realengo", 30398, março-abril de 1919, "Continuação do boletim nº 110 de 29-4-1919", p. 273 [136].

7. José Tarcísio Grunennvaldt, "A educação militar nos marcos da Primeira República: Estudo dos regulamentos do ensino militar (1890-1929)" [Tese de doutorado não publicada]. Programa de Estudos Pós-Graduados em Educação: História, Política, Sociedade, Pontifícia Universidade Católica de São Paulo, 2005, p. 130; e José Corrêa Martins, entrevista, RJ, 25 de fevereiro de 2008.

8. Motta, p. 244-5; "Certifico" ACS, p. 1-2; e Brasil, *Collecção das Leis da Republica dos Estados Unidos do Brasil de 1919: actos do poder executivo (janeiro a junho)* (Rio de Janeiro: Nacional, 1920), vol. II, p. 484-5, 487.

9. AHEx, "Certifico" ACS, p. 2.

10. Brasil, *Almanak do Ministério da Guerra para o anno de 1922* (Rio de Janeiro: Militar, 1922), p. 445.

11. *Jornal do Povo*, 15 de julho de 1973, p. 1; Rita Generosa Müller Pereira da Silva, entrevista, Rio de Janeiro, 10 de fevereiro de 2008; e Maria Luiza Müller de Almeida, entrevista, Rio de Janeiro, 10 de fevereiro de 2008. O relógio foi roubado de Maria Luiza quando sua casa foi assaltada, em 1980.
12. Luiz Carlos Prestes, entrevista, Rio de Janeiro, 13 de agosto de 1987.
13. José Gutman, entrevista, Rio de Janeiro, 10 de junho de 2007.
14. Abreu e Beloch, *loc. cit.* Ver também os comentários de Müller em *Veja*, 29 de março de 1972, p. 24.
15. Abreu e Beloch, *loc. cit.*
16. *Ibid.*, p. 1209, 4770, 5395.
17. AHEx, documento, "Certifico" [por Arthur Fernandes Cardoso] [daqui em diante "Certifico" AFC], 11 de agosto de 1927, p. 2, "Filinto Müller", pasta XXX-51-289; e Filinto Müller, entrevistado por Flamarion Mossri, sem editora, s.d., em Riograndino da Costa e Silva, *A revolução de 5 de julho de 1922*. Porto Alegre: Sulina, 1972, p. 189.
18. AHEx, "Certifico" AFC, *loc. cit.*
19. Brasil, Ministério da Agricultura, Industria e Commercio, *Recenseamento do Brazil: realizado em 1 de setembro de 1920*. Rio de Janeiro: Directoria Geral de Estatistica, 1929, v. IV, parte 4, p. xvi; Boris Fausto, "Society and Politics", em Leslie Bethell (ed.), *Brazil: Empire and Republic, 1822-1930*. Cambridge: Cambridge University Press, 1989, p. 257; e Peter Evans, *Dependent Development*: The Alliance of Multionational, State, and Local Capital in Brazil. Princeton: Princeton University Press, 1979, p. 96.
20. Ver June Hahner. *Poverty and Politics: The Urban Poor in Brazil, 1870-1920* [Albuquerque: University of New Mexico Press, 1986], p. 276-279. Para uma exposição da situação econômica enfrentada pela classe mais baixa dos centros urbanos durante a Primeira Guerra Mundial. Oficialmente, a escravidão se tornou ilegal em 1888, mas ainda permaneceu, na realidade, em áreas mais remotas.
21. Para uma descrição de grande parte dessa farsa nas eleições representativas, incluindo o diminuto eleitorado, ver Rose, p. 139-44. O nome "Polícia Militar" é um equívoco. A ideia da Polícia Militar era – e ainda é, em teoria – prestar os serviços de uma polícia regular uniformizada e armada, protegendo assim a população civil.

22. Nelson Werneck Sodré, *História militar do Brasil*. Rio de Janeiro: Civilização Brasileira, 1965, p. 198-201; e Henry Keith, "Soldiers as Saviors: The Brazilian Military Revolts of 1922 and 1924 in Historical Perspective". Tese de doutorado, Departamento de História, Universidade da Califórnia, Berkeley, 1970, p. 296-299.
23. Gustavo de Mello, entrevista, Campo dos Afonsos, RJ, 17 de agosto de 2007. Mello foi o principal historiador da base aérea de Campo dos Afonsos.
24. Jordan Young, *The Brazilian Revolution of 1930 and the Aftermath*. New Brunswick, NJ: Rutgers University Press, 1967, p. 70; José Maria Bello, *História da república, 1889-1954*, 4ª ed. São Paulo: Nacional, 1959, p. 287; e Hélio Silva, 1930. *A revolução traída: o ciclo de Vargas* – v. II, 2ª ed. Rio de Janeiro: Civilização Brasileira, 1972, p. 19-20.
25. Keith, p. 318; Helio Silva, *1922, sangue na areia de Copacabana: o ciclo de Vargas – v. I*. Rio de Janeiro: Civilização Brasileira, 1964, p. 61-62; e John W. F. Dulles, *Vargas of Brazil: A Political Biography*. Austin: University of Texas Press, 1967, p. 19-20.
26. [Francisco José] Freire Júnior e "Careca" [Luis Nunes Sampaio], "Ai seu mé", *Enciclopédia da música brasileira: erudita, folclórica e popular*. São Paulo: Art, 1977, p. 290-91.
27. Em 1º de junho de 1922, o Exército em campanha pró-Peçanha registrou: Peçanha: 325.325 e Bernardes: 302.576. Seis dias depois, no entanto, a comissão de verificação oficial deu os seguintes resultados: Peçanha: 317.000 e Bernardes: 466.877. Henry Hunt Keith, *Soldados salvadores: as revoltas militares brasileiras de 1922 e 1924, em perspectiva histórica*, Antonio Patriota (trad.) (Rio de Janeiro: Biblioteca do Exército, 1989), p. 204.
28. Silva, *1922*, p. 105-106.
29. Keith, "Soldiers as Saviors", p. 328-35; Silva, *1922*, p. 105-13; e Dulles, p. 20-21.
30. Riograndino da Costa e Silva, *A revolução de 5 de julho de 1922*. Porto Alegre: Sulina, 1972, p. 59.
31. *A Defeza Nacional*. Rio de Janeiro, 10 de outubro de 1913, p. 1. Esta primeira edição de *A Defeza Nacional* declara o que muitos dos tenentes pensavam que fosse o caminho correto. Para mais informações sobre por que eles entenderam mal todos os princípios do positivismo, ver o capítulo 5.

NOTAS

32. Keith, "Soldiers as Saviors", p. 336; *A Revolução de 30*, dirigido por Sylvio Back, 1980; e John W. F. Dulles, e-mail, 23 de agosto de 2007.
33. Filinto Müller, entrevistado por Flamarion Mossri, sem local, s.d., em Costa e Silva, p. 188; *Correio da Manhã*. Rio de Janeiro, 12 de julho de 1973, seção 1, p. 6; e *Almanaque do Exército*, 1923 (sem local: sem editora, s.d.), p. 281-2, 286, 297.
34. Silva, *1922*, p. 189-93, 212; Costa e Silva, p. 61-70, 124-30, e John W. F. Dulles, e-mail, 23 de agosto de 2007.
35. Dulles, p. 22, e Gustavo de Mello, entrevista, Campo dos Afonsos, RJ, 17 de agosto de 2007.
36. Gustavo de Mello: entrevista, Campo dos Afonsos, RJ, 17 de agosto de 2007; e e-mail, 8 de setembro de 2007.
37. Silva, *1922*, p. 458.
38. Siqueira Campos escreveu: "A meus pais, meus irmãos, à memória dos 28 companheiros, e aos que não posso mencionar." Cristiana de Araújo Corrêa, entrevista, RJ, 23 de junho de 1994.
39. Neill Macaulay, *The Prestes Column: Revolution in Brazil*. Nova York: New Viewpoints, 1974, p. 27.
40. Francisco José Corrêa Martins, entrevista, RJ, 3 de setembro de 2007. Há vários números dados para a quantidade real de homens que deixaram o local. O cálculo do capitão Corrêa foi utilizado aqui.
41. Cristiana de Araújo Corrêa, entrevista, RJ, 23 de junho de 1994.
42. *Ibid.*; Silva, *1922*, p. 458; Keith, "Soldiers as Saviors", p. 339-40; e Gustavo de Mello, entrevista, Campo dos Afonsos, RJ, 17 de agosto de 2007.
43. Cristiana de Araújo Corrêa, entrevista, Rio de Janeiro, 23 de junho de 1994.
44. AHEx, relatório, "Relação dos officiaes que dezertam do Exército", em "Movimento de 1922 – Departamento Pessoal da Guerra", 13 de janeiro de 1927, p. 1-5; Costa e Silva, p. 102; e Rodrigues, p. 121.
45. AHEx, documento, "Certifico" [de Manoel Correa do Lago] [daqui em diante "Certifico" MCL], 21 de maio de 1927, p. 1-2, "Filinto Müller", pasta XXX-51-289; *Almanaque do Exército*, 1923, p. 222; Odylio Denys, *Ciclo revolucionário brasileiro: memórias 5 de julio de 1922 a 31 de março de 1964*. Rio de Janeiro: Nova Fronteira, 1980, p. 24-26; Costa e Silva, p. 70-73, 151; e Filinto Müller, entrevistado

por Flamarion Mossri, sem local, sem data, em Costa e Silva, p. 189. O sobrenome de Henrique Ricardo Holl é escrito às vezes como Hall. Ver como exemplo Edgard Carone, *A República Velha: evolução política*, 2ª ed. São Paulo: Difusão Europeia do Livro, 1974, p. 425.

3. A revolução de 1924

1. Mendonça, p. 93; e AHEx, documento, "1931 Departamento do Pessoal da Guerra, Divisão de Artilharia, Trimestre G 4", "Filinto Müller", pasta XXX-51-289.
2. AHEx, "Certifico" ACS, p. 3; e Estado-Maior do Exército, *Regulamento para o serviço em campanha* (R.S.C.), 2ª ed. Rio de Janeiro: Militar, 1923, p. 47.
3. AHEx, "Certifico" ACS, p. 4.
4. *Ibid.*, p. 3-5; e Abreu e Beloch, *loc. cit.*
5. "Joaquim Távora", <http://www.cpdoc.fgv.br/nav_historia/htm/biografias/ev_bio_joaquimtavora.htm>, acessado em 26 de agosto de 2007; *Jornal Hora do Povo*, São Paulo, 24 de junho de 2007, p. 4; Filinto Müller, entrevistado por Flamarion Mossri, sem local, sem data, em Costa e Silva, p. 188; Juarez Távora, *Uma vida e muitas lutas: memórias*. Rio de Janeiro: Biblioteca do Exército, 1973, vol. I, p. 132; Anna Maria Martinez Corrêa, *A rebelião de 1924 em São Paulo*. São Paulo: Hucitec, 1976, p. 70-82; e John W. F. Dulles, e-mail, 23 de agosto de 2007.
6. Brasil, *Diário do Congresso Nacional* [daqui em diante *DCN*], 3 de maio de 1955, sessão II, p. 999.
7. *Jornal Hora do Povo*, 24 de junho de 2007, p. 4.
8. Domingos Meirelles, *As noites das grandes fogueiras: uma história da Coluna Prestes*, 2ª ed. Rio de Janeiro: Record, 1995, p. 60; e Macaulay, p. 14-15.
9. Meirelles, p. 73-75.
10. *Jornal Hora do Povo*, 24 de junho de 2007, p. 4; Brasil, *Anuário estatístico do Brasil, 1992*. Rio de Janeiro: IBGE, 1993, cap. 16, tabela 16.4; Meirelles, p. 159; Osorio Santana Figueiredo, *As revoluções da república: 1889-1932* (São Gabriel, RS: sem editora, 1995), p. 168; Macaulay, *loc. cit.*; e Gustavo de Mello, entrevista, Campo dos Afonsos, RJ, 17 de agosto de 2007.

NOTAS

11. *Jornal Hora do Povo*, 24 de junho de 2007, p. 4; Abreu e Beloch, *loc cit.*; Raphael Cantinho Filho e Virgilio do Nascimento *et. al.*, *Movimentos subversivos de julho*. São Paulo: Garraux, 1925, p. 15, 88, 207; Ciro Costa e Eurico de Goes, *Sob a metralha... São Paulo – 1924*. São Paulo: Monteiro Lobato, 1924, p. 158; e Fernando Jorge, *Getúlio Vargas e o seu tempo: um retrato com luz e sombra*. São Paulo: Queiroz, 1994, v. II, p. 613.
12. *Jornal Hora do Povo*, 24 de junho de 2007, p. 4. Uma lista de alguns epítetos pouco elogiosos de Bernardes é apresentada em Rose, p. 160. Osorio Santana Figueiredo afirma (p. 167) que Joaquim Távora morreu com uma saraivada de balas de metralhadora, não enquanto tentava se render, mas enquanto incitava seus soldados à batalha.
13. Foram necessários vários trens para transportá-los.
14. *Jornal Hora do Povo*, 24 de junho de 2007, p. 4; Macaulay, p. 16-17; e Meirelles, p. 183-86.
15. Macaulay, p. 16-19; Távora, p. 148; e Abreu e Beloch, *loc. cit.*
16. Aparentemente, esta era uma promoção de campo. A promoção formal de Filinto veio em 14 de abril de 1925. Italo Landucci, *Cenas e episódios da Revolução de 1924 e da Coluna Prestes*, 2ª ed. São Paulo: Brasiliense, 1952, p. 46, 50.
17. Macaulay, p. 19-24.
18. *Ibid.*, p. 23-24.
19. *Ibid.*, p. 29-31.
20. Uma fotografia do capitão Müller, enquanto esteve na Fazenda Floresta, é apresentada aqui no caderno de fotos (Figura 9).
21. Macaulay, p. 71-73, 85; Landucci, p. 46-47; Meirelles, p. 353; Mendonça, *loc. cit.*; Abreu e Beloch, *loc. cit.*; Dulles, p. 30; João Cabanas, *A coluna da morte: sob o commando do tenente Cabanas*, 6ª ed. Rio de Janeiro: Almeida e Torres, 1928, p. 325-26; e *Jornal Hora do Povo*, 28 de setembro de 2005, p. 7.
22. Arquivo Juarez Távora [daqui em diante AJT], carta, "[Filinto] Müller para Dutra", 28 de março de 1925, CPDOC/JT 1924.05.10 [A].
23. AJT, carta, "[Filinto] Müller para Dutra", 28 de março de 1925, CPDOC/JT 1924.05.10 [B].
24. *Agorafoz*. Foz do Iguaçu, junho de 1997, p. 17; Macaulay, p. 85-87; Landucci, p. 61; e Meirelles, p. 364. A cidade mais tarde removeu a casa Penna, que se situava no local aproximado onde é hoje o Hotel Basso.

25. Macaulay, p. 86-87; e Meirelles, p. 365-66.
26. Anita L. Prestes, *A Coluna Prestes*, 2ª ed. São Paulo: Brasiliense, 1991, p. 173; Landucci, p. 46; e Lourenço Moreira Lima, *A Coluna Prestes: marchas e combates*, 3ª ed. São Paulo: Alfa-Omega, 1979, p. 117.
27. AJT, carta, "Isidoro Dias Lopes para Padilha, Miguel Costa, Estillac e Prestes", 3 de abril de 1925, CPDOC/JT dpf 1924.05.10, III 3.
28. Lima, p. 118, 123.
29. *Ibidem*, p. 114, 117; e Meirelles, p. 367-68.
30. Landucci, *loc. cit.*; e Arquivo Pedro Ernesto [daqui em diante APE], documento, "Exclusão de oficial", CPDOC/PEB c1925.04.25. Note-se que o documento no CPDOC/PEB c1925.04.25, rolo 1, fot. 0152 é o documento incorreto.
31. Maria Luiza Müller de Almeida, entrevista, Barra da Tijuca, RJ, 17 de junho de 2007.
32. Anita L. Prestes, p. 179.
33. *Ibid.*, p. 179-80.
34. J. Nunes de Carvalho, *A revolução no Brasil, 1924-1925, apontamentos para a história*, 2ª ed. Rio de Janeiro: São Benedicto, 1930, p. 159. O valor em dólar foi obtido ao se fazer a média das duas taxas disponíveis dos dois dias mais próximos a 5 de julho de 1924 e 26 de julho. Ambos eram domingos e não se publicavam as taxas de câmbio às segundas-feiras. *Jornal do Commercio*, 8 de julho de 1924, p. 9, e 28 de julho de 1924, p. 11.
35. A carta de Lopes para Filinto do Paraguai (ver capítulo 4, "Exílio") indica que ele estava zangado.
36. J. Nunes de Carvalho, p. 160; AJT, "Isidoro Dias Lopes para Padilha, Miguel Costa, Estillac e Prestes", 3 de abril de 1925, CPDOC/JT dpf 1924.05.10 III 3; e Francisco José Corrêa Martins, entrevista, Rio de Janeiro, 2 de agosto de 2007.
37. Francisco José Corrêa Martins, entrevista, Rio de Janeiro, 2 de agosto de 2007.
38. A mesma quantia, 100 contos de réis, foi mencionada em pelo menos duas ocasiões diferentes. Luiz Carlos Prestes, entrevista, Rio de Janeiro, 13 de agosto de 1987; e Anita L. Prestes, p. 180. A taxa de conversão é baseada na média do *Jornal do Commercio*, 15 de abril de 1925, p. 9; e 25 de abril de 1925, p. 10. O valor em dólares correntes é da Sahr, "Tabela de Conversão Sahr".

39. Anita L. Prestes, p. 180, 427.
40. APE: "Exclusão de oficial", CPDOC/PEB c1925.04.25. Ver a nota acima, *loc. cit.*, com relação a esse documento.

4. Exílio e regresso

1. Maria Luiza Müller de Almeida, entrevista, Barra da Tijuca, RJ, 17 de junho de 2007.
2. Papéis de Maria Luiza Müller de Almeida, carta, "Isidoro Dias Lopes para Filinto Müller", 22 de abril de 1925. Observe-se que Isidoro usou a patente errada para Müller. Ele ainda não tinha se tornado major.
3. Miguel Costa Filho, *Os farsantes da revolução*. Rio de Janeiro: Alba, 1931, p. 129. Os comentários de Hélio Silva estão em *O Globo*, de 4 de dezembro de 1985, sec. 1, p. 8. Ver também o grupo de exilados revolucionários em Buenos Aires nas figuras 10 e 11. Os outros indivíduos não parecem estar evitando Müller, o que seria de esperar se eles o considerassem um ladrão.
4. Maria Luiza Müller de Almeida, entrevista, Barra da Tijuca, RJ, 20 de setembro de 2007; e Arquivo Rosalina Coelho Lisboa [daqui em diante ARCL], documento, "Orlando Leite Ribeiro", p. 6, CPDOC/RCL c 41.05.26. Orlando Leite Ribeiro foi um dos exilados em Buenos Aires.
5. Mendonça, p. 94; e Filinto Müller, entrevistado por Tarcísio Hollanda, sem data, sem local. Essas entrevistas foram feitas para serem entregues ao jornalista Jorge Bastos Moreno, de *O Globo*, que não sabe nada mais sobre elas. Jorge Bastos Moreno, e-mail, 15 de abril de 2007. Maria Luiza Müller de Almeida disse que as palavras eram de seu pai, mas não a voz, a menos que as fitas tenham sido danificadas de alguma forma e a qualidade da voz tenha sido alterada. Maria Luiza Müller de Almeida, e-mail, 17 de junho de 2007.
6. Maria Luiza Müller de Almeida, entrevista, Barra da Tijuca, RJ, 17 de junho de 2007.
7. AFM, carta, "Fenelon [Müller] para Felinto [Müller]", 19 de dezembro de 1932, CPDOC/FM div, 24.06.05, II-37.
8. Abreu e Beloch, p. 3995; e Mendonça, *loc. cit.*
9. ARCL, p. 6-7.

10. *Ibid.*, p. 6-9; Marly de Almeida Gomes Vianna, *Revolucionários de 35: sonhos e realidade*. São Paulo: Companhia das Letras, 1992, p. 78; e Marc Becker, "Mariátegui, the Comintern and the Indigenous Question in Latin America", *Science & Society*, vol. LXX, n° 4, outubro de 2006, p. 455.
11. Susan Migden Socolow, resenha de *Cousins e Strangers: Spanish Immigrants in Buenos Aires, 1850-1930*, por José C. Moya. Berkeley, University of California Press, 1998 em *The Journal of Interdisciplinary History*, verão de 1999, vol. XXX, n° 1, p. 161; e David Rock, *Argentina 1516-1987: From Spanish Colonization to Alfonsín*. Berkeley: University of California Press, 1987, p. 141, 166.
12. Maria Luiza Müller de Almeida: entrevista, Barra da Tijuca, RJ, 17 de junho de 2007; entrevista por telefone, Rio de Janeiro/Barra da Tijuca, RJ, 27 de julho de 2007; Alencar, p. 103; e Ricardo D. Salvatore, "The Normalization of Economic Life: Representations of the Economy in Golden-Age Buenos Aires, 1890-1913", *Hispanic American Historical Review*, vol. LXXXI, n° 1, fevereiro de 2001, p. 1-44. Como economista, Joaquín Lastra estaria especialmente interessado na política fiscal discutida nas páginas 17 a 21 do artigo de Salvatore.
13. Maria Luiza Müller de Almeida: entrevista, Barra da Tijuca, RJ, 17 de junho de 2007; e entrevista por telefone, Barra da Tijuca, RJ, 27 de julho de 2007.
14. Maria Luiza Müller de Almeida: entrevistas, Barra da Tijuca, RJ, 17 de junho de 2007; e 20 de setembro de 2007.
15. Rock, p. 162-3, 166, 172, 189-90, 193; e Joel Horowitz, "Bosses and Clients: Municipal Employment in the Buenos Aires of the Radicals, 1916-1930", *Journal of Latin American Studies*, vol. XXXI, n° 3, outubro de 1999, p. 624-625.
16. Marly de Almeida Gomes Vianna, *loc. cit.*; e Maria Luiza Müller de Almeida, entrevista, Barra da Tijuca, RJ, 17 de junho de 2007.
17. Mendonça, p. 92-96; Abreu e Beloch, p. 3994; "Fenelon Müller", [http://pt.wikipedia.org/wiki/Fenelon_MA1/4ller], acessado em 30 de julho de 2007; e "Ponte Francisco de Sá", [http://pt.wikipedia.org/wiki/PonteFrancisco_de_SA¡], acessado em 30 de julho de 2007.
18. Maria Luiza Müller de Almeida, entrevista, Barra da Tijuca, RJ, 17 de junho de 2007; e Rita Generosa Müller Pereira da Silva, entrevista, Rio de Janeiro, 10 de fevereiro de 2008.

NOTAS

19. Na época havia, e ainda há, tanto uma embaixada quanto um consulado brasileiros em Buenos Aires. Brasil, Consulado Geral em Buenos Aires, e-mail, 29 de agosto de 2007.
20. Maria Luiza Müller de Almeida: entrevistas, Barra da Tijuca, RJ, 17 de junho de 2007; e 20 de setembro de 2007. Maria Luiza não tinha certeza se sua mãe havia saído com seu pai pelo muro de trás da casa. Talvez ela tenha fugido disfarçada durante o dia. Esta última opção, no entanto, parece improvável por duas razões: primeiro, a paixão dos recém-casados que se reencontravam levaria a pensar que ela fugiu com ele. Em segundo lugar, tentar enganar a polícia com um disfarce teria sido impossível e até levaria as autoridades ao paradeiro de Filinto.
21. Maria Luiza Müller de Almeida, entrevista, Barra da Tijuca, RJ, 17 de junho de 2007.
22. J. Nunes de Carvalho, p. 181-185; e *Jornal do Brasil*, 20 de novembro de 1969, sec. 1, p. 20.
23. AHEx, "Certifico" AFC, p. 5.
24. Mendonça, p. 94; Abreu e Beloch, p. 3996; e AHEx, documento, "2º Grupo de Artilharia de Costa, "4º trimestre de 1927, "Filinto Müller", pasta XXX-51-289.
25. AHEx, documento, "1º Grupo de Artilharia de Costa", 1º trimestre de 1928, "Filinto Müller", pasta XXX-51-289.
26. AHEx, documento, "1º Regimento de Cavallaria Divisionario", 2º trimestre de 1929, "Filinto Müller", pasta XXX-51-289.
27. AHEx, documento, "1º Regimento de Cavallaria Divisionario", 3º trimestre de 1930, "Filinto Müller", pasta XXX-51-289.
28. Maria Luiza Müller de Almeida, entrevistas: Barra da Tijuca, RJ, 17 de junho de 2007; 20 de setembro de 2007; e Alencar, *loc. cit.*
29. Abreu e Beloch, *loc. cit.*; e AHEx, "1931 Departamento do Pessoal da Guerra, Divisão de Artilharia, Trimestre G 4", "Filinto Müller", pasta XXX-51-289.
30. O salário básico é rotineiramente aumentado por vários deveres dentro das forças armadas. Francisco José Corrêa Martins, entrevista, Rio de Janeiro, 3 de setembro de 2007; Fernando da Silva Rodrigues, entrevista, Rio de Janeiro, 3 de setembro de 2007. O primeiro-sargento Rodrigues foi um investigador do Exército no AHEx.
31. Filinto Müller, entrevistado por Tarcísio Hollanda, sem data, sem local, Maria Luiza Müller de Almeida, entrevista, Barra da Tijuca, RJ, 17 de junho de 2007; e Abreu e Beloch, *loc. cit.*

5. Vargas

1. Carone, *loc. cit.*
2. *Time* (Chicago), 16 de outubro de 1950, p. 40.
3. Esse período na vida de Getúlio é discutido em R. S. Rose, *One of the Forgotten Things: Getúlio Vargas and Brazilian Social Control, 1930-1954*. Westport, CT: Greenwood, 2000, capítulo 1. Também disponível em português como *Uma das coisas esquecidas: Getúlio Vargas e controle social no Brasil, 1930-1954*. São Paulo: Companhia das Letras, 2001.
4. Dulles, p. 18.
5. *Ibidem*, p. 23-27; Young, p. 35; João Neves da Fontoura, *Memórias*. Porto Alegre: Globo, 1958, vol. I, p. 298; e Paulo Brandi, *Vargas: da vida para a história*, 2ª ed., rev. Rio de Janeiro: Zahar, 1985, p. 29. Getúlio foi inicialmente escolhido em outubro de 1922 para preencher o lugar de um deputado federal gaúcho que havia morrido no exercício do mandato. Vargas adiou a mudança para o Rio até o ano seguinte, para que pudesse permanecer em Porto Alegre e trabalhar para a reeleição de Borges. Brandi, p. 28.
6. Brandi, *loc. cit.*, Dulles, p. 30; Carlos Cortés, *Gaúcho Politics in Brazil: The Politics of Rio Grande do Sul, 1930-1964*. Albuquerque: University of New Mexico Press, 1974, p. 18; e Antonio Augusto Faria e Edgard Luiz de Barros, *Getúlio Vargas e sua época*, 2ª ed. São Paulo: Global, 1983, p. 23.
7. Para uma elaboração desse assassinato, com fotografias, e da recepção de Bernardes no Rio, ver Rose, *Beyond the Pale of Pity*, p. 175-181.
8. Brandi, p. 30-31; e Fontoura, p. 393.
9. Dulles, p. 44; Brandi, p. 30; e [Alexandre José] Barbosa Lima Sobrinho, *A verdade sobre a Revolução de Outubro 1930*. São Paulo: Alfa-Omega, 1975, p. 22-24.
10. Dulles, p. 45; e Paulo Brandi Cachapuz, "A revolução de 1930", *Getúlio Vargas e seu tempo*; Raul Mendes Silva *et al.* (orgs.), Rio de Janeiro: Rumo Certo, s.d., p. 162.
11. O programa completo é apresentado em Célio Debes, *Júlio Prestes e a primeira república*. São Paulo: Oficial, 1982, p. 181-200.
12. Marcelo de Paiva Abreu, "The Brazilian Economy, 1930-1945", University of Oxford Centre for Brazilian Studies, Working Paper Series CBS-03-99 (E), p. 7.

13. Abreu e Beloch, p. 4769. Osasco não seria um município até os anos 1960.
14. Hélio Silva e Maria Cecília Ribas Carneiro, *Fim da Primeira República, 1927-1930*. Rio de Janeiro: Três, 1975, p. 152. Abreu e Beloch (p. 4589) relatam incorretamente que os itens ofensivos estavam no escritório do jornal. Parece improvável que as autoridades apresentassem provas a um jornal.
15. Dulles, p. 64-65.
16. Affonso Henriques, *Ascensão e queda de Getúlio Vargas: Vargas o maquiavélico*. Rio de Janeiro: Record, 1966, p. 113, 116; e Abreu e Beloch, p. 2993-2994.
17. Henriques, p. 116.
18. Carone, *loc. cit.*; e Frank D. McCann, *Soldados da pátria: história do Exército brasileiro (1889-1937)*. São Paulo: Companhia das Letras, 2007, p. 335.
19. McCann, p. 365-374 e Abreu e Beloch, p. 5000-5001.
20. Silva, *1930*, p. 209.
21. *New York Times*, 30 de agosto de 1930, p. 1.
22. *Correio da Manhã*, 5 de outubro de 1930, p. 1; e Dulles, p. 70.
23. *Correio da Manhã*: 7 de outubro de 1930, p. 1; 9 de outubro de 1930, p. 1; 10 de outubro de 1930, p. 1; 14 de outubro de 1930, p. 1; 15 de outubro de 1930, p. 1; e 18 de outubro de 1930, p. 1.
24. *Correio da Manhã*, 25 de outubro de 1930, p. 1; e Dulles, p. 71-73.
25. Arthur Virmond de Lacerda Neto, *A república positivista: teoria e ação no pensamento de Augusto Comte*, 2ª ed., rev. Curitiba: Juruá, 2000, p. 68; e Auguste Comte "Curso de filosofia positiva: discurso sobre o espírito positivo, catecismo positivista", *Os pensadores*, Victor Civita (org.). São Paulo: Abril Cultural, 1973, p. 269.
26. Gustavo de Mello: entrevista, Campo dos Afonsos, RJ, 17 de agosto de 2007; e-mail, 3 de setembro de 2007.
27. *Correio da Manhã*, 26 de maio de 1930, p. 1.
28. Gustavo de Mello: entrevista, Campo dos Afonsos, RJ, 17 de agosto de 2007; e e-mail, 6 de setembro de 2007.
29. "Ten.-brig.-do-ar Araripe de Macedo" [http://www.incaer.aer.mil.br/Araripe.html], acessado em 8 de agosto de 2007.
30. Manuel Cambeses Júnior, "Homenagem ao marechal do ar Casimiro Montenegro Filho", <http://64.233.169.104/search?q=cache:-

OmHNz3T2YGoJ:www.incaer.aer.mil.br/MontenegroFilho.htm+campo+dos+afonsos+outubro+de+1930&hl=en&ct=clnk&cd=11], acessado em 8 agosto de 2007.
31. *Veja*, 29 de março de 1972, p. 23; e AFM, carta, "Júlio [Müller] para Filinto [Müller]", 15 de agosto de 1933, CPDOC/FM chp/mt, 33.04.02, XXXII-198. Note-se que este item final é atualmente arquivado incorretamente entre os documentos sem data.
32. *Correio da Manhã*, 28 de outubro de 1930, p. 1; e Stanley E. Hilton, *Oswaldo Aranha: uma biografia*. Rio de Janeiro: Objetiva, 1994, p. 74.
33. *Correio da Manhã*, 29 de outubro de 1930, p. 1.
34. AHEx: "Certifico" ACS, p. 5; documento, "Kardex", Felinto Müller [daqui em diante KFM], pasta XXX-51-289; e Rodrigues, entrevista, RJ, 3 de setembro de 2007.
35. Cortés, p. 31; Frank McCann, "Origins of the 'New Professionalism' of the Brazilian Military", *Journal of Interamerican Studies and World Affairs*, vol. XXI, nº 4, novembro de 1979, p. 518-519; e Abreu e Beloch, p. 1391-1394.
36. Brasil, Senado Federal, *Discursos*. Brasília: Senado Federal, 1970, p. 14.
37. *A Noite*, Rio de Janeiro, 20 de fevereiro de 1931, p. 1. Fundado em junho de 1911, *A Noite* era um tabloide líder de oposição a Vargas, antes da Revolução de 1930.
38. Esses documentos estão disponíveis no CPDOC/FM d 1931.05.14 (Textual). A maioria desse material refere-se a solicitações de alguma coisa: um emprego, um favor ou algo do tipo.
39. AFM, carta, "[Tasso] Tinoco para [Filinto] Müller", 8 de maio de 1932, CPDOC/FM div, 24.06.05, I-80. Na época, Tasso Tinoco foi o interventor do estado de Alagoas. Para saber mais sobre a impopularidade de João Alberto com os paulistas e outros itens sobre ele, ver Rose, *One of the Forgotten Things*, p. 12, 16, 134 n. 5, 136 nº. 27. Anos mais tarde, Luiz Carlos Prestes teria uma crítica diferente para os dois homens. "Não deixem dinheiro perto de João Alberto e nem penico perto de Filinto Müller." Quando perguntado se realmente tinha feito esse comentário, Prestes respondeu: "Jamais disse isso de João Alberto." Arquivo Público do Estado do Rio de Janeiro [daqui em diante APERJ], periódico *Novos Rumos*. Rio de Janeiro, 24 a 30 de janeiro de 1964 [suplemento especial], p. 5, comunismo/pasta 59.

40. Rubens Vidal Araújo, *Os Vargas*. Rio de Janeiro: Globo, 1985, p. 177.
41. AHEx: "Certifico", ACS, p. 5; KFM; documento sem título cuja primeira linha dizia: "COPIA – assentamentos do Capitão do Exercito FILINTO MÜLLER", [daqui em diante "Assentamentos do Capitão do Exercito FILINTO MÜLLER"], s.d., "Filinto Müller", pasta XXX-51-289; documento, "Gabinete do inventor federal do estado de São Paulo", "Filinto Müller", pasta XXX-51-289; e Alencar, *loc. cit.*
42. Abreu e Beloch, p. 71; e Robert M. Levine, *The Vargas Regime: The Critical Years, 1934-1938*. Nova York: Columbia University Press, 1970, p. 66.
43. John W. F. Rowe, "Studies in the Artificial Control of Raw Material Supplies, n° 3, Brazilian Coffee", *Royal Economic Society*, n° 34, fevereiro de 1932, p. 86.
44. Abreu e Beloch, p. 5738.
45. Paulo Nogueira Filho, *Ideias e lutas de um burguês progressista: a guerra cívica 1932; ocupação militar*. Rio de Janeiro: José Olympio, 1965, vol. I, p. 179-80; Abreu e Beloch, p. 72; e AFM, telegramas: "P[edro] Goés Monteiro para o General Ministro da Guerra [Augusto Inácio do Espírito Santo Cardoso]", 28 de julho de 1932, CPDOC/FM, div, 26.06.05, II-9; e Pantaleão Pessoa para Filinto Müller, 28 de julho de 1932, CPDOC / FM, div, 26.06.05, II-13.
46. *Jornal do Brasil*, 17 de novembro de 1969, sec. 1, p. 20; e AHEx, KFM, pasta XXX-51-289.
47. Abreu e Beloch, p. 3031; Dulles, p. 110-111; e Stanley E. Hilton, *A guerra civil brasileira: história da Revolução Constitucionalista de 1932*. Rio de Janeiro: Nova Fronteira, 1982, p. 112-113, 129, 134.
48. Hilton, *A guerra civil brasileira: história da Revolução Constitucionalista de 1932*, p. 140; Dulles, p. 114-115; e Lourival Coutinho, *O general Góes depõe...* Rio de Janeiro: Coelho Branco, 1955, p. 224-225.
49. *Jornal do Brasil*, 17 de novembro de 1969, sec. 1, p. 20.
50. AHEx, documento, "Polícia Civil do Districto Federal, Directoria Geral do Expediente e Contabilidade", "Filinto Müller", pasta XXX-51-289; Eliana Rezende Furtado de Mendonça (dir.), *Os arquivos das polícias políticas: reflexos de nossa história contemporânea*. Rio de Janeiro: APERJ, 1994, p. 12; *Correio da Manhã*, 11 de janeiro de 1935, p. 3; e Elizabeth Cancelli, *O mundo da violência: a polícia da era Vargas*, 2ª ed. Brasília: Universidade de Brasília, 1994, p. 52.

51. Cancelli, p. 53.
52. *Ibid.*, p. 52, e Eliana Rezende Furtado de Mendonça, p. 12-13.
53. AHEx: "Assentamentos do Capitão do Exército FILINTO MÜLLER"; documento, "Diretoria das armas – promoções", "Filinto Müller", pasta XXX-51-289; e Abreu e Beloch, p. 43.
54. Michael L. Conniff, *Urban Politics in Brazil: The Rise of Populism, 1925-1945.* Pittsburgh: University of Pittsburgh Press, 1981, p. 139-40.
55. AFM, carta, "Alfredo Pacheco para Filinto [Müller]", 19 de janeiro de 1933, CPDOC/FM, div, 24.06.05, II-57.
56. Henrique Samet, "O levante do gueto de Varsóvia e a sobrevivência judaica", *ASA* [Associação Scholem Aleichem], vol. XIV, nº 82, maio/ junho de 2003, p. 5.
57. AHEx, "Assentamentos do Capitão do Exército FILINTO MÜLLER".
58. Samet, *loc. cit.*; e Henrique Samet, e-mail, 12 de novembro de 2007.
59. AFM, telegrama, "Sebastião Fontes para Filinto Müller", 28 de abril de 1933, CPDOC/FM, chp/ad, 33.02.21, I-2, e Philadelpho Garcia, *loc. cit.*
60. AFM, carta, "Ramiro Fernandez-Pintado para Filinto Müller", 21 de fevereiro de 1933, CPDOC/FM, chp/ad, 33.02.21, I-1.

6. Chefe de polícia

1. Dulles, p. 131-7; Abreu e Beloch, p. 3846; Dulce Chaves Pandolfi, "Os anos 1930: as incertezas do regime", em Jorge Ferreira e Lucilia de Almeida Neves Delgado, *O Brasil republicano: o tempo do nacional-estatismo do início de 1930 ao apogeu do Estado Novo*. Rio de Janeiro: Civilização Brasileira, 2003, vol. II, p. 28.
2. AFM, carta, "M.B. para Alencastro", 2 de outubro de 1933, CPDOC/ FM chp/ad, 33.02.21, I-6A.
3. AFM, carta, "Israel Souto para Herbert Moses", 25 de julho [?] de 1933, CPDOC/FM chp/ad, 33.02.21, I-3 e I-5. Por mais improvável que possa parecer, um dos oradores foi anunciado como sendo o ex-chefe do serviço de segurança soviética. Stanley E. Hilton, *Brazil and the Soviet Challenge, 1917-1947*. Austin: University of Texas Press, 1991, p. 33.

4. AFM, cartas; "Civis [Müller] para Julio Müller", 13 de outubro de 1933, CPDOC/FM chp/mt, 33.04.02, XXX-44; e "Civis [Müller] para Julio Müller", 16 de outubro de 1933, CPDOC/FM chp/mt, 33.04.02, XXX-45.
5. Conniff, *loc. cit.*; Brasil, *Leis do Brasil*. Rio de Janeiro: Nacional, 1936, decretos 24669-24814, 1934, vol. IV, parte 2, decreto 24776, p. 1171-1188; e Abreu e Beloch, p. 1669, 3639, 3996. Para uma comunicação de agradecimento de um capitão da Marinha, grato por Filinto ter fechado o *Jornal do Povo* (Rio de Janeiro), ver AFM, carta, "Armando de Saint Brisson para Filinto Müller", 13 de outubro de 1934, CPDOC/FM chp/ad, 33.02.21, I-11. Para apoio do público, ver AFM, carta, "Augusto Silva Rangel para Felinto Muller", 31 de julho de 1934, CPDOC/FM chp/ad, 33.02.21, I-10.
6. Philadelpho Garcia, p. 37-45; *Jornal do Brasil*, 11 de março de 1987, Cidade, p. 1; *Time*, 15 de janeiro de 1940, p. 45; e Cecil Borer, entrevista, Rio de Janeiro, 29 de maio de 1998. Borer era um investigador da polícia e membro do Quadro Móvel.
7. AFM, cartas: "Julio [Müller] para Filinto [Müller]", s.d., CPDOC/FM, div 24.06.05, II-48; "F[ilinto] M[üller] para Julio Müller, 4 de outubro de 1933, CPDOC/FM chp/mt, 33.04.02, XXX-27; "Alfredo C. Pacheco para Felinto [Müller]", 17 de janeiro de 1933, CPDOC/FM div, 24.06.05, II-57; e "Júlio [Müller] para Filinto [Müller], 6 de abril de 1933, CPDOC/FM chp/mt, 33.04.02, XXX-2. Da mesma forma Góis Monteiro considerou a possibilidade de retirar Vargas em janeiro de 1935. AFM, "Alfredo C. Pacheco para Felinto [Müller]", 19 de janeiro de 1933, *loc. cit.*
8. AFM, telegrama, "J[úlio] Muller para Filinto Muller", 28 de setembro de 1933, CPDOC/FM chp/mt, 33.04.02, XXX-32; *Veja*, 29 de março de 1972, p. 30; e Abreu e Beloch, p. 5362. Em outra fonte, Filinto observou que Vargas "insistiu para que ele permanecesse como Chefe de Polícia, sendo indispensável". Filinto Müller, entrevistado por John W. F. Dulles, Brasília, 15 de outubro de 1965.
9. AFM, telegrama, "Filinto Müller para Julio Müller", 29 de setembro de 1934, CPDOC/FM chp/mt, 33.04.02, XXX-33. Ver a versão ditada, mais fácil de ler, desse telegrama em AFM, carta, "F[ilinto] Müller para Julio Müller", [29 de setembro de 1934], CPDOC/FM chp/mt, 33.04.02, XXX-34A. Note-se que esse último item está atualmente arquivado incorretamente. Ele deve estar em XXX-33A.

10. Dulles, p. 100-3; e "Polícia Especial", <http://pt.wikipedia.org/wiki/Pol%C3%Adcoa_Especial>, acessado em 13 de setembro de 2007.
11. Claudio de Lacerda Paiva, *Uma crise de agosto: o atentado da rua Tonelero*. Rio de Janeiro: Nova Fronteira, 1994, p. 16; Dulles, p. 103; *Jornal do Brasil*, 1º de novembro de 1987, sec. B/especial, p. 12; "Guilherme Figueiredo", história oral, CPDOC, 1977, p. 62; Brasil: *Coleção das leis da Republica dos Estados Unidos do Brasil de 1933: atos do Govêrno Provisório, janeiro a março*. Rio de Janeiro: Nacional, 1934, vol. I, p. 55, decreto 22332, art. 2, sec. f, nº 4; Conselho Nacional de Estatistica, *Anuário estatístico do Brasil, 1939-1940*. Rio de Janeiro: IBGE, 1941, p. 1277; Comissão Especial de Inquérito Sobre Atos Delituosos da Ditadura, "Depoimento do Sr. Luiz Carlos Prestes", *DCN*, 20 de setembro de 1947, sessão II, p. 5902, 5904; Tad Szulc, *Twilight of the Tyrants*. Nova York: Henry Holt, 1959, p. 82; Robson Gracie, entrevista, RJ, 6 de agosto de 1991. A cidade aterrou o morro de Santo Antônio, transformando-o em areia, usada para fazer a praia do Flamengo.
12. *Jornal do Brasil*, 11 de março de 1987, Cidade, p. 1; e Hélio Trindade, *Integralismo: o fascismo brasileiro na década de 30*. São Paulo: Difusão Europeia do Livro; Porto Alegre: UFRGS, 1974, p. 132-133.
13. Plínio Salgado, "Como eu vi a Itália", *Hierarchia*, nº 5, março-abril de 1932, p. 205.
14. Robert M. Levine: "Brazil's Jews during the Vargas Era and After" *LBR*, vol. V, nº 1, junho de 1968, p. 50; e *The Vargas Regime: The Critical Years*, p. 84, 91; e Alzira Vargas do Amaral Peixoto, *Getúlio Vargas, meu pai*. Porto Alegre: Globo, 1960, p. 289.
15. Uma fotografia de uma ave morta pode ser vista em Anita Leocádia Prestes, *Luiz Carlos Prestes e a Aliança Nacional Libertadora: os caminhos da luta antifascista no Brasil, 1934/1935*, 2ª ed. Rio de Janeiro: Vozes, 1998, Imagem 20.
16. Stanley E. Hilton: *A rebelião vermelha*. Rio de Janeiro: Record, 1986, p. 41-42; e *Brazil and the Soviet Challenge*, p. 162-168.
17. Levine, *The Vargas Regime*, p. 58, 65; Hilton: *A rebelião vermelha*, p. 31-50; e *Brazil and the Soviet Challenge*, p. 32-34, 158-159.
18. Leoncio Basbaum, *História sincera da república: de 1930 a 1960*, 3ª ed. São Paulo: Fulgor, 1968, p. 72-73.

NOTAS

19. *Jornal do Brasil*, 17 de novembro de 1969, seç. 1, p. 20.
20. AFM, carta "F[ilinto] M[üller] para Júlio [Müller]", 20 de março de 1935, CPDOC/FM chp/mt, 33.04.02, XXX-196.
21. *Ibid.*
22. Levine, *The Vargas Regime*, p. 66-68; Araujo, p. 296; e Israel Beloch e Alzira Alves de Abreu (coords.), *Dicionário histórico-biográfico brasileiro, 1930-1983*, 1ª ed. Rio de Janeiro: Forense-Universitária, 1984, p. 1718. Carlos Lacerda era filho de Maurício de Lacerda. Ele afirmava nunca ter sido comunista. Guimarães Padilha, *Lacerda na era de insanidade* Niterói: Nitpress, 2010, p. 60-62, 65.
23. *A Pátria*. Rio de Janeiro, 2 de abril de 1935, p. 2. *A Pátria* era a favor da ANL.
24. Brasil, *Diário Oficial*, 6 de abril de 1935, arts. 1, 3, 9-11, 13-15, 18-20, p. 6857-6858.
25. *A Pátria*: 23 de abril de 1935, p. 1, 4, 8; 25 de abril de 1935, p. 1, 8; 28 de abril de 1935, p. 1; 30 de abril de 1935, p. 1; 23 de maio de 1935, p. 1; *O Jornal*, Rio de Janeiro, 30 de abril de 1935, p. 1; 3 de maio de 1935, p. 1; Maria Luiza Müller de Almeida, entrevista, Barra da Tijuca, RJ, 17 de junho de 2007; AFM, telegrama, "Glaribalti [sic] Galvão para Filinto Muller", 6 de agosto de 1935, CPDOC/FM chp/ad, 35.07.15, I-7; Brasil, *DCN*, 11 de setembro de 1956, sessão II, p. 2465; Hilton, *Brazil and the Soviet Challenge*, p. 60-61; e "Filinto Müller", [http://www.senado.gov.br/sf/senadores/presidentes/p_pos64 Filinto_Muller.asp], acessado em 9 de abril de 2007. *O Jornal* era contra a ANL e a favor da AIB.
26. A palavra cacique vem de uma das línguas indígenas do Brasil. Esta se traduz como um importante ancião da tribo, mas hoje em dia carrega uma conotação pejorativa. Um dos muitos destinatários da boa vontade de Filinto foi Luiz Alves Corrêia. Luiz Alves Corrêia, entrevista, Rio de Janeiro, 22 de maio de 2007. Ver também AFM, radiograma, "Filinto Muller para Julio Muller", 18 de abril de 1936, CPDOC/FM chp/mt, 33.04.02, XXXI-70.
27. Philadelpho Garcia, p. 37-44, 113-114.
28. Ernest Hambloch, *His Majesty the President of Brazil: A Study of Constitutional Brazil*. Nova York: EP Dutton, 1936, p. 121.
29. Thomé Amado: entrevistas, Rio de Janeiro, 28 de setembro de 1994; 9 de outubro de 1994. Amado foi testemunha ocular desse assassinato.

A versão oficial, juntamente com os artigos de jornal que lançavam um olhar cético sobre o relato da polícia, pode ser encontrada na APERJ, arquivo, "Tobias Warchavsky", Delegacia Especial de Segurança Política e Social [daqui em diante DESPS], prontuário 294.
30. AFM, telegramas: "Christiano Altenfelder Silva para Filinto Muller", s.d., outubro de 1934, CPDOC/FM chp/ad, 33.02.21, I-23; "Mário Câmara para Filinto Müller", 16 de outubro de 1934, CPDOC/FM chp/ad, 33.02.21, I-12; cartas: "Luiz Trajano para [Filinto Müller]", 22 de outubro de 1934, CPDOC/FM chp/ad, 33.02.21, I-13A2; "Ernani de Moraes para Felinto Müller", 22 de outubro de 1934, CPDOC/FM chp/ad, 33.02.21, I-14; "de F[ilinto] Müller para João Dantas de Melo Barata", 27 de outubro de 1934, CPDOC/FM chp/ad, 33.02.21, I-15, "Cândido França de Lacerda para Filinto Müller", 27 de outubro de 1934, CPDOC/FM chp/ad, 33.02.21, I-16A.
31. *Diário de Notícias* (Rio de Janeiro), 3 de março de 1935, p. 7.
32. *Ibidem.* Um dos indivíduos jogados da janela do último andar da Polícia Central durante o período de Bernardes como presidente foi o empresário Conrado Niemeyer. Para mais informações sobre esse assassinato, ver Rose, *One of the Forgotten Things*, p. 20, 145, n° 23. Clevelândia funcionava como um campo de concentração agrícola da era Bernardes, estava localizada no território do Amapá.
33. Uma abreviação da Internacional Comunista, ou 3ª Internacional, o Comintern existiu de 1919 a 1943. Sua finalidade era exportar revoluções ao estilo soviético para outros países.
34. John W. F. Dulles, *Anarchists and Communists in Brasil, 1900-1935*. Austin: University of Texas Press, 1973, p. 530-153.
35. José Joffily, *Harry Berger*. Rio de Janeiro: Paz e Terra, 1986, p. 21; Maria Werneck, *Sala 4: primeira prisão política feminina*. Rio de Janeiro: CESAC, 1988, p. 21; Estados Unidos, National Archives [daqui em diante USNA], microfilme, "Gibson para o Secretary of State", 28 de dezembro de 1935, M1472/8; e William Waack, *Camaradas: nos arquivos de Moscou: a história secreta da revolução brasileira de 1935*. São Paulo: Companhia das Letras, 1993, p. 373-380. Elise Berger foi chamada de "Sabo" por causa de seu nome de solteira, Szaborowski. APERJ, livreto, "Stammbuch der Familie Ewert", "Arthur Ernst Ewert ou Harry Berger", p. 6, DESPS, prontuário 1721.

36. APERJ, arquivo, "Franz Gruber ou Jonny de Graaf", p. 21-27, DESPS prontuário 33989.
37. Waack, p. 119-41; Levine, *The Vargas Regime*, p. 100-101; Dulles, *Anarchists and Communists*, *loc. cit.*; e Henriques, p. 356.
38. *A Manhã*, 6 de julho de 1935, p. 1. *A Manhã* era a voz da ANL.
39. *Diário da Noite*. Rio de Janeiro, 10 de julho de 1935, 5ª ed., p. 1. O *Diário da Noite* era anti-Vargas até o Estado Novo, e então tornou-se pró-Vargas.
40. *Jornal do Brasil*, 12 de julho de 1935, p. 7; *O Jornal*, 12 de julho de 1935, p. 7; e *Diário da Noite*, 12 de julho de 1935, p. 1, 3.
41. *Diario Official*. Rio de Janeiro, 13 de julho de 1935, p. 15250, art. 229.
42. Henriques (p. 359) afirma que a demora dessa vez aconteceu por esse motivo. Mas, com o vazamento do *Diário da Noite*, a ANL teve tempo para remover muito material. A esse respeito ver *ibid.*, p. 367-8.
43. *Jornal do Brasil*, 12 de julho de 1935, p. 7. Para uma cópia completa do plano, ver Arquivo Etelvino Lins, documento "Plano de acção comunista (cópia do documento 39) (23 de agosto de 1933)", CPDOC/EL c 42.07.17 [nn].
44. *Jornal do Brasil*, 12 de julho de 1935, p. 7.
45. *Ibidem*.
46. *Ibidem*.
47. *Ibidem*.
48. *Ibidem*.
49. *Ibidem*. Para haver impacto psicológico, Müller exagerou a posição de Prestes dentro do movimento na América do Sul.
50. *Ibidem*. O tipo de material de bomba que se deveria empregar também foi mencionado.
51. *Ibidem*.
52. *Correio da Manhã*: 21 de julho de 1935, p. 3; 23 de julho de 1945, p. 7; e AFM, carta "Ju[lio] Muller para Fenelon Muller", 26 de julho de 1935, CPDOC/FM chp/mt, 33.04.02, XXX-6.
53. Abreu e Beloch, p. 2008-10; e Conniff, p. 140.
54. AFM, carta, "F[ilinto] M[üller] para Julio [Müller]", 17 de abril de 1934, CPDOC/FM chp/mt, 33.04.02, XXX-98; e Conniff, p. 138-139.
55. Conniff, p. 139, 144.
56. *Diario Official*, 13 de julho de 1935, p. 15250, art. 229.

57. Levine, *The Vargas Regime*, 101.
58. AFM, telegramas: "Romano para Filinto Müller", 23 de agosto de 1935, CPDOC/FM chp/ad, 33.02.21, I-32; e "Irenio Motta da Silva para Filinto Müller", 25 de novembro de 1935, CPDOC/FM chp/ad, 33.02.21, I-18.
59. Dulles, *Vargas of Brazil*, p. 230.
60. Maria Luiza Tucci Carneiro, *O anti-semitismo na era Vargas: fantasmas de uma geração, 1930-1945*. São Paulo: Brasiliense, 1988, p. 117.
61. Possivelmente os primeiros comentários antissemitas de Müller impressos foram o seu relatório ao ministro da Justiça Francisco Campos, em 2 de fevereiro de 1938. Seus primeiros comentários abertamente antissemitas impressos foram feitos três dias depois, em outro comentário a Francisco Campos. A esse respeito, ver o capítulo 7.
62. Abreu e Beloch, p. 3997; R. S. Rose: "Johnny's Two Trips to Brazil", p. 10, 20 n. 39; e *One of the Forgotten Things*, p. 39, 50, 87, 148 n. 38, 154 n. 82.
63. Marly de Almeida Gomes Vianna, p. 116.
64. R. S. Rose e Gordon D. Scott, *Jonny: A Spy's Life*. University Park, PA: Penn State University Press, 2010, p. 203, 205-206.
65. Existem apenas três comunicados do público em 1935, anteriores ao levante que ocorreu mais tarde naquele mesmo ano, que assumem essa postura pró-governo nos arquivos do CPDOC de Müller. Ver: AFM, cartas: "Vigia = Victor [ilegível] para Filinto Müller", 13 de julho de 1935, CPDOC/FM chp/ad, 33.02.21, I-27; "[ilegível] para Filinto Müller", 25 de julho de 1935, CPDOC/FM chp/ad, 33.02.21, I-30, e "Romano para Filinto Müller", 23 de agosto de 1935, *loc. cit.* Qualquer um que fosse tolo o suficiente para escrever reclamando teria o seu nome imediatamente incluído nos arquivos de potenciais inimigos do DESPS. Esse material está armazenado no Arquivo Público do Estado do Rio de Janeiro.
66. AFM, carta, "Filinto Müller para [João Punardo] Bley", sem data, julho de 1935, CPDOC/FM chp/ad, 33.02.21, I-31; e Levine, *The Vargas Regime*, p. 56-57.
67. AFM, telegramas: "Affonso Lima para Filinto Müller, 24 de outubro [novembro] de 1935, CPDOC/FM chp/ad, 33.02.21, I-22; "Castro Pinto ao Ministério da Guerra", sem data [25 de novembro de 1935],

CPDOC/FM chp/ad, 33.02.21, I-19A3; Arquivo Clemente Mariani, documento, "N° 14", CPDOC/Cma dcf1c, 35.11.24; e Severino Theodoro de Melo, entrevista, Rio de Janeiro, 14 de fevereiro de 2006. Melo foi um dos soldados rebeldes em Recife.
68. Rose e Scott, *loc. cit.*; e *Jornal do Brasil*, 17 de novembro de 1969, sec. 1, p. 20.
69. AFM, carta, "Filinto Müller para Castro Pinto", 26 de novembro de 1935, CPDOC/FM chp/ad, 33.02.21, I-34; radiograma, "Delmiro Andrade para Felinto Muller", 27 de novembro de 1935, CPDOC/FM chp/ad, 33.02.21, I-36; cartão de visita, "José F. de Mello Mattos para Filinto Müller", 28 de novembro de 1935, CPDOC/FM chp/ad, 33.02.21, I-37; e Abreu e Beloch, p. 3031.
70. Henrique Samet, "Non Passaran Olvidados: Judeus do Brasil na Guerra Civil Espanhola e Resistência Francesa", [http://www.espacoacademico.com.br/041/41csamet.htm], acessado em 11 de novembro de 2007. A tabela em Samet apresenta uma contagem dos 18 deportados.
71. AFM, carta, "Israel Souto para Amaral Peixoto", 20 de junho de 1933, CPDOC/FM chp/ad, 33.03.23, I-5. Esse caso envolveu Jayme Kushinoff.
72. AGV, relatório, "Golpe de vista retrospectivo [por] F[ilinto] Müller", CPDOC/GVC, 35.12.03/3, XX-87.
73. Hilton, *Brazil and the Soviet Challenge*, p. 79; *International Press Correspondence* (Londres), 16 de maio de 1936, p. 632; e APERJ, documento, "Ao povo e às classes armadas do Brasil", 27 de novembro de 1936, comunismo/pasta 20. A carnificina continuou por vários meses.
74. Abreu e Beloch, p. 3997.
75. Este material vem de R. S. Rose, "Chasing the Devil: Brazil's Pursuit of the Red Menau, 1936-1938", trabalho em andamento.
76. Jeová Mota em Valentina da Rocha Lima (coord.), *Getúlio: uma história oral*. Rio de Janeiro: Record, 1986, p. 107-8; e Beloch e Abreu, p. 1386.
77. AFM, telegramas: "João Monteiro para o Deleg. Segurança Política Social", 19 de setembro de 1935, CPDOC/FM chp/ad, 35.07.15, I-8; de "João Linhares para Filinto Muller", 2 de novembro de 1935, CPDOC/FM chp/ad, 35.07.15, I-9, "F[ilinto] Müller para João Linhares", 6 de novembro de 1935, CPDOC/FM chp/ad, 35.07.15, I-9A; "Theodomiro

Gesteira para Filinto Müller", 12 de fevereiro de 1936, CPDOC/FM chp/ad, 35.07.15, I-10; e USNA, relatório, "Sackville para G-2", 24 de dezembro de 1935, n° 1579, MID 2657-K-70/22.
78. AFM, rascunho de telegrama, "F[ilinto] Müller para Theodomiro Gesteira", 13 de fevereiro de 1936, CPDOC/FM chp/ad, 35.07.15, I-10A.
79. Waack, p. 252-253; Rose e Scott, p. 209-210; Dulles, *Vargas of Brazil*, p. 152; e Marly de Almeida Gomes Vianna, p. 184.
80. *A Noite*, 29 de janeiro de 1937, p. 3-4; Brasil, Superior Tribunal Militar, carta, "Heráclito Fontoura Sobral Pinto para Raul Machado", 15 de janeiro de 1937, apelação 4899, série a, vol. II, p. 251-3; John W. F. Dulles, *Sobral Pinto: The Conscience of Brazil" Leading the Attack against Vargas* (1930-1945). Austin: University of Texas Press, 2002, p. 49-54; Beloch e Abreu, p. 1489; e Abreu e Beloch, p. 5797.
81. Cecil Borer, entrevista, RJ, 13 de maio de 1998; APERJ, periódico, *Revista Proletária*. Rio de Janeiro, agosto de 1938. p. 6, comunismo/pasta 4e; e *O Imparcial* (Rio de Janeiro), 7 de março de 1936, p. 3.
82. APERJ, arquivo, "Rodolfo Ghioldi", p. 4[a], 42-43, DESPS prontuário 5878. Ghioldi foi deportado para a Argentina logo após cumprir pena por quatro anos e quatro meses. *Ibidem*, p. 44-46; e AFM, carta de [sem nome] para Meu Caro Embaixador, 24 de agosto de 1940, CPDOC/FM chp/ad, 33.03.23, II-27; e note-se que Prestes disse a sua filha que Rudolfo Ghioldi foi quem os entregou à polícia. Anita Prestes, entrevista, RJ, 8 de março de 2012.
83. Fernando Morais, *Olga*, 3ª ed. São Paulo: Alfa-Omega, 1985, p. 123-124. A morte de Barron é dada em maiores detalhes em Rose, *One of the Forgotten Things*, p. 51-53, 155 n. 85, 156 n. 88.
84. USNA, carta, "Gibson para Secretary of State", 5 de fevereiro de 1936, 800.00B-Barron, Victor a/1.
85. *Veja*, 29 de março de 1972, p. 25; e Maria Luiza Müller de Almeida, entrevista, Barra da Tijuca, RJ, 17 de junho de 2007.
86. José Guttman, entrevista, RJ, 26 de maio de 2007.
87. Cecil Borer, entrevistas, RJ, 13 de maio de 1998; e 28 de maio de 1998.
88. AFM, carta, "[Filinto Müller] para [V.] Benicio [da Silva]", 8 de julho de 1938, p. 4-5, CPDOC/FM chp/ad, 35.07.15, V-157A4.
89. Morais, p. 234; Beloch e Abreu, p. 2819; Ronald Hilton (ed.), *Who's Who in Latin America*, 3ª ed., rev. Stanford: Stanford University Press,

NOTAS

1948, parte VI, Brasil, p. 50, e Thomé Amado, entrevista, RJ, 28 de setembro de 1994. As autoridades encarceraram Thomé Amado na Ilha Grande por um pouco mais de seis meses, em 1936 e 1937.
90. Luiz Carlos Prestes, entrevista, Rio de Janeiro, 13 de agosto de 1987.
91. USNA, relatório, "Sackville to G-2", 21 de maio de 1936, n° 1651, p. 2, MID 2651-K-70/38.
92. Alemanha, Auswärtiges Amt (GAA), documento microfilmado, Arthur Schmidt-Elskop à Gestapo, Berlim, 3 de setembro de 1930, 295200; Morais, p. 209; e Hilton, *Brazil and the Sovietic Challenge*, p. 116-18.
93. *Jornal do Brasil*, 17 de novembro de 1969, sec. 1, p. 20. Menos de quatro anos depois, e após a morte de Müller, a revista *Veja* (18 de julho de 1973, p. 35) citou-o da seguinte forma: "a decisão de entregar às autoridades alemãs a mulher de Luiz Carlos Prestes, secretário-geral do Partido Comunista, foi tomada numa reunião ministerial presidida por Getúlio Vargas na qual tivera – e usara – [meu] direito de voz, sem ter, contudo, voto".
94. O advogado de Prestes e Ewert, Heráclito Fontoura de Sobral Pinto, o divulgou no jornal *O Globo*. Rio de Janeiro, em 25 de outubro de 1985, *O País*, p. 5. Também reveladoras são as observações que Müller aparentemente fez em *Relatos políticos* (*Entrevistas: memória divisionista-MT*). Rio Bonito, RJ: Mariela, 2001, de Maria Manuela Renha de Novis Neves, p. 307. Ver, no entanto, os comentários de Fernando Morais (*O Globo*, 22 de agosto de 2004, p. 15), nos quais ele tenta pintar um relato do tipo "ninguém sabe realmente", depois de entrevistar a filha de Getúlio, Alzira, que, ele admite, estava tentando proteger a imagem de seu pai. Para Prestes, no entanto, "esse é um crime de Vargas, embora acusem desse crime Filinto Müller e outras figuras secundárias, quando o responsável principal foi o próprio Sr. Getúlio Vargas". *Novos Rumos*, 24 a 30 de janeiro de 1964 [suplemento especial], p. 3.
95. Imigrante romena, Jenny foi presa em Campinas, por ter ligações com o movimento comunista jovem, e mantida sob custódia por quatro meses antes de ser deportada – apesar de um clamor público feito em São Paulo. Estivadores franceses salvaram-na de parar nas mãos do Eixo quando o navio em que ela estava atracou em Boulogne, na França. GAA, documento microfilmado, Arthur Schmidt-Elskop à Gestapo, Berlim, 3 de setembro de 1936, 295201; Maria Luiza Tucci Carneiro, *O anti-semitismo na era Vargas: fantasmas de uma geração, 1930-1945*. São Paulo: Perspectiva, 2001, p. 72; e Morais, p. 188.

96. AFM, documento, Luiz Pereira da Costa, "Uma lição de direito público", 19 de julho de 1939, CPDOC/FM chp/sips, Alagoas, 69. Na época, Jean-Gérard Fleury trabalhava para o *Paris Soir*.
97. *Ibidem*.
98. Getúlio Vargas, *Getúlio Vargas: diário*, 1930-1936. São Paulo: Siciliano; Rio de Janeiro: Fundação Getulio Vargas, 1995, vol. I, p. 562, 564-65.

7. O Estado Novo

1. *Correio da Manhã*: 12 de maio de 1936, p. 3; e 7 de junho de 1936, p. 2.
2. AFM, telegramas: "Apiva Meira para Filinto Muller", 30 de novembro de 1935, CPDOC/FM chp/ad, 33.02.21, I-38; "Luiz Parreira para Filinto Muller", 31 de dezembro de 1935, CPDOC/FM chp/ad, 33.02.21, I-67; "Edgard Duque Estrada, Victor Carvalho Mario dos Santos Jr., Noel Azevedo, Mello Sampaio Antonio Silva, Lelio Gomes, José Larios Bello e Carlos Penha para Filinto Muller", 4 de dezembro de 1935, CPDOC/FM chp/ad, 33.02.21, I-49; e carta, "Padre Paulo M. Lecourieux para Filinto Muller", 30 de novembro de 1935, CPDOC/FM chp/ad, 33.02.21, I-40. Exemplos de comunicações de um único autor podem ser vistas em AFM, cartas: "Honório Gurgel para Filinto Muller", 1 de dezembro de 1935, CPDOC/FM chp/ad, 33.02.21, I-41; "[ilegível] para Filinto [Muller]", 2 de dezembro de 1935, CPDOC/FM chp/ad, 33.02.21, I-42; "Caio Xavier de Bieto para Filinto Muller", 3 de dezembro de 1935, CPDOC/FM chp/ad, 33.02.21, I-43; "Bernardo José de Castro para [Filinto Muller]", 3 de dezembro de 1935, CPDOC/FM chp/ad, 33.02.21, I-45; e "Edmundo Lins para Filinto Muller", 3 de dezembro de 1935, CPDOC/FM chp/ad, 33.02.21, I-46. Note-se que essas são apenas algumas das várias cartas e telegramas de apoio público no arquivo do CPDOC de Müller.
3. AFM, telegrama, "Jeronymo Gomes e Silva para Filinto Muller", 10 de dezembro de 1935, CPDOC/FM chp/ad, 33.02.21, I-56; cartas: "[ilegível] para [Filinto Müller]", 3 de dezembro de 1935, CPDOC/FM chp/ad, 33.02.21, I-44; "Gumerindo Vaz de Arruda para Felinto Müller", 22 de janeiro de 1936, CPDOC/FM chp/ad, 33.02.21, I-74; e APERJ, deposição, "Testemunha do Cleobulo Azambuja", sem data [dezembro de 1939], comunismo/pasta 20. A acusação contra Serafim

NOTAS

Braga está na APERJ, carta, "Joaquim Marcelino Nepomuceno para o Comitê Nacional do Partido Comunista do Brasil", 17 de setembro de 1945, p. 4, comunismo/pasta 2C.
4. *Veja*, 29 de março de 1972, p. 24.
5. Dulles, *Vargas of Brasil*, p. 152-153; Henriques, p. 414; Getúlio Vargas, p. 445; Nelson Werneck Sodré, *A Intentona Comunista de 1935*. Porto Alegre: Mercado Alemão, 1986, p. 97; e AFM, carta, "[Frederico] Mindelo para Filinto [Müller]", 16 de abril de 1937, CPDOC/FM chp/ad, 33.02.23, I-77; e Paulo Brandi Cachapus, "A trajetória política de Getúlio Vargas", *Getúlio Vargas e seu tempo*, Raul Mendes Silva, et. al., p. 55. Para saber mais sobre a pretensão de justiça que foi o TSN, ver Rose, *One of the Forgotten Things*, p. 66.
6. AFM, rascunho de telegrama, "F[ilinto] Müller para Julio Müller", 28 de novembro de 1936, CPDOC/FM chp/mt, 33.04.02, XXXI-66, e Vargas, *Getúlio Vargas: diário*, vol. I, p. 492. Quanto aos campos de concentração agrícolas, Vargas deu uma palestra antes, em 9 de maio de 1936, para trabalhadores do bairro de Benfica, no Rio, dizendo que queria criar tais lugares. O adido militar americano que informou Washington sobre esses comentários públicos feitos por Getúlio acrescentou: "Se o confinamento em colônias agrícolas distantes é uma medida definitivamente adotada ou meramente uma sugestão oferecida para observar a reação da opinião pública, isso ainda não está claro. O comentário ligeiro que se seguiu ao discurso do presidente, por parte da imprensa, sustentava que a proposta era excelente". USNA, relatório, "Sackville para G-2", 21 de maio de 1936, relatório nº 1651, MID 2651-K-70/38.
7. Hélio Pereira Bicudo, *O direito e a justiça no Brasil: uma análise crítica de cem anos*. São Paulo: Símbolo, 1978, p. 20.
8. Dulles, *Vargas of Brasil*, p. 155, 157, 165-68; e Abreu e Beloch, p. 133, 1004, 3677, 5175.
9. Coutinho, p. 298-299; Abreu e Beloch, p. 3955; e Giselda Brito Silva, "Ação Integralista Brasileira e a ditadura de Vargas", *O corporativismo em português: estado, política e sociedade no salazarismo e no varguismo*, Francisco Carlos Palomanes Martinho e António Costa Pinto (orgs.). Rio de Janeiro: Civilização Brasileira, 2007, p. 212.

10. Hilton, Oswaldo Aranha, p. 252-253; Dulles, *Vargas of Brasil*, p. 167-168; e Aspásia Camargo et. al., *Artes da política: diálogo com Amaral Peixoto*, 2ª ed. Rio de Janeiro: Nova Fronteira/CPDOC/Universidade Federal Fluminense, 1986, p. 136.
11. Henriques, p. 475-476; e *Jornal do Brasil*, 17 de novembro de 1969, seç. 1, p. 20. O Palácio Monroe foi demolido em 1976 durante a construção do metrô do Rio de Janeiro.
12. Conniff, p. 139-140; Levine, *The Vargas Regime*, p. 150-151, 167; Dulles, *Vargas of Brasil*, p. 176-177; e USNA, carta, "Mitchell para G-2", 18 de maio de 1938, n° 2097, MID 2271-K-43/7. Antes de os republicanos espanhóis cederem, Filinto fez com que seus consulados fossem vigiados, por medo de possíveis ideias esquerdistas emanarem de suas portas. Hilton, *Brazil and the Soviet Challenge*, p. 171.
13. Dulles, *Anarchists and Communists*, p. 459-460.
14. Filinto Müller e F. Collaço Veras, *SIPS e suas finalidades*. Rio de Janeiro: Borsoi, 1940, p. XI-XIII; e Nelson Jahr Garcia, *O Estado Novo: ideologia e propaganda política – a legitimação do estado autoritário perante as classes subalternas*. São Paulo: Loyola, 1982, p. 89.
15. Carlos Steven Bakota, "Getúlio Vargas and the Estado Novo: An Inquiry into Ideology and Opportunism", *Latin American Research Review*, vol. XIV, n° 1, 1979, p. 207.
16. Roberto Gambini, *O duplo jogo de Getúlio Vargas: influência americana e alemã no Estado Novo*. São Paulo: Símbolo, 1977, p. 71; e Dulles, *Sobral Pinto*, p. 150.
17. Richard Bourne, *Getulio Vargas of Brazil, 1883-1954: Sphinx of the Pampas*, Londres e Tonbridge: Charles Knight, 1974, p. 89; e Getúlio Vargas, *A nova política do Brasil: o Estado Novo – 10 de novembro a 25 de julho de 1938*. Rio de Janeiro: José Olympio, 1938, vol. V, p. 123. Ver R. S. Rose, *One of the Forgotten Things* (p. 81) para uma lista de alguns dos principais grupos dissidentes.
18. Bourne, *loc. cit.*; e Frank McCann, *The Brazilian-American Alliance, 1937-1945*. Princeton: Princeton University Press, 1973, p. 90.
19. Alzira Vargas do Amaral Peixoto, p. 290.
20. "Augusto do Amaral Peixoto", história oral, CPDOC, 1975, p. 294.
21. *Ibidem*, p. 295; Alzira Vargas do Amaral Peixoto, p. 295; Stanley E. Hilton, "Ação Integralista Brasileira: Fascism in Brazil, 1932-1938",

LBR, vol. IX, n° 2, inverno de 1972, p. 15-16; USNA, microfilme, "Woodward to Buttler, Duggan, and Wells", 11 de julho de 1938, M1472/8; e Elio Gaspari, *A ditadura envergonhada*. São Paulo: Companhia das Letras, 2002, p. 151n. Gaspari (*loc. cit.*) continua a mencionar que nessa mesma época 33 oficiais do Exército funcionavam em papéis policiais em 14 estados brasileiros.

22. Abreu e Beloch, p. 5891; e AFM, carta, "Diderot de Ivituhy para Felinto Muller, "12 de novembro de 1937, CPDOC/FM chp/ad, 35.07.15, I-21. Para uma amostra deste material, ver AFM, telegramas: "Omar de Cunha para Felinto Muller", 18 de março de 1938, CPDOC/FM chp/ad, 35.07.15, I-42; "João Silveira Camargo para Filinto Muller", 18 de março de 1938, CPDOC/FM chp/ad, 35.07.15, I-43; "Alvaro Brasiliense Fernandes para Felinto Muller", 20 de março de 1938, CPDOC/FM chp/ad, 35.07.15, I-45; e "Joaquim Camargo Ferraz para Filinto Muller", 22 de março de 1938, CPDOC/FM chp/ad, 35.07.15, I-48.
23. Abreu e Beloch, *loc. cit.*; *Correio da Manhã*, 3 de julho de 1938, p. 1; e *Jornal do Brasil*, 17 de novembro de 1969, seç. 1, p. 20.
24. Arquivo Público e Histórico do Município do Rio Claro, documento [lista não intitulada de nomes em código de integralistas para diversas entidades], s.d., p. 2.
25. AFM, documentos: "Inquérito policial, 1938", CPDOC/FM chp/ad, 35.07.15, III-2; e "Gr. Durval de Castro: Missão – Filinto Muller [documento n° 2 – manual]", s.d., CPDOC/FM chp/ad, 35.07.15, II-1.
26. AFM: "Gr. Durval de Castro: Missão – Filinto Muller [documento n° 2 – manual]", sem data, CPDOC/FM chp/ad, 35.07.15, II-1; relatório, "Relatorio" sem data, p. 6, CPDOC/FM chp/ad, 35.07.15, II-1; e documento, "Cópia – 691/T", 13 de maio de 1938, CPDOC/FM chp/ad, 35.07.15, V-157.
27. Esses são discutidos em Rose, *One of the Forgotten Things*, p. 87.
28. *Jornal do Brasil*, 4 de maio de 1988, seção 1, p. 4.
29. Ver AFM, CPDOC/FM chp/ad, 35.07.15, IV-1-92 a V-1-156, para estas comunicações.
30. Um dos indivíduos que acusou a polícia de incompetência foi Amaral Peixoto, solicitado a responder como tal por Aspásia Camargo, *et al.*, p. 201. Dois meses após a tentativa do *Putsch*, um diplomata americano comentou que a reticência de Vargas em agir a respeito dessas

resignações provavelmente significava conivência da polícia. USNA, "Woodward para Buttler, Duggan e Wells", 11 de julho de 1938, *loc. cit.* Quanto ao problema de falar demais do general Monteiro, o adido militar americano observou, já de volta a Washington, que Góis "bebe muito em almoços e jantares, fala muito, mesmo quando não bebe, e mais ainda quando o faz, e é notoriamente indiscreto e dado a comentários extravagantes". USNA, carta, "Edwin L. Sibert para G-2", 25 de abril de 1941, n° 2693, MID 2052-120/21.

31. APERJ: documento, "Relação dos indivíduos presos por esta secção, 11 a 31 de maio último, com uma síntese do histórico e a situação em que se encontram", 10 de junho de 1938, p. 1-81, integralismo/pasta 9; e carta, "321, S/2 para o chefe da S/4", 22 de junho de 1938, integralismo/pasta 9. Um relatório diferente do DESPS dá o número de presos na 455. APERJ, documento, "Delegacia Especial de Segurança Política e Social secção", 10 de junho de 1938, p. 1-81, administração/pasta 17.

32. Os rumores de novas conspirações da AIB foram descobertos em São Paulo, Rio de Janeiro, Vitória, Belém e em Cerro Largo, Rio Grande do Sul. AFM, cartas: "66 para Getúlio Vargas", 9 de julho de 1938, CPDOC/FM chp/ad, 35.07.15, I-65; "Grail Souto para [Filinto] Muller", 11 de agosto de 1938, CPDOC/FM chp/ad, 35.07.15, I-66; "Grail Souto para Filinto Muller", 28 de agosto de 1938, CPDOC/FM chp/ad, 35.07.15, I-67; "Salvador Borborema para Filinto Muller", 28 de setembro de 1938, CPDOC/FM chp/ad, 35.07.15, I-69. O governo alemão pode ter financiado a tentativa de alcançar o poder. Levine, *The Vargas Regime*, p. 164. Ver também Hilton, *Oswaldo Aranha*, p. 275-276.

33. *Correio da Manhã*, 4 de março de 1931, p. 1; *O Estado de S. Paulo*, 5 de março de 1931, p. 1; *New York Times*, 4 de março de 1931, p. 21; e 5 de março de 1931, p. 10.

34. Dulles, *Vargas of Brasil*, p. 189. Os outros números são aproximações. Alguns são apresentados em Levine (*The Vargas Regime*, p. 164): 1500, com um terço de homens listados, e Edgar Carone. *O Estado Novo, 1937-1945* [São Paulo: Difusão Europeia do Livro, 1976], p. 200: apenas seiscentos homens presos, sendo quatrocentos logo soltos. Carone não menciona a proporção entre os militares.

NOTAS

35. Beloch e Abreu, p. 1340; e Hélio Silva, *1938 terrorismo em campo verde: o ciclo de Vargas – vol. X*. Rio de Janeiro: Civilização Brasileira, 1971, p. 299. A carta de Luís Fournier, na íntegra, está em Hélio Silva.
36. Brasil, comissão especial de Inquérito sobre atos delituosos da ditadura, "Depoimento do sr. Olinto Semerão", *DCN*, 23 de julho de 1947, sessão III, p. 3882; e AFM, telegrama, "Filinto Müller para Riograndino da Costa e Silva", 12 de novembro de 1939, CPDOC/FM dip/ad, 33.02.21, II-95A.
37. Observe as declarações a esse respeito de Nise da Silveira e Beatriz Bandeira, duas mulheres que passaram pela Polícia Central. *Jornal do Brasil*, 11 de março de 1987, Cidade, p. 1. A fala icônica de *Casablanca*, dirigida por Michael Curtiz, em 1942, "Cerque os suspeitos habituais", é claro, refere-se aqui aos comunistas, socialistas, integralistas e quaisquer idealistas.
38. Flavio Serrano, e-mail, 17 de julho de 2009.
39. *Diário Carioca,* Rio de Janeiro, 28 de junho de 1963, p. 6.
40. Philadelpho Garcia, p. 37-45.
41. Eduardo Barbosa, "As 1.200 mortes do Esquadrão da Morte", *Violência*, 1-14 de junho de 1973, citado em Ettore Biocca, *Estratégia do terror: a face oculta e repressiva do Brasil*, Maria de Carvalho (trad.). Lisboa: Iniciativas, s.d., p. 213.
42. Hélio Silva, 1938, p. 260-261; Philadelpho Garcia, entrevistado por Stella Maris Floresani Jorge, Três Lagoas, MS, 21 de agosto de 1988; e Thomé Amado, entrevista, Rio de Janeiro, 21 de agosto de 1994.
43. *Jornal do Brasil*, 23 de agosto de 1938, p. 11; *Correio da Manhã*, 23 de agosto de 1938, p. 2; *O Jornal*, 23 de agosto de 1938, p. 7; e Dulles, *Sobral Pinto*, p. 83-84.
44. Rose, *One of the Forgotten Things*, p. 61.
45. *Jornal do Brasil*, 23 de agosto de 1938, p. 11; *Correio da Manhã*, 23 de julho de 1938, p. 1; e Hélio Silva, *1938*, p. 262. Após sua condenação, Romano foi colocado na mesma cela que Prestes havia ocupado na Casa de Correção, e foi mantido em isolamento por mais de um ano. Relatou-se que ele quase perdeu a sanidade depois de cerca de vinte dias naquele ambiente. APERJ, carta, "H. F. Sobral Pinto para A[lexander] Marcondes Filho", 1º de junho de 1943, p. 3-4, comunismo/pasta 8.

46. *O Globo*, 22 de agosto de 1938, última ed. 17 horas, p. 2.
47. *Ibidem*, p. 1.
48. *Ibidem*, p. 2.
49. Exemplos podem ser vistos em AFM, cartas: "Paulo Ferreira Dantas para Felinto Muller", 10 de fevereiro de 1939, CPDOC/FM chp. sips Pernambuco, I-14; "Pessôa Guerra para Felinto Muller", 30 de janeiro de 1939, CPDOC/FM chp. sips Bahia, I-39; e "Renato Barroso para Felinto Muller", 28 de janeiro de 1939, CPDOC/FM chp. sips Ceará, I-22.
50. AFM, carta, "Bianor Aranha para Felinto Müller" 10 de fevereiro de 1939, CPDOC/FM chp. sips Rio Grande do Norte, 6.
51. Müller e Veras, p. XI-XII. Apenas do estado do Rio de Janeiro, exemplos de material enviado à imprensa podem ser vistos em AFM, cartas: "José de Mattos para Felinto Muller", 18 de janeiro de 1939, CPDOC/FM chp. sips Rio de Janeiro, I-8; "Martin Dostert para Filinto Muller", 29 de fevereiro de 1939, CPDOC/FM chp. sips Rio de Janeiro, I-23; e "Miranda para Filinto Muller", 13 de junho de 1939, CPDOC/FM chp. sips Rio de Janeiro, I-123. Publicações que foram enviadas para muitos municípios incluíam: *O novo Brasil*, *Estudos Catolicos*, *Carta a el-rei D. Manuel*, *Cambará*, *Comunismo*, *Infantil*, *Ouro verde*, *Homem providencial*, *O estado forte* e *Uma só bandeira para toda patria*.
52. AFM, cartas: "Joaquim Antonio Cordovil Maurity Filho para Felinto Muller", 11 de agosto de 1939, CPDOC/FM chp. sips Rio de Janeiro, II-21; e "Nilo Carleial para [Filinto Müller]", 17 de outubro de 1939, CPDOC/FM chp. goles Ceará, II-82.
53. AFM, cartas: "Domingos Guimarães para Felinto Muller", CPDOC/FM chp. sips Rio de Janeiro, I-181; "Francisco de Paula Moura para Filinto Muller", CPDOC/FM chp. sips Rio de Janeiro, I-174; "Marcondes de Mattos para [Filinto Muller]", CPDOC/FM chp. sips Santa Catarina, I-121; "João de Luna Freire para Filinto Muller", CPDOC/FM chp. sips Santa Catarina, I-132; "Otilio Pedroso para SIPS", CPDOC/FM chp. sips Pernambuco, II-23; e "Ruber van der Linden para Filinto Muller", CPDOC/FM chp. sips Pernambuco, I-151.

NOTAS

54. AFM, cartas: "Antonio José de Farias Costa para Filinto Müller", 17 de julho de 1939, CPDOC/FM chp. sips Alagoas, 67; "Otavio Gomes para Filinto Müller", 24 de julho de 1939, CPDOC/FM chp. sips Alagoas, 74; "José de Mello e Silva para Filinto Muller", 28 de setembro de 1939, CPDOC/FM chp. sips Maranhão, 102; "Aderson [ilegível] para Filinto Muller", 5 de outubro de 1939, CPDOC/FM chp. sips Maranhão, 121; "Antonio [ilegível] de Figueirêdo para Felinto Muller", 6 de outubro de 1939, CPDOC/FM chp. sips Maranhão, 122; "Carlos Cavalcante Fernandes para Filinto Muller", 7 de outubro de 1939, CPDOC/FM chp. sips Maranhão, 123; "Guilherme Lindmann para Felinto Muller", 15 de agosto de 1939, CPDOC/FM chp. sips Mato Grosso, 100; e "Aurélio Pires para Filinto Muller", 25 de outubro de 1939, CPDOC/FM chp. sips Mato Grosso, 156.
55. AFM, cartas: "Filipe Franklin de [ilegível] para Felinto Muller", 7 de agosto de 1939, CPDOC/FM chp. sips Ceará, I-157; "João Paulo de Menezes para Felinto Muller", 28 de julho de 1939, CPDOC/FM chp. sips Ceará, I-144; "Abilio Cesar Cavalcanti para Filinto Muller", 7 de agosto de 1939, CPDOC/FM chp. sips Rio Grande do Norte, 103; "Jeronymo Lahyre de Mello Rosado para Filinto Muller", 22 de agosto de 1939, CPDOC/FM chp. sips Rio Grande do Norte, 118; "Romulo Pasqualini para Felinto Muller", 12 de julho de 1939, CPDOC/FM chp. sips São Paulo, V-26; e "Lucir Queiroz de Moraes para Filinto Muller", 12 julho de 1939, CPDOC/FM chp. sips São Paulo, V-29.
56. Para exemplos dos dois extremos, ver AFM, cartas: "[ilegível] para Felinto Muller", 26 de outubro de 1939, CPDOC/FM chp. sips Ceará, II-99; e "Pedro José Lima Costa para Serviço de Inquéritos Políticos Sociais", 4 de julho de 1939, CPDOC/FM chp. sips Pernambuco, I-136. A estimativa de vinte nomes era para Jaboatão, Pernambuco. Este é o bairro de Recife próximo à base do Exército que liderou o levante comunista de 1935 no estado. Menos de quatro anos antes, Filinto queria estar ciente de quaisquer arruaceiros em potencial.
57. Müller e Veras, *SIPS e suas finalidades*, p. 25-46.

58. Isso não se aplica às suas outras publicações, Filinto Müller e F. Collaço Veras, *Policia politica preventiva* (Rio de Janeiro: SIPS, 1939), que só apresenta (p. 19-40) uma definição das 44 variáveis e uma lista de cada município por estado, em ordem alfabética.
59. AFM, carta, "Waldemar Hansen para Filinto Muller", 26 de agosto de 1939, CPDOC/FM chp. sips Mato Grosso, 111.
60. Ilustrações dessa discussão podem ser vistas nos seguintes relatórios enviados para o SIPS e/ou para Filinto Müller: AFM, cartas: "Silvio Meireles para SIPS", 9 de setembro de 1939, CPDOC/FM chp. sips Piauí, 99A; "Vicente Soares Torres para o Serviço de Inquéritos Políticos Sociais", 28 de agosto de 1939, CPDOC/FM chp. sips Ceará, I-216; "de [sem nome] para [SIPS]", sem data, CPDOC/FM chp. sips Rio Grande do Norte, 238; "Zenóbio de Mello para Filinto Muller", 10 agosto de 1939, CPDOC/FM chp. sips Pernambuco, II-30; "Claudio Romeiro para SIPS", 13 de junho de 1939, CPDOC/FM chp. sips São Paulo, IV-189; "João Barros Vasconcellos para Filinto Muller", 24 de julho de 1939, CPDOC/FM chp. sips Rio Grande do Sul, II-118; "José Gomes Pinheiro para SIPS", 25 de julho de 1939, CPDOC/FM chp. sips Rio Grande do Sul, II-123; e *Correio da Manhã*: 13 de junho de 1939, p. 10; e 12 de setembro de 1939, p. 10.
61. AFM, carta, "Castro Tavares para [SIPS]", 8 de agosto de 1939, CPDOC/FM chp. sips Rio Grande do Norte, 101; e *Correio da Manhã*: 24 de novembro de 1937, p. 3; e 8 de agosto de 1939, p. 10.
62. *O Estado de S. Paulo*, 19 de agosto de 1979, p. 11.
63. Maria Luiza Tucci Carneiro, p. 117-118.
64. Um relato completo das instruções secretas para as embaixadas e consulados brasileiros por todo o mundo está disponível em Maria Luiza Tucci Carneiro (*ibid*.). Especialmente interessantes são as páginas 158-180, 184-188, 201-202, 208, 213, 266-271, 273, 277-279, 280-285, 288, 325, 330-331, 336-337, 524, 543-549.
65. *Ibidem*, p. 231-232.
66. Arquivo Histórico do Itamaraty, documento, "Memorial relativo à questão dos estrangeiros no Brasil, especialmente no que se refere à entrada de judeus em território nacional", apresentado a Francisco Campos, 5 de fevereiro de 1938, lata 741, maço 10561, p. 19, 28.
67. *Ibidem*, p. 27.

68. *Ibidem*, p. 28.
69. *Ibidem*.
70. Szulc, p. 84.
71. Ver como exemplo AFM, relatório, "Inquérito político-econômico entre as colônias estrangeiras", I – Os judeus no Brasil, Rio, 14-10-38, CPDOC/FM chp/sips, Rio de Janeiro.
72. Para Salazar, ver Didier Musiedlak, "Conclusão", em Martinho e Pinto, p. 347-359.
73. O discurso pró-Eixo de Vargas, a bordo do encouraçado *Minas Gerais*, em 11 de junho de 1940, o qual Filinto testemunhou, é dado aqui como um exemplo. Na verdade, "a possibilidade de o Brasil declarar guerra aos Aliados foi seriamente considerada naquela época nos altos círculos governamentais [no Rio de Janeiro]". Szulc, *loc. cit.*; e Abreu e Beloch, p. 3998.
74. O indivíduo que falou sobre a satisfação de Müller com sua ascendência foi Amaral Peixoto. Aspásia Camargo *et al.*, p. 220. Os alemães, no entanto, parecem ter sentido que Filinto estava neutro em relação aos seus esforços. Cancelli, p. 89. Para a opinião dos ingleses sobre Filinto, ver APERJ, documento, "Política externa britanica com o Brasil", 11 de julho de 1940, p. 2, inglês/pasta 3. Também interessantes são os comentários de Jonny de Graaf, do MI6, no Rio de Janeiro. Rose e Scott, p. 262, 273, 288. Para a análise norte-americana de que Müller e seu irmão, Júlio Strübling, eram pró-nazistas, ver USNA, carta, Edwin L. Sibert para A. C. de S., G-2, 2 de maio de 1941, n° 2703, p. 2, MID 2657-K-128/5. Para uma outra opinião norte-americana, esta dizendo que ele não estava totalmente envolvido com o Eixo, ver USNA, microfilme, "J. Edgar Hoover para William J. Donavan", 8 de abril de 1942, RG 226, doc. 14930, roll 55. Hélio Bicudo, o respeitado promotor que seria o primeiro a apresentar acusações contra os esquadrões de São Paulo quatro décadas depois, oferece uma outra versão. Ele fala de um amigo pessoal, Max Hest, que era um advogado alemão e antinazista ativo. Hest tinha surpreendentemente conseguido fugir da Alemanha quase no mesmo momento em que a Gestapo o prenderia. Finalmente chegando ao Brasil, ele trabalhou como garçom em um restaurante que Filinto frequentava. Müller soube da situação de Hest e pessoalmente ajudou-o a conseguir um cargo executivo em uma empresa sueca, a Scania, em São Paulo. Bicudo achava que

esse ato por si só lançava dúvidas sobre a acusação de Filinto ser um pró-nazista, já que ele, Müller, sabia da história de Hest. Hélio Bicudo, entrevista, SP, 22 de dezembro de 2009.
75. Edgard Carone, *O Estado Novo (1937-1945)*, 2ª ed, São Paulo: Difel, 1979, 292; AFM, carta, "[Felisberto] Baptista Teixeira para [Filinto] Müller", 22 de setembro de 1942, CPDOC/FM div, 42.07.22, I-79; e Abreu e Beloch, p. 3559.
76. APERJ, "Política externa britanica com o Brasil", 11 de julho de 1940, p. 1.
77. Hilton, *Oswaldo Aranha*, p. 219.
78. *Ibidem*, p. 355, 356n.
79. Rose, "Johnny's Two Trips to Brazil", p. 7-38; e APERJ, arquivo, "Franz Gruber ou Jonny de Graaf", p. 8, DESPS, prontuário 33.989. Para a fonte de pagamento dos US$ 300, veja: Canadá, Canadian, Sucurity, Intelligence Service, Royal Canadian Mounted Police, Documento, "entrevista de Jonny e Graff pelos sargento [censurado] e cabo [censurado] e, Brockville, Ontário", 20 de fevereiro de 1969, arquivo, John de Graff, vol. V, p. 5.
80. Hilton, *Oswaldo Aranha*, p. 356-8; e AHEx, KFM, pastas XXX-51-289.
81. Vargas, *Getúlio Vargas: diário*, vol. II, p. 453-457.
82. USNA, carta, "Edwin L. Sibert para A. C. de S., G-2", 10 de maio de 1941, nº 2714, p. 1, MID 2657-K-128/6.
83. Hilton, *Oswaldo Aranha*, p. 358.
84. AFM, cartas: "Oswaldo Aranha para Filinto Müller", 24 de dezembro de 1940, CPDOC/FM chp/ad, 33.03.23, II-43; "Filinto Müller para Oswaldo Aranha", 22 de janeiro de 1941, CPDOC/FM chp/ad, 33.02.23, II-43A.
85. Pedro Leitão da Cunha, entrevista, Rio de Janeiro, 27 de Janeiro de 2007. Pedro da Cunha é o filho de Vasco Leitão da Cunha.
86. AGV, relatório, "Caso dos holandêses", 3 de outubro de 1941, CPDOC/GVC, 41.09.20, XXXVI-39.
87. Vargas, *Getúlio Vargas: diário*, vol. II, p. 468; e AGV, carta, "Oswaldo Aranha a Getúlio Vargas", 1º de março de 1942, CPDOC/GVc, 42.03.01, XXXVII-47.
88. Vargas, *Getúlio Vargas: diário*, vol. II, p. 470.

NOTAS

89. Maria Luiza Müller de Almeida, entrevista, RJ, 10 de fevereiro de 2008.
90. AGV, transcrições de telefonemas: "[não identificado] e Plínio Uchoa", 3 de julho de 1942, CPDOC/GVC confid, 42.07.02; e "Herminia Prado Barros e Plínio Uchôa", 3 de julho de 1942, CPDOC/GVC confid., 42.07.02.
91. AGV, transcrição de telefonema, "Vasco da Cunha e Francisco Campos", 6 de julho de 1942, CPDOC/GVC confid., 42.07.06; Arquivo Vasco Leitão da Cunha, carta, "Vasco da Cunha para [Francisco Campos]", 2 de julho de 1942, CPDOC/VLC 41.03.25-A; Dulles, *Vargas of Brasil*, p. 228-229; e Pedro Leitão da Cunha, entrevista, RJ, 27 de novembro de 2007. Pedro da Cunha é filho de Vasco Leitão da Cunha.
92. APERJ, documento, *La Hora*, Sul-Americano/pasta 1B. *La Hora* foi um jornal da Argentina.
93. Maria Luiza Müller de Almeida, entrevista, RJ, 10 de fevereiro de 2008; e *Jornal do Brasil*, 12 de julho de 1973, seç. 1, p. 5.

8. Limbo

1. Rose, *One of the Forgotten Things*, 2000, p. 113.
2. AHEx, KFM, pastas XXX-51-289.
3. AFM, carta, "Euphrasio José Soares para Filinto Müller", 8 de julho de 1942, CPDOC/FM chp/ad, 42.06.01, 3; e AGV, transcrição de telefonema "Agenor Homem de Carvalho para chefe de gabinete", 3 de julho de 1942, CPDOC/GVC confid., 42.07.02.
4. Dulles, *Vargas of Brasil*, p. 230.
5. Ver, como exemplos, AFM, cartas: "Filinto Müller para Civis [Müller da Silva] Pereira", 17 de julho de 1942, CPDOC/FM chp/ad, 42.06.01, 20; "Jesuíno Albuquerque para Filinto Müller", 21 de julho de 1942, CPDOC/FM chp / ad, 42.06.01, 59; "João [ilegível] para Felinto Müller", 22 de julho de 1942, CPDOC/FM chp/ad, 42.06.01, 73.
6. Francisco Campos e Lourival Fontes tiveram suas demissões aceitas, Leitão da Cunha foi exonerado do posto.
7. AFM, telegrama, "Otto Cyrillo Lehmann para Felinto Müller", 23 de julho de 1942, CPDOC/FM chp/ad, 42.06.01, 78.

8. Philadelpho Garcia, p. 95-96.
9. Federal Bureau of Investigation [daqui em diante FBI], cartas: "[censuradas] para [censurado]", 5 de maio de 1943, nº 715, "[censurado] para [censurado]", 29 de janeiro de 1943, nº 580; e de John Edgar Hoover para [censurado], 28 de maio de 1943.
10. FBI "[censurado] para [censurado]", 29 de janeiro de 1943, nº 580.
11. *Ibidem.*
12. Ver como exemplos: AFM, cartas: "Arlindo Nicolino de Oliveira para Filinto Müller", 25 de julho de 1942, CPDOC/FM div, 42.07.22, I-13; "[Luis] Braga Mury para [Filinto] Muller", 25 de outubro de 1942, CPDOC/FM div, 42.07.22, I-112; "Alexandre Addôr Filho para Filinto Muller", 30 de abril de 1943, CPDOC/FM div, 42.07.22, II-105.
13. AFM, telegrama, "Acácio Nogueira para Felinto Muller", 22 de setembro de 1943, CPDOC/FM div, 42.07.22, I-88.
14. AFM, carta, "Francisco de Paulo Braga para Filinto Müller", 30 de novembro de 1942, CPDOC/FM div, 42.07.22, I-137.
15. Peter Singelmann, "Political Structure and Social Banditry in Northeastern Brazil", *Journal of Latin American Studies*, vol. VII, nº 1, maio de 1975, p. 62-63; e Rose, *Beyond the Pale of Pity*, capítulo 3.
16. Arquivo da Câmara dos Deputados [daqui em diante ACD], documento, Comissão Especial de Inquérito Sôbre Atos Delituosos da Ditadura, CPI, (02) 46, Cx. 02, p. 3; testemunho, Comissão Especial de Inquérito sobre Atos Delituosos da Ditadura, "Depoimento do Sr. Belmiro Valverde", *DCN*, 27 de maio de 1947, sessão II, p. 2003. Para exemplos da reforma na Central, ver: AFM, cartas: "Alberto Joaquim Soares para Filinto Muller", sem data, CPDOC/FM CNT, 43.07.08, XXIX-9; "Wilson Dias de Pinho para Filinto Muller", 5 de setembro de 1943, CPDOC/FM CNT, 43.07.10, I-89;" "Felisbelo Beleti para Filinto Muller", 28 de setembro de 1943, CPDOC/FM CNT, 43.07.10, I-116; "Sylvio Brito para Filinto Muller", 12 de janeiro de 1944, CPDOC/FM CNT, 43.07.08, VII-33; "Reginaldo Pinto Duarte para [Filinto Müller]", sem data, CPDOC/FM chp ad. 42.06.01, 156; Brasil, Arquivo Nacional: telegrama, "Família de Clodomir Colaço Veras para Getúlio Vargas", [1942], Polícia Civil do Distrito Federal/lata 527; e carta, "Alcides Gonçalves Etchegoyen

NOTAS

para Alexandre Marcondes Filho", 15 julho de 1942, Polícia Civil do Distrito Federal/lata 527. A verdadeira acusação usada contra Clodomir foi que ele havia adquirido ilegalmente duas pistolas Mauser, "Alcides Gonçalves Etchegoyen para Alexandre Marcondes Filho", *loc. cit.* Esse Clodomir Veras não deve ser confundido com F. Collaço Veras.

17. Philadelpho Garcia, p. 114-118; AHEx, KFM, pasta XXX-51-289; e *Jornal do Commercio*, 31 de julho de 1942, p. 6. O dia exato da soltura de Garcia no mês de julho de 1942 é desconhecido. Dessa forma, o número de conversão pode não ser totalmente preciso.
18. Philadelpho Garcia, p. 96-97.
19. Stanley E. Hilton, *Brazil and the Soviet Challenge*, p. 181.
20. FBI, carta, "J. Edgar Hoover para Adolf A. Berle, Jr.", 2 de agosto de 1943, 64-22204-3; e Abreu e Beloch, p. 3862.
21. *A Manhã*, 11 de julho de 1943, p. 2.
22. AHEx, KFM, pasta XXX-51-289.
23. Brasil, *Coleção das leis do Brasil de 1941: atos do poder executivo, decretos de outubro a dezembro* (Rio de Janeiro: Nacional, 1941), vol. VII, p. 171; Philadelpho Garcia, p. 101-102; AFM, carta, "Eurico Saraiva para Filinto [Müller]", 31 de agosto de 1943, CPDOC/FM CNT, 43.07.10, I-79; *Diario Oficial*, 17 de fevereiro de 1966, seç. I, p. 1938, parte I; e APERJ, documentos: Civis Müller da Silva Pereira", informações/pasta 74, p. 197; "Civis Müller da Silva Pereira", informações/pasta 80, p. 125; e Abreu e Beloch, p. 1555-1556.
24. Abreu e Beloch, p. 3998.
25. AFM, documento, "Atendidos por mim em 16 de novembro de 1943", CPDOC/FM CNT, 43.07.08, V-48.
26. Para saber mais sobre Vitório Caneppa, ver o capítulo 6. Caneppa não era apenas um diretor de prisão e agressor dos prisioneiros, mas também um conhecido de Getúlio Vargas. [Heron] Herondino Pereira Pinto, *Nos subterrâneos do Estado Novo* (Rio de Janeiro: Germinal, 1950), p. 37, 40; e Thomé Amado, entrevista, Rio de Janeiro, RJ, 21 de agosto de 1994.
27. Joaquim Góis, *Lampião: o último cangaceiro*. Aracaju, Regina, 1966, p. 233; Fernando Portela e Cláudio Bojunga, *Lampião: o cangaceiro*

e o outro. São Paulo: Traço, 1982, p. 73; Julio José Chiavenato, *Cangaço: a força do coronel*. São Paulo: Brasiliense, 1990, p. 43, 55-57, 125-126; e *O Globo*, 24 de fevereiro de 1985, p. 8.
28. AFM, carta, "Jerônimo Bonfim para Filinto Muller", 16 de novembro de 1943, CPDOC/FM CNT, 43.07.08, V-50.
29. *Ibidem*. Ver também o "Julião", mencionado no capítulo seguinte à nota 55.
30. *Ibidem*.
31. Carlos Lacerda, *Depoimento*. Rio de Janeiro: Nova Fronteira, 1977, p. 87; Araujo, p. 235; Aspásia Camargo, *et. al*., p. 206-207; *Diário Carioca*, 4 de junho de 1950, p. [4]; e Abreu e Beloch, p. 542. Alegadamente, Adhemar recebeu três contos de réis por mês (ou 520 dólares americanos, calculados sobre o que valiam três contos no dia antes da declaração do Estado Novo) como informante. *Correio da Manhã*, 10 de novembro de 1937, p. 12. Quinhentos e vinte dólares equivalem a quase 8.965 mil dólares americanos, em valores de 2017, segundo a "Tabela de Conversão Sahr".
32. AFM, cartas: "[João] Baptista Luzardo para [Filinto] Muller", 2 de dezembro de 1943, CPDOC/FM CNT, 43.07.08, VI-4; "[ilegível] para [Filinto Muller]", 6 de dezembro de 1943, CPDOC/FM CNT, 43.07.08, VI-4A; "Theoboldo Cardoso para Filinto Muller", 22 de dezembro de 1943, CPDOC/FM CNT, 43.07.08, VI-58; "Antenor de Moraes para Felinto Müller", 24 de dezembro de 1943, CPDOC/FM CNT, 43.07.08, VI-62; e Dulles, *Sobral Pinto*, p. 206-207.
33. AFM, cartas: "João P. Rondon para Filinto Müller", 18 de dezembro de 1943, CPDOC/FM CNT, 43.07.08, VI-46; "Barbosa Lima para Filinto Muller", 9 de fevereiro de 1944, CPDOC/FM CNT, 43.07.08, VI-46A; e radiograma, "Coriolano de Goes para Filinto Muller", 28 de novembro de 1943, CPDOC/FM CNT, 43.07.08, I-59A.
34. Exemplos podem ser vistos na AFM, cartas: "Ayres Martins Torres para Felinto Muller", 3 de dezembro de 1943, CPDOC/FM CNT, 43.07.08, VI-11; "Filinto Müller para Ayres Martins Torres", 9 de dezembro de 1943, CPDOC/FM CNT, 43.07.08, VI-11A2; "Eugenio de Almeida Magalhães para Felinto Muller, 29 de dezembro de 1943, CPDOC/FM CNT, 43.07.08, VI-58; "Filinto Muller para Eugenio de Almeida Magalhães", 2 de fevereiro de 1944, CPDOC/FM CNT,

NOTAS

43.07.08, VI-63A4; "Balbino Leopoldo Mendonça para Felinto Muller", 29 de dezembro de 1943, CPDOC/FM CNT, 43.07.08, VI-72; "Deocleciano Martins de Oliveira Filho para Filinto Muller", 11 abril de 1945, CPDOC/FM CNT, 43.07.08, VI-88A2; e "Filinto Müller para Deocleciano Martins de Oliveira Filho", 3 de maio de 1945, CPDOC/FM cnt, 43.07.08, VI-88A3.

35. AFM, cartas: "Filinto Müller para Raja Gabaglia", 2 de outubro de 1943, CPDOC/FM CNT, 43.07.08, IV-9; "Joseph Cathala para Filinto Muller", 4 de setembro de 1943, CPDOC/FM CNT, 43.07.08, III-16; telegrama, "Raja Gabaglia para Filinto Müller", 11 de outubro de 1943, CPDOC/FM CNT, 43.07.08, IV-9A; documentos: "a Presidência do Conselho Nacional do Trabalho", 5 de agosto de 1943, CPDOC/FM CNT, 43.07.08, II-16, e "Presidência do Conselho Nacional do Trabalho", 14 de setembro de 1943, CPDOC/FM CNT, 43.07.08, III-16A.

36. AFM, telegrama, "Parada Beltrão para Filinto Müller", 14 de setembro de 1943, CPDOC/FM CNT, 43.07.08, III-34; cartas: "Filinto Müller para Parada Beltrão", 20 de outubro de 1943, CPDOC/FM CNT, 43.07.08, III-34A; "Eloi Nóbrega Dantas para Filinto Müller", 5 de novembro de 1943, CPDOC/FM CNT, 43.07.08, V-13; "Filinto Müller para Eloi Nóbrega Dantas", 11 de novembro de 1943, CPDOC/FM CNT, 43.07.08, V-13A2; "Filinto Müller para [Felisberto] Batista [Teixeira]", 1 de novembro de 1943, CPDOC/FM CNT, 43.07.08, V-1.

37. Pedro Rocha Jucá, entrevista, Cuiabá, MT, 5 de julho de 2007.

38. AHEx, KFM, pasta XXX-51-289; AFM, cartas: "Lenir Campos Russo para Felinto Müller", 12 de novembro de 1943, CPDOC/FM CNT, 43.07.08, V-40;" "Filinto Müller para Lenir Campos Russo", 30 de novembro de 1943, CPDOC/FM CNT, 43.07.08, V-40A2; "João Felix para Filinto [Müller]", 15 de agosto de 1943, CPDOC/FM CNT, 43.07.08, II-56; "Filinto Müller para João Felix", 21 de outubro de 1943, CPDOC/FM CNT, 43.07.08, II-56A; "Lafayette de Lima Bradão para Filinto [Müller]", 18 novembro de 1943, CPDOC/FM CNT, 43.07.08, II-75.

39. Philadelpho Garcia, p. 124-125; e Abreu e Beloch, p. 3598, 4382.

40. Abreu e Beloch, p. 4382, 5836.
41. Philadelpho Garcia, *loc. cit.*, e AHEx, KFM, pasta XXX-51-289.
42. Beloch e Abreu, p. 2345; e AHEx, carta, "Mario Ramos para o Ministro da Guerra", 23 de setembro de 1946, pasta XXX-51-289.

9. A CPI

1. *Correio da Manhã*, 10 de novembro de 1946, p. 3; *Folha de S. Paulo*, 24 de setembro de 1978, seç. 1, p. 6; e Abreu e Beloch, p. 2187, 2190-2191. Um dos filhos do coronel Euclides, o general João Batista de Oliveira Figueiredo, se tornaria o último ditador militar do Brasil no século XX.
2. *Folha de S.Paulo*, 24 de setembro de 1978, seção 1, p. 6.
3. Abreu e Beloch, p. 5944.
4. *Folha de S.Paulo*, 24 de setembro de 1978, seção 1, p. 6.
5. *Ibidem*.
6. AHEx, cartas: "Filinto Müller para o ministro da Guerra [Góis Monteiro]", 23 de setembro de 1946, pasta XXX-51-289; "Mario Ramos para o ministro da Guerra [Góis Monteiro]", 23 de setembro de 1946, pasta XXX-51-289; "Filinto Müller", pasta XXX-51-289; Beloch e Abreu, p. 2257; *Correio da Manhã*, 10 de novembro de 1946, p. 3. *O Cruzeiro* fazia parte da rede de Assis Chateaubriand e circulou entre 1928 e 1975.
7. Abreu e Beloch, p. 1337-1338; Beloch e Abreu, p. 781; *Time*, 24 de dezembro de 1945, p. 38; e Ana Paula Pereira Lima, "Assis Chateaubriand e Silvio Santos: patrimônios da Imprensa Nacional", documento apresentado ao Departamento de Comunicação Social da Universidade Federal de Juiz de Fora, 2001, p. 8, 58.
8. Fernando Morais, *Chatô: o rei do Brasil*, 2ª ed. São Paulo: Cia. das Letras, 1994, p. 319.
9. *Ibidem*, p. 160, 323-324.
10. As preferências sexuais de Chateaubriand incluíam dormir com as esposas de pessoas que necessitavam do apoio de seu império midiático. Os maridos sabiam de antemão o que isso significava. Chatô levou essa excentricidade até a velhice, mesmo depois de ficar parcialmente paralisado. *Imprensa* (São Paulo), abril de 1994, p. 40.
11. Morais, *Chatô*, p. 384-385, 387.

NOTAS

12. *Ibidem*, p. 388
13. *Ibidem*, p. 387-390.
14. Philadelpho Garcia, p. 73-74.
15. Vargas, *Getúlio Vargas: diário*, vol. I, p. 373.
16. *Ibidem*, p. 478.
17. Philadelpho Garcia, p. 74.
18. *Jornal do Commercio*, 25 de junho de 1941, p. 8; *Diário da Noite*. Rio de Janeiro: 25 de junho de 1941, p. 2; e 26 de junho de 1941, p. 2.
19. Morais, *Chatô*, p. 393-403; e *Time*, 24 de dezembro de 1945, *loc. cit*.
20. Morais, *Chatô*, p. 407-408; e Philadelpho Garcia, p. 75.
21. Morais, *Chatô*, p. 160, 411-414; e Brasil: *Diário Oficial*, 26 de setembro de 1942, seç. I, p. 14435; e 25 de janeiro de 1943, seç. I, p. 1057.
22. Luiz Maklouf Carvalho, *Cobras criadas: David Nasser e O Cruzeiro*. São Paulo: SENAC, 1999, p. 25, 33, 38; *Jornal do Commercio*. Recife, 25 de novembro de 2001, Caderno C, p. 6; e Abreu e Beloch, p. 4036.
23. De 1939 a 1968, Nasser escreveu as letras de 230 canções. E, de 1935 a 1955, escreveu ou contribuiu para seiscentos artigos de jornais e revistas. Luiz Maklouf Carvalho, p. 205, 312-313.
24. *Ibidem*, p. 22-23, 541-542.
25. *Ibidem*, p. 36-37, 40.
26. *Ibidem*, p. 145-146; e o *O Cruzeiro*. Rio de Janeiro, 10 de novembro de 1945, p. 34.
27. Luiz Maklouf Carvalho, p. 163-164.
28. *Ibidem*, p. 341.
29. *Ibidem*, p. 204-205, 394-395; e *Última Hora*. Rio de Janeiro, 27 de dezembro de 1963, p. 1-2. Em relação a Juscelino Kubitschek, observar em Luiz Maklouf Carvalho (p. 157-158) como Kubitschek providenciou aço para negócios do interesse de Nasser e como mais tarde (p. 394-395) Nasser mostrou sua gratidão com bondade.
30. Antonio Eresmar, entrevista telefônica, Rio de Janeiro/Brasília, 15 de julho de 2008. Eresmar é o arquivista-chefe do Arquivo da Câmara dos Deputados em Brasília; e Brasil, ACD, documento, Comissão Especial de Inquérito Sobre Atos Delituosos da Ditadura, "Atlas sucintos", CPI, (02) 46, Cx. 01.

31. *O Cruzeiro*: 17 de novembro de 1945, p. 38; 26 de outubro de 1946, p. 34; 30 de novembro de 1946, p. 35; 4 de janeiro de 1947, p. 34; e 8 de março de 1947, p. 40.
32. *Ibidem*. 26 de outubro de 1946, p. 34; 30 de novembro de 1946, p. 35; e 14 de dezembro de 1946, p. 42-43.
33. *Ibidem*. 26 de outubro de 1946, p. 34; 8 de fevereiro de 1947, p. 36, 66; e *Jornal do Brasil*, 12 de julho de 1973, sec. 1, p. 1. Nenhuma descrição extra sobre esse sorriso nazi foi fornecida.
34. *O Cruzeiro*, 26 de outubro de 1946, p. 34, 64, 66; *Correio da Manhã*, 1º de julho de 1945, p. 30; 10 de novembro de 1946, p. 3; e "Tabela de Conversão Sahr".
35. *O Cruzeiro*, 28 de dezembro de 1946, p. 43-44.
36. *Ibidem*. 15 de fevereiro de 1947, p. 29-30; e 22 de fevereiro de 1947, p. 59. Para o papel de Jonny de Graaf (conhecido no Brasil, à época, como Franz Paul Gruber) em descobrir o *Graf Spee*, ver Rose e Scott, p. 279-281.
37. *O Cruzeiro*: 30 de novembro de 1946, p. 35; 4 de janeiro de 1947, p. 34; e 22 de fevereiro de 1947, p. 59, 66.
38. Brasil, Comissão Especial de Inquérito Sobre Atos Delituosos da Ditadura, *DCN*: 22 de março de 1947, sessão II, p. 576-577; 28 de março de 1947, sessão II, p. 650; e *Folha de S. Paulo*, 24 de setembro de 1978, sec. 1, p. 6.
39. Brasil, Comissão Especial de Inquérito Sobre Atos Delituosos da Ditadura, Brasil, *DCN*: 15 abril de 1947, sessão II, p. 966, 968; 23 de abril de 1947, sessão II, p. 1142; 10 de maio de 1947, sessão II, p. 1566; 27 de maio de 1947, sessão II, p. 2002; Aspásia Camargo *et. al*, p. 291-292; e Abreu e Beloch, p. 150, 2190, 3998, 5118.
40. *Veja*, 29 de março de 1972, p. 25; e Rose, *One of the Forgotten Things*, p. 83-89.
41. *Diretrizes*. Rio de Janeiro, 18 de abril de 1947, p. 1-2, 5; Brasil: ACD, cartas: "[Felisberto] Batista Teixeira para [desconhecido]", 13 de abril de 1942, CPI, (02) 46, Cx. 04; "[Felisberto] Batista Teixeira para [desconhecido]", 24 de junho de 1942, CPI, (02) 46, Cx. 04; e Comissão Especial de Inquérito Sobre Atos Delituosos da Ditadura, *DCN*, 27 de maio de 1947, sessão II, p. 2003. Outros se referem a Elisiário Alves Barbosa como Hilisiário ou Desidério. O primeiro nome de Diocenzano Martins foi, por vezes, dado como Diocensano. Brasil,

NOTAS

Comissão Especial de Inquérito Sobre Atos Delituosos da Ditadura: "Depoimento do Dr. Paulo Franklin de Souza Elejalde", *DCN*, 27 de maio de 1947, sessão II, p. 2004; e Brasil, Comissão Especial de Inquérito sobre Atos Delituosos da Ditadura, "Depoimento do Sr. Samuel Lopes Pereira", *DCN*, 28 de maio de 1947, sessão II, p. 2058.

42. "Depoimento do Belmiro Valverde", p. 2003-2004. O nome de Gasparini também é escrito como Gasparrini em algumas partes do testemunho.
43. "Depoimento do Paulo Franklin de Souza Elejalde", p. 2004-2006.
44. Brasil, *DCN*, 28 de maio de 1947, sessão II, p. 2057.
45. "Depoimento do Samuel Lopes Pereira", p. 2057-2059.
46. Brasil, *DCN*, 7 de junho de 1947, sessão II, p. 2368.
47. Brasil: Comissão Especial de Inquérito Sobre Atos Delituosos da Ditadura: "Depoimento do Sr. Odilon Vieira Gallotti", *DCN*, 7 de junho de 1947, seção II, p. 2368-2369; e Comissão Especial de Inquérito Sobre Atos Delituosos da Ditadura", "Acareação entre os depoentes Dr. Paulo Elejalde, Sr. Bernardino Carvalho, [e] Sr. Samuel Lopes [P]ereira", *DCN*, 19 de junho de 1947, sessão II, p. 2774.
48. Brasil, Comissão Especial de Inquérito Sôbre Atos Delituosos da Ditadura, "Depoimento do Sr. Adib Jabur", *DCN*, 7 de junho de 1947, sessão II, p. 2369-2370.
49. Até esse ponto do depoimento, parece que o repórter que fez a entrevista inicial com a equipe do Instituto Psiquiátrico foi [Edmar] Morel ("Depoimento de Belmiro Valverde", p. 2004). Bernardino Oliveira Carvalho reivindicou que esse trabalho é um tema para pesquisa adicional. É peculiar, no entanto, que não haja nenhuma menção ao nome de Bernardino Oliveira Carvalho antes da p. 2070 das audiências publicadas no *DCN*. Mais estranho ainda é o fato de que a Associação Brasileira de Imprensa não tenha registro em seus arquivos de ninguém, em nenhum momento, com o nome de Bernardino Oliveira Carvalho.
50. Brasil, Comissão Especial de Inquérito Sobre Atos Delituosos da Ditadura, "Depoimento do Sr. Bernardino Oliveira Carvalho", *DCN*, 7 de junho de 1947, sessão II, p. 2370-2372.
51. "Acareação entre os depoentes Paulo Elejalde, Bernardino Carvalho, [e] Samuel Lopes [P]ereira", p. 2774-2777.

52. Brasil, Comissão Especial de Inquérito Sobre Atos Delituosos da Ditadura, "Visita da comissão ao hospital de alienados Pedro II", *DCN*, 21 de junho de 1947, sessão II, p. 2873.
53. Brasil, Comissão Especial de Inquérito Sobre Atos Delituosos da Ditadura, "Depoimento do Sr. Olindo Semeraro", *DCN*, 23 de julho de 1947, sessão II, p. 3882; Ellis Island Foundation, navio declarado, *SS Pan American*, 4 de agosto de 1924, lote n° P50107-8, referência de página n° 139, referência de página n° 0011; e Abreu e Beloch, p. 3789-3790. O depoimento de Gasparini, datado de 18 de março de 1947, pode ser visto em Brasil, ACD, testemunho, "Processo de Neptuno Gasparini", CPI, (02) 46, Cx. 02. Ele nomeia Vargas e Müller como responsáveis, o capitão Felisberto Batista Teixeira, [Alvaro Gurgel de] Alencar Filho, [Clodomir] Colaço Veras como aqueles que dão as ordens, e quatro investigadores da polícia, um dos quais era chamado José Roberto e outro era conhecido apenas como Ruiz – estes dois usavam a força física. Brasil, ACD, "Processo de Neptuno Gasparini", p. 20, item 30, Gasparini da mesma forma afirmou que Olindo Semeraro poderia corroborar sua história. Brasil, ACD, documentos sem título, CPI, (02) 46, Cx. 04 item, p. 7-8, item 14. Infelizmente, esses arquivos de Brasília não contêm o depoimento original de Olindo Semeraro. Esse material foi convenientemente removido ou incorretamente arquivado. Assim, não foi possível verificar a(s) fonte(s) sobre as acusações contra Müller.
54. Brasil, Comissão Especial de Inquérito Sobre Atos Delituosos da Ditadura, "Depoimento do Sr. David Nasser", *DCN*, 8 de agosto de 1947, sessão II, p. 4438. Alguns autores equivocadamente escrevem "Beijo" em vez de Bejo, a forma correta. Nelson Werneck Sodré acha que a razão para esse erro pode muito bem ser os problemas que os brasileiros têm em pronunciar sua língua. Claro, há também a perpetuação do erro devido ao não significado de uma palavra e ao significado contraditório da segunda. Nelson Werneck Sodré, entrevista, Rio de Janeiro, 8 de agosto de 1991.
55. Brasil, Comissão Especial de Inquérito Sobre Atos Delituosos da Ditadura, "Depoimento do Sr. Aristófanes Barbosa Lima", *DCN*, 8 de agosto de 1947, sessão II, p. 4438-4439.

56. Isso pode muito bem ter sido o "Julião" mencionado no capítulo 8, nota 29.
57. Brasil, Comissão Especial de Inquérito Sobre Atos Delituosos da Ditadura, "Depoimento do Sr. Carlos Marighela [sic.]", *DCN*, 28 de agosto de 1947, sessão II, p. 5202-5205; Mino Carta e Raimundo Rodrigues Pereira, *Retrato do Brasil* (São Paulo: Política, 1984), vol. III, p. 101; e Abreu e Beloch, p. 2190, 3527, 3571).
58. Brasil, Comissão Especial de Inquérito Sobre Atos Delituosos da Ditadura, "Depoimento do Sr. Antônio Soares de Oliveira", *DCN*, 28 de agosto de 1947, sessão II, p. 5205.
59. "Mota", nome de família desse indivíduo, aparece apenas uma vez na legenda como próximo a falar, e como "Mata" em comentários registrados por cada orador. Como existem muito mais registros sob o nome Mata, este será usado aqui.
60. Alencar (p. 95-105) não dá nenhum registro de um primo ou qualquer outra pessoa no clã dos Müller com o nome João Batista.
61. Brasil, Comissão Especial de Inquérito Sobre Atos Delituosos da Ditadura, "Depoimento do Sr. João Alves da Mota", *DCN*, 28 de agosto de 1947, sessão II, p. 5205-5207.
62. Brasil, Comissão Especial de Inquérito Sobre Atos Delituosos da Ditadura, "Voto do senhor deputado Raul Pila na Comissão de Inquérito sôbre Atos Delituosos da Ditatura a respeito do requerimento do Sr. Ruy Ameida", *DCN*, 28 de agosto de 1947, sessão II, p. 5207.
63. Brasil, Comissão Especial de Inquérito Sobre Atos Delituosos da Ditadura, "Ata da reunião de 28 de agosto de 1947", *DCN*, 9 de setembro de 1947, sessão II, p. 5506.
64. *Ibidem*, p. 5505-5506.
65. Brasil, Comissão Especial de Inquérito Sobre Atos Delituosos da Ditadura, "Depoimento do Sr. José Andre dos Santos", *DCN*, 9 de setembro de 1947, sessão II, p. 5506-5508.
66. Brasil, Comissão Especial de Inquérito Sobre Atos Delituosos da Ditadura, "Depoimento do Sr. Iguatemi Ramos da Silva", *DCN*, 9 de setembro de 1947, sessão II, p. 5508-5509.
67. Brasil, Comissão Especial de Inquérito Sobre Atos Delituosos da Ditadura, "Depoimento do Sr. João Massena Melo", *DCN*, 9 de setembro de 1947, sessão II, p. 5509.

68. Brasil, Comissão Especial de Inquérito Sobre Atos Delituosos da Ditadura, "Ata da reunião de 11 de setembro de 1947", *DCN*, 20 de setembro de 1947, sessão II, p. 5899.
69. Brasil, Comissão Especial de Inquérito Sobre Atos Delituosos da Ditadura, "Depoimento do Sr. Abel Chermont", *DCN*, 27 de setembro de 1947, sessão II, p. 5899-5902.
70. Sergio Soares Braga (org.), *Luiz Carlos Prestes: o constituinte, o senador (1946-1948)*. Brasília: Conselho Editorial do Senado Federal, 2003, vol. X, p. 51, 54.
71. Cristiana Schettini e Thaddeus Blanchette, "A History of Rio Sex", disponível em: <http://redlightr.io/a-history-of-rio-sex/>, acessado em 2 de julho de 2014; e "Police as Madams", disponível em <http://redlightr.io/police-as-madams/>, acessado em 2 de junho de 2014.
72. "Depoimento do Sr. Luiz Carlos Prestes", p. 5902-5907; e Hilton, *A rebelião vermelha*, 163.
73. Brasil, Comissão Especial de Inquérito Sobre Atos Delituosos da Ditadura, "Depoimento do Sr. João Basílio dos Santos", *DCN*, 25 de setembro de 1947, sessão II, p. 6042-6043.
74. Brasil, Comissão Especial de Inquérito Sobre Atos Delituosos da Ditadura, "Ata da reunião de 25 de setembro de 1947", *DCN*, 27 de setembro de 1947, sessão II, p. 6141-6144.
75. Brasil, Comissão Especial de Inquérito Sobre Atos Delituosos da Ditadura, "Depoimento do Sr. Francisco de Oliveira Melo", *DCN*, 23 de outubro de 1947, sessão II, p. 7244.
76. Brasil, Comissão Especial de Inquérito Sobre Atos Delituosos da Ditadura, "Ata da reunião de 27 de outubro de 1947", *DCN*, 29 de outubro de 1947, sessão II, p. 7431-7433.
77. Brasil, Comissão Especial de Inquérito Sobre Atos Delituosos da Ditadura, "Depoimento do Sr. Vitor do Espírito Santo", *DCN*, 8 de novembro de 1947, sessão II, p. 7826.
78. Brasil, ACD: testemunho, "Depoimento de Emilio Romano", CPI, (02) 46, Cx. 01, p. 2-8, 10-12; e telegrama, "Emílio Romano para [Plínio Barreto]", 22 de agosto de 1947, n° 0665, CPI, (02) 46, Cx. 01.
79. Francisco José Corrêa Martins, entrevista, Rio de Janeiro, RJ, 30 de julho de 2008; Valtair Almeida, entrevista, Rio de Janeiro, 9 de agosto de 2008; Carta e Pereira, vol. III, *loc. cit.*; e Abreu e Beloch, p. 3998.

80. *Jornal do Brasil*, 17 de novembro de 1969, seç. 1, p. 20.
81. R. S. Rose, *The Unpast: Elite Violence and Social Control in Brazil*.
82. *Veja*, 29 de março de 1972, p. 26; Morais, *Chatô*, p 511, 697; Luiz Maklouf Carvalho, p. 429-430, 556, 580; e Abreu e Beloch, p. 4036.

10. Senador

1. Abreu e Beloch, p. 3998; e Goretti Rocha, e-mail, 21 de agosto de 2008. Rocha é a chefe do Serviço de Atendimento ao Usuário, secretária do Arquivo do Senado, em Brasília.
2. *Correio da Manhã*, 15 de julho de 1947, p. 16.
3. Brasil, *DCN*, 15 de julho de 1947, sessão II, p. 3625. 3629; Hilton, *Brazil and the Soviet Challenge*, p. 219-20; e *Correio da Manhã*, 21 de outubro de 1947, p. 2, 14.
4. Brasil, *DCN*, 10 de dezembro de 1947, sessão II, p. 8665, 8683.
5. *Correio da Manhã*, 1° de novembro de 1950, seç. 1, p. 3. Para os números flutuantes, ver *Correio da Manhã*, 22 de outubro de 1950, seç. 1, p. 3; 24 de outubro de 1950, seç. 1, p. 1; 25 de outubro de 1950, seç. 1, p. 1; e 27 de outubro de 1950, seç. 1, p. 1.
6. Abreu e Beloch, *loc. cit.*; Beloch e Abreu, p. 1756; e *Jornal do Brasil*, 12 de julho de 1973, seç. 1, p. 5.
7. *Jornal do Brasil*, 17 de novembro de 1969, seç. 1, p. 20; e *Correio da Manhã*, 31 de outubro de 1954, seç. 1, p. 4.
8. "Eleições no Brasil de 1945 a 2006" [http://karenediego.com/download/ElBr1945A2006.doc], acessado em 18 de agosto de 2008; Goretti Rocha, e-mail, 21 de agosto de 2008; Beloch e Abreu, p. 2346, e Brasil, *DCN*: 6 de abril de 1955, sessão II, p. 848, 862-864; 3 de maio de 1955, sessão II, p. 998-1000; 29 de novembro de 1955, sessão II, p. 3134; e 20 março de 1956, sessão II, p. 562. Kubitschek não faz qualquer menção a esse encontro com Müller em sua autobiografia (Juscelino Kubitschek, *Meu caminho para Brasília: 50 anos em 5* [Rio de Janeiro: Bloch, 1978], Vol III).
9. Juscelino Kubitschek, *Meu caminho para Brasília: a escalada política*, Rio de Janeiro: Bloch, 1976, vol. II, p. 354.
10. Brasil, *DCN*: 5 de janeiro de 1956, sessão II, p. 30; 26 de janeiro de 1956, seção II, p. 213-214; 14 abril de 1956, sessão II, p. 746; 13 novembro de 1956, sessão II, p. 3266-3267; *O Globo*, 14 de abril de 1956, p. 3; Beloch e Abreu, p. 1937; Abreu e Beloch, p. 2610, 2952; e "A Revolta de 57:

A vitória dos posseiros contra o avanço dos latifundiários" [http://www.anovademocracia.com.br/index2.php?option=com_content&do_pdf=1&id=1095], acessado em 3 de setembro de 2008.

11. Aspásia Camargo *et al.*, p. 423; Brasil, *DCN*: 20 de março de 1956, sessão II, p. 562-563, e 1º de maio de 1956, sessão II, p. 875-876. Como uma indicação de que as pessoas ricas e o contrabando andavam de mãos dadas no Brasil, o Senado aprovou uma lei mais rigorosa apenas dois dias depois, proibindo a importação de automóveis e outras mercadorias do exterior sem o pagamento das taxas adequadas. *Correio da Manhã*, 3 de maio de 1956, seç. 1, p. 10.
12. Brasil, *DCN*, 5 de maio de 1956, sessão II, p. 922; Beloch e Abreu, p. 321; e *Correio da Manhã*, 10 de maio de 1956, seç. 1, p. 13, 18.
13. John W. F. Dulles, *Carlos Lacerda, Brazilian Crusader, Volume I: The Years 1914-1960*. Austin: University of Texas Press, 1991, p. 202-205, 221-222; Brasil, *DCN*, 11 de setembro de 1956, sessão II, p. 2465; *New York Times*, 25 de agosto de 1956, p. 3; *Tribuna da Imprensa*. Rio de Janeiro, 24 de agosto de 1956, p. 1; e *Maquis*, Rio de Janeiro, 7 de setembro de 1956, p. 13. O presidente mais tarde escreveu que havia apenas duas mulheres no ataque ao *Maquis*, e que a polícia as deteve junto com seus maridos – o último trabalhava no tabloide. Kubitschek, vol. III, p. 76.
14. Brasil, *DCN*, 11 de setembro de 1956, sessão II, p. 2463-5; e *Jornal do Brasil*, 11 de setembro de 1956, p. 9. Os tabloides, no entanto, se opuseram fortemente. O editorial não assinado (p. 5) no *Jornal do Brasil* do mesmo dia é um bom exemplo.
15. Brasil, *DCN*, 25 de agosto de 1956, sessão II, p. 2323.
16. *Correio da Manhã*, 22 de setembro de 1956, seç. 1, p. 1; Brasil, *DCN*, 2 de outubro de 1956, sessão II, p. 2735; e John A. Booth, *The End and the Beginning: The Nicaraguan Revolution*. Boulder, CO: Westview, 1985, p. 70.
17. Brasil, *DCN*, 2 de outubro de 1956, sessão II, *loc. cit.*
18. Brasil, *DCN*, 24 de novembro de 1956, sessão II, p. 3483; e Paulo Cavalcanti, *O caso eu conto, como o caso foi: memórias políticas*. Recife: Guararapes, 1980, vol. II, p. 12. Um dos primeiros relatos da revolta na imprensa brasileira está disponível no *Correio da Manhã* de 25 de outubro de 1956.

19. Brasil, *DCN*: 11 de março de 1957, sessão II, p. 255; 12[11] de março de 1957, sessão II, p. 256; 19 de março de 1957, sessão II, p. 282-289; e Beloch e Abreu, p. 2029, 2464, 2878.
20. Brasil, *DCN*, 4 de abril de 1957, sessão II, p. 499-503; e Beloch e Abreu, p. 2027.
21. Brasil, *DCN*, 9 de abril de 1957, sessão II, p. 538-539. O *Jornal do Brasil* (2 de abril de 1957, sec. 1, p. 8-9) relatou o diálogo como uma "discussão violenta entre o senador baiano e o senador Filinto Müller".
22. Brasil, *DCN*: 11 de fevereiro de 1958, sessão II, p. 74; 28 de fevereiro de 1958, sessão II, p. 203-204; Richard Gillespie, *Soldiers of Peron: Argentina's Montoneros*. Oxford: Clarendon, 1982, p. 89-90; *Correio da Manhã*, 31 de maio/1 de junho de 1970, seç. 1, p. 20.
23. HH [Haim Hillel] Ben-Sasson (ed.), *A History of the Jewish People*. Cambridge: Harvard University Press, 1976, p. 158.
24. Brasil, *DCN*, 25 de abril de 1958, sessão II, p. 598.
25. *Ibidem*, p. 598-599.
26. Brasil, *DCN*, 13 de maio de 1958, sessão II, p. 790-791.
27. Stephen G. Rabe, *Eisenhower and Latin America: The Foreign Policy of Anti-Communism*. Chapel Hill e Londres: University of North Carolina Press, 1988, p. 101-102; e Kubitschek, vol. III, p. 209.
28. Rabe, p. 109-110; *Jornal do Brasil*, 1 de novembro de 1958, seç. 1, p. 4; e Brasil, *DCN*, 31 de outubro de 1958, sessão II, p. 1894.
29. A proposta americana na Aliança para o Progresso passava a carga do custo para as nações da América Latina. Os americanos ofereceram não os US$ 40 bilhões sugeridos pela Operação Pan-Americana de Kubitschek, mas US$ 20 bilhões, metade dos quais viria de fontes privadas e a outra metade do governo dos EUA. L. Ronald Scheman (org.), *The Alliance for Progress: A Retrospective*. Nova York: Praeger, 1988, p. 8-9.
30. Brasil, *DCN*: 1 de fevereiro de 1959, sessão II, p. 367-368; 3 de fevereiro de 1959, sessão II, p. 390; 4 de fevereiro de 1959, sessão II, p. 468; e Maria Luiza Müller de Almeida, entrevista, Barra da Tijuca, RJ, 17 de junho de 2007. Menezes Pimentel representou o PRP (Partido de Representação Popular), o PTB e o PSD.
31. Brasil, *DCN*, 4 de agosto de 1959, sessão II, p. 1639-1640.
32. Brasil, *DCN*, 12 de dezembro de 1959, sessão II, p. 3136; *Folha de S.Paulo*, 18 de junho de 1988, p. 7; *Tribuna da Imprensa*, 11 de dezembro de 1959, p. 1, 4-5; John W. F. Dulles: *Carlos Lacerda, Brazilian Crusa-*

der, Volume I, p. 306-309; *Unrest in Brazil: Political-Military Crises, 1955-1964*. Austin: University of Texas Press, 1970, p. 65-66, 79-80, 100; Hélio Silva, *A vez e a voz dos vencidos: militares x militares*. Petrópolis: Vozes, 1988, p. 79-81; e Beloch e Abreu, p. 159-160, 1631-1632.
33. Brasil, *DCN*: 11 de março de 1961, sessão II, p. 321, 324; 4 de julho de 1962, sessão II, p. 1242; e "Auro de Moura Andrade", <http://www.cpdoc.fgv.br/nav.jgoulart/htm/Biografiss/Auro_de_Moura_Andrade, asp>, acessado em 7 de dezembro de 2008.
34. *Diário de Cuiabá*, 21 de agosto de 2000, p. A3.
35. Brasil, *DCN*, 13 de julho de 1961, sessão II, p. 1283; e Abreu e Beloch, p. 2970. Futuro ditador militar, João Figueiredo levou a equipe de investigadores a pesquisar a fundo Juscelino Kubitschek. Arquivo Castello Branco, documento, "Investigações especiais", números 1-4, 6-21, pasta Ul.
36. Dulles, *Unrest in Brasil*, p. 185-186; Beloch e Abreu, p. 1515; Abreu e Beloch, p. 2623; *Jornal do Brasil*, 24 de janeiro de 1963, seç. 1, p. 1; e Claudio Bojunga, *JK: o artista do impossível*. Rio de Janeiro: Objetiva, 2001, p. 538, 625-626.
37. Brasil, *DCN*, 11 de junho de 1961, sessão II, p. 1565; *Jornal do Brasil*: 17 de novembro de 1969, sec. 1, p. 20; 25 de novembro de 1977, seç. 1, p. 6; *O Globo*, 24 de novembro de 1977, seç. 1, p. 5; e Abreu e Beloch, p. 3107, 3999.
38. Brasil, *DCN*: 4 de julho de 1962, sessão II, p. 1234, 1237-1238, 1242; e 5 de janeiro de 1956, seção II, p. 30.
39. Brasil, *DCN*, 30 de outubro de 1962, sessão II, p. 2254; e 6 de novembro de 1962, sessão II, p. 2286, 2288-2289.
40. Brasil, *DCN*, 25 de janeiro de 1963, sessão II, p. 72-73.
41. Brasil, *DCN*: 25 julho de 1963, sessão II, p. 1823-1824; 27 julho de 1963, sessão II, p. 1855-1856; 10 dezembro de 1963, sessão II, p. 3752-3753; *Correio da Manhã*: 26 de julho de 1963, seç. 1, p. 1; 27 de julho de 1963, seç. 1, p. 3; e *Jornal do Brasil*, 26 de julho de 1963, p. 1, 3.
42. Brasil, *DCN*: 23 de abril de 1964, sessão II, p. 899, 1 de maio de 1964, sessão II, p. 1024-1025; e *Jornal do Brasil*, 24 de abril de 1964, seç. 1, p. 6.
43. *O Estado de S. Paulo*, 11 de junho de 1964, p. 1, 3-4; John W.F. Dulles, *Carlos Lacerda, Brazilian Crusader, Volume II: The Years 1960-1967*.

Austin: University of Texas Press, 1996, p. 265; Hilton, *Brazil and the Soviet Challenge*, p. xiii; Arquidiocese de São Paulo, *Brasil: nunca mais*, 6ª ed. Petrópolis: Vozes, 1985, p. 61; e Beloch e Abreu, p. 707.

44. Brasil, *DCN*: 30 de julho de 1964, sessão II, p. 2434-2435; 30 de setembro de 1964, sessão II, p. 3465-3466; e *Diário Oficial*, 9 de abril de 1964, seç. 1, parte 1, p. 3194, arts. 7-8.

45. Brasil, *DCN*, 7 de outubro de 1964, sessão II, p. 3577-3578; John W. F. Dulles, *President Castello Branco: Brazilian Reformer*. College Station: Texas A&M University Press, 1980, p. 204; e Abreu e Beloch, p. 2971.

46. Brasil, *DCN*, 6 de maio de 1965, sessão II, p. 1076-1078; Edmar Morel, *A Revolta da Chibata*, 2ª ed., rev. Rio de Janeiro: Letras e Artes, 1963, p. 141-144; Civita, Victor (org.): *Nosso século, 1910-1930: Anos de crise e criação*. São Paulo: Abril Cultural, 1985, parte I, vol. III, p. 37; *Nosso século, 1910-1930: anos de crise e criação*. São Paulo: Abril Cultural, 1985, parte II, vol. IV, p. 46-49; e *Enciclopédia Mirador Internacional*. São Paulo: Encyclopaedia Britannica do Brasil, 1975, p. 10065. Para saber mais sobre essa tragédia envolvendo Rondon, ver Rose, *One of the Forgotten Things*, p. 74-76, 74n-76n.

47. Abreu e Beloch, p. 112, 232, 3999; Brasil, *DCN*, 22 de novembro de 1967, sessão II, p. 3089; e *Última Hora*, 7 de janeiro de 1972, p. 4. O autor da sagacidade foi o congressista Osnelli Martinelli (ARENA-Guanabara).

48. Abreu e Beloch, p. 5395, 5398.

49. Brasil, *DCN*, 27 de outubro de 1967, sessão II, p. 2687; e Abreu e Beloch, p. 6095.

50. Brasil, *DCN*, 27 de janeiro de 1968, sessão II, p. 159-162; e Abreu e Beloch, p. 1193-1194.

51. Maria Helena Moreira Alves, *State and Opposition in Military Brazil*. Austin: University of Texas Press, 1985, p. 50-51, 91-93; Thomas Skidmore, *The Politics of Military Rule in Brazil, 1964-1985*. Nova York: Oxford University Press, 1988, p. 68-73; Brasil, *Diário Oficial*, 5 de abril de 1968, seção. 1, parte 1, p. 2308, diretiva 177-GB, arts. 1-2.

52. Brasil, *DCN*, 27 de janeiro de 1968, sessão II, p. 162.

53. Brasil, *DCN*: 20 de fevereiro de 1968, sessão II, p. 414; 21 de março de 1968, sessão II, p. 768; Thomas Skidmore, *Brasil: de Castelo a Tancredo*. Rio de Janeiro: Paz e Terra, 1989, p. 116; e Abreu e Beloch, p. 608-609.
54. Brasil, *DCN*, 21 de março de 1968, sessão II, p. 769.
55. Brasil, *DCN*: 29 de maio de 1968, sessão II, p. 1868-1869; e Morais, *Chatô*, p. 693.
56. Brasil, *DCN*, 1º de junho de 1968, sessão II, p. 1894-1895; *Jornal do Brasil*: 28 de maio de 1968, seç. 1, p. 3; 29 de maio de 1968, seç. 1, p. 3; e Abreu e Beloch, p. 5317-5318.
57. Brasil, *DCN*, 21 de agosto de 1968, sessão II, p. 2074.
58. Para uma análise mais detalhada desses eventos e dos eventos seguintes, ver R. S. Rose, *The Unpast: Elite Violence and Social Control in Brazil, 1954-2000*. Atenas, OH: Ohio University Press, 2005, capítulo 4.
59. Daniel Aarão Reis Filho e Pedro de Moraes: *68: a paixão de uma utopia*. Rio de Janeiro: Espaço e Tempo, 1988, p. 12, 99-101. Honestino Guimarães foi assassinado pela polícia em 1973. Daniel Aarão Reis Filho e Pedro de Moraes, *68: a paixão de uma utopia*, 2ª ed. Rio de Janeiro: Fundação Getulio Vargas, 1998, p. 174.
60. Brasil, *DCN*, 4 de setembro de 1968, sessão II, suplemento, p. 9; e *O Globo*, 7 de dezembro de 2008, seç. 1, p. 4.
61. Maria Helena Moreira Alves, p. 93-94, e Marcio Moreira Alves, *A Grain of Mustard Seed: The Awakening of the Brazilian Revolution*. Garden City, NJ: Doubleday Anchor, 1973, p. 11-4.
62. Maria Helena Moreira Alves, p. 94.
63. Zuenir Ventura, *1968: o ano que não terminou*. Rio de Janeiro: Nova Fronteira, 1988, p. 221-225; José Dirceu de Oliveira em Daniel Aarão Reis Filho e Pedro de Moraes, *68: a paixão de uma utopia*. Rio de Janeiro: Espaço e Tempo, 1988, p. 139-141; *Correio da Manhã*, 3 de outubro de 1968, seç. 1, p. 9; *Folha de S. Paulo*: 3 de outubro de 1968, seç. 1, p. 17; 4 de outubro de 1968, seç. 1, p. 12-13; *O Cruzeiro*, 19 de outubro de 1968, p. 120; e *Jornal do Brasil*, 27 de maio de 1993, seç. 1, p. 14.
64. Percival de Souza, *Autópsia do medo: vida e morte do delegado Sérgio Paranhos Fleury*. São Paulo: Globo, 2000, p. 187, 190; Pedro Lobo de Oliveira, em Antônio Caso (org.), *A esquerda armada no*

Brasil, 1967-1971, Thiago de Mello (trad.). Lisboa: Moraes, 1976, p. 160-161; Antonio Carlos Fon, *Tortura: a história da repressão política no Brasil*, 7ª ed. São Paulo: Global, 1986, p. 61; e APERJ, documento, "A nova técnica da subversão", fevereiro, s.d., 1969, secreto/pasta 40.

65. Luiz Henrique Romagnoli e Tânia Gonçalves (orgs.), "Das ruas, com o povo, à clandestinidade", *História imediata: a volta da UNE: de Ibiúna a Salvador*. São Paulo: Alfa-Omega, 1979, vol. V, p. 11-12; Ventura, p. 239-255; José Dirceu de Oliveira em Reis Filho e Moraes, p. 144-146; e Percival de Souza, p. 100.

66. Maria Helena Moreira Alves, p. 94-95; Marcio Mcreira Alves, p. 22-25; *O Globo*, 13 de dezembro de 1968, p. 18; *Jornal do Brasil*: 21 de abril de 2004, seç. B, p. 2; 13 de dezembro de 2008, p. A3; Skidmore, *The Politics of Military Rule in Brazil*, p. 80-81; e Abreu e Beloch, p. 167.

67. *Folha de S. Paulo*, 7 de dezembro de 2008, p. A6.

68. Em 2008, o ministro da Justiça do Brasil, Tarso Genro, afirmou (*Jornal do Brasil*, 13 de dezembro de 2008, p. A11) que era hora de acabar com o mito de que o AI-5 foi o produto de um grupo da linha dura dentro das Forças Armadas. Ele ressaltou que havia civis, entre eles juristas, que apoiaram e contribuíram para o ato.

69. Brasil, *Diário Oficial*, 13 de dezembro de 1968, seç. 1 parte, 1, 10801-10802, Ato Institucional nº 5, arts. 1-11, Ato Complementar nº 38, art. 1.

70. Se o Rio de Janeiro pode ser tomado como indicador, apenas 3% da população de lá, 1% sendo da classe trabalhadora, sabiam que Filinto era o novo líder da ARENA. *Jornal do Brasil*, 31 de agosto de 1969, seç. 1, p. 32.

71. *Jornal do Brasil*, 15 de outubro de 1969, seç. 1, p. 3-4; e Abreu e Beloch, p. 3678, 3681.

72. Brasil, *DCN*, 25 de outubro de 1969, sessão II, p. 24-25.

73. Brasil, *DCN*, 1 de novembro de 1969, sessão II, p. 152.

74. Abreu e Beloch, p. 3581; Brasil, *DCN*, 4 de novembro de 1969, sessão II, p. 165-166.

75. Brasil, *DCN*, 4 de novembro de 1969, sessão II, p. 166.

76. *Ibidem*.

77. Brasil, *DCN*, 11 de agosto de 1970, sessão II, p. 3186-3189.
78. *Miami New Times*, 11 de agosto de 2005, p. 1. Ver também, A. J. Langguth, Hidden Terrors. Nova York: Pantheon, 1978, p. 15-37; e *État de siège* (Estado de sítio), dirigido por Constantin Costa-Gavras, 1973.
79. William Blum, *Killing Hope: U.S. Military and CIA Interventions since World War II*. Monroe, ME: Common Courage, 1971, p. 171; e Brasil, *DCN*, 3 de abril de 1970, sessão II, p. 51.
80. Brasil, *DCN*, 26 de novembro de 1970, sessão II, p. 4898; e Maria Helena Moreira Alves, p. 120.
81. As descrições em *Época* (Rio de Janeiro, 13 de março de 2000, p. 39) e Frei Betto [Carlos Alberto Libânio Christo], *Batismo de sangue: os dominicanos e a morte de Carlos Marighella*, 2ª ed. Rio de Janeiro: Civilização Brasileira, 1982, p. 167-183, apresentam versões diferentes. A de Betto insiste em que Fleury torturou e executou Marighella em outro lugar. A polícia então levou seu corpo para a rua de São Paulo, onde eles encenaram o tiroteio. Simultaneamente ao desaparecimento de Marighella, Fleury também foi o líder de um dos mais prolíficos esquadrões da morte da polícia de São Paulo.
82. Brasil, *DCN*, 26 de novembro de 1970, sessão II, p. 4902-4903.
83. Brasil, Senado Federal, *Discursos*, p. 13.
84. Brasil, *DCN*, 1º de dezembro de 1970, sessão II, p. 5325-5327.
85. Abreu e Beloch, p. 889; *Jornal do Brasil*, 10 de março de 1970, seç. 1, p. 1, 3; *Isto é Senhor* (São Paulo), 17 de julho de 1991, p. 20-21; Hélio Pereira Bicudo, *Meu depoimento sobre o Esquadrão da Morte*, 3ª ed., rev. São Paulo: Pontifícia Comissão de Justiça e Paz, 1976, p. 77-89; e Percival de Souza, p. 77-89.
86. Brasil, *DCN*, 2 de abril de 1971, sessão II, p. 64-67. Ver também *O Globo*, 31 de março de 1971, p. 3.
87. Brasil, *DCN*, 3 de abril de 1971, sessão II, p. 111; e Abreu e Beloch, p. 4972.
88. Brasil, *DCN*, 3 de abril de 1971, sessão II, *loc. cit.*
89. *Ibidem*.
90. *Ibidem*, p. 111-5.
91. Jones, com cidadania brasileira e americana, tinha sido um membro do MR-8 (Movimento Revolucionário 8 de Outubro – 8 de outubro de 1968 foi o dia da morte de Che Guevara). Paiva pertencia ao PTB, mas tinha investigado os conspiradores no IBAD (Instituto Brasileiro

de Ação Democrática), um grupo de peritos de ação e de lavagem de dinheiro criado em grande parte com financiamento da CIA. Henning Boilesen tinha sido um defensor apaixonado do aparelho militar de tortura estabelecido após o golpe. João Luiz de Moraes, *O calvário de Sônia Angel: uma história de terror nos porões da ditadura*. Rio de Janeiro: MEC, 1994, p. 10, 40; Abreu e Beloch, p. 4236; René Armand Dreifuss, *1964: A conquista do estado: Ação política, poder e golpe de classe*. Petrópolis: Vozes, 1981, p. 205-207; e Fon, p. 54-55.

92. Brasil, *DCN*, 28 de abril de 1971, sessão II, p. 560-561; Abreu e Beloch, p. 2841, 2843 e *Jornal do Brasil*, 9 de julho de 1971, seç. 1, p. 3.
93. Brasil, *DCN*, 6 de maio de 1971, sessão II, p. 891, 895-896; Beloch e Abreu, p. 2266.
94. Brasil, *DCN*, 9 de julho de 1971, sessão II, p. 2974-2980; e *New York Times*, 9 de julho de 1971, p. 49. O vão sobre o rio Apa é uma simples ponte de viga.
95. Brasil, *DCN*, 22 de julho de 1971, sessão II, p. 3385-3386.
96. Brasil, *DCN*, 5 de novembro de 1971, sessão II, p. 6086.
97. Estados Unidos, Agência Central de Inteligência, documento, "TDCS-314/12799-67", de 31 de agosto de 1967, p. 2; Skidmore, *The Politics of Military Rule in Brazil*, p. 121; *Veja*, 21 de fevereiro de 1979, p. 62, 68, e *Jornal do Brasil*, 16 de dezembro de 1992, seç. 1, p. 6.
98. *Jornal do Brasil*, 12 de julho de 1973, seç. 1, p. 5.
99. *Correio da Manhã*, 7 de março de 1972, sec. 1, p. 2. Quanto a atrair os jovens para a ARENA, ver os comentários de Filinto no boletim mensal da ARENA, *Carta Mensal, ARENA* (Brasília), ano I, nº 3, setembro de 1972, p. 1.
100. Brasil, *DCN*: 4 de abril de 1972, sessão II, p. 7-8; e 7 de abril de 1972, sessão II, p. 70-71.
101. Brasil, *DCN*, 7 de abril de 1972, sessão II, p. 71.
102. *Ibidem*, p. 71-74; *Jornal do Brasil*, 8 de março de 1972, seç. 1, p. 10; Elio Gaspari, *A ditadura escancarada*. São Paulo: Companhia das Letras, 2002, p. 218, 218n; e Paolo Marconi, *A censura política na imprensa brasileira*. São Paulo: Global, 1980, p. 244. A proibição de mencionar as observações de Filinto sobre censura ocorreram em 19 de setembro de 1972. Muito tempo depois, no entanto, o amordaçamento da imprensa era uma possibilidade sempre aberta para os governos sucessivos através da Lei de Imprensa de 1967. Este estatuto durou até 30 de abril de 2009. *Veja*, 6 de maio de 2009, p. 120.

103. *Jornal do Brasil*: 8 de abril de 1972, seç. 1, p. 3; 10 de abril de 1972, seç. 1, p. 3; *Correio da Manhã*: 18 de março de 1972, seç. 1, p. 2; 14 de fevereiro de 1973, seç. 1, p. 2; e *O Globo*, 1° de janeiro de 1973, seç. 1, p. 6.
104. Brasil, *DCN*: 13 de abril de 1972, sessão II, p. 146; 14 abril de 1972, sessão II, p. 187-188; 6 de maio de 1972, sessão II, p. 549; 17 de maio de 1972, sessão II, p. 758-760; e *A Manhã*, 27 de novembro de 1935, p. 1; Abreu e Beloch, p. 3183, 3533-3534, 3923, 5126, 5128.
105. Brasil, *DCN*, 31 de outubro de 1972, sessão II, p. 4127.
106. *Ibidem.*, p. 4129.
107. Brasil, *DCN*, 6 de dezembro de 1972, sessão II, p. 5579-5580.
108. *Jornal do Brasil*, 17 de novembro de 1969, p. 20.
109. Brasil, *DCN*: 1° de março de 1973, sessão II, p. 6, 8; 1 de julho de 1973, sessão II, p. 98; *Jornal do Brasil*, 1° de setembro de 1972, seç. 1, p. 4; e Abreu e Beloch, p. 3999.

11. Uma fileira de cebolas

1. Maria Luiza Müller de Almeida, entrevista, Rio de Janeiro, RJ, 10 de fevereiro de 2008; Luiz Alves Corrêia, e-mail, 7 de janeiro de 2009; Ivan Sant'Anna, *Caixa-preta*. Rio de Janeiro: Objetiva, 2000, p. 32; e *O Globo*, 12 de julho de 1973, p. 8. *O Globo* coloca as horas de trabalho de forma diferente. A versão aqui relatada é a da filha de Müller.
2. Brasil, *DCN*, 1° de julho de 1973, sessão II, p. 2606, 2633.
3. Maria Luiza Müller de Almeida, entrevista, Barra da Tijuca, RJ, 17 de junho de 2007; *Jornal do Povo*, 10 de julho de 1992, p. 2; *O Cruzeiro*, 11 de julho de 1973, p. 26; *Correio da Manhã*, 12 de julho de 1973, seç. 1, p. 6; *O Globo*, 12 de julho de 1973, seç. 1, p. 8; 13 de julho de 1973, seç. 1, p. 6, e *Jornal do Brasil*, 12 de julho de 1973, seç. 1, p. 5.
4. *O Globo:* 12 de julho de 1973, seç. 1, p. 8; e 13 de julho de 1973, seç. 1, p. 6.
5. *Jornal do Commercio*, 12 de julho de 1973, p. 14.
6. Sant'Anna, p. 30-32; *Manchete*, Rio de Janeiro, 28 de julho de 1973, p. 20; e *Jornal do Povo*, 10 de julho de 1992, p. 2.
7. Sant'Anna, p. 30.

NOTAS

8. França, Secretariat d'Etat aux Transportes, *Journal Officiel de la République Française: Rapport final de la Commission d'Enquête sur l'accident survenu au Boeing 707 PP-VJZ de la Compagnie Varig à Saulx-les-Chartreux, le 11 juillet 1973* [de agora em diante *Rapport Final – Boeing 707 PP-VJZ*], 1976, n° 17, 6 de abril de 1976, p. 316-317; *Manchete*, 28 de julho de 1973, p. 23, e *O Dia*. Rio de Janeiro, 12 de julho de 1973, p. 7.
9. *Fatos e Fotos*. Rio de Janeiro, 23 de julho de 1973, p. 3; e Sant'Anna, p. 37-38, 41.
10. "TuTiempo.net", Historical Weather: Rio de Janeiro Aeroporto, Brazil" [http://www.tutiempo.net/en/Climate/Rio_De_Janeiro_Aeroporto/07-1973/837550.htm], acessado em 23 de abril de 2009.
11. *Rapport Final – Boeing 707 PP-VJZ*, p. 326-377.
12. *Jornal do Brasil*, 14 de julho de 1973, seç. 1, p. 3.
13. John Cox, e-mail, 23 de abril de 2009. Cox é um piloto de companhia aérea comercial e presidente da Safety Operating Systems.
14. *Jornal do Brasil*, 14 de julho de 1973, seç. 1, p. 2.
15. *Jornal do Brasil*, 22 de março de 1989, seç. 1, p. 6.
16. Antonio Fuzimoto ainda estava vivo durante a fase de investigação desse projeto e vivendo no bairro de Botafogo, no Rio de Janeiro. Ele recusou vários pedidos para uma entrevista ligada a esta biografia. Aparentemente, Fuzimoto também recusou outro autor, Ivan Sant'Anna, que escreveu sobre o desastre em seu *Caixa-preta*. Rio de Janeiro: Objetiva, 2000.
17. *Rapport Final – Boeing 707 PP-VJZ*, p. 320; e Ivan Sant'Anna, p. 40, 45, 71-72.
18. *Rapport Final – Boeing 707 PP-VJZ*, p. 316-317; *Manchete*, 28 de julho de 1973, p. 6, 20-1; *Correio da Manhã*, 12 de julho de 1973, seç. 1, p. 2; e Ivan Sant'Anna, p. 83-87.
19. *Correio da Manhã*, 12 de julho de 1973, seç. 1, p. 6.
20. *Rapport Final – Boeing 707 PP-VJZ*, p. 320; *Jornal do Brasil*: 12 de julho de 1973, seç. 1, p. 1; 14 de julho de 1973, seç. 1, p. 4-5; e 22 de março de 1989, seç. 1, p. 6.
21. *Jornal do Brasil*, 16 de julho de 1973, seç. 1, p. 14.
22. *Veja*, 25 de julho de 1973, p. 20.
23. *Ibidem*.

12. Um lugar na história

1. AHEx, cartas: "Filinto Müller para o ministro da Guerra [Newton Estillac Leal]", 28 de março de 1951, "Filinto Müller", pasta XXX-51-289; e "Lamartine Peixoto Paes Leme para o Ministério da Guerra", 2 de abril de 1951, pasta XXX-51-289.
2. AHEx, decreto presidencial, "Getúlio Vargas para o ministro da Guerra [Newton Estillac Leal]", 10 de outubro de 1951, F/16448/51, O.C., "Filinto Müller", pasta XXX-51-289.
3. Brasil, Senado Federal, Secretaria de Arquivo, "Biografia do parlamentar (Filinto Müller)", s.d., s. p.
4. Elizabeth Cancelli, "Ação e repressão policial num circuito integrado internacionalmente", *Repensando o Estado Novo*, Dulce Pandolfi (ed.). Rio de Janeiro, Fundação Getulio Vargas, 1999, p. 321-32. Cancelli não menciona a fonte de seu comentário. Não há observações complementares listadas em Brasil, Senado Federal, Secretaria de Arquivo, "Biografia do parlamentar (Filinto Müller)", *op. cit.*
5. Chancelaria das Ordens Honoríficas Portuguesas, *Anuario Ordens Honoríficas Portuguesas*, 1910-2006. Lisboa: s. e., s. d., p. 319.
6. *Veja*, 29 de março de 1972, p. 30.
7. *Ibidem*. Este artigo da *Veja*, no entanto, ignora o fato de que *Onça* era um apelido usado em referência a muitos chefes de polícia do Rio de Janeiro, e pelo menos a um de seus governadores. O *Onça* do comentário de Filinto acabou desaparecendo, juntando-se a uma ordem religiosa, ou foi assassinado.
8. Ver como exemplos os comentários de Dácio Malta no *Jornal do Brasil*, 10 de novembro de 1977, seç. 1, p. 13; e Susana Schild em *Jornal do Brasil*, 6 de agosto de 1987, seç. B, p. 1. Em 1988, o prefeito do Rio de Janeiro, Saturnino Braga, chegou a tentar retirar o nome de Filinto de um minúsculo parque, perto de uma das antigas residências de Müller na cidade. *Jornal do Brasil*, 14 de maio de 1988, seç. 1, p. 6.
9. Aspásia Camargo *et al.*, p. 219.
10. Para um relato detalhado dos períodos, tanto o do general Fontoura como o de Coriolano no comando da Polícia Civil do antigo Distrito Federal, ver Rose, *Beyond the Pale of Pity*, capítulo 5. Outros chefes de polícia violentos e seus assistentes talvez tenham começado em 1809 com Miguel Nunes Vidigal. *Ibidem*, p. 35-37.

NOTAS

11. Maria Luiza Müller de Almeida, entrevista, Rio de Janeiro, RJ, 10 de fevereiro de 2008; e *Jornal do Brasil*, 12 de julho de 1973, seç. 1, p. 5.
12. *Jornal do Brasil*, 17 de novembro de 1969, seç. 1, p. 20.
13. *Correio da Manhã*, 16 de junho de 1970, seç. 1, p. 7.
14. *Jornal do Brasil*, 12 de julho de 1973, seç. 1, p. 5. As palavras são de Filinto.
15. *Jornal do Brasil*, 17 de novembro de 1969, seç. 1, p. 20.
16. *Correio Braziliense*. Brasília, 26 de março de 1973, p. 2. Müller fez estes comentários em março de 1972 a um repórter, nos bastidores.
17. A tradução original do alemão é um pouco diferente: "O homem faz a sua própria história, mas não a inventa; ele não a faz a partir de condições escolhidas por ele mesmo, mas a partir das condições que encontra à sua disposição. A tradição de todas as gerações passadas pesa como os Alpes sobre o cérebro dos vivos." Karl Marx, *The Eighteenth Brumaire of Luis Bonaparte*, D.D.L. (trad.). Nova York, Berlim: Mondial, 2005, p. 1.

Bibliografia

ARQUIVOS E DOCUMENTOS PARTICULARES

Alemanha, Auswärtiges Amt, documento microfilmado, Arthur Schmidt--Elskop, ao Gestapo, Berlim, 3 de setembro de 1936, 295200.

_____. Documento microfilmado, Arthur Schmidt-Elskop, 3 de setembro de 1936, 295201.

Arquivo Agência *O Globo*. Texto datilografado sem autor. "Filinto Müller".

Arquivo Castello Branco [Rio de Janeiro], documento, "Investigações especiais", pasta U1.

Arquivo da Câmara dos Deputados [Brasília], documento, "Atas Sucintas". CPI. (02) 46, Cx. 01.

_____. Carta. "[Felisberto] Batista Teixeira para [desconhecido]", 13 de abril de 1942. CPI. (02) 46. Cx. 04.

_____. Carta. "[Felisberto] Batista Teixeira para [desconhecido]", 24 de junho de 1942. CPI. (02) 46. Cx. 04.

_____. Documentos sem título. CPI. (02) 46. Cx. 04.

_____. Telegrama. "Emilio Romano para [Plinio Barreto]", 22 de agosto de 1947. CPI. (02) 46. Cx. 01.

_____. Testemunho. "Depoimento do Emilio Romano". CPI. (02) 46. Cx. 01.

_____. Testemunho. "Depoimento do Sr. Belmiro Valverde". *Diário do Congresso Nacional*, 27 de maio de 1947. Sessão II.

_____. Testemunho. "Processo de Neptuno Gasparini". CPI. (02) 46. Cx. 02.

Arquivo Histórico do Exército [Rio de Janeiro], documento. "1º Grupo de Artilharia de Costa", 1º trimestre de 1928. "Filinto Müller". pasta XXX-51-289.

_____. Carta. "Filinto Müller para o ministro da Guerra [Góis Monteiro]", 23 de setembro de 1946, pasta XXX-51-289.

_____. Carta. "Filinto Müller para o ministro da Guerra [Newton Estillac Leal]". 28 de março de 1951. "Filinto Müller", pasta XXX-51-289.

_____. Carta. "Filinto Müller", pasta XXX-51-289.

_____. Carta. "Lamartine Peixoto Paes Leme para o Ministério da Guerra", 2 de abril de 1951. Pasta XXX-51-289.

_____. Carta. "Mario Ramos para o ministro da Guerra [Góis Monteiro]". 23 de setembro de 1946. Pasta XXX-51-289.

_____. Carta. "Mario Ramos para o ministro da Guerra". 23 de setembro de 1946. pasta XXX-51-289.

_____. Decreto presidencial. "Getúlio Vargas para ministro da Guerra [Newton Estillac Leal]". 10 de outubro de 1951. F/16448/51. O.C. "Filinto Müller", pasta XXX-51-289.

_____. Documento sem título onde se lê na primeira linha: "COPIA – Assentamentos do Capitão do Exercito FILINTO MÜLLER". S.d. "Filinto Müller". Pasta XXX-51-289.

_____. Documento. "1931 Departamento do Pessoal da Guerra, Divisão de Artilharia. Trimestre G 4". "Filinto Müller". pasta XXX-51-289.

_____. Documento. "1º Regimento de Cavallaria Divisionario", 2º trimestre de 1929. "Filinto Müller". pasta XXX-51-289.

_____. Documento. "1º Regimento de Cavallaria Divisionario", 3º trimestre de 1930. "Filinto Müller". pasta XXX-51-289.

_____. Documento. "2º Grupo de Artilharia de Costa", 4º trimestre de 1927. "Filinto Müller". pasta XXX-51-289.

_____. Documento. "Boletins da Escola Militar do Realengo". 30398, março-abril de 1919. "Continuação do boletim nº 110 de 29-4-1919".

_____. Documento. "Certifico" [por Arthur Fernandes Cardoso], 11 de agosto de 1927. "Filinto Müller", pasta XXX-51-289.

_____. Documento. "Certifico" [por Augusto da Costa e Silva], 17 de agosto de 1931. "Filinto Müller". Pasta XXX-51-289.

_____. Documento. "Certifico" [por Manoel Correa do Lago], 21 de maio de 1927. "Filinto Müller". Pasta XXX-51-289.

_____. Documento. "Diretoria das Armas – Promoções". "Filinto Müller", pasta XXX-51-289.

_____. Documento. "Gabinete do inventor federal do Estado de São Paulo". "Filinto Müller", pasta XXX-51-289.

_____. Documento. "Kardex". Felinto Müller, pasta XXX-51-289.

BIBLIOGRAFIA

———. Documento. "Polícia Civil do Distrito Federal, Diretoria Geral do Expediente e Contabilidade". "Filinto Müller", pasta XXX-51-289.

———. Relatório. "Relação dos officiaes que desertam do exército" em "Movimento de 1922 – Departamento do Pessoal da Guerra", 13 de janeiro de 1927.

Arquivo Histórico do Itamaraty [Rio de Janeiro], documento. "Memorial relativo à questão dos estrangeiros no Brasil, especialmente no que se refere à entrada de judeus em território nacional". Apresentado a Francisco Campos, 5 de fevereiro de 1938, lata 741. maço 10561.

Arquivo Nacional [Rio de Janeiro], carta. "Alcides Gonçalves Etchegoyen para Alexandre Marcondes Filho", 15 de julho de 1942. Polícia Civil do Distrito Federal, lata 527.

———. Telegrama. "Família de Clodomir Colaço Veras para Getúlio Vargas", [1942]. Polícia Civil do Distrito Federal, lata 527.

Arquivo Público do Estado do Rio de Janeiro [Rio de Janeiro], livreto. "Stammbuch der Familie Ewert". "Arthur Ernst Ewert ou Harry Berger". DESPS prontuário 1721.

———. Arquivo. "Franz Gruber ou Jonny de Graaf". DESPS, prontuário 33989.

———. Arquivo. "Rodolfo Ghioldi". DESPS, prontuário 5878.

———. Arquivo. "Tobias Warchavsky". Desps, prontuário 294.

———. Carta. "321, S/2 para o chefe da S/4", 22 de junho de 1938. Integralismo, pasta 9.

———. Carta. "H. F. Sobral Pinto para A[lexandre] Marcondes Filho", 1º de junho de 1943. Comunismo, pasta 8.

———. Carta. "Joaquim Marcelino Nepomuceno para o Comitê Nacional do Partido Comunista do Brasil", 17 de setembro de 1945. Comunismo, pasta 2C.

———. Deposição. "Testemunha do Cleobulo Azambuja". S.d. [dezembro de 1939]. Comunismo, pasta 20.

———. Documento. "Antonio Carlos". S.d. Fevereiro de 1969. Secreto, pasta 40.

———. Documento. "Ao povo e às classes armadas do Brasil", 27 de novembro de 1936. Comunismo, pasta 20.

———. Documento. "Civis Müller da Silva Pereira". Informações, pasta 74.

———. Documento. "Civis Müller da Silva Pereira". Informações, pasta 80.

_____. Documento. "Delegacia Especial de Segurança Política e Social secção", 10 de junho de 1938. Administração, pasta 17.

_____. Documento. *La Hora*. Sul-Americano, pasta 1B.

_____. Documento. "Política externa britanica com o Brasil", 11 de julho de 1940. Inglês, pasta 3.

_____. Documento. "Relação dos indivíduos presos por esta secção, 11 a 31 de maio último, com uma síntese do histórico e a situação em que se encontram", 10 de junho de 1938. Integralismo, pasta 9.

_____. Periódico. *Novos Rumos* (Rio de Janeiro), 24-30 de janeiro de 1964 [suplemento especial]. Comunismo, pasta 59.

_____. Periódico. *Revista Proletária* (Rio de Janeiro), agosto de 1938. Comunismo, pasta 4e.

Arquivo Público do Mato Grosso [Cuiabá]. documento. Cartório Segundo Oficio Civel. "Inventário: Julio Muller". Caixa Atual: 94 (Caixa anterior: 13), 1931.

Arquivo Público do Município de Rio Claro [Rio Claro, SP], documento [lista, sem título, de nomes, em código, de integralistas de diversas entidades]. S.d.

Centro de Pesquisa e Documentação de História Contemporânea do Brasil [Rio de Janeiro, RJ].

Arquivo Clemente Mariani, documento. "N° 14". Cma dcf1c. 35.11.24.

Arquivo Etelvino Lins. documento. "Plano de Acção Comunista (cópia do documento 39), 23 de agosto de 1933". EL c 42.07.17.

Arquivo Filinto Müller, cartão de visita. "José F. de Mello Mattos para Filinto Müller", 28 de novembro de 1935. FM chp/ad. 33.02.21. I.

_____. Carta. "66 a Getúlio Vargas." 9 de julho de 1938. FM chp/ad. 35.07.15. I.

_____. Carta. "Abilio Cesar Cavalcanti para Filinto Muller", 7 de agosto de 1939. FM chp, sips, Rio Grande do Norte.

_____. Carta. "Aderson [ilegível] para Filinto Muller", 5 de outubro de 1939. FM chp., sips, Maranhão.

_____. Carta. "Alberto Joaquim Soares para Filinto Müller". S.d. FM cnt. 43.07.08. XXIX.

_____. Carta. "Alexandre Addôr Filho para Filinto Muller." 30 de abril de 1943. Div FM. 42.07.22. II.

_____. Carta. "Alfredo C. Pacheco para Felinto [Müller]." 17 de janeiro de 1933. FM div. 24.06.05. II.

BIBLIOGRAFIA

_____. Carta. "Alfredo Pacheco para Felinto [Müller]." 19 de janeiro de 1933. FM div. 24.06.05. II.

_____. Carta. "Antenor Moraes para Felinto Muller." 24 de dezembro de 1943. FM cnt. 43.07.08. VI.

_____. Carta. "Antonio [ilegível] de Figueiredo para Felinto Muller." 6 de outubro de 1939. FM chp/ sips, Maranhão.

_____. Carta. "Arlindo Nicolino de Oliveira para Filinto Müller." 25 de julho de 1942. FM div. 42.07.22. I.

_____. Carta. "Armando de Saint Brisson para Filinto Müller." 13 de outubro de 1934. FM chp/ad. 33.02.21. I.

_____. Carta. "Augusto Silva Rangel para Felinto Muller", 31 de julho de 1934. FM chp/ad. 33.02.21. I.

_____. Carta. "Aurelio Pires para Filinto Müller." 25 de outubro de 1939. FM chp/ sips, Mato Grosso.

_____. Carta. "Ayres Martins Torres para Felinto Muller." 3 de dezembro de 1943. FM cnt. 43.07.08. VI.

_____. Carta. "Balbino Leopoldo Mendonça para Felinto Müller." 29 de dezembro de 1943. FM cnt. 43.07.08. VI.

_____. Carta. "Barbosa Lima para Filinto Muller", 9 de fevereiro de 1944. FM cnt. 43.07.08 VI.

_____. Carta. "Bernardo José de Castro para [Filinto Muller]", 3 de dezembro de 1935. FM chp/ad. 33.02.21, I.

_____. Carta. "Bianor Aranha para Felinto Müller", 10 de fevereiro de 1939. FM chp/ sips, Rio Grande do Norte. 6.

_____. Carta. "Caio Xavier de Bieto para Filinto Muller", 3 de dezembro de 1935. FM chp/ad. 33.02.21. I.

_____. Carta. "Candido França de Lacerda para Filinto Muller", 27 de outubro de 1934. FM chp/ad. 33.02.21. I.

_____. Carta. "Carlos Cavalcante Fernandes para Filinto Muller", 7 de outubro de 1939. FM chp/ sips, Maranhão.

_____. Carta. "Castro Tavares para [SIPS]", 8 de agosto de 1939. FM chp / sips, Rio Grande do Norte.

_____. Carta. "Civis [Müller] para Julio Muller", 13 de outubro de 1933. FM chp / mt. 33.04.02. XXX.

_____. Carta. "Civis [Müller] para Julio Muller", 16 de outubro de 1933. FM chp / mt. 33.04.02. XXX.

_____. Carta. "Claudio Romeiro para SIPS", 13 de junho de 1939. FM chp / sips, São Paulo. IV.

_____. Carta. "De [S.d.] para Meu Caro Embaixador", 24 de agosto de 1940. FM chp/ad. 33.03.23. II.

_____. Carta. "de Antonio José de Farias Costa para Filinto Müller." 17 de julho de 1939. FM chp / sips, Alagoas.

_____. Carta. "Deocleciano Martins de Oliveira Filho para Filinto Muller", 11 de abril de 1945. FM cnt. 43.07.08. VI.

_____. Carta. "Diderot de Ivituhy para Felinto Muller", 12 de novembro, 1937. FM chp/ad. 35.07.15. I.

_____. Carta. "Domingos Guimarães para Felinto Muller." FM chp / sips, Rio de Janeiro. I.

_____. Carta. "Edmundo Lins para Filinto Müller", 3 de dezembro de 1935. FM chp/ad. 33.02.21. I.

_____. Carta. "Eloi Nóbrega Dantas para Filinto Müller", 5 de novembro de 1943. FM cnt. 43.07.08. V.

_____. Carta. "Ernani de Moraes para Felinto Muller", 22 de outubro de 1934. FM chp/ad. 33.02.21. I.

_____. Carta. "Eugenio de Almeida Magalhães para Felinto Müller", 29 de dezembro de 1943. FM cnt. 43.07.08. VI.

_____. Carta. "Euphrasio José Soares para Filinto Müller", 8 de julho de 1942. FM chp/ad. 42.06.01.

_____. Carta. "Eurico Saraiva para Filinto [Müller]", 31 de agosto de 1943. FM cnt. 43.07.10. I.

_____. Carta. "F[ilinto] M[üller] para Julio [Müller]", 17 de abril de 1934. FM chp/mt. 33.04.02. XXX.

_____. Carta. "F[ilinto] M[üller] para Julio [Müller]", 20 de março de 1935. FM chp/mt. 33.04.02. XXX.

_____. Carta. "F[ilinto] M[üller] para Júlio Müller", 4 de outubro de 1933. FM chp/mt. 33.04.02. XXX.

_____. Carta. "F[ilinto] Muller para João Dantas de Melo Barata", 27 de outubro de 1934. FM chp/ad. 33.02.21. I.

_____. Carta. "F[ilinto] Müller para Julio Müller", [29 de setembro de 1934]. FM chp/mt. 33.04.02. XXX.

_____. Carta. "Felisbelo Beleti para Filinto Müller", 28 de setembro de 1943. FM cnt. 43.07.10. I.

BIBLIOGRAFIA

_____. Carta. "[Felisberto] Baptista Teixeira para [Filinto] Müller", 22 de setembro de 1942. FM div. 42.07.22. I.

_____. Carta. "Fenelon [Müller] para Felinto [Müller]", 19 de dezembro de 1932. FM div, 24.06.05. II.

_____. Carta. "Fenelon Müller para Felinto [Müller]", 16 de março de 1934. FM chp/mt. 33.04.02. XXVIII.

_____. Carta. "Filinto Müller para [Felisberto] Baptista [Teixeira]", 1º de novembro de 1943. FM cnt. 43.07.08. V.

_____. Carta. "Filinto Muller para [João Punardo] Bley, s.d., julho de 1935. FM chp/ad. 33.02.21. I.

_____. Carta. "Filinto Müller para Ayres Martins Torres", 9 de dezembro de 1943. FM cnt. 43.07.08. VI.

_____. Carta. "Filinto Müller para Castro Pinto", 26 de novembro de 1935. FM chp/ad. 33.02.21. I.

_____. Carta. "Filinto Müller para Civis [Müller da Silva] Pereira", 17 de julho de 1942. FM chp/ad. 42.06.01.

_____. Carta. "Filinto Müller para Deocleciano Martins de Oliveira Filho", 3 de maio de 1945. FM cnt. 43.07.08. VI.

_____. Carta. "Filinto Müller para Eloi Nóbrega Dantas", 11 de novembro de 1943. FM cnt. 43.07.08. V.

_____. Carta. "Filinto Müller para Eugenio de Almeida Magalhães", 02 de fevereiro de 1944. FM cnt. 43.07.08. VI.

_____. Carta. "Filinto Müller para João Felix", 21 de outubro de 1943. FM cnt.

_____. Carta. "Filinto Muller para Lenir Campos Russo", 30 de novembro de 1943. FM cnt. 43.07.08. V.

_____. Carta. "Filinto Muller para Oswaldo Aranha", 22 de janeiro de 1941. FM chp/ad. 33.02.23. II.

_____. Carta. "Filinto Müller para Parada Beltrão", 20 de outubro de 1943. FM cnt. 43.07.08. III.

_____. Carta. "Filinto Müller para Raja Gabaglia", 2 de outubro de 1943. FM cnt. 43.07.08. IV.

_____. Carta. "Filinto [Müller] para [V.] Benicio [da Silva]", 8 de julho de 1938. FM chp/ad. 35.07.15. V.

_____. Carta. "Filipe Franklin de [ilegível] para Felinto Muller", 7 de agosto de 1939. FM chp / sips, Ceará. I.

_____. Carta. "Francisco de Paula Moura para Filinto Müller", FM chp / sips, Rio de Janeiro. I.
_____. Carta. "Francisco de Paulo Braga para Filinto Müller", 30 de novembro de 1942. FM div. 42.07.22. I.
_____. Carta. "[Frederico] Mindelo para Filinto [Müller]", 16 de abril de 1937. FM chp/ad. 33.02.23. I.
_____. Carta. "Graal Souto para [Filinto] Muller", 11 de agosto de 1938. FM chp/ad. 35.07.15. I.
_____. Carta. "Graal Souto para Filinto Muller", 28 agosto de 1938. FM chp/ad. 35.07.15. I.
_____. Carta. "Guilherme Lindmann para Felinto Müller", 15 de agosto de 1939. FM chp / sips, Mato Grosso.
_____. Carta. "Gumerindo Vaz de Arruda para Felinto Müller", 22 de janeiro de 1936. FM chp/ad. 33.02.21. I.
_____. Carta. "Honório Gurgel para Filinto Müller", 1º de dezembro de 1935. FM chp/ad. 33.02.21. I.
_____. Carta. "[ilegível] para [Filinto Müller]", 3 de dezembro de 1935. FM chp/ad. 33.02.21. I.
_____. Carta. "[ilegível] para [Filinto Müller]", 6 de dezembro de 1943. FM cnt. 43.07.08. VI.
_____. Carta. "[ilegível] para Felinto Muller", 26 de outubro de 1939. FM chp / sips, Ceará. II.
_____. Carta. "[ilegível] para Filinto [Müller]", 2 de dezembro de 1935. FM chp/ad. 33.02.21. I.
_____. Carta. "[ilegível] para Filinto Müller", 25 de julho de 1935. FM chp/ad. 33.02.21. I.
_____. Carta. "Israel Souto para Amaral Peixoto", 20 de junho de 1933. FM chp/ad. 33.03.23. I.
_____. Carta. "Israel Souto para Herbert Moses", 25 [?] de julho de 1933. FM chp/ad. 33.02.21. I.
_____. Carta. "Jerônimo Bonfim para Filinto Müller", 16 de novembro, 1943. FM cnt. 43.07.08. V.
_____. Carta. "Jeronymo Lahyre de Mello Rosado para Filinto Müller", 22 de agosto de 1939. FM chp / sips, Rio Grande do Norte.
_____. Carta. "Jesuíno Albuquerque para Filinto Müller", 21 de julho de 1942. FM chp/ad. 42.06.01.

BIBLIOGRAFIA

———. Carta. "João [ilegível] para Felinto Muller", 22 de julho de 1942. FM chp/ad. 42.06.01.

———. Carta. "João Barros Vasconcellos para Filinto Müller", 24 de julho de 1939. FM chp. sips Rio Grande do Sul. II.

———. Carta. "João de Luna Freire para Filinto Muller", FM chp / sips, Santa Catarina. I.

———. Carta. "João Felix para Filinto [Müller]", 15 de agosto de 1943. FM cnt. 43.07.08. II.

———. Carta. "João P. Rondon para Filinto Müller", 18 de dezembro de 1943. FM cnt. 43.07.08. VI.

———. Carta. "João Paulo de Menezes para Felinto Müller", 28 de julho de 1939. FM chp / sips, Ceará. I.

———. Carta. "[João] Baptista Luzardo para [Filinto] Muller", 2 de dezembro de 1943. FM cnt. 43.07.08. VI.

———. Carta. "Joaquim Antonio Cordovil Maurity Filho para Felinto Muller", 11 de agosto de 1939. FM chp / sips, Rio de Janeiro. II.

———. Carta. "José de Mattos para Felinto Muller", 18 janeiro de 1939. FM chp / sips, Rio de Janeiro. I.

———. Carta. "José de Mello e Silva para Filinto Muller", 28 de setembro de 1939. FM chp / sips, Maranhão.

———. Carta. "José Gomes Pinheiro para SIPS", 25 de julho de 1939. FM chp / sips, Rio Grande do Sul. II.

———. Carta. "Joseph Cathala para Felinto Muller", 4 de setembro de 1943. FM cnt. 43.07.08. III.

———. Carta. "Ju[lio] Muller para Fenelon Muller", 26 de julho de 1935. FM chp/mt. 33.04.02. XXX.

———. Carta. "Julio [Müller] para Filinto [Müller]", 15 de agosto de 1933. FM chp/mt. 33.04.02. XXXII.

———. Carta. "Julio [Müller] para Filinto [Müller]", 6 de abril de 1933. FM chp/mt. 33.04.02. XXX.

———. Carta. "Julio [Müller] para Filinto [Müller]", s.d. FM div. 24.06.05. II.

———. Carta. "Lenir Campos Russo para Felinto Muller", 12 de novembro de 1943. FM cnt. 43.07.08. V.

———. Carta. "Lucir Queiroz de Moraes para Filinto Muller", 12 de julho de 1939. FM chp / sips, São Paulo. V.

_____. Carta. "[Luis] Braga Mury para [Filinto] Muler", 25 de outubro de 1942. FM div. 42.07.22. I.

_____. Carta. "Luiz Trajano para [Filinto Müller]", 22 de outubro de 1934. FM chp/ad. 33.02.21. I.

_____. Carta. "M.B. para Alencastro", 2 de outubro de 1933. FM chp/ad. 33.02.21. I.

_____. Carta. "Marcondes de Mattos para [Filinto Müller]". FM chp / sips, Santa Catarina. I.

_____. Carta. "Martin Dostert para Filinto Müller", 29 de fevereiro de 1939. FM chp / sips, Rio de Janeiro. I.

_____. Carta. "Nilo Carleial para [Filinto Müller]", 17 de outubro de 1939. FM chp / sips, Ceará. II.

_____. Carta. "Oswaldo Aranha para Filinto Muller", 24 de dezembro de 1940. FM chp/ad. 33.03.23. II.

_____. Carta. "Otávio Gomes para Filinto Müller", 24 de julho de 1939. FM chp / sips, Alagoas.

_____. Carta. "Otilio Pedroso para SIPS". FM chp / sips, Pernambuco. II.

_____. Carta. "Padre Paulo M. Lecourieux para Filinto Muller", 30 de novembro de 1935. FM chp/ad. 33.02.21. I.

_____. Carta. "Paulo Ferreira Dantas para Felinto Muller", 10 de fevereiro de 1939. FM chp / sips. Pernambuco. I.

_____. Carta. "Pedro José Lima Costa para Serviço de Inquéritos Políticos Sociais". 4 de julho de 1939. FM chp / sips. Pernambuco. I.

_____. Carta. "Pery Miranda para Filinto Muller", 13 de junho de 1939. FM chp / sips, Rio de Janeiro. I.

_____. Carta. "Pessôa Guerra para Felinto Muller", 30 de janeiro de 1939. FM chp / sips, Bahia. I.

_____. Carta. "Ramiro Fernandez-Pintado para Filinto Müller", 21 de fevereiro de 1933. FM chp/ad. 33.02.21. I.

_____. Carta. "Reginaldo Pinto Duarte para [Filinto Müller]". Sem data FM chp ad. 42.06.01.

_____. Carta. "Renato Barroso para Felinto Muller", 28 de janeiro de 1939. FM chp / sips, Ceará. I.

_____. Carta. "Romulo Pasqualini para Felinto Müller", 12 de julho de 1939. FM chp / sips, São Paulo. V.

———. Carta. "Ruber van der Linden para Filinto Muller", FM chp / sips, Pernambuco. I.

———. Carta. "[S.d.] para [SIPS]", S. d., FM chp / sips. Rio Grande do Norte.

———. Carta. "Salvador Borborema para Filinto Muller", 28 de setembro de 1938. FM chp/ad. 35.07.15. I.

———. Carta. "Silvio Meireles para SIPS", 9 de setembro de 1939. FM chp / sips, Piauí.

———. Carta. "Sylvio Brito para Filinto Müller", 12 de janeiro de 1944. FM cnt. 43.07.08. VII.

———. Carta. "[Tasso] Tinoco para [Filinto] Muller", 8 de maio de 1932. FM div 24.06.05. I.

———. Carta. "Theoboldo Cardoso para Felintho Muller", 22 de dezembro de 1943. FM cnt. 43.07.08. VI.

———. Carta. "Vicente Soares Torres para Serviço de Inquéritos Políticos Sociais", 28 de agosto de 1939. FM chp / sips, Ceará. I.

———. Carta. "Vigia = Victor [ilegível] para Filinto Muller", 13 de julho de 1935. FM chp/ad. 33.02.21. I.

———. Carta. "Waldemar Hansen para Filinto Muller", 26 de agosto de 1939. FM chp / sips, Mato Grosso.

———. Carta. "Wilson Dias de Pinho para Filinto Muller", 5 de setembro de 1943. FM cnt. 43.07.10. I.

———. Carta. "Zenóbio de Mello para Filinto Muller", 10 de agosto de 1939. FM chp / sips, Pernambuco. II.

———. Documento. "Copia – 691 / T." 13 de maio, de 1938. FM chp/ad. 35.07.15. V.

———. Documento. "Gr. Durval de Castro: Missão – Filinto Muller [documento nº 2 – manual]." S.d. FM chp/ad. 35.07.15. II.

———. Documento. "Inquérito policial,1938". FM chp/ad. 35.07.15. III.

———. Documento. Luiz Pereira da Costa. "Uma lição de direito Publico". 19 de julho de 1939. FM chp/sips, Alagoas.

———. Documento. "Presidencia do Conselho Nacional do Trabalho," 5 de agosto de 1943. FM cnt. 43.07.08. II.

———. Documento. "Presidencia do Conselho Nacional do Trabalho," 14 de setembro de 1943. FM cnt. 43.07.08. III.

———. Documentos variados. FM d 1931.05.14 (textual).

_____. Documentos: FM chp/ad. 35.07.15. IV-1-92 a V-1-156.
_____. Radiograma. "Coriolano de Goes para Filinto Muller", 28 de novembro de 1943. FM cnt. 43.07.08. I.
_____. Radiograma. "Delmiro Andrade para Felinto Miller [sic]", 27 de novembro de 1935. FM chp/ad. 33.02.21. I.
_____. Radiograma. "Filinto Muller para Julio Muller", 18 de abril de 1936. FM chp/mt. 33.04.02. XXXI.
_____. Rascunho de telegrama. "F[ilinto] Müller para Julio Müller", 28 de novembro de 1936. FM chp/mt. 33.04.02. XXXI.
_____. Rascunho de telegrama. "F[ilinto] Müller para Theodomiro Gesteira", 13 de fevereiro de 1936. FM chp/ad. 35.07.15. I.
_____. Relatório. "Inquerito politico-economico entre as colonias estrangeiras". I – Os judeus no Brasil. Rio. 14-10-38. FM chp/sips, Rio de Janeiro.
_____. Relatório. "Relatorio", s.d. FM chp/ad. 35.07.15. II.
_____. Telegrama. "Acacio Nogueira para Felinto Muller", 22 de setembro de 1943. FM div. 42.07.22. I.
_____. Telegrama. "Affonso Lima para Filinto Muller", 24 de outubro [novembro] de 1935. FM chp/ad. 33.02.21. I.
_____. Telegrama. "Alvaro Brasiliense Fernandes para Felinto Muller", 20 de março de 1938. FM chp/ad. 35.07.15. I.
_____. Telegrama. "Apiva Meira para Filinto Muller", 30 de novembro de 1935. FM chp/ad. 33.02.21. I.
_____. Telegrama. "Apolonio [único nome dado] para Filinto Strubling Muller", 19 de julho de 1942. FM chp/ad. 42.06.01.
_____. Telegrama. "Castro Pinto para o Ministério da Guerra", s.d. [25 de novembro de 1935]. FM chp/ad. 33.02.21. I.
_____. Telegrama. "Christiano Altenfelder Silva para Filinto Muller", s.d., outubro de 1934. FM chp/ad. 33.02.21. I.
_____. Telegrama. "Edgard Duque Estrada, Victor Carvalho Mario dos Santos Jr., Noel Azevedo, Mello Sampaio Antonio Silva, Lelio Gomes, José Larios Bello e Carlos Penha para Filinto Muller", 4 de dezembro de 1935. FM chp/ad. 33.02.21. I.
_____. Telegrama. "F[ilinto] Müller para João Linhares", 6 de novembro de 1935. FM chp/ad. 35.07.15. I.
_____. Telegrama. "Felinto Müller para Julio Muller", 29 de setembro de 1934. FM chp/mt. 33.04.02. XXX.

BIBLIOGRAFIA

———. Telegrama. "Filinto Müller para Riograndino da Costa e Silva", 12 de novembro de 1939. FM dip/ad. 33.02.21. II.

———. Telegrama. "Glaribalti [sic] Galvão para Filinto Muller", 6 de agosto de 1935. FM chp/ad. 35.07.15. I.

———. Telegrama. "Irenio Motta da Silva para Filinto Müller", 25 de novembro de 1935. FM chp/ad. 33.02.21. I.

———. Telegrama. "J[úlio] Muller para Filinto Muller", 28 de setembro de 1933. FM chp/mt. 33.04.02. XXX.

———. Telegrama. "Jeronymo Gomes e Silva para Filinto Muller", 10 de dezembro de 1935. FM chp/ad. 33.02.21. I.

———. Telegrama. "João Linhares para Filinto Muller", 2 de novembro de 1935. FM chp/ad. 35.07.15. I.

———. Telegrama. "João Monteiro para o Deleg. de Segurança Política Social", 19 de setembro de 1935. FM chp/ad. 35.07.15. I.

———. Telegrama. "João Silveira Camargo para Filinto Muller", 18 de março de 1938. FM chp/ad. 35.07.15. I.

———. Telegrama. "Joaquim Camargo Ferraz para Filinto Muller", 22 de março de 1938. FM chp/ad. 35.07.15. I.

———. Telegrama. "Luiz Parreira para Filinto Muller", 31 de dezembro de 1935. FM chp/ad. 33.02.21. I.

———. Telegrama. "Mário Câmara para Filinto Muller", 16 de outubro de 1934. FM chp/ad. 33.02.21. I.

———. Telegrama. "Omar de Cunha para Felinto Muller", 18 de março de 1938. FM chp/ad. 35.07.15. I.

———. Telegrama. "Otto Cyrillo Lehmann para Felinto Muller", 23 de julho de 1942. FM chp/ad. 42.06.01.

———. Telegrama. "P[edro] Góes Montero para o General Ministro da Guerra [Augusto Inácio do Espírito Santo Cardoso]", 28 de julho de 1932. FM div. 26.06.05. II.

———. Telegrama. "Parada Beltrão para Felinto Müller", 14 de setembro de 1943. FM cnt. 43.07.08. III.

———. Telegrama. "Pataleão Pessoa para Felinto Muller", 28 de julho de 1932. FM div. 26.06.05. II.

———. Telegrama. "Raja Gabaglia para Filinto Müller", 11 de outubro de 1943. FM cnt. 43.07.08. IV.

———. Telegrama. "Romano para Filinto Müller", 23 de agosto de 1935. FM chp/ad. 33.02.21. I.

_____. Telegrama. "Sebastião Fontes para Felinto Muller", 28 de abril de 1933. FM chp/ad. 33.02.21.
_____. Telegrama. "Theodomiro Gesteira para Filinto Muller", 12 de fevereiro de 1936. FM chp/ad. 35.07.15. I.
Arquivo Getúlio Vargas, carta. "Joseph F. Brown para Charles Colebaugh", 3 de julho de 1942. GVc confid 42.07.03.
_____. Carta. "Oswaldo Aranha para Getúlio Vargas", 1º de março de 1942. GVc. 42.03.01. XXXVII.
_____. Relatório. "Caso dos 'holandeses'". 3 de outubro de 1941. GVc. 41.09.20. XXXVI.
_____. Relatório. "Golpe de vista retrospectivo [por] F[ilinto] Müller". GVc. 35.12.03/3. XX.
_____. Transcrição de telefonema. "Agenor Homem de Carvalho para o chefe de gabinete", 3 de julho de 1942. GVc confide. 42.07.02.
_____. Transcrição de telefonema. "Herminia Prado Barros e Plinio Uchoa", 3 de julho de 1942. GVc confid. 42.07.02.
_____. Transcrição de telefonema. "[não identificado] e Plinio Uchoa". 3 de julho de 1942. GVc confid. 42.07.02.
_____. Transcrição de telefonema. "Vasco da Cunha e Francisco Campos", 6 de julho de 1942. GVc confid. 42.07.06.
Arquivo Juarez Távora, carta. "[Filinto] Müller para Dutra", 28 de março de 1925. JT 1924.05.10.
_____. Carta. "Isidoro Dias Lopes para Padilha, Miguel Costa, Estillac e Prestes", 3 de abril de 1925. JT dpf 1924.05.10. III.
Arquivo Pedro Ernesto. documento. "Exclusão de oficial". PEB c1925.04.25.
Arquivo Público e Histórico do Município de Rio Claro [Rio Claro, SP]. documento. [lista sem título de nomes em código de integralistas de diversas entidades] S. d.
Arquivo Rosalina Coelho Lisboa. documento. "Orlando Leite Ribeiro". RCL c 41.05.26.
Arquivo Vasco Leitão da Cunha. carta. "Vasco da Cunha para [Francisco Campos]", 2 de julho de 1942. VLC 41.03.25.
Ellis Island Foundation (Nova York). Navio declarado. SS *Pan American*, 4 de agosto de 1924. lote nº P50107-8.
Estados Unidos. Agência Central de Inteligência (Washington). documento. "TDCS-314/12799-67", 31 de agosto de 1967.

BIBLIOGRAFIA

_____. Carta. "[censurado] para [censurado]", 5 de maio de 1943.

_____. Carta. "Edwin L. Sibert para A.C. de S, G-2", 10 de maio de 1941. nº 2714. MID 2657-K-128.

_____. Carta. "Edwin L. Sibert para G-2", 25 de abril de 1941, nº 2693. MID 2052-120.

_____. Carta. "Gibson para o Secretário de Estado", 5 de fevereiro de 1936. 800.00B-Barron, Victor.

_____. Carta. "J. Edgar Hoover para Adolf A. Berle, Jr", 2 de agosto de 1943.

_____. Carta. "John Edgar Hoover para [censurado]", 28 de maio de 1943.

_____. Carta. "Mitchell para G-2", 18 de maio de 1938. nº 2097. MID 2271-K-43.

_____. Federal Bureau of Investigation "Washington, DC", carta. "[censurado] para [censurado]", 29 de janeiro de 1943.

_____. Microfilme. "Gibson para o Secretário do Estado", 28 de dezembro de 1935. M1472.

_____. Microfilme. "J. Edgar Hoover para William J. Donavan". 8 de abril de 1942. RG 226, rolo 55.

_____. Microfilme. "Woodward para Buttler, Duggan e Wels,. 11 de julho de 1938. M1472.

_____. National Archives (College Park, MD), carta. "Edwin L. Sibert para A.C. de S. G-2", 2 de maio de 1941, nº 2703. MID 2657-K-128.

_____. Relatório. "Sackville para G-2", 21 de maio de 1936 nº 1651. MID 2651-K-70.

_____. Relatório. "Sackville para G-2", 24 de dezembro de 1935, nº 1579. MID 2657-K-70.

Papéis de Maria Luiza Müller de Almeida, carta. "Isidoro Dias Lopes para Filinto Müller", 22 de abril de 1925.

LIVROS, ARTIGOS DE JORNAL, HISTÓRIAS ORAIS E DISSERTAÇÕES

ABREU, Alzira Alves de; e BELOCH, Israel *et al. Dicionário histórico-biográfico brasileiro pós-1930*. 2ª ed. rev. Rio de Janeiro: Fundação Getulio Vargas, 2001.

_____. (coords.). *Dicionário histórico-biográfico brasileiro, 1930-1983.* 1ª ed. Rio de Janeiro: Forense-Universitária, 1984.

ABREU, Marcelo de Paiva. "The Brazilian Economy, 1930-1945." University of Oxford Centre for Brazilian Studies. Working Paper Series CBS-03-99(E).

ALENCAR, Adauto. *Roteiro genealógico de Mato Grosso.* Cuiabá: Genus, s. d., vol. I.

Almanaque do Exército, 1923 s. l., s. e., s. d.

ALVES, Marcio Moreira. *A Grain of Mustard Seed: The Awakening of the Brazilian Revolution.* Garden City. NJ: Doubleday Anchor, 1973.

ALVES, Maria Helena Moreira. *State and Opposition in Military Brazil.* Austin: University of Texas Press, 1985.

ARAUJO, Rubens Vidal. *Os Vargas.* Rio de Janeiro: Globo, 1985.

Arquidiocese de São Paulo. *Brasil: nunca mais,* 6ª ed. Petrópolis: Vozes, 1985.

BAKOTA, Carlos Steven. "Getúlio Vargas and the Estado Novo: An Inquiry into Ideology and Opportunism". *Latin American Research Review.* v. XIV. Nº 1, 1979.

BARBOSA, Eduardo. "As 1.200 mortes do Esquadrão da Morte". *Violência.* 1-14 de junho de 1973, citado em Ettore Biocca. *Estratégia do terror: a face oculta e repressiva do Brasil.* Maria de Carvalho (trad.). Lisboa: Iniciativas, s. d.

BASBAUM, Leoncio. *História sincera da república: de 1930 a 1960,* 3ª ed. São Paulo: Fulgor, 1968.

BECKER, Marc. "Mariátegui, the Comintern, and the Indigenous Question in Latin America". *Science & Society,* vol. LXX, nº 4, outubro de 2006.

BELLO, José Maria. *História da república, 1889-1954,* 4ª ed. São Paulo: Nacional, 1959.

BEN-SASSON, H.H. [Haim Hillel] (ed.). *A History of the Jewish People.* Cambridge: Harvard University Press, 1976.

BETTO, *Frei* [Carlos Alberto Libanio Christo]. *Batismo de sangue: os dominicanos e a morte de Carlos Marighella,* 2ª ed. Rio de Janeiro: Civilização Brasileira, 1982.

BICUDO, Hélio Pereira. *Meu depoimento sobre o Esquadrão da Morte.* 3ª ed. rev. São Paulo: Pontifícia Comissão de Justiça e Paz, 1976.

BIBLIOGRAFIA

_____. *O direito e a justiça no Brasil: uma análise crítica de cem anos.* São Paulo: Símbolo, 1978.

BLUM, William. *Killing Hope: U.S. Military and CIA Interventions since World War II.* Monroe, ME: Common Courage, 1971.

BOJUNGA, Claudio. *JK: o artista do impossível.* Rio de Janeiro: Objetiva, 2001.

BOOTH, John A. *The End and the Beginning: The Nicaraguan Revolution.* Boulder, CO: Westview, 1985.

BOURNE, Richard. *Getulio Vargas of Brazil, 1883-1954: Sphinx of the Pampas.* Londres e Tonbridge: Charles Knight, 1974.

BRAGA, Sérgio Soares (org.). *Luiz Carlos Prestes: o constituinte, o senador (1946-1948).* Brasília: Conselho Editorial do Senado Federal, 2003. v. X.

BRANDI, Paulo. *Vargas: da vida para a história*, 2ª ed. rev. Rio de Janeiro: Zahar, 1985.

CABANAS, João. *A coluna da morte: sob o commando do tenente Cabanas*, 6ª ed. Rio de Janeiro: Almeida e Torres, 1928.

CACHAPUZ, Paulo Brandi. "A revolução de 1930." *Getúlio Vargas e seu tempo.* RAUL MENDES SILVA et al. (orgs.) Rio de Janeiro: Rumo Certo, s.d.

_____. "A trajetória política de Getúlio Vargas". *Getúlio Vargas e seu tempo,* RAUL MENDES SILVA et al. (orgs.). Rio de Janeiro: Rumo Certo, s.d.

CAMARGO, Aspásia, et. al. *Artes da política: diálogo com Amaral Peixoto*, 2ª ed. Rio de Janeiro: Nova Fronteira/CPDOC/Universidade Federal Fluminense, 1986.

CANCELLI, Elizabeth. "Ação e repressão policial num circuito integrado internacionalmente." *Repensando o Estado Novo.* Dulce Pandolfi (ed.). Rio de Janeiro: Fundação Getulio Vargas, 1999.

_____. *O mundo da violência: a polícia da era Vargas*, 2ª ed. Brasília: Universidade de Brasília, 1994.

CANTINHO FILHO, Raphael e Virgilio do Nascimento et al. *Movimentos subversivos de julho.* São Paulo: Garraux, 1925.

CARNEIRO, Maria Luiza Tucci. *O anti-semitismo na era Vargas: fantasmas de uma geração, 1930-1945.* São Paulo: Brasiliense, 1988.

_____. *O anti-semitismo na era Vargas: fantasmas de uma geração, 1930-1945.* São Paulo: Perspectiva, 2001.

CARONE, Edgard. *A República Velha: evolução política*, 2ª ed. São Paulo: Difusão Europeia do Livro, 1974.

_____. *O Estado Novo, 1937-1945*. São Paulo: Difusão Europeia do Livro, 1976.

_____. *O Estado Novo (1937-1945)*, 2ª ed. São Paulo: Difel, 1979.

CARTA, Mino e Rodrigues Raimundo Pereira. *Retrato do Brasil*. São Paulo: Política, 1984. v. III.

CARVALHO, J. Nunes de. *A revolução no Brasil, 1924-1925, apontamentos para a história*, 2ª ed. Rio de Janeiro: São Benedicto, 1930.

CARVALHO, Luiz Maklouf. *Cobras criadas: David Nasser e O Cruzeiro*. São Paulo: SENAC, 1999.

CAVALCANTI, Paulo. *O caso eu conto, como o caso foi: memórias políticas*. Recife: Guararapes, 1980. v. II.

Chancelaria das Ordens Honoríficas Portuguesas. *Anuário Ordens Honoríficas Portuguesas, 1910-2006*. Lisboa: s. e., s. d.

CHIAVENATO, Julio José. *Cangaço: a força do coronel*. São Paulo: Brasiliense, 1990.

CIVITA, Victor (org.). *Nosso século, 1910-1930: anos de crise e criação*. São Paulo: Abril Cultural, 1985 parte I, v. III.

_____. *Nosso século, 1910-1930: anos de crise e criação*. São Paulo: Abril Cultural, 1985, parte II, vol. IV.

COMTE, Auguste. "Curso de filosofia positiva: discurso sobre o espírito positivo, catecismo positivista". In: CIVITA, Vitor (org.). *Os pensadores*. São Paulo: Abril Cultural, 1973.

CONNIFF, Michael L. *Urban Politics in Brazil: The Rise of Populism, 1925-1945*. Pittsburgh: University of Pittsburgh Press, 1981.

CORRÊA, Anna Maria Martinez. *A rebelião de 1924 em São Paulo*. São Paulo: HUCITEC, 1976.

CORTÉS, Carlos. *Gaúcho Politics in Brazil: The Politics of Rio Grande do Sul, 1930-1964*. Albuquerque: University of New Mexico Press, 1974.

COSTA, Ciro e Eurico de Goes, *Sob a metralha... São Paulo – 1924*. São Paulo: Monteiro Lobato, 1924.

COSTA E SILVA, Riograndino da. *A revolução de 5 de julho de 1922*. Porto Alegre: Sulina, 1972.

COSTA FILHO, Miguel. *Os farsantes da revolução*. Rio de Janeiro: Alba, 1931.

COUTINHO, Lourival. *O General Góes depõe...* Rio de Janeiro: Coelho Branco, 1955.

DEBES, Célio. *Júlio Prestes e a Primeira República.* São Paulo: Oficial, 1982.

DENYS, Odylio. *Ciclo revolucionário brasileiro: memórias 5 de julho de 1922 a 31 de março de 1964.* Rio de Janeiro: Nova Fronteira, 1980.

DREIFUSS, René Armand. *1964: a conquista do estado: ação política, poder e golpe de classe.* Petrópolis: Vozes, 1981.

DULLES, John W. F. *Anarchists and Communists in Brazil, 1900-1935.* Austin: University of Texas Press, 1973.

———. *Carlos Lacerda, Brazilian Crusader, Volume I: The Years 1914-1960.* Austin: University of Texas Press, 1991.

———. *Carlos Lacerda, Brazilian Crusader, Volume II: The Years 1960-1967.* Austin: University of Texas Press, 1996.

———. *President Castello Branco: Brazilian Reformer.* College Station: Texas A&M University Press, 1980.

———. *Sobral Pinto: "The Conscience of Brazil" Leading the Attack against Vargas (1930-1945).* Austin: University of Texas Press, 2002.

———. *Vargas of Brazil: A Political Biography.* Austin: University of Texas Press, 1967.

EINSTEIN, Albert. *The World As I See It.* Londres: The Bodley Head, p.4, 1935.

Enciclopédia Mirador Internacional. São Paulo: Encyclopaedia Britannica do Brasil. 1975.

Estado-Maior do Exército. *Regulamento para o serviço em campanha (R.S.C.).* 2ª ed. Rio de Janeiro: Militar, 1923.

EVANS, Peter. *Dependent Development: The Alliance of Multinational, State, and Local Capital in Brazil.* Princeton: Princeton University Press, 1979.

FARIA, Antonio Augusto e Edgard Luiz de Barros. *Getúlio Vargas e sua época.* 2ª ed. São Paulo: Global, 1983.

FAUSTO, Boris. "Society and Politics" In: BETHEL, Leslie (org.). *Brazil: Empire and Republic, 1822-1930.* Cambridge: Cambridge University Press, 1989.

FIGUEIREDO, Guilherme. *História oral.* CPDOC, 1977.

FIGUEIREDO, Osorio Santana. *As revoluções da república: 1889-1932.* São Gabriel, RS: s. e., 1995.

FON, Antonio Carlos. *Tortura: a história da repressão política no Brasil*, 7ª ed. São Paulo: Global, 1986.

FONTENELLE, Oscar Penna. *Problemas policiaes*. Rio de Janeiro: *Jornal do Commercio*. 1927.

FONTOURA, João Neves da. *Memórias*. Porto Alegre; Globo, 1958, v. I.

FRANK, Zephyr Lake. "Elite Families and Oligarchic Politics on the Brazilian Frontier: Mato Grosso, 1889-1937". *Latin American Research Review*. v. XXVI. n°. 1 2001.

GAMBINI, Roberto. *O duplo jogo de Getúlio Vargas: influência americana e alemã no Estado Novo*. São Paulo: Símbolo, 1977.

GARCIA, Nelson Jahr. *O Estado Novo: ideologia e propaganda política – a legitimação do estado autoritário perante as classes subalternas*. São Paulo: Loyola, 1982.

GARCIA, Philadelpho. *A versão e o fato*. Londrina: Branco & Preto, 1994.

GASPARI, Elio. *A ditadura envergonhada*. São Paulo: Companhia das Letras, 2002.

_____. *A ditadura escancarada*. São Paulo: Companhia das Letras, 2002.

GILLESPIE, Richard. *Soldiers of Peron: Argentina's Montoneros*. Oxford: Clarendon. 1982.

GÓIS, Joaquim. *Lampião: o último cangaceiro*. Aracaju. SE: Regina, 1966.

GRUNENNVALDT, José Tarcísio. "A educação militar nos marcos da Primeira República: Estudo dos regulamentos do ensino militar (1890-1929)". Tese de doutorado não publicada. Programa de Estudos Pós-Graduados em Educação: História, Política, Sociedade. Pontifícia Universidade Católica de São Paulo, 2005.

HAHNER, June. *Poverty and Politics: The Urban Poor in Brazil, 1870-1920*. Albuquerque: University of New Mexico Press, 1986.

HAMBLOCH, Ernest. *His Majesty the President of Brazil: A Study of Constitutional Brazil*. Nova York: E. P. Dutton. 1936.

HENRIQUES, Affonso. *Ascensão e queda de Getúlio Vargas: Vargas o maquiavélico*. Rio de Janeiro: Record, 1966.

HEYMANN, Luciana Quillet. "Indivíduo, memória e resíduo histórico: uma reflexão sobre arquivos pessoais e o caso Filinto Müller". *Estudos Históricos*. vol. XIX. n° 1. 1997.

HILTON, Ronald (ed.). *Who's Who in Latin America*. 3ª ed. rev. Stanford: Stanford University Press, 1948, parte VI. Brazil.

HILTON, Stanley E. "Ação Integralista Brasileira: Fascism in Brazil, 1932-1938". *Luso-Brazilian Review*. vol. IX. n° 2, Inverno de 1972.

BIBLIOGRAFIA

_____. *A guerra civil brasileira: história da Revolução Constitucionalista de 1932*. Rio de Janeiro: Nova Fronteira, 1982.

_____. *A rebelião vermelha*. Rio de Janeiro: Record, 1986.

_____. *Brazil and the Soviet Challenge, 1917-1947*. Austin: University of Texas Press, 1991.

_____. *Oswaldo Aranha: uma biografia*. Rio de Janeiro: Objetiva, 1994.

HOROWITZ, Joel. "Bosses and Clients: Municipal Employment in the Buenos Aires of the Radicals, 1916-30". *Journal of Latin American Studies*. v. XXXI, n° 3, outubro de 1999.

JOFFILY, José. *Harry Berger*. Rio de Janeiro: Paz e Terra, 1986.

JORGE, Fernando. *Getúlio Vargas e o seu tempo: um retrato com luz e sombra*. São Paulo: Queiroz, 1994, v. II.

JUCÁ, Pedro Rocha. *Júlio Müller, um grande estadista*. Cuiabá: Memórias Cuiabanas, 1998.

KEITH, Henry. "Soldiers as Saviors: The Brazilian Military Revolts of 1922 and 1924 in Historical Perspective". Tese de doutorado. Departamento de História. University of California, Berkeley, 1970.

_____. *Soldados salvadores: as revoltas militares brasileiras de 1922 e 1924, em perspectiva histórica*. Antonio Patriota (trad.). Rio de Janeiro: Biblioteca do Exército, 1989.

KUBITSCHEK, Juscelino. *Meu caminho para Brasília: a escalada política*. Rio de Janeiro: Bloch, 1976, v. II.

_____. *Meu caminho para Brasília: 50 anos em 5*. Rio de Janeiro: Bloch, 1978, v. III.

LACERDA, Carlos. *Depoimento*. Rio de Janeiro: Nova Fronteira, 1977.

LACERDA NETO, Arthur Virmond de. *A república positivista: teoria e ação no pensamento de Augusto Comte*. 2ª ed. rev. Curitiba: Juruá, 2000.

LANDUCCI, Italo. *Cenas e episódios da Revolução de 1924 e da Coluna Prestes*, 2ª ed. São Paulo: Brasiliense, 1952.

LANGGUTH, A. J. *Hidden Terrors*. Nova York: Pantheon, 1978.

LEVINE, Robert M. "Brazil's Jews during the Vargas Era and After". *Luso-Brazilian Review*. v. V. n° 1, junho de 1968.

_____. *The Vargas Regime: The Critical Years, 1934-1938*. Nova York: Columbia University Press, 1970.

LEWIN, Linda. "The Oligarchical Limitations of Social Banditry in Brazil: The Case of the 'Good' Thief Antonio Silvino". *Past and Present*, n° 82, 1979.

LIMA, Lourenço Moreira. *A Coluna Prestes: marchas e combates*, 3ª ed. São Paulo: Alfa-Omega, 1979.

LIMA SOBRINHO, Alexandre José Barbosa. *A verdade sobre a Revolução de Outubro 1930*. São Paulo: Alfa-Omega, 1975.

MACAULAY, Neill. *The Prestes Column: Revolution in Brazil*. Nova York: New Viewpoints, 1974.

MARCONI, Paolo. *A censura política na imprensa brasileira*. São Paulo: Global, 1980.

MARX, Karl. *The Eighteenth Brumaire of Luis Bonaparte*. D.D.L. (trad.). Nova York, Berlim: Mondial, 2005.

MCCANN, Frank. "Origins of the 'New Professionalism' of the Brazilian Military". *Journal of Interamerican Studies and World Affairs*. v. XXI, nº 4, novembro de 1979.

_____. *Soldados da pátria: história do Exército brasileiro (1889-1937)*. São Paulo: Campanhia das Letras, 2007.

_____. *The Brazilian-American Alliance, 1937-1945*. Princeton: Princeton University Press, 1973.

MEIRELLES, Domingos. *As noites das grandes fogueiras: uma história da Coluna Prestes*, 2ª ed. Rio de Janeiro: Record, 1995.

MENDONÇA, Eliana Rezende Furtado de (dir.). *Os arquivos das polícias políticas: reflexos de nossa história contemporânea*. Rio de Janeiro: FAPERJ, 1994.

MENDONÇA, Rubens de. *Dicionário biográfico mato-grossense*. São Paulo: Gráfica Mercúrio, 1953.

MORAES, João Luiz de. *O calvário de Sônia Angel: uma história de terror nos porões da ditadura*. Rio de Janeiro: MEC, 1994.

MORAIS, Fernando. *Chatô: o rei do Brasil*, 2ª ed. São Paulo: Companhia das Letras, 1994.

_____. *Olga*, 3ª ed. São Paulo: Alfa-Omega, 1985.

MOREL, Edmar. *A Revolta da Chibata*, 2ª ed. rev. Rio de Janeiro: Letras e Artes, 1963.

MOTA, Jeová em Valentina da Rocha Lima (coord.). *Getúlio: uma história oral*. Rio de Janeiro: Record, 1986.

MOTTA, Jehovah. *Formação do oficial do exército: currículos e regimes na academia militar, 1810-1944*, 1ª ed. rev. Rio de Janeiro: Bibliex, 2001.

BIBLIOGRAFIA

MÜLLER, Filinto e F. Collaço Veras. *Policia politica preventiva*. Rio de Janeiro: SIPS, 1939.

_____. *SIPS e suas finalidades*. Rio de Janeiro: Borsoi, 1940.

MUSIEDLAK, Didier. "Conclusão". In: MARTINHO, Francisco Carlo Palomanes e PINTO, António Costa (orgs.). *O corporativismo em português: estado, política e sociedade no salazarismo e no varguismo*. Rio de Janeiro: Civilização Brasileira, 2007.

NASSER, David. *Falta alguém em Nuremberg: torturas da polícia de Filinto Strubling Müller*, 4ª ed. Rio de Janeiro: O Cruzeiro, 1966.

NEVES, Maria Manuela Renha de Novis. *Relatos políticos (entrevistas: memória divisionista – MT)*. Rio Bonito, RJ: Mariela, 2001.

NOGUEIRA FILHO, Paulo. *Ideias e lutas de um burguês progressista: a guerra cívica 1932; ocupação militar*. Rio de Janeiro: José Olympio, 1965 v. I.

OLIVEIRA, José Dirceu de, In: REIS FILHO, Daniel Aarão e MORAES Pedro de. *68: a paixão de uma utopia*. Rio de Janeiro: Espaço e Tempo, 1988.

OLIVEIRA, Pedro Lobo de, In: CASO, Antônio (org.). *A esquerda armada no Brasil, 1967-1971*. Thiago de Mello. (trad.). Lisboa: Moraes, 1976.

PADILHA, Guimarães. *Lacerda na era de insanidade*. Niterói: Nitpress, 2010.

PAIVA, Claudio de Lacerda. *Uma crise de agosto: o atentado da rua Tonelero*. Rio de Janeiro: Nova Fronteira, 1994.

PANDOLFI, Dulce Chaves. "Os anos 1930: As incertezas do regime", In: FERREIA, Jorge e DELGADO, Lucilia de Almeida Neves. *O Brasil republicano: o tempo do nacional – estatismo do início de 1930 ao apogeu do Estado Novo*. Rio de Janeiro: Civilização Brasileira. 2003, v. II.

PEIXOTO, Alzira Vargas do Amaral. *Getúlio Vargas meu pai*. Porto Alegre: Globo, 1960.

PEIXOTO, Augusto do Amaral, história oral. CPDOC. 1975.

PINTO [Heron], Herondino Pereira. *Nos subterrâneos do Estado Novo*. Rio de Janeiro: Germinal, 1950.

PORTELA, Fernando e BOJUNGA, Cláudio. *Lampião: o cangaceiro e o outro*, São Paulo: Traço, 1982.

PRESTES, Anita Leocadia. *A Coluna Prestes*. 2ª ed. São Paulo: Brasiliense, 1991.

_____. *Luiz Carlos Prestes e a Aliança Nacional Libertadora: os caminhos da luta antifascista no Brasil, 1934/35*, 2ª ed. Rio de Janeiro: Vozes, 1998.

RABE, Stephen G. *Eisenhower and Latin America: The Foreign Policy of Anti-Communism*. Chapel Hill e Londres: University of North Carolina Press, 1988.

REIS FILHO, Daniel Aarão e MORAES, Pedro de. *68: a paixão de uma utopia*. Rio de Janeiro: Espaço e Tempo, 1988.

_____. *68: a paixão de uma utopia*, 2ª ed. Rio de Janeiro: Fundação Getulio Vargas, 1998.

ROCK, David. *Argentina 1516-1987: From Spanish Colonization to Alfonsín*. Berkeley: University of California Press, 1987.

RODRIGUES, Fernando da Silva. "Uma carreira: as formas de acesso à escola de formação de oficiais do Exército brasileiro no período de 1905 a 1946". Tese de doutorado. Programa de Pos-graduação em História, Universidade do Estado do Rio de Janeiro, 2008.

ROMAGNOLI, Luiz Henrique e GONÇALVES, Tânia (orgs.). "Das ruas, com o povo, à clandestinidade". *História imediata: A volta da UNE: De Ibiúna a Salvador*. São Paulo: Alfa-Omega, 1979, v. V.

ROSE, R. S. *Beyond the Pale of Pity: Key Episodes of Elite Violence in Brazil to 1930*. Bethesda: Austin & Winfield, 1998.

_____. "Johnny's Two Trips to Brazil". *Luso-Brazilian Review*, v. XXXVIII. nº 1, Verão de 2001.

_____. *One of the Forgotten Things: Getúlio Vargas and Brazilian Social Control, 1930-1954*. Westport, CT: Greenwood, 2000.

_____. *The Unpast: Elite Violence and Social Control in Brazil, 1954-2000*. Atenas, OH: Ohio University Press, 2005.

_____. *Uma das coisas esquecidas: Getúlio Vargas e controle social no Brasil, 1930-1954*. São Paulo: Companhia das Letras, 2001.

ROSE, R. S. e SCOTT, Gordon D. *Johnny: A Spy's Life*. University Park, PA: Penn State University Press 2010.

ROUQUIÉ, Alain. *The Military and the State in Latin America*. Berkeley: University of California Press, 1987.

ROWE, John W. F. "Studies in the Artificial Control of Raw Material Supplies: nº 3. Brazilian Coffee". *Royal Economic Society*, nº 34, fevereiro de 1932.

SALGADO, Plínio. "Como eu vi a Itália". *Hierarchia*, nº 5, março-abril de 1932.

SALVATORE, Ricardo D. "The Normalization of Economic Life: Representations of the Economy in Golden-Age Buenos Aires, 1890-1913". *Hispanic American Historical Review*. vol. LXXXI, nº 1, fevereiro de 2001.

BIBLIOGRAFIA

SAMET, Henrique. "O levante do Gueto de Varsóvia e a sobrevivência judaica". *ASA* [Associação Scholem Aleichem]. v. XIV, n° 82, maio/junho de 2003.

SANT'ANNA, Ivan. *Caixa-preta*. Rio de Janeiro: Objetiva, 2000.

SCHEMAN, L. Ronald (ed.). *The Alliance for Progress: A Retrospective*. Nova York: Praeger, 1988.

SILVA, Giselda Brito. "Ação Integralista Brasileira e a ditadura de Vargas". *O corporativismo em português: estado, política e sociedade no salazarismo e no varguismo*. In: MARTINHO, Francisco Carlos Palomanes e PINTO, António Costa (orgs.). Rio de Janeiro: Civilização Brasileira, 2007.

SILVA, Hélio. *1922, sangue na areia de Copacabana: o ciclo de Vargas – volume I*. Rio de Janeiro: Civilização Brasileira, 1964.

_____. *1930, a revolução traída: o ciclo de Vargas – vol. II*. 2ª ed. Rio de Janeiro: Civilização Brasileira, 1972.

_____. *1938-terrorismo em campo verde: o ciclo de Vargas – vol. X*. Rio de Janeiro: Civilização Brasileira, 1971.

SILVA, Hélio e CARNEIRO, Maria Cecília Ribas. *Fim da Primeira República, 1927-1930*. Rio de Janeiro: Três, 1975.

SINGELMANN, Peter. "Political Structure and Social Banditry in Northeastern Brazil". *Journal of Latin American Studies*. v. VII. n° 1, maio de 1975.

SKIDMORE, Thomas. *Brasil: de Castelo a Tancredo*. Rio de Janeiro: Paz e Terra, 1989.

_____. *The Politics of Military Rule in Brazil, 1964-1985*. Nova York: Oxford University Press, 1988.

SOCOLOW, Susan Migden. Resenha de *Cousins and Strangers: Spanish Immigrants in Buenos Aires, 1850-1930* por José C. Moya. Berkeley: University of California Press, 1998 em *The Journal of Interdisciplinary History*, verão 1999, v. XXX, n° 1.

SODRÉ, Nelson Werneck. *A Intentona Comunista de 1935*. Porto Alegre: Mercado Alemão, 1986.

_____. *História militar do Brasil*. Rio de Janeiro: Civilização Brasileira, 1965.

SOUZA, Percival de. *Autópsia do medo: vida e morte do delegado Sérgio Paranhos Fleury*. São Paulo: Globo, 2000.

SZULC, Tad. *Twilight of the Tyrants*. Nova York: Henry Holt, 1959.

TÁVORA, Juarez. *Uma vida e muitas lutas: memórias*. Rio de Janeiro: Biblioteca do Exército, 1973.

TRINIDADE, Hélgio. *Integralismo: o facismo brasileiro na década de 30*. São Paulo: Difusão Europeia do Livro: Porto Alegre: UFRGS, 1974.

VARGAS, Getúlio. *A nova política do Brasil: o Estado Novo – 10 de novembro a 25 de julho de 1938*. Rio de Janeiro: José Olympio, 1938. vol. V.

_____. *Getúlio Vargas: diário, 1930-1936*. São Paulo: Siciliano e Rio de Janeiro: Fundação Getulio Vargas, 1995, v. I e II.

VENTURA, Zuenir. *1968: o ano que não terminou*. Rio de Janeiro: Nova Fronteira, 1988.

VIANNA, Hélio. *História do Brasil: monarquia e república*. 8ª ed. rev. São Paulo: Melhoramentos, 1970.

VIANNA, Marly de Almeida Gomes. *Revolucionários de 35: sonhos e realidade*. São Paulo: Cia. das Letras, 1992.

WAACK, William. *Camaradas: nos arquivos de Moscou: as histórias secretas da revolução brasileira de 1935*. São Paulo: Companhia das Letras, 1993.

WERNECK, Maria. *Sala 4: primeira prisão política feminina*. Rio de Janeiro: CESAC, 1988.

YOUNG, Jordan. *The Brazilian Revolution of 1930 and the Aftermath*. New Brunswick. NJ: Rutgers University Press, 1967.

DOCUMENTOS E PUBLICAÇÕES DO GOVERNO, DO ESTADO E OFICIAIS

BRASIL. *Almanak do Ministério da Guerra para o anno de 1922*. Rio de Janeiro: Militar, 1922.

_____. "Ata da reunião de 28 de agosto de 1947". *Diário do Congresso Nacional*, 9 de setembro de 1947, seção II.

_____. "Ata da reunião de 11 de setembro de 1947". *Diário do Congresso Nacional*, 20 de setembro de 1947, seção II.

_____. "Ata da reunião de 25 de setembro de 1947". *Diário do Congresso Nacional*, 27 de setembro de 1947, seção II.

_____. "Ata da reunião de 27 de outubro de 1947". *Diário do Congresso Nacional*. 29 de outubro de 1947, seção II.

_____. Ata da reunião de 13 de novembro de 1947". *Diário do Congresso Nacional*, 14 de novembro de 1947, seção II.

_____. *Anuário estatístico do Brasil, 1992*. Rio de Janeiro: IBGE, 1993.

BIBLIOGRAFIA

———. *Collecção das leis da Republica dos Estados Unidos do Brazil de 1908*. Rio de Janeiro: Nacional, 1909, v. I.

———. *Collecção das leis da Republica dos Estados Unidos do Brasil de 1919: actos do poder executivo (janeiro a junho)*. Rio de Janeiro: Nacional, 1920. v. II.

———. *Coleção das leis da República dos Estados Unidos do Brasil de 1933: atos do Govêrno Provisório, janeiro a março*. Rio de Janeiro: Nacional. 1934. v. I.

———. *Coleção das leis do Brasil de 1941: atos do poder executivo, decretos de outubro a dezembro*. Rio de Janeiro: Nacional. 1941. vol. VII.

———. Comissão Especial de Inquérito Sôbre Atos Delituosos da Ditadura. Comissão Especial de Inquérito sobre Atos Delituosos da Ditadura. "Acareação entre os depoentes dr. Paulo Elejade, dr. Bernardino Carvalho, sr. Samuel [P]ereira". *Diário do Congresso Nacional*, 19 de junho de 1947, seção II.

BRASIL. "Depoimento do Dr. Paulo Franklin de Souza Elejalde". *Diário do Congresso Nacional*, 27 de maio de 1947, sessão II.

———. "Depoimento do Sr. Abel Chermont". *Diário do Congresso Nacional*, 27 de setembro de 1947, sessão II.

———. "Depoimento do Sr. Adib Jabur". *Diário do Congresso Nacional*, 7 de junho de 1947, sessão II.

———. "Depoimento do Sr. Antônio Soares de Oliveira". *Diário do Congresso Nacional*, 28 de agosto de 1947, sessão II.

———. 'Depoimento do Sr. Aristophanes Barbosa Lima". *Diário do Congresso Nacional*, 8 de agosto de 1947, sessão II.

———. "Depoimento do Sr. Belmiro Valverde". *Diário do Congresso Nacional*, 22 de março de 1947, sessão II.

———. "Depoimento do Sr. Bernardino Oliveira Carvalho". *Diário do Congresso Nacional*, 7 de junho de 1947, sessão II.

———. "Depoimento do Sr. Carlos Marighela". *Diário do Congresso Nacional*, 28 de agosto de 1947, sessão II.

———. "Depoimento do Sr. David Nasser". *Diário do Congresso Nacional*, 8 de agosto de 1947, sessão II.

———. "Depoimento do Sr. Francisco de Oliveira Melo". *Diário do Congresso Nacional*, 23 de outubro de 1947, sessão II.

_____. "Depoimento do Sr. Iguatemi Ramos da Silva". *Diário do Congresso Nacional*, 9 de setembro de 1947, sessão II.

_____. "Depoimento do Sr. João Alves da Mota". *Diário do Congresso Nacional*, 28 de agosto de 1947, sessão II.

_____. "Depoimento do Sr. João Basilio dos Santos". *Diário do Congresso Nacional*, 25 de setembro de 1947, sessão II.

_____. "Depoimento do Sr. João Massena Melo". *Diário do Congresso Nacional*, 9 de setembro de 1947, sessão II.

_____. "Depoimento do Sr. José Andre dos Santos". *Diário do Congresso Nacional*. 9 de setembro de 1947, sessão II.

_____. "Depoimento do Sr. Luiz Carlos Prestes". *Diário do Congresso Nacional*, 20 de setembro de 1947, sessão II.

_____. "Depoimento do Sr. Odilon Vieira Gallotti". *Diário do Congresso Nacional*, 7 de junho de 1947, sessão II.

_____. "Depoimento do Sr. Olindo Semeraro". *Diário do Congresso Nacional*. 23 de julho de 1947, sessão II.

_____. "Depoimento do Sr. Samuel Lopes Pereira". *Diário do Congresso Nacional*. 28 de maio, 1947, sessão II.

_____. "Depoimento do Sr. Vitor do Espírito Santo". *Diário do Congresso Nacional*. 8 de novembro de 1947, sessão II.

_____. "Visita da comissão ao hospital de alienados Pedro II". *Diário do Congresso Nacional*. 21 de junho de 1947, sessão II.

_____. Voto do senhor deputado Raul Pila na Comissão de Inquérito Sobre Atos Delituosos da Ditadura a respeito do requerimento do Sr. Ruy Ameida". *Diário do Congresso Nacional*, 28 de agosto de 1947, sessão II.

_____. Conselho Nacional de Estatística. *Anuário estatístico do Brasil, 1939-1940*. Rio de Janeiro: IBGE, 1941.

_____. *Lei n. 1.860 de 4 de janeiro de 1908, Regula o alistamento e sorteio militar e reorganisa o exército*. Rio de Janeiro: Nacional, 1908.

_____. *Leis do Brasil*. Rio de Janeiro: Nacional. 1936. vol. IV. parte 2.

_____. Ministerio da Agricultura, Industria e Commercio. *Annuario Estatistico do Brazil, 1908- 1912*. Rio de Janeiro: Typografica da Estatistica, 1916, v. I.

BIBLIOGRAFIA

_____. *Recenseamento do Brazil: Realizado em 1 de setembro de 1920*. Rio de Janeiro: Directoria Geral de Estatistica, 1929, vol. I, parte 4.
_____. Senado Federal. *Discursos*. Brasília: Senado Federal, 1970.
_____. Superior Tribunal Militar. Carta. "Heraclito Fontoura Sobral Pinto para Raul Machado", 15 de janeiro de 1937, apelação 4899, série a, v. II.
Estado de Mato Grosso. 3º Serviço Notarial e Reg. das Pessoas Naturais de Cuiabá. "Certidão de Nascimento", livro: 8-1ª série, termo: 15.
França. Secretariat d'Etat aux Transportes. *Journal Officiel de la République Française: Rapport Final de la Commission d'Enquête sur l'accident survenu au Boeing 707 PP-VJZ de la Compagnie Varig à Saulx-les-Chartreux, le 11 juillet 1973*. Ano 1976, nº 17, 6 de abril de 1976.

FILMES E MÚSICAS

A Revolução de 30. Dirigido por Sylvio Back, 1980.
Casablanca. Dirigido por Michael Curtiz, 1942.
État de siège (Estado de sítio). Dirigido por Constantin Costa-Gavras, 1973.
Freire Junior, [Francisco José] e "Caréca" [Luís Nunes Sampaio]. "Ai seu mé" em *Enciclopédia da música brasileira: erudita, folclórica e popular*. São Paulo: Art, 1977.

E-MAILS E ENTREVISTAS

Almeida, Maria Luiza Müller de. E-mail. 17 de junho de 2007; entrevistas, Barra da Tijuca, RJ, 17 de junho de 2007; 20 de setembro de 2007; Rio de Janeiro, 10 de fevereiro de 2008; e entrevista telefônica, Rio de Janeiro/Barra da Tijuca, 27 de julho de 2007.
Almeida, Valtair. Entrevista. Rio de Janeiro, 9 de agosto de 2008.
Amado, Thomé. Entrevistas. Rio de Janeiro. 21 de agosto de 1994; 28 de setembro de 1994; e 9 de outubro de 1994.
Azevedo, Maria Müller Peixoto de. Entrevista. Rio de Janeiro, 10 de fevereiro de 2008.
Bicudo, Hélio. Entrevista. São Paulo, 22 de dezembro de 2009.
Borer, Cecil. Entrevistas. Rio de Janeiro: 13 de maio de 1998; 28 de maio de 1998; e 29 de maio de 1998;

Brasil. Consulado Geral em Buenos Aires. E-mail, 29 de agosto de 2007.
Corrêa, Cristíana de Araujo. Entrevista. Rio de Janeiro, 23 de junho de 1994.
Corrêia, Luiz Alves. E-mail, 7 de janeiro de 2009; e Entrevista. Rio de Janeiro, 22 de maio de 2007.
Cox, John. E-mail, 23 de abril de 2009.
Cunha, Pedro Leitão da. Entrevista. Rio de Janeiro, 27 de novembro de 2007.
Dulles, John W. F. E-mail, 23 de agosto de 2007.
Eresmar, Antonio. Entrevista telefônica. Rio de Janeiro/Brasília, 15 de julho de 2008.
Faria, Paulo. E-mail, 6 de janeiro de 2010.
Garcia, Philadelpho. Entrevistado por Stella Maris Floresani Jorge. Três Lagoas, MS, 21 de agosto de 1988.
Gracie, Robson. Entrevista. Rio de Janeiro, 6 de agosto de 1991.
Gutman, José. Entrevista de Janeiro, 10 de junho de 2007.
Jucá, Pedro Rocha. E-mails. 26 de fevereiro de 2007; 7 de março de 2007; 16 de julho de 2007; e Entrevista. Cuiabá, MT, 5 de julho de 2007.
Lima, Helena Júlia Müller de Abreu. entrevista. Cuiabá. MT. 3 de julho de 2007.
Martins, Francisco José Corrêa. e-mails. 24 de agosto de 2007; 28 de agosto de 2007; e Entrevistas. Rio de Janeiro, 28 de maio de 2007; 2 de agosto de 2007; 3 de setembro de 2007; 25 de fevereiro de 2008; 30 de julho de 2008.
Mello, Gustavo de. E-mails. 3 de setembro de 2007; 6 de setembro de 2007; 8 de setembro de 2007; e Entrevista. Campo dos Afonsos. RJ, 17 de agosto de 2007.
Melo, Severino Theodoro de. Entrevista. Rio de Janeiro, 14 de fevereiro de 2006.
Moreno, Jorge Bastos. E-mail. 15 de abril de 2007.
Müller, Filinto. Entrevistado por Flamarion Mossri, s. e., s.l. . In: SILVA Riograndino da Costa e. *A revolução de 5 de julho de 1922*. Porto Alegre: Sulina, 1972.
Müller, Filinto. Entrevistado por John W. F. Dulles. Brasília, 15 de outubro de 1965.
Müller, Fred. Entrevista. Cuiabá, 5 de julho de 2007.
Prestes, Luiz Carlos. Entrevista. Rio de Janeiro, 13 de agosto de 1987.
Rocha, Goretti. E-mail, 21 de agosto de 2008.

BIBLIOGRAFIA

Rodrigues, Fernando da Silva. Entrevista. Rio de Janeiro, 3 de setembro de 2007.
Samet, Henrique. E-mail, 12 de novembro de 2007.
Serrano, Flavio. E-mail, 17 de julho de 2009.
Silva, Rita Generosa Müller Pereira da. Entrevista. Rio de Janeiro, 10 de fevereiro de 2008.
Sodré, Nelson Werneck. Entrevista. Rio de Janeiro, 8 de agosto de 1991.
Tadeu, Jorge. E-mail, 2 de agosto de 2007.

INTERNET

"Algumas pessoas conhecidas com o Patronímico Müller". <http://br.geocities.com/familia_mueller/personalidadesmueller.html>, acessado em 4 de março de 2007.
"A revolta de 57: A vitória dos posseiros contra o avanço dos latifundiários". <http://www.anovademocracia.com.br/index2.php?option=com_content&do_pdf=1&id=1095>, acessado em 3 de setembro de 2008.
"Auro de Moura Andrade". <http://www.cpdoc.fgv.br/nav.jgoulart/htm/Biografiss/Auro_de_Moura_Andrade, asp>, acessado em 7 de dezembro de 2008.
Cambeses Júnior, Manuel. "Homenagem ao Marechal-do-Ar Casimiro Montenegro Filho". <http://64.233.169.104/search?q=cache:OmHNz3T2YGoJ:www.incaer.aer.mil.br/MontenegroFilho.htm+campo+dos+afonsos+outubro+de+1930&hl=en&ct=clnk&cd=11>, acessado em 8 de agosto de 2007.
Cristiana Schettini e Thaddeus Blanchette, "A History of Rio Sex". <http://redlightr.io/a-history-of-rio-sex/>, acessado em 2 de julho de 2014.
"Eleições no Brasil de 1945 a 2006". <http://karenediego.com/download/ElBr1945A2006.doc>, acessado em 18 de agosto de 2008.
"Fenelon Müller". <http://pt.wikipedia.org/wiki/ Fenelon_MA1/4ller>, acessado em 30 de julho de 2007.
"Filinto Müller". <http://www.senado.gov.br/sf/senadores/presidentes/p_pos64 Filinto_Muller.asp>, acessado em 9 de abril de 2007.
"História de Cuiabá MT". <http://www.achetudoeregiao.com.br/MT/cuiaba/historia.htm>, acessado em 14 de julho de 2009.
"Joaquim Távora". <http://www.cpdoc.fgv.br/nav_historia/htm/biografias/ev_bio_joaquimtavora.htm>, acessado em 26 de agosto de 2007.
"Mato Grosso". <http://en.wikipedia.org/wiki/Mato_Grosso>, acessado em 31 de julho de 2007.

"Mato Grosso do Sul". <http://en.wikipedia.org/wiki/Mato_Grosso_do_Sul>, acessado em 31 de julho de 2007.

"Pantanal". <http://en.wikipedia.org/wiki/Pantanal>, acessado em 31 de julho de 2007.

"Police as Madams", <http://redlightr.io/police-as-madams/>, acessado em 2 de junho de 2014.

"Polícia Especial". <http://pt.wikipedia.org/wiki/Pol%C3%Adcoa_Especial>, acessado em 13 de setembro de 2007.

"Ponte Francisco de Sá". <http://pt.wikipedia.org/wiki/Ponte Francisco_de_SÃ¡>, acessado em 30 de julho de 2007.

SAHR, Robert C. "Consumer Price Index (CPI) Conversion Factors 1774 to Estimated 2019 to Convert to Estimated Dollars of 2009". <http://oregonstate.edu/cia/polisci/faculty-research/sahr/sahr.htm>, acessado em 10 de janeiro de 2010.

SAMET, Henrique. "Non Passaran olvidados: Judeus do Brasil na Guerra Civil Espanhola e Resistência Francesa". <http://www.espacoacademico.com.br/041/41csamet.htm>, acessado em 11 de novembro de 2007.

"TenBrigAr Araripe de Macedo". <http://www.incaer.aer.mil.br/Araripe.html>, acessado em 8 de agosto de 2007.

"TuTiempo.net."Historical Weather: Rio De Janeiro Aeroporto, Brazil". <http://www.tutiempo.net/en/Climate/Rio_De_Janeiro_Aeroporto/07-1973/837550.htm>, acessado em 23 de abril de 2009.

JORNAIS E PERIÓDICOS

A Defeza Nacional (Rio de Janeiro), 1913.
A Manhã (Rio de Janeiro), 1935-43.
A Noite (Rio de Janeiro), 1931-37.
A Pátria (Rio de Janeiro), 1935.
Agorafoz (Foz do Iguaçu, PR), 1997.
Carta Mensal, ARENA (Brasília), 1972.
Correio Braziliense (Brasília), 1973.
Correio da Manhã (Rio de Janeiro), 1930-73.
Diario Carioca/Diário Carioca (Rio de Janeiro), 1950-63.
Diario da Noite (Rio de Janeiro), 1935-41.
Diário de Cuiabá, 2000.
Diario de Noticias (Rio de Janeiro), 1935.

BIBLIOGRAFIA

Diário do Congresso Nacional (Rio de Janeiro/Brasília), 1947-73.
Diario official/ Diário Oficial (Rio de Janeiro), 1935-68.
Diretrizes (Rio de Janeiro), 1947.
Época (Rio de Janeiro), 2000.
Fatos e Fotos (Rio de Janeiro), 1973.
Folha de S.Paulo, 1968-2008.
Imprensa (São Paulo), 1994.
International Press Correspondence (Londres), 1936.
Isto é Senhor (São Paulo), 1991.
Jornal do Brasil (Rio de Janeiro), 1935-2008.
Jornal do Commercio (Recife), 2001.
Jornal do Commercio (Rio de Janeiro), 1924-1973.
Jornal do Povo (Rio de Janeiro), 1934.
Jornal do Povo (Três Lagoas, MS), 1973-1992.
Jornal Hora do Povo (São Paulo), 2005-2006.
Manchete (Rio de Janeiro), 1973.
Maquis (Rio de Janeiro), 1956.
Miami New Times, 2005.
New York Times, 1930-1971.
O Cruzeiro (Rio de Janeiro), 1945-1973.
O Dia (Rio de Janeiro), 1973.
O Estado de S. Paulo, 1931-1979.
O Globo (Rio de Janeiro), 1938-2013.
O Imparcial (Rio de Janeiro), 1936.
O Jornal (Rio de Janeiro), 1935-1938.
Time (Chicago), 1940-1950.
Tribuna da Imprensa (Rio de Janeiro), 1956-1959.
Ultima Hora (Rio de Janeiro), 1963-1972.
Veja (Rio de Janeiro), 1972-2009.

Índice

1ª Divisão Revolucionária de São Paulo, *ver* Revolução de 1924 e Müller, Filinto
4ª Delegacia Auxiliar, 94
30º Congresso Nacional da União Nacional dos Estudantes, 248

Abel Neto, 48
Academia do Commercio, 139
Academia Militar de Realengo, *ver* Exército, Academia Militar de Realengo e Filinto Müller
Ação Integralista Brasileira, 15, 101-102, 122, 126, 132, 136-139, 143, 200, 210, 218, 221, 301 n.25 "camisas-verdes", 122, 135, 136-137, 189, códigos para inimigos, 140, 311 n.24, Estado Novo, 135, Euclides Figueiredo, 205, "galhinhas-verdes", 102, 139, 300 n.15, golpe, 139, Gustavo Barroso, 135, 140, Marinha Brasileira, 137, 140, 218, Plínio Salgado, **Figura 16**, 101, 131-132, 135-136, 140, 152, presos, 140, 312 n.34, 313 n.37, *Putsch* de Pijamas, **Figura 31**, 139, 185, 187-189, 205, 311 n.30, 311 n.32, 312 n.34, requisitos de adesão, 102, Severo Fournier, 137, 140, 185, 200, tortura, 190, 219

A Classe Operária, 203
Acuña, Cora, "Corita", 178-182, 222
Acuña, Teresa, "Teresoca", 178-182, 222
Adão, Sebastião, 156
A Defeza Nacional, 286 n.31
adelfis, 186, 204
Aeródromo Campo dos Afonsos, **Figura 12**, 48, 57, 79, 87-89, 286 n.23
Aeroporto Santos Dumont, 139
Afilhado, Castro, 55
AHEx, *ver* Exército Brasileiro, Arquivo Histórico do Exército
AI-5, *ver* Ato Institucional nº 5
AIB, *ver* Ação Integralista Brasileira
Ajax, 154
Alberto, João, *ver* Barros, João Alberto Lins de
Albuquerque, João Pessoa Cavalcânti de, 83, morto, 83-85
Albuquerque, Júlio Prestes de, 82, 83
Aleixo, Pedro, 244, 250
Alemanha, 22, 88, 96, 113, 122, 126, 133, 139, 153, 187, 307 n.92, 317 n.74
Alencar Filho, Álvaro Gurgel de, CPI (policiais), 209, tortura, 162, 189, 198, 209, 211, 328 n.53, "Seção de Explosivos", 162, 190

Alexander, José, 203
Alfaya, Carmen de, *ver* Ghioldi, Carmen de Alfaya
Aliados, 152, 155, 159, 317 n.73
Aliança Liberal, 83-84
Aliança Nacional Libertadora, 103-106, 109-115, 130, 229, fechamento, 115, 117, 303 n.42, programa, 103-104
Aliança para o Progresso, 232, 239, 333 n.29
Aliança Renovadora Nacional, 240, 242, 248, 250-251, 253, 255, Filinto Müller, **Figura 38**, 164, 240-246, 248, 250-262, 265-268, 271, 337 n.70, 339 n.99
alicates, 212
Almeida, Flávia Müller de, 267
Almeida, José Américo de, 131-132
Almeida, Maria Luiza Müller de, **Figura 19**, 12, 17, 64, 76, 138, 157, 266, 271, 280 n.4, 285 n.11, 291 n.5, 293 n.20, 340 n.1
Almeida, Rui, 188, 191, 197-198, 209, 211, 216
Alves, Deus Nobre, 248
Alves, Glicério, 188
Alves, Hermano, 249-250
Alves, Hesíodo de Castro, 138
Alves, Márcio Moreira, 243, 246-250, "Discurso de Lisístrata", 246
Alkmimn, José Maria, 231
Amado, Thomé, 301 n.29, 306-307 n.89
A Manhã, 111-112, 261
Américo, José, *ver* Almeida, José Américo de
Amigos da Rússia, 91
Andrada, Antônio Carlos Ribeiro de, 81-82

Andrade, Auro Soares de Moura, 234
ANL, *ver* Aliança Nacional Libertadora
A Noite, 226, 296 n.37
antissemitismo, *ver* judeus e antissemitismo
A Ofensiva, 122
A Pátria, 105-106
Aragão, Cândido, 241
Aragão, Salvador, 50
Aragarças, 233, 234, 236
Aramburu, Pedro Eugenio, *ver* Cilveti, Pedro Eugenio Aramburu
Aranha, Cyro, 153
Aranha, Euclides, 157
Aranha, Luiz, 153
Aranha, Oswaldo Euclydes de Souza, **Figura 28**, antissemitismo, 151, Associação de Colonização Judaica, 151, caso dos holandeses, 156, Cezar Garcez, 157, David Nasser, 185, Eixo, 153, e o FBI, 139, Estado Novo, 151, Eurico Dutra, 158-159, Filinto Müller, 139, 153, 155-157, Getúlio Vargas, 83, 88-90, 100, 121, 155-157
Araujo, Alcides Teixeira de, 69
ARENA, *ver* Aliança Renovadora Nacional
Argentina, 32, 60-61, 64-65, 67-68, 70-72, 103, 127, 133, 178-179, 230, 262, 306 n.82, Exército argentino, 153
Aristófanes, 246
Arlindo, Carlos, 54
Arquivo Histórico do Exército, *ver* Exército Brasileiro, Arquivo Histórico do Exército
arrocho salarial, 245
Arsenal da Marinha, *ver* Marinha, Arsenal da Marinha

ÍNDICE

Assembleia Constituinte, 176
Associação Brasileira de Imprensa, 95, 98, 261, 327 n.49
Ato Institucional n° 1, 238
Ato Institucional n° 2, 240
Ato Institucional n° 5, 18-19, 249, 251, 253, 255, 337 n.68-69
A União, 84
Áustria, 133
Automóvel Clube, 241

Bachi, Américo, 138
Baleeiro, Aliomar, 188
Banco Interamericano, 239
Banco Mundial, 239
Bandeira, Beatriz, 313 n.37
Barata, Agildo, 199
Barbosa, Elisiário Alves, 189, 192-198, 326 n.41
Barbosa, Rui, *ver* Oliveira, Rui Barbosa
Barreto, Barros, 123
Barreto, Plínio, 188, 191, 193, 200, 201, 203-205, 208-213, 220
Barron, Victor Allen, 111, 124, 276, 306 n.83
Barros, Adhemar de, 169, 226, 322 n.31
Barros, Antônio Paes de, "Totó Paes", 25-26
Barros, João Alberto Lins de, **Figura 11**, 46, 54, 100, AIB tentativa de capturar, 138, chefe da polícia no Rio de Janeiro, 92-94, Clevelândia, 110, Filinto Müller, 52, 89-94, 100, 296 n.39, interventor em São Paulo, 91-94, Legião Revolucionária, 92, Partido Social Democrático de Pernambuco, 95
Barroso, Gustavo, 135, 140, torturado, 199

Bastos, Joaquim Justino Alves, 46
Batista, João, 208
Batista, Pedro Ernesto, **Figura 13**, 88, 116-117, 130
Baxter, Joe (aliás Bernard Regan), 268
Beiriz, Anaíde, 84
Bélgica, 37, 133
Belini (soldado), 216
Benário, Olga, **Figura 17**, 111, 119, 124, 126-127, 215, deportada, 126-127, 275, 306 n.83
Benedito, Lopes, 219
Benício, Valentim, AIB tentativa de capturar, 138
Bergamini, Adolfo, 46
Berger, Elise, *ver* Ewert, Auguste Elise
Berger, Harry, *ver* Ewert, Arthur Ernst
Berle, Adolf A., 163
Bernardes, Artur da Silva, **Figura 7**, 42-46, 80, 112, 116, 286 n.27, 294 n.7, 302 n.32, bombardeamento de São Paulo, 54-56, cartas falsas, 43, nomes pejorativos, 43, 55, 289 n.12, Revolução de 1922, 45-46, Revolução de 1924, 55-56, 58, 88
Beth Israel, 96
Bicudo, Hélio, 255, 317-318 n.74
Bockel, Clito Barbosa, 178-179, 181, 222
Bockel, Paulo, 181
Boilesen, Henning Albert, 257, 338-339 n.91
Bolívia, 21, 23, 32, 233, 248
Bonfim, Antônio Maciel, 110, 126, "Miranda", 110
Bonfim, Geronimo Ignacio, 167
Borer, Cecil de Macedo, 142, 299 n.6
Borges, Cesar Augusto, 166
Botelho, Adauto, 196

Braga, Antônio Pedro Müller, **Figura 42**, 266-268, 271-272
Braga, Júlia Rita Müller **Figura 19**, 17, 91, 138, 266, 271
Braga, Saturnino, 342 n.8
Braga, Serafim Soares, 200-202, 211-212, CPI (policiais), 209, Iguatemi Ramos da Silva, 220, tortura, 129, 190, 202, 212-213, 216, 220, 308 n.3
Branco, Humberto de Alencar Castello, 18, 38, 237-240, 243, 249, 258-259, 277-279, morte, 259
Branco, Romão Castelo, 211
Brandão, Lafayette de Lima, 171
Brant, Mário, 199
Brás, Venceslau, 24
Brasil, Orlando, 188
Brito Júnior, Xavier de, 46
Brito, Juvenal de, 205
"Brito" (um cabo), 218
Brizola, Leonel, 184
Brown, Joseph F, 7 Epígrafe
Bruder, Joerg, 268
"Buck Jones", 199, 212
Burnier, João Paulo Moreira, 234
Buzaid, Alfredo, 255

Cabanas, João, 61, 63, 66
"Cabeças de Tomate", *ver* Polícia
"Café com Leite", 40, 81
Café Filho, João, 205, 225, 229
Café Tabaria, 105
Caffery, Jefferson, 159
Calógeras, João Pandiá, 37, 44
Câmara dos Deputados, 176, 220, 224, 233-236, 246-247, 250, 257, 260, fechado, 250
Câmara, Jaime de Barros, 228, comunismo, 230

Câmara, Mário, 109
Cambará, 314 n.51
Campanha da Mulher pela Democracia, 241
Campo dos Afonsos, *ver* Aeródromo Campo dos Afonsos
Campos, Antônio de Siqueira, 45, 60-61, 287 n.38
Campos, Carlos de, 57
campos de concentração (colônias agrícolas), 131, 309 n.6
Campos, Francisco "Chico" Luís da Silva, 132-133, 136, 319 n.6, AIB tentativa de capturar, 138, Associação de Colonização Judaica, 151, Eixo, 152, Filinto Müller, 132-133, 151-152, 304 n.61, orientação política, 151, Plínio Salgado, 132
Campos, Siqueira, *ver* Campos, Antônio de Siqueira
Cançado, Lopes, 188
Cancelli, Elizabeth, 342 n.4
Caneppa, Vitório, 126, 166, Dois Rios, 208, 219, Getúlio Vargas, 321 n.26, Luiz Carlos Prestes, 216, tortura, 190
cangaço e banditismo rural, 168-169
Catanduvas, **Figura 9**, 61-62, 65
Cantu, Cesar, 166
capacete com fusíveis, 212
CAP (Caixa de Aposentadoria e Pensões do Servico Publico), 166
Cardoso, Dulcídio, 92, 166
Carlos, Antônio, *ver* Andrada, Antônio Carlos Ribeiro de
Carneiro, Edgard Ribas, 106
Carneiro, Nelson de Sousa, 255, 257
Carneiro, Oscar, 188, 193-194
Carpenter, Mário Tamarindo, 48

Carriere, Marinus Cornelis Johan, 156
Carta a el-rei D. Manuel, 314 n.51
Caruso, Francisco, 197
Carvalho, Bernardino Oliveira, 196-199, 327 n.49
Carvalho, Clelio Souza de, em Argentina, **Figura 10**
Carvalho Filho, Aluísio Lopes Aloysio de, 242
Casablanca, 313 n.37
Casa de Correção, 126, 189-190, 313 n.45
Cascardo, Hercolino, 89, 104, 130
Castro, Alceu Verlangiere de, 166
Castro, Durval Furtado de, 138
Castro, Fidel, **Figura 35**, 259
Castro, Guilherme Nilo Sarmento de, 143-144
Castro, José Fernandes Leite de, 89
Cavalcanti, Luíz Celso Uchoa, 46
Caves, Afonso, 167
censura, 86, 95, 98, 133-134, 141, 201, 250, 260, 339 n.102
Centro Nacional de Psiquiatria, 189-190
Chandler, Charles, 248
Chateaubriand, Assis, *ver* Melo, Francisco de Assis Chateaubriand Bandeira de
"Chatô", *ver* Melo, Francisco de Assis Chateaubriand Bandeira de
Chaves, Eloy de Miranda, 237
Chermont, Abel, 204, 214, Filinto Müller, 215, Getúlio Vargas, 214, Vicente Rao, 214
Chermont, Francisco, 214
Chile, 32, 103
Chrysler Corporation, 230
CIA, *ver* EUA (Estados Unidos)
Cilveti, Pedro Eugenio Aramburu, 230

"Círculos de Trabalhadores", 103
Clevelândia, 110, 302 n.32
Clube 3 de Outubro, 90-91, 116
Clube Militar, 43-45
Coelho, Antônio Maria, 25
Coelho, Ester de Souza Ferreira, 167
Colégio Salesiano São Gonçalo, 27-28, 282 n.18
Collet, Heitor, 188
Collor, Lindolfo, 89
colônias agrícolas, *ver* campos de concentração
Colônia Correcional Dois Rios, 95, 126, 206, 208-209, 219
Coluna Miguel Costa-Prestes, 64-65, 91, 275
Comando Geral dos Trabalhadores, 241
Comintern, 70, 110-111, 114-115, 121, 302 n.33, 303 n.49
Comissão de Finanças, 236
Comissão de Relações Exteriores, 253
Comissão de Segurança Nacional, 225, 253
Comissão do Senado para Relações Exteriores, 236
Comissão Encarregada de Examinar os Serviços do Departmento Federal de Segurança Pública, 175-176
Comissão Parlamentar de Inquérito, (policiais), 184-185, 188, 193, 200-201, 203, 209, 213, 220-221, 223-224, (trabalhador), 257
Comitê da Constituição e Justiça, 224
Comitê da Reforma de Eleção Senatorial da Câmara dos Deputados, 224
Comitê de Constituição Nacional, 175
Comitê de Finanças, 224
Comitê de Transportes, Comunicação e Obras Públicas, 224

Companhia de Navegação Lloyd Brasileiro, 201, 210
Companhia Matte Larangeira, 60
Companhia Têxtil Brasileira, 129-130
Comunismo, 314 n.51
comunismo, 18, 70, 98, 102-103, 109-111, 113-122, 126-127, 129, 133, 139-140, 151, 157, 163, 186-187, 202-203, 207, 213, 216, 218-219, 221, 223, 228, 234-235, 256, 261, 277-278, 301 n.22, 302 n.33, 313 n.37, diretiva de número nr. 39 – "Plano de Ação Comunista", 113-115, 303 n.43
Conferência Geral da Organização Internacional do Trabalho das Nações Unidas, 258
Congresso Nacional, 97, 123, 130, 133, 184, 188, 201, 203-205, 210, 213, 223, 225, 233-234, 240-243, 245, 247-248, 250-251, 261-262, 271
Congro, Stenio, 166
Conselho Nacional do Trabalho 163-172, 274
Constituição de 1891, 40
Constituição de 1934, 95, 97-98, 105, 131-132, 193
Constituição de 1937, 132-133, 135
Constituição de 1946, 175-176, 209, 227
Constituição de 1967, 249, 261
Constituição do estado do Mato Grosso, 223
coronelismo, 25
Corrêa, Affonso Henrique de Miranda, **Figura 15**, 96, 122, 160, 216, na Europa, 122
Corrêa, Francisco de Aquino, 26
Corrêa, Luiz Alves, 11, 301 n.26
Corrêa, Otávio, 49
Correia, André Trifino, 125

Correio da Manhã, 223, 237
Cortes, Geraldo de Meneses, 236
Costa, Antônio Corrêa da, 26
Costa, Antônio José de Farias, 146
Costa, Canrobert Pereira da, AIB tentativa de capturar, 138-139
Costa e Silva, Artur da, 18, 38, 240, 243, 250, 277-282, AI-5, 18, doente, 250
Costa, Fernando Corrêa da, 224, 234
Costa Filho, Miguel, 68
Costa, João Valêncio da, 206
Costa, Joaquim Augusto da, 26
Costa, Mário Correia da, 99
Costa, Miguel, *ver* Rodrigues, Miguel Crispim da Costa
Coutinho, Antidia Alves, 130
Cox, John, 341 n.13
Cozinha Proletária Judaica, 120
CNT, *ver* Conselho Nacional do Trabalho
CPI, *ver* Comissão Parlamentar de Inquérito
Crispim, José Maria, 188, 191, 194-198, 206
Cruz, Elmano, 179
Cruz, Vitor César da Cunha, 55
Cuba, 256, 259
Cuiabá, 12, 16, 21-29, 33, 38, 53, 73, 94, 98-99, 104, 116, 128, 136, 148, 170, 172, 208, 223-224, 238
Cuiabano (hoje, Liceu Cuiabano Maria de Arruda Müller), 28
Cunha, Vasco Leitão da, **Figura 29**, Filinto Müller, 156-158, Getúlio Vargas, 156, 319 n.6, manifestação de 4 de julho de 1942, 157

Dantas, João Duarte, 83
Delamare, Júlio, 268
Delamares, Alcebiades, **Figura 16**

Denis, Odílio, 46, 158
Departamento de Aviação Civil, 166
Departamento de Imprensa e Propaganda, 134, 217
DESPS (Departamento Especial de Segurança Política e Social), *ver* Polícia
Departamento de Filosofia da Universidade de São Paulo, 247
Departamento Nacional de Segurança Pública, 219
Dia da Independência, 247
Diário da Noite, 112, 181, 303 n.39
Diário da Serra, 243
Diário de Notícias, 110
Diário do Congresso Nacional, 201, 210
Diário Oficial, 112
Diários Associados, 177, 180-183, 243
Didi, Mamã, 22, 27
Diniz, Maria Catharina, 170
DIP, *ver* Departamento de Imprensa e Propaganda
Diretrizes, 189-192, 194-196
"Discurso de Lisístrata", 246
Ditadura Militar (1964-1985), 164, 237-238, 241-243, 246-247, 248, 246, Carlos Lacerda, 240, 242, 250, Castello Branco, 240-241, 243, 259, 277-278, Costa e Silva, 243, 250, 277-278, Daniel Krieger, 242, 245, 250, Emílio Médici, 19, 253, 255-266, 271, 272, 277-278, 339 n.94, Ernesto Geisel, 266, 272, Filinto Müller, 238, 240-242, 245, 252-253, 255, 259, 261-262, 265-268, 276, 278-280, 339 n.94, Hélio Fernandes, 250, Heráclito Sobral Pinto, 250, Hermano Alves, 250, João Figueiredo, 324 n.1, 334 n.35, Juscelino Kubitschek, 230-233, 239, 250, Márcio Moreira Alves, 246, 246-250, três ministros militares, 250

Dois Rios, *ver* Colônia Correcional Dois Rios
DOPS (Departamento de Ordem Polícia e Social), *ver* Polícia
Dulles, John W. F., 11
Dutra, Eurico Gaspar, **Figuras 25, 31-32**, 141, Adhemar de Barros, 169, AIB, 136, AIB tentativa de capturar, 138, Cuiabá, 136, descrição, 136, Eixo, 152, Estado Novo, 133-134, Estados Unidos, 157, FBI sobre Müller na gabinete de Dutra, 160, Filinto Müller, **Figuras 31-32**, 128, 132-133, 136, 154, 159-160, 162-163, 170, 173, 225, Filinto Müller como chefe de gabinete, 159-160, 164, Getúlio Vargas, 132-133, 136, 152, 160, 162, Jonny de Graaf, 154, Oswaldo Aranha, 156, 158, Plínio Salgado, 136, presidente, 173, PSD, 173, Severo Fournier, 140, 200, União Soviética, 223

Egito, 160, 228
Einstein, Albert, 19
Eisenhower, David, 252
Eisenhower, Dwight, 228, 232
Eixo, 136, 152-153, 155, 157, 160, 171, 187, 307 n.95, 317 n.73, 317 n.74
Eleições de 1922, 42
Elejalde, Paulo Franklin Souza, 189-192, 194-198
Embaixada Britânica, 108

Ernesto, Pedro, *ver* Batista, Pedro Ernesto
Escola de Aviação do Exército no Campo dos Afonsos, **Figura 12**, 48, 57, 79, 87-88, 166
Escola de Direito do Largo do São Francisco, (Escola de Direito da Universidade de São Paulo) 217-218, massacre, 218
Escola Politécnica (agora Universidade de São Paulo), 29, 73
escravidão, 133-134, 239
Espanha, 133, Guerra Civil Espanhola, 133, 310 n.12
esquadrões da morte, 142, 222, 255, 259, 276, 338 n.81
Estação Barão de Mauá, 139
Estação Leopoldina, 139
Estado de sítio, 252
Estado Novo, 15, 104, 118, 133-135, 145-147, 151-152, 169, 172, 175, 182-183, 193, 201, 217, 303 n.39
Estudos Catolicos, 314 n.51
Etchegoyen, Alcides Gonçalves, 161, 187, 210, 219, *cangaceiro mansoísmo*, 162, demissões, 162
EUA (Estados Unidos), 155, 228, 231-232, 256, Aliança para o Progresso, 232, 239, 333 n.29, Charles Chandler, 248, CIA, 248, 252, 338 n.91, comunismo, 122, 139, Departamento de Estado, 139, 155, 252, Daniel Mitrione, 252-253, Exército dos EUA, 248, FBI, 118, 139, 155, 161, 163, FBI sobre Müller na gabinete de Dutra, 160, Filinto Müller, 155-156, 317 n.74, Góis Monteiro, 311 n.30, IBAD, 338 n.91, João Goulart, 237, 239, Juscelino Kubitschek, 235, Operação Pan-Americana, 232, Oswaldo Aranha, 155-156, Plano Marshall, 232, policiais dos EUA, 139, pressão no Vargas, 155, Rui Barbosa, 40, tortura, 252, 255-256, USAID, 252, U.S. Army Air Corps, 87
Europa, 42, 72, 81, 87, 113, 120, 133, 150-151, 222, 238, 256, 268
Ewert, Arthur Ernst, 126, 199, "Harry Berger", 111, 123, 214, "Negro", 123, Sobral Pinto, 123-124, 170, 215, torturado, 123-124, 199, 214-216
Ewert, Auguste Elise, **Figura 18**, deportada, 126-128, 275, 307 n.93, "Machla Lenczycki", 111, "Sabo", 111, 119, 214, 302 n.35, torturada, 124, 199-200, 214-215
Exército Brasileiro, 29, 31-33, 41-45, 55, 80, 86, 91, 97-99, 132, 136, 204, 207, 219, 238, 242, 246, 257, 271, 273, 280 cap.1 n.1, 286 n.27, 310 n.21, 1º Regimento de Artilharia Montada, 39, 46, 1ª Região do Exército, 75, 90, 1º Regimento de Artilharia Montada, 39, 46, 50, 1ª Seções, 53, 2º Destacamento de Artilharia Pesada Independente, 54, 2º Região Militar em São Paulo, 54-55, 2º Regimento de Artilharia Montada, 54, 2ª Seções, 53, 3º Regimento da Infantaria, 48, 120, 3ª Seções, 53-54, 4º Batalhão de Artilharia, 55, 4º Batalhão da Infantaria, 55, 6º Regimento da Infantaria, 55, 16º Batalhão de Artilharia, 17º Batalhão, 53, 39º Batalhão de 13º Regimento da Infantaria, 31, 53º Batalhão do Exército, 31, 283 n.1,

Academia Militar de Realengo, **Figura 5**, 31, 33, 37-38, 46, 50, 55, 91, 96, 98, 238, 283 n.1, AIB, 137, Aragarças, 233, armas nazistas, 153, Arquivo Histórico do Exército, 283 n.1, 293 n.30, bombardeamento de São Paulo, 57, comunismo, 109, derrubada de Vargas em 1945, 172, Escola de Aviação do Exército no Campo dos Afonsos, **Figura 12**, 48, 57, 79, 86-87, Escola de Sargentos de Infantaria, 54, Escola Superior de Guerra, 260, Força Expedicionária Brasileira, 171, Grupo dos Coronéis, 225, Plano Cohen, 132, Regimento de Artilharia Mista, 53, Revolução de 1922, 45-50, 60, Revolução de 1924, 53-66, 69, Revolução de 1930, 82-83, Revolução de 1935, 122, tenentes, 19, 45-50, 53, 77, 85, 92, 95, 97, 116, 262, 277, 315 n.56

Fabrize, Romulo, 69
Facó, Edgard, AIB tentativa de capturar, 138
Faculdade de Medicina da Bahia, 171
Fara, Agenor, 138
Faria, Antonia Georgina de, 27
Faria, Átila, 138
Farias, Gustavo Cordeiro de, 46
Farias, Oswaldo Cordeiro de, 46, 88, AIB tentativa de capturar, 138
fascismo, 15, 101-103, 106, 112, 114, 118, 122, 133, 152, 217, 221
Fazenda "Abolição", **Figura 26**
Fazenda Floresta, **Figura 9**, 289 n.16
FBI, (Federal Bureau of Investigation), *ver* EUA, FBI

Federação dos Estudantes Universitários de Brasília, 246
Felix, João, 171
Felix Pacheco Institute, 167
Fernandes, Elza, 126
Fernandes, Francisco Bianor, 109
Fernandez-Pintado, Ramiro, 96
Fernando de Noronha, 207, 211
Ferrovia Madeira-Mamoré, 239
Ferroviária da Central do Brasil, 162
Ferraz Filho, Eugênio Marcondes, 138
Ferreira, Simplício Lopes, 138
Fialho, Argemiro, 188, 195
Figueiredo, Euclides de Oliveira, AIB, 210, Carlos Marighella, 205, CPI (policiais), 175-176, 185-186, 188, 192, 194-195, 205, 209, Filinto Müller, 210, 215, Getúlio Vargas, 206, 209, 214, João Batista de Oliveira Figueiredo, 324 n.1, Revolução Constitucionalista de 1932, 205, Vicente Rao, 214
Figueiredo, Ivo Perrazo de, 138
Figueiredo, João Batista de Oliveira, 324 n.1, 334 n.35
Figueredo, Álvaro de, 138
Fleury, Jean-Gérard, 127
Fleury, Sérgio Fernando Paranhos, 253-254, morte de Marighella, 338 n.81
Fonseca, Clodoaldo da, 47, 54
Fonseca, Euclydes Hermes da, 48
Fonseca, Hermes Rodrigues da, 43-48
Fonseca, Manuel Deodoro da, 25
Fonseca, Paulo Apulcro de, 11
Fontes, Amando, 188-189
Fontes, Lourival, 134, 319 n.6, Filinto Müller, 135, Eixo, 152
Fontoura, Manuel Lopes Carneiro da, 275, 342 n.10

Força Aérea Brasileira, 269, Aragarças, 233
Força Aérea do Exército, 33
Força Expedicionária Brasileira, 171
forças armadas, 19, 29, 31-32, 83, 86, 120-121, 136, 140, 155, 161, 168, 235, 247, 249, 259, 295 n.30, AI-5, 18, 251, 253, 337 n.68, positivismo, 87
Formose, 187
Fortaleza de Santa Cruz, 51, 54, 75
Forte de Copacabana, 47, 87
Fournier, Luis, 140, 188, 313 n.35.
Fournier, Severo, 137, doente, 140, 188, 199-201, Eurico Dutra, 138, 200, Filinto Müller, 140, 188, 210
Fragoso, Tasso, 86
Franco, Francisco, 133
Frank, Norbert Moritz, 229
Freire, Francisco José Júnior, 43
Freitas, José Madeira de, 122
Freitas (marinheiro), 206
Frente Ampla, 242-243, 245, 336 n.58
Frondizi, Arthuro, 231
Fry, Claude L., 252
Fundação Central do Brasil, 162
Fuzimoto, Antonio, 269-270, 341 n.16

Galdenao, Antônio Sanchez, 231
Gallicchio, João, 167
Gallotti, Odilon Vieira, 193-197
Galvão, José Torres, 202
Garcez, Cezar, 157
García, Anastasio Somoza, *ver* Somoza, Anastasio
Garcia, Philadelpho, 107, 142, 160, 163, preso, 162, 321 n.17
Gasparini, Neptuno, 189, 199, 329 n.42
"Gaúcho", 202, 218

Gazeta Oficial, 28-29
"Gegê", *ver* Vargas, Getúlio Dornelles
Geisel, Ernesto, 266
Genro, Tarso, 337 n.68
Gestapo, 118, 126-127, 307 n. 95, 317 n.74
Ghioldi, Carmen de Alfaya, 111, 127
Ghioldi, Rodolfo, "Luciano Busteros", 111, 124, 127, 306 n.82
Gibson, Hugh S., 124
Gleiser, Jenny, 127, 307 n.95
Glicério, Alves, 188
Góis Filho, Coriolano de Araújo, 342 n.10, massacre do Largo do São Francisco, 217
Golpe de 1964, 37-38, 222, 235-237, 239, 243, 256, 277
Gomes, Eduardo, 48, 49, 55, 88, 185
Gomes, João, *ver* Ribeiro Filho, João Gomes
Gomide, Aloysio Marés Dias, 252-253
Gonçalves, Evilásio Vilanova, 219
Goulart, João Belchior Marques, "Jango", 235, "acusações, 228-232, golpe, 37-38, 228, 237-239, 241, 256, 277
Governo Provisório, *ver* Vargas, Getúlio Dornelles
Graaf, Jonny de, "Franz Paul Gruber", 123, 326 n.36, Filinto Müller, 111, 118-119, 123-124, 154-155, 276, 317 n.74, *Graf Spee*, 187, MI6, 111, 118, 123, 154-155, 317 n.74, 326 n.36, morte de Helena Krüger, 153
Graf Spee, 154, 187, 326 n.36
Graf Zeppelin, 88
Gavras, Costa, 252
Grécia, 133
Gruber, Franz Paul, *ver* Graaf, Jonny de

ÍNDICE

Guarda Nacional, 41
Gudin, Eugênio, 243
Guerra de Canudos, 23, 32
Guerra do Contestado, 24
Guerra do Paraguai, 32
Guerra do Vietnã, 268
Guerra Fria, 221, 235
Guevara, Che, 248, 338 n.91
Guimarães, Domingos, 145-146
Guimarães, Honestino, 246, 336 n.59
Guimarães Junior, Capitão, 167
Guimarães, Otávio, 55
Guimarães, Ulysses, 272
Guttman, José, 11, 125
Gwyer, Asdrúbal, 55

Hambloch, Ernest, 108
Hammarskjöld, Dag, **Figura 36**
Hansen, Waldemar, 149
Hasslocher, **Figura 16**
Hessels, Marinus, 156
Hest, Max, 317 n.74
Heymann, Luciana Quillet, 11
Hilton, Stanley E., 11, 163
Himmler, Heinrich, 122
Hirgué, Alexandre, 143-144
His Majesty the President of Brazil: A Study of Constitutional Brazil, 108
Hitler, Adolf, 101, 151-152
Holl, Henrique Ricardo, 51, 55, 287 n.45, Argentina, **Figuras 10-11**, Paraguai, 67
Homem providencial, 314 n.51
Hoover, J. Edgar, 163, 317 n.74
Horta, Luiz de Miranda, 166
Hospício Nacional dos Alienados, 192-193
Hospital do Engenho de Dentro, 195
Hospital Pedro II, 193, 198

Hotel Basso, 289 n.24
Hugo, Vitor, 216
Hungria, 133, Levante Húngaro, 228, 332 n.18
Hungria, Nelson, 179
Hutt, Alfred, 111

IBAD (Instituto Brasileiro de Ação Democrática), 338 n.91
Ibiúna, 248
Igreja Católica, 245
Ilha Grande, *ver* Presídio de Dois Rios
imperialismo, 112, 114
Infantil, 314 n.51
Ingleses, 121, 136, 153, 154, 317 n.74
    Exército inglês, 160
Instituto de Pensão dos Trabalhadores do Comércio, 170
Instituto Psiquiátrico, 193, 327 n.49
Intentona Comunista, *ver* Revolução de 1935
Israel, 231
Itália, 90, 101-102, 122, 133, 136-137, 139-140, 171, 217
Itamaraty, *ver* Ministério das Relações Exteriories

Jabur, Adib, 196
Jacksvisk, Ramon, 25-26
Japão, 113, 153
Jesus, R. de, em Argentina, **Figura 11**
Jobim, Danton Pinheiro, 257
Jockey Club, 200
jogo do bicho, 99, 137
Jones, Stuart Edgard Angel, 257, 338 n.91
Jorge, Stella Maris Floresani, 11
Jornal do Brasil, 43, 223, 237
Jornal do Commércio, 181, 267

Jucá, Pedro Rocha, 11, 280 n.5
judeus e antissemitismo, 96, 118, 120, 126, 135, 152, 180, 231, como comunistas, 96, 120, 151-152, 160, entrando o Brasil, 150-151, 316 n.64, 316 n.66, Filinto Müller, 18, 94, 118, 120, 126, 151-152, 232-233, 304 n.61, judeus poloneses, 151-152
"Julião", 202, 329 n.56
Julien, Francisco de Menezes, **Figura 15**, 124, 154
Junta Pacificadora, 86, 89

Kennedy, John F., 232
Krieger, Daniel, 240, 242, 245, 252, Filinto Müller, 246, 250
Kruel, Amauri, 142
Kruel, Riograndino, 216, AIB tentativa de capturar, 138
Krüger, Gertrude, "Gertie", 153
Krüger, Helena "Helena de Graaf", 111, morte, 153
Kubitschek, Juscelino, *ver* Oliveira, Juscelino Kubitschek de

Lacerda, Carlos, 231, comunismo, 104, 301 n.22, Ditadura Militar, 241, Filinto Müller, 231, 240, 243, 245, Frente Ampla, 245, João Goulart, 228-229, 234-235, 239, 242, Juscelino Kubitschek, 228-229, 233, 243, 332 n.13, Magalhães Pinto, 243
Lacerda, Fernando, 110
Lacerda, Mauricio de, 46, 84, 301 n.22
Lassance, Carlos, 216
Lastra, Aqilana "Quilis", 70
Lastra, Consuelo Fernandes de, *ver* Müller, Filinto

Lastra, Francisca, 70, 72
Lastra, Gumersinda, 70, 72
Lastra, Joaquín, 70-72
Lastra, Maria Luiza, 70, 72
Leal, Newton Estillac, 55, 61-62, 65, 120, Argentina, **Figura 10**, 67-68, Filinto Müller, 59, 67, 91, 120, 227, Paraguai, 67, Revolução Constitucionalista de 1932, 93, 205
Leclery, Regina, 268
Legião Revolucionária, 92
Lei Áurea, 23
Lei de Imprensa de 1923, 98
Lei de Imprensa de 1967, 339 n.102
Lei de Segurança Nacional, 105, 124, "Lei Monstro", 105-106
Lei de Sorteio Militar, 29
Lei Sáenz Peña, 72
Lei Teresoca, 182
Leite, Rocha Vaz e Raul, 199
Leme, Sebastião, 87
Levinson, David, 123-124
Levy, Herbert, 236
Lewis, Jerry, 252
Liceu Cuiabano Maria de Arruda Müller, 28
Light Electric Company, 111, 157
Lima, Araújo, **Figura 16**
Lima, Aristófanes Barbosa, 201, 210
Lima, Azevedo, 46
Lima, Jaire Jair de Albuquerque, 46
Lima, João José da, 50
Lima, Pedro Mota, 261
Lima, Raimundo Barbosa, **Figura 16**
Lindmann, Guilherme, 146
Linhares, João, 122
Locatelli, Amelto, 111
Loioli, Deusdédite, 62
Lopes, Antonio, 69

ÍNDICE

Lopes, Isidoro Dias, 55, 1ª Divisão Revolucionária de São Paulo, 58, 60-62, convidado a deixar, 63, 290 n.35, em Paraguai, 67-68, 290 n.35, 291 n.2
Lott, Henrique Batista Duffles Teixeira, 225
Luís, Washington, *ver* Souza, Washington Luís Pereira de
Luzardo, João Batista, 134, 170, e os policiais da Nova York, 139
Luz, Carlos Coimbra da, 227

M4 (Inteligência do Exército Soviético), 110, 298 n.3
maçarico, 186
Machado, José Caetano, 110
Machado, Raul, 124
Machado, Raul da Veiga, 54
Macedo, Araripe de, 88
Maciel, Francisco Antunes, 96
Maciel, Olegário, 85
Magalhães, Dario de Almeida, 182
Magalhães, Eliezer, 229
Magalhães, Juracy, 225-230, 332 n.11, 333 n.21
Maggioli, Ambrosina, 170
Mangabeira, João, 203-204
Mangabeira, Otávio, 234
Maquis, 227, 332 n.13
Marcondes Filho, Alexandre, 163, Eixo, 152
Marcondes, Thales, em Argentina, **Figura 11**
Marighella, Carlos, 201-207, 219-220, 253, morte 338 n.81
Marigo, Cecília, 11
Marigo, Luiz Cláudio, 11
Marinha Brasileira, 41, 47-48, 89, 137, 203-204, 206-207, 215, 218, AIB, 137, 143, 218, 299 n.5, Arsenal da Marinha, 47, Escola Naval, 218
Marinho, Josafá Ramos, 251-253
Martinelli, Osnelli, 335 n.47
Martins, Absguard, 214
Martins, Diocenzano, 189, 191-198, 206, 326 n.41, Getúlio Vargas, 197
Martins, Francisco José Corrêa, 11, 283 n.1
Martins, Silveira, 189
Martins, Vespasiano Barbosa, 94
Martins, Vidal, 201
Marx, Karl, 278, 343 n.17
máscara de couro, 186. 204
Mata, João Alves da, 207-208, 329 n.59
Matos, Alzita de, *ver* Müller, Alzita de Matos
Matos, Juvenal Lino de, 253
Matos, Leônidas Antero de, 94, 99
"Mattos", 202
MDB, *ver* Movimento Democrático Brasileiro
Medeiros, Antônio Augusto Borges de, 80, 294 n.5
Medeiros, Augusto, 203-204, 214
Medeiros Neto, Antônio Garcia de, 131
Médici, Scylla, 272
Médici, Emílio Garrastazu, 19, 253, 255-266, 271-272, 277, 339 n.94
Meira, Lúcio Martins, 206, 218
Mello e Silva, José de, 146
Mello, Gustavo de, 11, 286 n.23
Melo, Benedito José da Costa, 212
Melo, Francisco de Assis Chateaubriand Bandeira de, **Figura 34**, 177-179, "Chatô", 177-182, 185, 187, 243, Clito Barbosa Bockel, 178-179, 181, Cora Acuña, 178-181, 222, David

Nasser, 177, 182-187, *Diário da Noite*, 181, *Diários Associados*, 177, 180, Filinto Müller, 177-178, 180-182, 186-187, Getúlio Vargas, 180-182, 185, morte, 248, *O Cruzeiro*, 185, 324 n.6, Paulo Bockel, 181, preso, 179-180, sexo, 324 n.10, Teresa Acuña, 179-182, 222
Melo, Francisco de Oliveira, 218-219
Melo, João Massena, 212-213
Melo, Leônidas de Castro, 219
Melo, Nelson de, **Figura 40**
Melo Neto, Cardoso, 169
Menezes, Júlio Teles de, 46
Mercado Comum Europeu, 239
Mère Louise, 48
Mesbla, 77
Mesquita Filho, Júlio de, 199
MI-6 (Serviço Secreto de Inteligência Britânico), 111, 118, 123, 125, 154, 157, 317 n.74
Miller, James, 153
Minas Gerais, 317 n.73
Mindelo, Frederico, 131
Ministério da Guerra, 44, 47, 51, 77, 79, 91, 169, 273
Ministério das Relações Exteriores, 141, 151, 153, 155-158
Ministério do Trabalho, 103, 163-164
Ministro da Economia, 153, 231, 245
Ministro da Educação, 132, 135
Ministro da Guerra, 37, 41, 89, 127, 132, 138, 141, 154, 158, 240
Ministro da Justiça, 41, 96, 112, 122, 130-133, 138, 156-158, 216-217, 219, 255, 337 n.68
Ministro do Trabalho, 103, 152, 163
Miranda, Carmen 184
Miranda, Emídio da Costa, 55

Missão Francesa, 33
Mitchell, William "Billy", 87
Mitrione, Daniel, 252-253
monarquia, 24, 42, 280, cap. 1 n.1
Monteiro, Pedro Aurélio de Góis, **Figuras 14**, 23, 28, 93-94, 97, 132, 152, 163, AIB, 136, AIB tentativa de capturar, 138, descrição, 311 n.30, Eixo, 152, Exército do Oriente, 93-94, Getúlio Vargas, 132, 157, 299 n.7, orientação política, 153, Plínio Salgado, 136, *Putsch de Pijamas*, 138-139
Monteiro, Silvestre Péricles de Góis, 163
Montenegro Filho, Casimiro, 88
Montoro, André Franco, 257-258
Moraes, Ernani de, 109
Moraes, Lucir Queiroz de, 147
Moreira Jr., Diogo Figueiredo, 55
Morél, Edmar, 190-193, 327 n.49, Filinto Müller, 192, 197
Moreno, Jorge Bastos, 291 n.5
Moscou, 103, 110-113, 118, 132, 153, 186
Moses, Herbert, 98, 264, Associação Brasileira de Imprensa, *ver* Associação Brasileira de Imprensa
Mota, Danilo Romano da, 138
Mota, Hélio, 217
Moura, Almério de, AIB tentativa de capturar, 138
Moura, Francisco de Paula, 145
Mourão Filho, Olímpio, 132
Movimento Democrático Brasileiro, 240-242, 244, 248, 251, 253, 255, 257, 260, 267, 272
MR-8 (Movimento Revolucionário 8 de Outubro), 338 n.91
Müller, Alzita de Matos, 73

ÍNDICE

Müller, August Frederich, 21-22
Müller, Brígida Albertina Pinto de Vasconcelos, 22
Müller, Civis, *ver* Pereira, Civis Müller da Silva
Müller, Fenelon, **Figura 20**, 22, 280 n.5, fazenda das Palmeiras, 208, ferido, 73-74, e Filinto, 32, 67, 71-72, 274, formação, 29, 71
Müller, Filinto, 12, 15-19, 21-24, 26, 176, 208, 271-272, 289 n.12, 299 n.5, 308 n.2, 1ª Divisão Revolucionária de São Paulo, expulso de, 63-67, 1ª Região do Exército, 71, 90, 1º Regimento de Artilharia Montada, 39, 46, 1ª Seções, 53, 2º Destacamento de Artilharia Pesada Independente, 54, **57**, 2ª Região Militar em São Paulo, 54, 2º Regimento de Artilharia Montada, 54, 2ª Seções, 53, 3ª Seções, 53-54, 16º Batalhão de Artilharia, 53, 39º Batalhão de 13º Regimento da Infantaria, 31, 53º Batalhão do Exército, 31, 283 n.1, Abel Chermont, 214, Academia Militar de Realengo, **Figuras 3-4**, 31, 33-38, 91, 96, 238, Adhemar de Barros, 169-170, Aeródromo Campo dos Afonsos, 77, 87-89, Affonso Henrique de Miranda Corrêa, 160, Afonso Caves, 167, AI-5, 18-19, 255, AIB, 122, 132, 136-138, 160, 276, AIB nomes de código, 138, AIB tentativa de capturar, 138, Alberto Ferreira dos Santos, 166, Albino Pereira da Rosa, 166, Alemanha, 317 n.74, Alfredo Strössner, 258, 339 n.94, Aliança para o Progresso, 239, Aloysio Gomide, 252, Amaral Peixoto, 317 n.74, Ambrosina Maggioli, 170, Anastasio Somoza, 227-228, André Franco Montoro, 257, ANL, 104, 113, Antônio Emílio Romano, 144, 185, Antônio Pedro Müller Braga, **Figura 42**, 268-270, 273-274, António Salazar, **Figura 41**, ARENA, **Figura 38**, 164, 242-247, 251-254, 260, 262, 271, 337 n.70, 339 n.99, Argentina, **Figura 10**, 65-67, 230, 291 n.3, arquivo secreto, 17, 233, Arthur Ernst Ewert, 119, 123-127, 170, 200, Artur da Costa e Silva, 215, 277-278, Assis Chateaubriand, 178-182, 187, 242, Associação de Colonização Judaica, 151, Augusto Medeiros, 203, Ayrton da Costa 167, Banco Interamericano, 239, Banco Mundial, 239, Belmiro Valverde, 190, Benedito Eduardo de Campos, 167, Benedito Valadares e Dag Hammarskjöld, **Figura 36**, Bernardino Oliveira Carvalho, 197-198, Bolívia, 233, *Caderno de Informações*, 147-151, Campos Elísios, **Figura 11**, candidato, 92, Catanduvas, **Figura 9**, 61-62, CAP (Caixa de Aposentadoria e Pensões do Servico Publico), 166, Cardoso de Melo Neto, 169, Carlos Coimbra da Luz, 225, Carlos Lacerda, 231, 238, 241-242, caso dos holandeses, 156-157, censura, 98, 134, 261, 339 n.102, Cezar Garcez, 157, chefe de gabinete de Dutra, 159-160, 163, chefe da polícia do Rio de Janeiro, 15-16, 24, 94, 99-100, 102, 105-109, 111-117, 120-121, 124, 127,

130, 132, 142, 151-152, 156-159, 169, 177-178, 182, 185, 187-190, 197, 200-201, 203, 210, 222, 226, 229, 231-232, 245-246, 264, 276, 278, 299 n.8, chefe de DESPS, 94-96, 99, 103, 117, 127, 134, 159-160, 163, 172, 185, 199-200, chefe da Polícia Civil do Rio de Janeiro, 94, 99, 127, 151, 161, 163, 165, 172, 180, 276, 342 n.7, "Círculos de Trabalhadores", 103, Civis Müller, 12, 98, 140, 142, 159, 164-165, CNT, 17, 163-172, Colégio Salesiano São Gonçalo, 27-28, Coluna Miguel Costa-Prestes, 64-65, Comintern, 113-114, 303 n.49, Comissão de Finanças, 236, Comissão do Senado para Relações Exteriores, 236, Comitê da Constituição e Justiça, 224, Comitê da Reforma de Eleição Senatorial da Câmara dos Deputados, 224, Comitê de Finanças, 224, Comitê de Transportes, Comunicação e Obras Públicas, 224, compromissos oferecidos, 165, comunismo, 18, 102-103, 109, 112-117, 129, 163, 186, 230, 256, 261, 274, 277, Congresso Nacional, 130, 262, Conselho Nacional do Trabalho, 17, 163-172, 274, Consuelo Lastra Müller, **Figura 19**, 70-72, 74-77, 91, 138, 165, 179-180, 230, 241, 265-268, 271-272, 293 n.20, Cora Acuña, 179-182, 222, CPI (policiais), 184-185, 188, 221, CPI (trabalhadores), 257, Cuiabano, 28, Daniel Krieger, 242-245, 250, David Nasser, 16, 177, 182-187, 222-223, 276-277, 281 n.6, derrota eleitoral, 235, descrição, 16-17, 19, 33, 98, 267-268, demitido como chefe de polícia, 160, diretiva de número nr. 39, 115, discurso a bordo de *Minas Gerais*, 330 n.73, ditaduras, 17-19, 38, 130, 158, 224 241-246, 252-253, 255, 259-262, 275-277, documentos perdidos ou destruídos, 17, 117-118, 159-160, Edgard Ribas Carneiro, 106, Eliezer Magalhães, 229, Elise Ewert, 124-126, 200, 275, 307 n.93, 307 n.94, Emílio Médici, 19, 253, 255-258, 260-262, 264-265, 271, 272, 277-278, 339 n.94, envio de dinheiro para a Argentina e Uruguai, 103, Escola de Sargentos de Infantaria, 54, Estado Novo, 132-133, Ester de Souza Ferreira Coelho, 167, Euclides Figueiredo, 209, 214, Eurico Dutra, **Figuras 25, 31-32**, 132-133, 136, 154, 159-160, 162-163, 170, 173, 223, Exército, 29, 31-33, 35-38, 45, 50-53, 55, 57, 59-67, 72-75, 77-78, 85-89, 160, 173, 238, 240, 283 n.1, Eixo, 152-153, 157, 160, 317 n.74, Faculdade de Direito em Niterói, 106, Flávia Müller de Almeida, 267, Faria Lemos, 168, Fazenda Floresta, **Figura 9**, 289 n.16, FBI sobre Müller no gabinete de Dutra, 159, Felipe Francisco da Costa, 167, Felisberto Batista Teixeira, 143, 161-162, 170, Fenelon, 32, 69, 73-74, 99, 271, ferido, 232, Fernando Corrêa da Costa, 224, 234, fraude de exames, 167-170, Frederica Augusta Müller, **Figura 20**, 22, 98, 271, Frederico Rodrigues, 166, Frente Ampla, 245,

ÍNDICE

fundos secretos, 99, 170, 221, Geronimo Ignacio Bonfim, 167, Gestapo, 118, 126-127, 317 n. 74, Getúlio Vargas, **Figura 21**, 79, 94-95, 97, 99-100, 108, 117, 120, 128-131, 140, 153, 156-159, 180-181, 226, 230, 275-277, 279-280, 299 n.8, *Graf Spee*, 187, Guarda Civil do Rio de Janeiro, 91-92, Guerra Civil Espanhola, 310 n.12, Henrique Lott, 225, Herbert Levy, 326, Herbert Moses, 98, 261, Humberto Castello Branco, 240-241, 243, 258, 277-278, informações de MI6, 111, ingleses, 317 n.74, irmãos e irmãs, **Figura 20**, 22-23, Isidoro Dias Lopes, 67-68, 290 n.35, 291 n.2, Jaime de Barros Câmara, 228, J. Edgar Hoover, 163, 317 n.74, João Alberto, **Figura 11**, 54, 91-94, 100, 296 n.39, João Alves da Mata, 208, João Batista, 208, João Batista Luzardo, 170, João Gallicchio, 167, João Gomes Ribeiro Filho, **Figura 13**, 127, João Goulart, 238-239, 243, 256, 258, 277, João Mangabeira, 203-204, John F. Kennedy, 232, Jonny de Graaf, 111, 118-119, 123-124, 153-154, 276, José Fernandes Leite de Castro, 89, José Ludovico, 225, judeus e antissemitismo, 18, 96, 118, 120, 126, 151-152, 231, 304 n .61, Juscelino Kubitschek, **Figura 37**, 227-228-229, 231, 233-234, 239, 242, 331 n.8, Júlia Rita Müller Braga, **Figura 19**, 17, 91, 271, Júlio Strubling Müller, 100, 104, 116-117, 271, Juracy Magalhães, 225-230, 332 n.11, 333 n.21, Juvenal Lino de Matos, 253, Kurt Waldheim, **Figura 40**, Lafayette de Lima Brandão, 171, Lei Monstro, 106, Lenir Campos Russo, 171, Levante Húngaro, 228, 332 n.18, libertando prisioneiros, 96, líder da maioria no Senado, 255, 262, 274, Lira Tavares, 266-267, Lourival Fontes, 134, Luis Fournier, 140, 188, Luiz Alves Corrêa, 301 n.26, Luiz Carlos Prestes, 38, 61-63, 114, 170, 290 n.38, 303 n.49, Major Caminho, 167, Márcio Moreira Alves, 246, Maria Catharina Diniz, 170, Maria Luiza Müller de Almeida, **Figura 19**, 11-12, 17, 70, 76, 138, 157, 271, 280 n.4, 285 n.11, 291 n.5, 293 n.20, Max Hest, 317 n.74, MDB, 240, 244, 255, 257-258, 260, 267, Mercado Comum Europeu, 239, Mesbla, 77, 79, Ministério da Guerra, 77, 79, 91, 169, 273, morte, **Figura 43**, 17, 271, 307 n.93, namorada, 29, na prisão, 50, 62, 75-77, 158, nascido, **Figura 2**, 22, 280 n.5, Nelson de Melo, Fidel Castro, e Juscelino Kubitschek, **Figura 35**, nepotismo. 107, Newton Estillac Leal, 61, 65, 93, 120, 225, Olga Benário, 119, 126-128, 275, 307 n.93, 307 n.94, Olindo Semeraro, 199-200, 221, 328 n.53, "Onça", 274-275, 342 n.7, Orlando Ferreira dos Santos, 166, Oswaldo Aranha, 153, 156-158, Paraguai, 68, Pedro Ernesto, 116-117, pena de morte, 257, Philadelpho Garcia, 107, 142, 160, 162, 164-165, "Plano de Ação Comunista", 113-115,

Plínio Salgado, 136, 140, Polícia Central (Delegacia Central no Rio de Janeiro), **Figura 22**, 93, 101, 116, 129, 139, 154, 157, 159, 161, 180-181, 187-190, 229, 261, 275, Polícia Civil do Rio de Janeiro, 92, 94, 107, Potiguara, 168, prêmios, **Figura 33**, 37, 161, 274, presidente da ARENA, 245, 250, 263, 267, 271, 276, 337 n.70, presidente do Senado, 263, 266-267, 271-272, 276, prisões, 121, 139-140, PSD, 172-173, 189, 221, 225-228, Programa pela Assistência dos Trabalhadores Rurais, 257, *Putsch* de Pijamas, 139, Quadro Móvel, 12, 98-99, 107, 159, 159, 271, Regimento de Artilharia Mista, 53, Revolução Constitucionalista de 1932, 93, Revolução de 1922, 46, 50, 235, Revolução de 1924, 53-54, 57, 59-65, 238, Revolução de 1930, 86, Revolução de 1935, **Figuras 14-15**, 111-112, 115-118, 129-130, SD, 134-135, 304 n.65, 315 n.56, Rolando Gonçalves Ribeiro, 167, Samuel Lopes Pereira, 192-193, Salvadinha, 168, Saturnino Braga, 342 n.8, Segunda Guerra Mundial, 154, 180, Senado, 17, 164, 187, 225, 235, 240-241, 243-244, 246, 250-251, 260-261, 266-267, 271, senador, 11, 17, 164, 172-173, 223-244, 255, 257-258, 260, 263, 266, 271-272, 274, 276, 333 n.21, Severo Fournier, 140, 185, 209, Serviço de Assistência Médica e Domiciliar de Urgência, 165, Serviço de Divulgação, 134-135, 144-145, 314 n.49, SIPS, 145-150, 315 n.56, 316 n.58, *SIPS e suas finalidades*, 148, Sobral Pinto, 123-124, 135, 170, 215, "sorriso nazista", 186, 326 n.33, "Strubling", 185, 281 n.6, Tancredo Neves, 257, tenentes, 19, 45, 50, 54-55, 76-77, 89, 262, 277-278, 343 n.16, Teresa Acuña, 179-182, 222, tortura, 121, 124-125, 140, 142-143, 154, 185-187, 190, 199-200, 204, 210, 221-222, 248, 252, 255, 276, trabalhador na *Gazeta*, 28-29, transferência para Mato Grosso, 160-161, três ministros militares, 250, URSS, 223, 232, Vasco Leitão da Cunha, 156-157, vice-presidente do Senado, 233, William Manning Rountree, **Figura 39**

Müller, Fred, 280 n.4

Müller, Frederica Augusta, **Figura 20**, 22, 98, 271

Müller, Frederico Augusto, **Figura 20**, 23

Müller, Helena Júlia, 280 n.4

Müller, João Batista, 329 n.60

Müller, Júlia Rita, *ver* Braga, Júlia Rita Müller

Müller, Júlio Strubling, **Figura 20**, 22, 28-29, 99-100, 116-117, 271, 280 n.4, 281 n.6, 281 n.9, 317 n.74, fazenda das Palmeiras, 208, Revolução de 1930, 88

Müller, Júlio Frederico, **Figura 1**, 22-23, 25, 27, 99

Müller, Júlio Frederico (filho de Júlio Strubling Müller), **Figura 26**

Müller, Maria, 280 n.5

Müller, Maria Luiza, *ver* Almeida, Maria Luiza Müller de

ÍNDICE

Müller, Rita, **Figura 20**, 22, 27
Müller, Rita Generosa, 73, 280 n.5
Müller, Rita Teófila Corrêa da Costa, **Figura 1**, 22-23, 25, 27, 281 n.6
Murtinho, Manoel José, 25-26
Mussolini, Benito, 90, 101, 151-152

Nasser, David, **Figura 34**, 16, 176-177, 182-183, 225, Alcides Etchegoyen, 187, Carmen Miranda, 184, CPI (policiais), 184-188, 193, 200-101, 209, DESPS, 186, Esquadrão da Morte, 222, *Falta alguém em Nuremberg*, 16, 177, 184, 192, 209, Filinto Müller, 184, 187-188, 200-201, 210, 222-223, 276-277, 281 n.6, Getúlio Vargas, 200, 209, Juscelino Kubitschek, 184, 325 n.29, Leonel Brizola, 184, Noel Rosa, 183, *O Cruzeiro*, 177, "O fim", 183, produção intelectual, 325 n.22, pro-Estado Novo, 183, Scuderie La Cocq, 222-223, Severo Fournier, 188, 199-201, "Songamonga", 183, "sorriso nazista", 186, 326 n.33, "Strubling", 185, "Turco", 183-184, tortura, 186, 200
Natal, 109, 119, 123, 150
nazismo, 96, 113, 121, 126, 135, 153-155, 186, 281 n.6, 317 n.74, 326 n.33
Netto, Antônio Delfim, 245, arrocho salarial, 245, 336 n.58
Neves, José Maria Castro, 89
Neves, Tancredo, 257-258
Nicarágua, 227-228
Niemeyer, Conrado, 81, 294 n.7, 302 n.32
Niemeyer, Oscar, 271

Nixon, Pat, 231
Nixon, Richard M., 231-232, 252
Nogueira, Armando, 184
Nogueira, Carlos, 188
Novaes, Antenor, 106
Nunes, Petrônio Portela, 262, 272

O Cruzeiro, 177, 182-185, 187, 190, 192, 210, 324 n.6
O Estado de S. Paulo, 199
O estado forte, 314 n.51
O Globo, 118, 182-183, 255
O Jornal, 106, 182
Oliveira, Antônio Soares de, 206-207
Oliveira, Armando de Sales, 131-132
Oliveira, Custódio de, 54
Oliveira, Fernando de, 205
Oliveira, Ivan Tito de, 219
Oliveira, Juscelino Kubitschek de, **Figuras 37, 38**, 18, 184, 242, acusações, 228, 230-233, 332 n.11, 334 n.35, Carlos Lacerda, 227-231, 332 n.13, cassação, 235, David Nasser, 184, 325 n.29, Filinto Müller, 227-229, 231, 233-234, 235, 243, 331 n.8, Operação Pan-Americana, 232, 333 n.29, presidente 227-228, 234, senador, 237
Oliveira, Rui Barbosa de, 39-40, **Constituição de 1891**, 40
Oliveira, Washington de, 75
O Malho, 50
O Minas Gerais, 85
O Mundo, 213
Onganía, Juan Carlos, 230
O novo Brasil, 314 n.51
Operação Pan-Americana, 232, 333 n.29
Ordem de Aviz, 161

Ouro verde, 314 n.51
"Os 18 do Forte", 50
"Os Invisíveis" (Quadro Móvel), *ver* Polícia
Ostfriesland, 87
"Osvaldo", 205

Pacheco, Alfredo, 99
Pacheco, Antônio Correa, 17
Padilha, Bernardo de Araújo, 63-65
Paiva, Rubens Beyrodt, 257, 338 n.91
Palácio Campos Elísios, **Figura 11**, 57
Palácio do Catete, 46, 87, 89, 108, 159, 164
Palácio Guanabara, 93, 137, 199-200, 210
Palácio Laranjeiras, **Figura 35**
Palácio Monroe, 133, 157, 223, 310 n.11
Palácio Rio Negro, 131
Palácio Tiradentes, 97, 133
palmatória, 190, 208
Pan Air do Brasil, 171
Paraguai, 21, 32, 60, 63-64, 67-68, 169, 208, 226, 258, 274, 290 n.35
Paris, 266-269, 271
Partido Comunista da Argentina, 127
Partido Comunista do Brasil, 91, 103-104, 110-111, 114, 126, 186, 188, 202, 211, 214, 307 n.93, Amigos da Rússia, 91
Partido Liberal Mato-grossense, 99
Partido Representação Popular, 333 n.29
Partido Republicano da Paraíba, 83
Partido Republicano Paulista, 83
Partido Republicano Rio-grandense, 80-81, 85
Partido Social Democrático, 172-173, 176, 188-189, 221, 223-226, 230-231, 233-234, 236-237, 239, 241, 277, 333 n.29
Partido Social Democrático de Pernambuco, 95
Partido Trabalhista Brasileiro, 176, 209, 225-226, 240, 333 n.29, 338 n.91
Partido *Unión Cívica Radical*, 72
Pasini, Celso José Ponce, 138
Pasini, Nemo Ponce, 138
Pasqualini, Romulo, 146
Paulo, Alfredo Esteves, 194
Pavilhão do Mourisco, 139
PCB, *ver* Partido Comunista do Brasil
Peçanha, Nilo Procópio, 43, 45, 286 n.27
Peixoto, Amaral, 311 n.30, 317 n.74
Penna, Izaias e Joana Rosa, 63, 289 n.24
Pereira, Civis Müller da Silva, **Figuras 9, 27**, problemas, 164-165, Quadro Móvel, 12, 98, 140, 142, 159, 164-165
Pereira, Luís Régis Pacheco, 229
Pereira, Samuel Lopes, 192-193, 197-198, Filinto Müller, 192
Pérez, Rigoberto López, 227
Perón, Juan, 230
Peru, 231
Pessoa, Aristarco, 85
Pessoa, Epitácio Lindolfo da Silva, **Figura 6**, 40-45, 112, Revolução de 1922, 46-49
Pessoa, João, *ver* Albuquerque, João Pessoa Cavalcânti de
Petrônio, Waldemar, 138
Piedade, José de Alencar, 106
Pila, Raul, 188, 209
Pimentel, Francisco de Meneses, 233, 333 n.30
Pinheiro, Denizard Correa, 138

ÍNDICE

Pinheiro (soldado), 216
Pinto, Heráclito Fontoura Sobral, advogado *ex officio* de Prestes e Ewert, 123-124, 135, 170, 215, Filinto Müller, 124, 135, 170, Getúlio Vargas, 216
Pinto, Magalhães, 243
Pinto, Sobral, *ver* Pinto, Heráclito Fontoura Sobral
Pires, Aurélio, 146
Plano Cohen, 132
"Plano de Ação Comunista", 113
plugue de mostarda, 186, 205
Poderes Centrais, 26
Polícia, 74, 102, 105, 118-119, 121, 123-124, 133, 144, 163, 169-170, 175, 177, 187, 189, 193, 195, 198-199, 201-203, 205-207, 210, 212, 214, 221, 253, 255, 261, 274-276, 293 n.20, 301 n.29, 306 n.82, 310 n.21, 311 n.30, 332 n.13, 336 n.59, 4º Batalhão (São Paulo), 55, 15ª Guarnição da Polícia Militar (Rio de Janeiro), 109, *adelfis*, 186, 204, AIB, 137-138, "Cabeças de Tomate", 100-101, 123, 218, "Caixa Inglesa", 204, cavalaria da Força Pública em Ilhotas, 219, colegas de Nova York, 139, DESPS, 94-96, 98-99, 101, 103, 105, 117, 122-127, 129-130, 134-135, 139, 143-145, 152, 154, 159-160, 162-163, 172, 185-186, 189-190, 193-195, 200-203, 206, 208, 211, 213, 215-216, 219, 220, 304 n.65, 312 n.31, DOPS, 246, Guarda Civil do Rio de Janeiro, 91-92, maçarico, 186, máscara de couro, 186, 204, Morro de Santo Antônio, 101, "Os Invisíveis", 140-141, Polícia Central (Delegacia Central no Rio de Janeiro), 15, 81, 93, 110, 123-124, 126, 129, 139-142, 147, 154, 157, 159, 161-162, 180, 188-190, 192, 199, 200, 202-204, 207-208, 211-214, 229, 261, 275, 302 n.32, 313 n.37, palmatória, 190, 208, plugue de mostarda, 186, 205, Polícia Civil do Rio de Janeiro, 81, 98, 99-100, 104, 107-109, 116, 140, 151-152, 157, 162, 165, 167, 171, 177, 189, 342 n.10, Polícia Civil em São Paulo, 338 n.81, Polícia em Recife, 119, Polícia em Teresina, 219, Polícia Especial, 101, 110, 123, 126, 130, 175, 199, 202, 213-218, 300 n.11, Polícia Federal, 104, 142, 257, Polícia Marítima, 143, Polícia Militar, 41, 217, 249, 285 n.21, Polícia Militar em Mato Grosso, 53, Polícia Militar em Mato Grosso do Sul, 149, Polícia Militar em Minas Gerais, 58, Polícia Militar no Rio de Janeiro, 48, 50, 58, 109, 158, 211, 219, Polícia Militar ou Força Pública em São Paulo, 33, 41, 55, 60, 93, 219, Polícia Municipal, 116, Polícia na Paraíba, 244, polícia política, 246-248, Quadro Móvel, 12, 98-99, 107, 124, 140-142, 151, 155, 159, 162, 165, 167, 171, 186, 222, 276, 299 n.6, Regimento de Cavalaria da Polícia, 214, "Sala Americana", 200, "Salão de Beleza", 204, Seção de Explosivos, 162, 190, Segurança Pública do Gabinete de Investigações, 167, Segurança Pública em Pernambuco,

131, Segurança Pública em Piauí, 219, "sessões espirituais", 212
"Política dos Governadores", 40
Pompilio, Adelberto, AIB tentativa de capturar, 138
Ponce, Generoso Pais Leme de Sousa, 23, 25-26
população brasileira, 39-40
Portugal, 15, 133
Posse, Jorge, 11
positivismo, 18, 87, 286 n.31
Potiguara, 168
Potyguara, Tertuliano, 50
Prado, Newton, 48-49
Presídio de Dois Rios "Ilha Grande", 126, 306 n.89
Presídio Político do Paraíso, 110
Prestes, Anita Leocádia, 11, 126
Prestes, Júlio, 82-83
Prestes, Luiz Carlos, 38, Aliança Nacional Libertadora, 103-104, 113-115, Argentina, 68, captura, 123-124, 126, 313 n.45, Carlos Lassance, 216, Coluna Miguel Costa-Prestes, 64-65, 91, CPI (policiais), 215, 216-217, Filinto Müller, 38, 61-63, 114, 170, 279, 290 n.38, 296 n.39, 303 n.49, João Alberto, 296 n.39, Olga Benário, 111, 307 n.93, Revolução de 1922, 46, Revolução de 1924, 59-62, 65, Revolução de 1935, 111-112, 118-119, 125, Rudolfo Ghioldi, 306 n.82, Sobral Pinto, 123-124, 135, 170, 215, Vitorio Caneppa, 216
Primeira Guerra Mundial, 39, 58, 70, 72, 74, 285 n.20
Programa pela Assistência dos Trabalhadores Rurais, 257

PRR, *ver* Partido Republicano Rio-grandense
PSD, *ver* Partido Social Democrático
PTB, *ver* Partido Trabalhista Brasileiro
Putsch de Pijamas, **Figura 31**, 139-141

Quadro Móvel, *ver* Polícia
Quadros, Jânio da Silva, 226, 234-235
Queiroz Filho, Euzébio de, 100, 123, 202, AIB tentativa de capturar, 138, Arthur Ewert, 216, Luiz Carlos Prestes, 216, Sobral Pinto, 216

Rabelo, João, 206
Rádio Mayrink Veiga, 137-138
Rádio Nacional, 138
Raffalovich, Isaías, 96
Ramos, Graciliano, 125
Ramos, Nereu de Oliveira, **Figura 32**, 84, 229
Rao, Vicente, **Figura 13**, 112, 130, 214
Realengo, *ver* Exército, Academia Militar de Realengo
Recife, 119-120
Regan, Bernard, *ver* Baxter, Joe
Regueira, Isauro, AIB tentativa de capturar, 138
Reis Neto, Malvino, 119
República Velha, 55, 87
Resende, Eurico Vieira de, 255-256
Revolta da Princesa, 83
Revolta de 1957, 225
Revolta Naval de 1910, 239
Revolução Comunista, *ver* Revolução de 1935
Revolução Constitucionalista de 1932, 91-92, 100-101, 177, 205
Revolução Cubana, 232
Revolução de 1922, 45-50, 235, 277

ÍNDICE

Revolução de 1924, 53-66, 104, 111, 235, 1ª Divisão Revolucionária de São Paulo, 58, 60, 64, bombardeamento de São Paulo, 57-59, revolucionários exilados, 61-69
Revolução de 1930, 83-84, 86-87, 296 n.37
Revolução de 1935, **Figuras 14-15**, 203, 229, 261, 305 n.73, depois 125-128, 150-151, Filinto Müller, 276, 304 n.65, 317 n.56, Filinto Müller e Oswaldo Aranha, 153, os revolucionários, 110-112, o tentativo, 118-128
Revolução de 1964, *ver* Golpe de 1964
Revolução Federalista, 26
Ribas, Rocha, 188
Ribeiro, Angelo dos Santos, 69
Ribeiro Filho, Artur Virgílio do Carmo, 241
Ribeiro Filho, João Gomes, **Figura 13**, 123, 127
Ribeiro, Orlando Leite, 70
Ribeiro, Rolando Gonçalves, 167
Rocha, Edu Pereira da, 233
Rocha, Goretti, 11, 331 n.1
Rocha, Pedro, 69
Rocha, Pedro M. da, 152
Rocha, Serafim Carneiro da, 201, 210
Rodgers, William, 252
Rodrigues, Frederico, 166
Rodrigues, José, 212
Rodrigues, Miguel Crispim da Costa, **Figura 14**, 55, 130, 1ª Divisão Revolucionária de São Paulo, 58-60, 63-64, 67-68
Coluna Miguel Costa-Prestes, 64-65, 91, expulsão de Filinto Müller, 64-68

Rodrigues, Nilo, 219
Rollemberg, Carlos Valdemar, 188
Romano, Antônio Emílio, **Figura 30**, 123, 143-144, 185, 206, CPI (policiais), 206, 209, 220, extorsão, 144, Getúlio Vargas, 216, Iguatemi Ramos da Silva, 220, João Basílio dos Santos, 216, 220, preso, 144, 313 n.45, "sorriso nazista", 186, 326 n.33, tortura, 185-186, 202, 208-209, 212-213, 217, 221
Romeiro, Francisco "José", 119, 123, 205
Rondon, Cândido Mariano da Silva, 61, 239, 335 n.46
Roosevelt, Franklin Delano, 239
Roosevelt, Theodore, 239
Rosa, Albino Pereira da, 166
Rosa, Noel, 183
Rountree, William Manning, **Figura 39**
Rússia, 91, 113
Russo, Lenir Campos, 171

Sá, Mem de, 227
"Sabo", *ver* Ewert, Elise
Safety Operating Systems, 341 n.13
Salazar, António de Oliveira, **Figura 41**, 152, 161, Estado Novo portuguesa, 15, 133
Sales, Armando de, *ver* Oliveira, Armando de Sales
Salgado, Plínio, **Figura 16**, 101, 131-132, 135-136, 152, exílio, 140, *Putsch* de Pijamas, 137-139
Salles, Carivaldo, 233
Sampaio, Luís Nunes "Careca", 43
Sant'Anna, Ivan, 341 n.16
Santo, Vitor do Espírito, 219-220
Santos, Agostinho dos, 268

Santos, Alberto Ferreira dos, 166
Santos, João Basílio dos, 217, 220
Santos, José Alexander dos, 186, 211
Santos, Orlando Ferreira dos, 166
Santos, Walter Coelho dos, 138
Sátiro e Souza, Ernani Aires, 244
Scavone, Antônio Carlos, 268
Scuderie Le Cocq, 222-223, David Nasser, 222-223, Esquadrão Le Cocq, 222
SD, *ver* Serviço de Divulgação
Seaboard World Airways, 268
Segunda Guerra Mundial, 154, 170, 180
segurança nacional, 244
Semeraro, Olindo, 189, Filinto Müller, 199-200, 221, 328 n.53
Senado Federal, 17, 81, 133, 164, 173, 176, 187, 223-225, 227-238, 230, 232-237, 240-241, 243-244, 246, 250-252, 258, 260-263, 266-267, 271-272, 274, fechado, 250
señora Pastora, 71
Serva, César de Mesquita, 99
Serviço de Assistência Médica e Domiciliar de Urgência, 165
Serviço de Divulgação, 134-135, 144-145, 314 n.49, torna-se SIPS, *ver* Serviço de Inquéritos Políticos Sociais
Serviço de Inquéritos Políticos Sociais, 145, 3 perguntas sobre o Estado Novo, 145-147, 315 n.56, 44 perguntas do *Caderno de Informações*, 147-151, 316 n.58, *SIPS e suas finalidades*, 148
Serviço Nacional de Informações, 19, 238, 250
Schmidt-Elskop, Arthur, 126
Sibert, Edwin, 155

Silva, Adelino da, 191, 197
Silva, Alcindo Batista da, 219
Silva, Astrojildo Pereira Duarte, 125
Silva, Christino Gomes da, "Corisco", 168
Silva, Gilberto Araújo da, 269-270
Silva, Iguatemi Ramos da, 211, 220
Silva, João Basílio da, 220
Silva, José Machado Castro, AIB tentativa de capturar, 138
Silva, Luís Mendes da, 234
Silva, Pedro Basílio da, 219
Silva, V. Benício da, 125, AIB tentativa de capturar, 138
Silva, Virgulino Ferreira da, "Lampião", 168
Silveira, Nise da, 313 n.37
SIPS, *ver* Serviço de Inquéritos Políticos Sociais
Siqueira Campos, 153
Sinatra, Frank, 252
Sindicato de Motoristas, 117
Sissón, Roberto, 104
SNI, *ver* Serviço Nacional de Informações
Soares, José Carlos Macedo, 215-217, 219
Soares, Vital Henrique Batista, 83
socialismo, 313 n.37
Sodré, Nelson Werneck, 328 n.54
Somoza, Anastasio, 227, Filinto Müller, 229-230
Sonschein, Georges, 143-144
Souto, Israel Ramiro da Silva, 98, a Buenos Aires e Montevidéu, 103
Souza, Edson Luís de Lima, 246
Souza, Oscar de, 167
Souza, Washington Luís Pereira de, **Figura 12**, 46, 81-82, 112, lei marcial,

ÍNDICE

86, queimando café, 92, Revolução de 1930, 83-87, 177
Strössner, Alfredo, 258
Stuchevski, Pavel "Leon Jules Vallée", 111
Stuchevskaia, Sofie "Alphonsine Vallée", 111
Supremo Tribunal Federal, 226
Superior Tribunal Militar, 77
Suprema Corte, 106, 247
Sveri, Knut, 11

Tadeu, Jorge, 282 n.18
Tamandaré, 226
Tavares, Aurélio de Lira, 266-267
Távora, Joaquim do Nascimento Fernandes, 47, 54-55, 57, 289 n.12
Távora, Juarez do Nascimento Fernandes, 46, 50, Revolução de 1924, 54-55, 59-61, Revolução de 1930, 85, 89
Teatro João Caetano, 104-105
Theatro Municipal, 105
Teatro República, 96
Teixeira, Felisberto Batista, **Figura 24**, 143, 161-162, 206, AIB tentativa de capturar, 138, CPI (policiais), 206, 209, Eixo, 152, tortura, 189-190, 199, 209-210, 211-212
Telles, Pantaleão, 89
"Tempo da Paz Armada", 26
tenentes, 19, 39, 45-46, 48-50, 53-55, 79, 87, 92, 95, 97, 116, 262, 277, 286 n.31
Teodoro, Antônio Filogônio, 62
tortura, 15, 121, 123-125, 129, 140, 142-143, 154, 162, 176, 185-186, 189-191, 193, 196-205, 207-221, 248, 252, 255-256, 259, 276, 305

n.73, 339 n.91, tipos de tortura, 186, 204-205, 212-214
Trajano, Luiz, 109
Transmissora, 139
Tribuna da Imprensa, 226-227
Tribunal de Segurança Nacional, 123-124, 130, 144, 164, 197, 205, 207, 214, 219, 309 n.5
TSN, *ver* Tribunal de Segurança Nacional
Tupamaros (Movimiento de Liberación Nacional), 252

UDN, *ver* União Democrática Nacional
Ultimo encontro dos 18 heroícos revolucionários de Copacabana com as tropas legais, 50
Uma só bandeira para toda patria, 314 n.51
União de Jovens Comunistas, 109
União Democrática Nacional, 172, 175, 225, 227-228, 230, 234, 236, 277
União Soviética, 106, 143, 153, 223, 233
Universidade Mackenzie, 247
Universidade de São Paulo, 29, 217, 247
Uruguai, 60, 103, 126, 133, 233, 252

Valadares, Benedito, **Figura 36**
Valverde, Belmiro de Lima, 137, 189-190
Varella, Vasco Neves, 69
Vargas, Alzira, 137, 163, deportações, 307 n.94, Filinto Müller, Cora Acuña e Teresa Acuña, 182
Vargas, Benjamin, "Bejo", 200, carrasco, 200, massacre no Largo do São Francisco, 217
Vargas, Getúlio Dornelles, 15, 79, 90, 93-94, 98-99, 105, 109, 116, 176-

177, 200, 207, 280 Introdução n.1, Abel Chermont, 214-215, Adhemar de Barros, 169-170, AIB, 132, 136-137, AIB tentativa de capturar, 138-139, Aliados, 152, 155, 159, 317 n.73, ANL, 104, 106, antissemitismo, 151-152, 180, *A Noite*, 226, 296 n.37, Arthur Ewert, 199, Assis Chateaubriand, 177, 179-180, 182, Borges de Medeiros, 80-82, 85, 294 n.5, campos de concentração, 131, 309 n.6, cartas de protesto, 205, caso dos holandeses, 156-157, Clube 3 de Outubro, 90, 116, como ministro da Fazenda, 81-82, comunismo, 18, 109-110, 121, 129, 131, 186, **Constituição de 1934**, 95, 97-98, 105, 131-132, 193, **Constituição de 1937**, 133, 135, Cora Acuña, 178-180, CPI (policiais), 193, 200, 221, David Nasser, 183, 185, 200, deportações, 120, 123, 126, 275, 305 n.70, 307 n.93, 307 n.94, 317 n.95, **deposto em 1945**, 172, 184, descrição, 76, DESPS, 186-187, *Diário da Noite*, 303 n.39, Diocenzano Martins, 197, discurso a bordo de *Minas Gerais*, 317 n.73, ditador, 19, 112, 130, 141, 183, 210, 217, 224, 227, 274-277, **Eixo, 152, 155, 317 n.73**, **Elise Ewert**, 200, Emílio Romano, 220, Estado Novo, **Figura 25**, 15, 104, 118, 133-134, 145-147, 151-152, 169, 172, 175, 182-183, 193, 201, 217-218, 303 n.39, Euclides Figueiredo, 205, 209, 214, Eurico Dutra, 132, 136, 138, 154, 158-159, Filinto Müller, **Figura 21**, 78, 93-94, 96, 99-100, 108, 117, 121, 128-131, 138, 140, 153, 155-159, 162-163, 165, 172, 180-182, 185, 232, 265, 275-277, 279-280, 299 n.8, Francisco Campos, 319 n.6, "Gegê", 79, Góis Monteiro, 132, 157, 299 n.7, Governo Provisório, 92, 97, 102, 106, 177, João Alberto, 92-94, 100, 138, João Alves da Mata, 208, João Batista Luzardo, 134, João Gomes Ribeiro Filho, 127, João Mangabeira, 203, João Pessoa, morte, 83-84, Lei marcial, 123, 130, Lei de Segurança Nacional, 105-106, Lourival Fontes, 319 n.6, Oswaldo Aranha, 151, 153, 156-157, Partido Social Democrático, 172, Philadelpho Garcia, 162, 321 n.17, Plínio Salgado, 132, 135-137, 140, *Putsch* de Pijamas, 139, 311 n.30, Revolução de 1930, 77, 83-84, 296 n.37, Revolução de 1935, 111, 112, 118, 130, 305 n.73, Revolução Constitucionalista de 1932, 93-94, Severo Fournier, 209, SIPS, 145, 147, Sobral Pinto, 215, suicídio, 224, 226, tentativas de derrubar, 91-92, 103-105, 108-110, 112, 137-138, Teresa Acuña, 179-182, tortura, 185, UDN, 175, Vasco Leitão da Cunha, 319 n.6, Vitório Caneppa, 321 n.26
VARIG, 226, 266-268, 271
Vasconcelos, Álvaro Rodrigues de, 204
Vasconcelos, Ivolino, 138
Velasco, Domingos, 204
Velho, Cabral, 55
Veloso, Haroldo 234
Venezuela, 231-232

Veras, Clodomir Collaço, 162, CPI (policiais), 209, preso, 162, 320 n.16, tortura, 204, 209, 211
Veras, F. Collaço, 145, *Caderno de Informações*, 147-151, *SIPS e suas finalidades*, 148
Vergal, Campos, 188
Viana, Segadas, 188
Vidigal, Miguel Nunes, 342 n.10
Vieira, Álvaro, 178
Vila Militar, 39, 46-47, 62
Vilasboas, João, 234

Vista Chinesa, 109, 203
Vitor, Manuel, 188
Voz do Brasil, 249

Waldemar, Carlos, 217
Waldheim, Kurt, **Figura 40**
Warchavski, Tobias, 109, Thomé Amado, 301 n.29

Yrigoyen, Hipólito, 72

Ziegler, Ron, 252

*O texto deste livro foi composto em Sabon,
desenho tipográfico de Jan Tschichold de 1964
baseado nos estudos de Claude Garamond e
Jacques Sabon no século XVI, em corpo 11/15.
Para títulos e destaques, foi utilizada a tipografia
Frutiger, desenhada por Adrian Frutiger em 1975.*

*A impressão se deu sobre papel off-white
pelo Sistema Digital Instant Duplex da
Divisão Gráfica da Distribuidora Record.*